中国水利人 ①

水利部精神文明建设指导委员会办公室 编

中国水利水电出版社
www.waterpub.com.cn

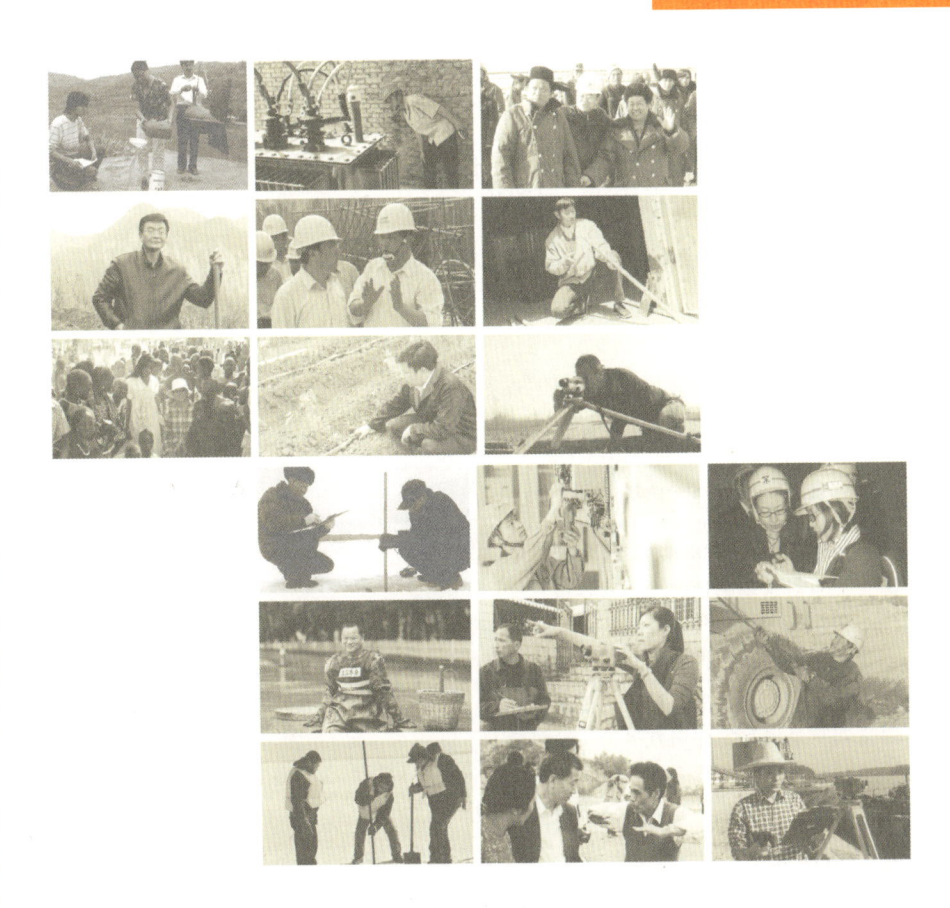

内 容 提 要

本书收集整理了近年来特别是党的十八大以来全国各地报刊、网络等主流媒体报道的水利人物，表现了水利人立志水利、扎根基层，苦干实干、敬业精业的朴素情怀和对祖国、对人民、对社会、对家人无私奉献的深情，较好地体现了"献身、负责、求实"的水利精神。书中呈现的人物，既有全国及部省级劳动模范，更有众多名不见经传的人物；既有管理人员、水利大师，更多的则是基层一线职工。他们分布在水利行业各个领域，遍及大江南北、大河上下、长城内外，具有一定代表性。这些带有体温的记述，留档的不仅是全景，更多的是近景和特写；不仅丰富水利文化，也有利于进一步振奋精神，使水利改革事业又好又快向前推进；不仅鼓舞当下，相信也会感动未来。

图书在版编目（CIP）数据

中国水利人. 1 / 水利部精神文明建设指导委员会办公室编. -- 北京：中国水利水电出版社，2016.1
 ISBN 978-7-5170-4051-4

Ⅰ. ①中… Ⅱ. ①水… Ⅲ. ①水利系统－先进工作者－先进事迹－中国－现代 Ⅳ. ①K826.1

中国版本图书馆CIP数据核字（2016）第020113号

书　　名	**中国水利人（1）**
作　　者	水利部精神文明建设指导委员会办公室　编
出版发行	中国水利水电出版社 （北京市海淀区玉渊潭南路1号D座　100038） 网址：www.waterpub.com.cn E-mail：sales@waterpub.com.cn 电话：（010）68367658（发行部）
经　　售	北京科水图书销售中心（零售） 电话：（010）88383994、63202643、68545874 全国各地新华书店和相关出版物销售网点
排　　版	中国水利水电出版社微机排版中心
印　　刷	北京嘉恒彩色印刷有限责任公司
规　　格	170mm×240mm　16开本　21.25印张　417千字
版　　次	2016年1月第1版　2016年1月第1次印刷
印　　数	0001—2000册
定　　价	**88.00元**

凡购买我社图书，如有缺页、倒页、脱页的，本社发行部负责调换

版权所有·侵权必究

编委会

主　任　刘学钊

副主任　罗湘成　周振红

主　编　胡争上

编　委　王卫国　廖晓瑜　李　磊　程朝旭
　　　　　王　禄　张建国　淡智慧　石金龙

序

水利部文明办编辑了《中国水利人》一书，即将付梓，邀我作序，遂得以先睹文稿。本书中收录了93位平凡水利工作者的感人事迹，读来令人感动不已。这些故事把个人经历融入到宏大的时代背景中，从中可以看到近年来水利事业波澜壮阔的发展历程，以及闪耀在水利人身上的思想光芒和家国情怀。

水安则邦安，水兴则邦兴。兴水利，除水害，历来是治国安邦的大事。新中国成立后，党和国家始终把水利建设作为经济社会发展战略的重要组成部分、作为治国理政的一件大事。几十年来，我们党领导人民开展了气壮山河的水利建设，取得了举世瞩目的治水兴水成就。特别是党的十八大以来，习近平总书记就保障国家水安全发表重要论述，明确提出"节水优先、空间均衡、系统治理、两手发力"的新时期水利工作方针，为我们做好水利工作指明了前进方向、提供了根本遵循。在党中央、国务院周密部署、高位推动下，水利行业紧紧抓住重要战略机遇期，锐意改革，开拓进取，攻坚克难，真抓实干，防汛抗旱减灾取得重大胜利，重大水利工程建设加快推进，农村饮水安全工程建设全面完成，农田水利基础不断夯实，水生态文明建设迈出坚实步伐，水利发展体制机制逐步完善，水利系统党风政风行风呈现崭新气象，"十二五"规划目标任务圆满完成，水安全保障水平明显提高，人民群众得到更多更好实惠，在我国治水史上写下了浓墨重彩的一笔。

水利事业取得的成就，凝结着水利系统广大干部职工的智慧和汗水。阅读文稿，谢会贵、崔政权、蒋志刚、曹君、张生贤……一个个平凡的名字、平凡的面容背后，是不平凡的坚持、不平凡的勇毅。他们或献身珠峰脚下农村水电事业，或扎根高原从事黄河水文工作30年，或守护荒漠甘泉不言悔，或用生命诠释敬业奉献，或尽心尽职鞠躬尽瘁，或淡泊名利默默耕耘，或助人为乐不遗余力……可以说，《中国水利人》一书，记录的是与水打交道的人，代表的是一个庞大的道德群体，折射出的是崇高的水利行业精神。

毛泽东同志说过："人是要有一点精神的。"人无精神不立，国无精神不强，一个行业没有精神，就失去了动力和支撑。那么，水利精神的内涵是什么？它是如何形成的，又发挥着什么样的作用？我想，这也是《中国水利人》一书想要表达和传递的本意吧。

千百年来，从"俯伏而饮""逐水而存""濒水而居"到大禹治水、都江堰、京杭运河，中华民族一直在与水相伴、相争、相和中生息、繁衍和发展，水渗透到中国文化的每一个层面，流淌在上下五千年的文脉中。于是，"上善若水"的智、"临渊不惧"的勇、"滋养万物"的爱，以及筚路蓝缕、以启山林的开拓精神，艰难困苦、玉汝于成的顽强意志，"载舟""覆舟"、居安思危的忧患意识，革故鼎新、川流不息的执著追求等等，共同构成了我们民族精神的主旋律。反过来，浸透着水之哲学的民族精神也启迪着我们的治水实践，书写着中国的治水史绩。

水利行业相比于其他行业又有其独特性。我把它简单归结为：使命光荣、责任重大、技术复杂、条件艰苦。水利是经济社会发展不可替代的基础支撑，功在当代、利在千秋。作为组织和领导各项水利建设、保护着国家和人民生命财产安全的水利人，就必须挺身而出，勇于担当。而水利工程绝大多数分布在乡村僻壤或高山峡谷，许多水利工作者在山川河流间摸爬滚打、风餐露宿、雨淋日晒、甚至舍生忘死。同时，水利又是一门实践性很强的科学，无论是兴利还是除害，都必须遵循自然科学规律，都必须坚持严谨严肃态度，孜孜以求、矢志不渝。

磨难思进取，实践出真知，奋斗见精神。中国水利人通过长期的兴水惠民实践和探索，以水为载体，将厚重的中华民族人文精神，融入事关经济安全、生态安全和国家安全的水利行业，最终汇聚成了震撼人心的精神动力，汇聚成了"献身、负责、求实"的水利行业精神。这种精神是整个水利行业的价值取向、思想引领和文化传承，这种精神犹如潺潺的流水，无论社会如何发展、科技如何进步、价值观念如何多元，总是在静悄悄地滋润着我们的心灵，引领我们肩负重任奋勇前行。

党的十八届五中全会把水利作为推进五大发展的重要内容，摆在八大基础设施网络建设的首要位置，纳入九大风险防范的关键领域，对做好新时期水利工作提出明确要求。成就伟大梦想、推进伟大事业，就需要水利系统广大职工更好地弘扬水利精神、彰显水利价值、汇聚水利力量。《中国水利人》的出版恰逢其时，也应发挥应有的作用。要加大宣传力度，注重挖掘培育，传递价值理念，升华精神境界，引领行业风尚，将学习先进转化为推动水利改革发展的具体行动。

愿《中国水利人》能够成为一面旗帜。广大水利干部职工要以榜样为指引，坚定共同理想信念，团结和凝聚在中国特色社会主义旗帜下，深入学习贯彻习近平总书记系列重要讲话精神，按照党中央、国务院决策部署，适应经济发展新常态，坚持创新、协调、绿色、开放、共享发展理念，全面落实"节水优先、空间均衡、系统治理、两手发力"的新时期水利工作方针，以更加强烈的使命意识、责任意识和担当意识，立足本职岗位，胸怀发展大局，踊跃投身中国特色水利现代化宏伟事业，为奋力开创水利改革发展新局面建功立业、不懈奋斗。

愿《中国水利人》能够成为一个标杆。榜样的力量是无穷的。广大水利干部职工要以榜样为努力方向，认知认同并自觉践行社会主义核心价值观，坚持正确的价值目标、价值取向、价值准则，弘扬"真善美"，贬斥"假恶丑"，大力弘扬水利行业精神，积极构建水利职业道德和行为规范体系，让主流价值成为全体水利人的共同遵循和行为坐标，生成固本培元、凝魂聚力的强大力量。

愿《中国水利人》能够成为一面镜子。古人云："人不率，顺不从；身不先，则不信"。以人为镜可以明得失，查不足。广大水利干部职工要以榜样为借鉴，正视自身思想、工作、生活中存在的差距和不足，见贤思齐，奋发进取，努力实现自我净化、自我完善、自我革新、自我提高，切实提高服务发展、服务民生、服务群众的能力。

愿《中国水利人》能够成为一道洪流。党的十八届五中全会吹响了全面建成小康社会决胜的新号角,开启了实现中华民族伟大复兴中国梦的新征程。广大水利干部职工要以榜样为推动进步的力量,乘风破浪、合力前行,在"十三五"水利改革发展中勇立潮头,在防汛抗旱抢险救灾等急难险重任务中挺身而出,在自身岗位上兢兢业业任劳任怨,以涉险滩渡深水的勇气,以水滴石穿锲而不舍的韧劲,以江河奔流百川归海的决然,锐意进取、主动担当,改革创新、奋发有为,努力谱写中国特色水利现代化事业新篇章。

让榜样光辉照亮水利前行之道路!

让水利精神引领改革发展之潮流!

田学斌

2015 年 12 月

目录

序

仓决扎西：为了高原的万家灯火 / 1

曹　君：荒漠甘泉护水人 / 4

曹儒珍：棠荫岛上二十七年的坚守 / 12

崔政权：大师风范励后人 / 17

代全胜：水库大坝"土专家" / 25

戴敬秋："追求完美才有动力" / 28

邓自坚：西林河上父子兵 / 31

窦青柏：把艰苦写成欢乐的歌 / 34

冯天彬：用脚步"丈量"出精确数据 / 36

淦家俊："黑包公"站好最后一班岗 / 38

高兴利：抢险队的后勤部长 / 43

葛东宝：带领大伙闯市场 / 45

顾广发：生命鲜花在水利普查中绽放 / 48

郭留锋："锋"芒出鞘守大江 / 51

郭铁女：规划江河的"铁女人" / 54

何朝勇："傻子"与"狂人" / 57

蒋安成：用生命诠释水利局长的职责 / 59

蒋志刚：爱在青山绿水间 / 64

柯于义：老西藏精神的诠释者 / 70

老　谭：水利站长忙普查 / 73

雷泽太：勤恳为百姓办事 / 76

李传发：老局长的水情缘 / 78

李　昊："80 后"河官履新 / 80

李　辉："水二代"的青春人生 / 82

李慧情："急"的是病人"想"的是患者 / 85

李全力：通信站的光阴 / 88

李新国：洪峰面前的选择 / 90

马文进："晋中好人" / 92

刘和全：栉风沐雨写忠诚 / 94

罗　刚：用充实的工作忘记病痛 / 98

宁　勇：身上打了 8 根钢钉的建设局长 / 103

蒲前超：青春护水源 / 108

钱　成：南渡江畔女"哨兵" / 111

秦以培：拥有以自己名字命名的劳模工作室 / 115

曲少军：为"沙"消得人憔悴 / 118

阮家春："水库是我一生服务的地方" / 121

尚吉武：泵站就是家 / 124

石郑州：青春在王屋山上闪光 / 126

司兆乐：用一生书写共产主义信念 / 129

宋桂先：三股劲无愧黄河人 / 131

孙长茂："没想到会在山里干一辈子" / 134

孙国永：首席技师练就一刀准 / 138

孙幼安：水利局的"螺丝钉" / 141

谭　琼：80后巾帼排水建模立奇功 / 143

汪洋湖："'一把手'就是单位的'一杆旗'" / 147

王传军：情满沂沭河 / 159

王道席：黄河浪上踏歌行 / 162

王定学：做群众贴心的干部 / 166

王洪龙：用身体检验水质 / 169

王建卫：情系雪域高原 / 172

王明海："老水利"生命定格在59岁 / 176

王　蔚：和田人心中的"水神" / 179

王晓梅：堤防养护技术能手 / 190

王亚飞：黄河岸边追冰人 / 193

吴文柱：滁河岸边的水文尖兵 / 196

席根如：扎根基层写赞歌 / 199

谢会贵：格桑花为他作证 / 201

谢建伦："旱情一日不除，决不离渠" / 205

谢作炎：丹心一片献水利 / 207

徐加东：将测绘仪器架设在"世界屋脊"的江苏水利第一人 / 210

严钰雯："亲亲我的宝贝" / 214

燕胜年：职业生涯中的"风·林·火·山" / 216

杨凤兰：将"水钻石"镶嵌在撒哈拉 / 220

杨国德：山沟沟里的水文达人 / 227

杨　洁：江西"水保"一面旗 / 230

杨铁轮："龙王"送水 / 235

杨兆生、何祖兴：将军渠上两家人两代人 / 238

姚晶晶：大山里飞出又飞回来的凤凰 / 241

于文德：把青春献给祖国干渴的土地 / 243

张冬冬：滦河踏冰救人 / 246

张广学：里下河边的生命绝唱 / 248

张国泉：汗洒峰白河 / 251

张建设：疏勒河畔的坚守 / 253

张利军：灌区"高手" / 256

张　玲：灾区孤儿的爱心妈妈 / 258

张　猛："城市肠道活地图" / 260

张生贤：用生命诠释敬业的水利工程师 / 264

张士军：我的小段我的家 / 271

张树军：济北浮桥好班长 / 274

张铁龙：宿松皖江铸铁龙 / 277

张延仓：穿黄工程探路人 / 280

张宇仙：30年盯守沱江潮涨潮落 / 282

赵晓琳：冲在珠江一线的"女将" / 285

赵业安："活一天就要为黄河事业干一天" / 288

郑娟娟：闻风雨而动的人 / 293

郑　萌：用坚守诠释职责 / 296

钟宏联：岷江赤子 / 300

周海潮：最能承压的"舟" / 308

周尧坤：镇上的省级首席水利员 / 312

周卫东："把水库交给他管理，我们都放心" / 314

周业龙：抗洪一线—"蛟龙" / 317

朱宜飞：青春在"追风逐日"的梦想中闪光 / 320

祝向民：让塔里木河奔流不息 / 323

后记 / 326

中国水利人(1)

仓决扎西：为了高原的万家灯火

2013年2月10日晚，珠穆朗玛峰脚下的定日县曲当乡参木达村家家户户灯火通明，处处欢歌笑语，沉浸在藏历水蛇新年的喜悦之中。经过一天的电站维护检修后，仓决扎西欣慰地躺下了，然而，他从此再也没有醒来……

同事眼中的"热心肠"

仓决扎西1977年9月出生在西藏自治区琼结县一个普通农民家庭，从小就梦想成为一名工程师。1999年7月，他以优异的成绩从河海大学水电系水利工程建筑专业毕业，分配到西藏自治区水利技术服务总站工作。

他个子不高，浑身上下透着一股机灵劲儿。尽管毕业于河海大学，但来到单位，他仍乐意地从最基础的水利测量、描图、放线、施工、打井干起，只要大家喊他，不管是技术活，还是体力活，他都愉快地答应，全身心投入，从不挑三拣四。

仓决扎西制定了详细的学习计划，以便尽快提高专业技能，有时为了弄懂一个问题，他反反复复钻研，连走路也在念叨。有时还"厚着脸皮"，对老同志一缠就是一天，直到搞懂为止。没多久，他就成了单位的技术骨干。

生活中，仓决扎西是一个"热心肠"，待人热情诚恳。凡是单位的老同志，无论文化高低，他都尊称为"老师"。身边的朋友或同事遇到困难，他也很喜欢帮忙。从单位领导到普通工人都很喜欢他，虽然毕业于名牌大学，却没有一点架子，人又特别和气，大家都愿意和他交往。年长一些的同志还经常把他叫到家里，像对待自己亲兄弟一样对他。

地、县的同志到了自治区，也喜欢到他的办公室去坐坐，和他谈谈工作，拉拉家常。只要是能帮上忙的，仓决扎西都会很热心地帮助。时间长了，基层的同志常说："不好意思，仓工又麻烦你了！"仓决扎西则说："你们可别客气，咱们不都是为了老百姓嘛！"

农电局里的"活字典"

2003年，仓决扎西调到自治区农村水电管理局工作。从小就饱受缺电之苦的他，劲头更足了。他主动向领导请缨复核自治区"送电到乡"100座水电站的选址情况，深入实地去调查。由于这些电站多处深山峡谷，很多地方都不通公路，仓决扎西只能徒步前往，经常一走就是三四个小时。有一次，为了复核墨脱县亚东电站选址情况，仓决扎西和同事走了两天才进入墨脱县，腿肚子被好几条蚂蟥叮了，鲜血直流，他还是照样乐呵呵的，根本不当回事。在农电局的10年里，他的足迹遍布了自治区50个县400多个乡镇。

为了让边远乡村群众早一天用上电，哪怕工作任务再难再多，仓决扎西从不叫苦，对自己甚至可以说很严苛。那期间，他几乎年年春节藏历年都主动要求在单位值班。政工处一位负责人曾经很诧异地问他："前两天你才开了休假条，怎么没两天就来销假了？"他只是腼腆地笑笑："单位人少，事情太多了！"

工作中，仓决扎西就像铆足了劲的发条在时间中飞快运行。2005年，他考上了西北农业科技大学研究生，录取通知书已寄到单位。但当时正是编制水利"十一五"规划的重要时期，他毫不犹豫地放弃了。有人说："仓决扎西，你傻啊！"他却无所谓："我还年轻，机会有的是！"说完，又投入到紧张的规划编制工作中。仓决扎西的爱人在山南地区扎囊县电信局工作，两人聚少离多，常常爱人到拉萨没两天，他又下乡去了。提起往事，他爱人的眼泪像断线的珍珠一样掉了下来……

要想编好农村水电发展规划，加班加点是家常便饭。有时为了一个项目，仓决扎西经常要熬上三四个通宵。加班时间太晚了，他就和衣躺在办公室的沙发上倒头就睡。同事们经常看到他眼睛都快睁不开了，劝他休息。他却说："没事，我还年轻，坚持一下就好了。"用冷水洗洗脸，又接着干起来。

凭着扎实的水电理论知识和丰富的第一手资料，仓决扎西很快成了农电局里的"活字典"。遇到农村水电方面的问题，同事们总是第一个想到他："仓工在哪儿？如果仓工来了，就什么都清楚了！"仓决扎西也不辜负同事们的期望，总能娓娓道来，如数家珍。

在农电局工作期间，仓决扎西先后参与了水利"十一五""十二五"规划，农村水电"117"项目、送电到乡、农村电气化建设、小水电代燃料、无电地区电力建设等多个规划和项目前期工作，每次都能圆满地完成领导交办的任务，多次被局里评为先进工作者和优秀公务员。

村民的"贴心人"

2012年10月，西藏自治区创先争优强基惠民活动驻村工作队第二批轮换，按照计划，自治区水利厅负责的10个村40名干部将全部轮换，仓决扎西积极报名参加。厅党组考虑到2013年全区无电地区电力建设任务十分繁重，他又是业务骨干，决定不派他驻村。仓决扎西先后找到书记、厅长苦苦要求，说自己作为一名年轻干部，越是到基层越能锻炼自己，诚恳地希望组织能给他这个机会。

身边有人提醒他，曲当乡的条件非常艰苦。仓决扎西认真地说："我本来就是农村出来的，只要是为老百姓办事，在哪里都一样，能直接为村里的老百姓办点事，我感到更高兴。"根据仓决扎西的强烈意愿以及培养锻炼干部的目的，水利厅党组经过慎重研究，最终决定派他到曲当乡参木达村驻村并担任副队长。

进驻参木达村后，仓决扎西和队员们很快进入角色，访贫问苦，挨家挨户宣讲党的十八大精神。村里到处都是他不倦的身影和爽快的笑声。可一回到驻地，他又常常眉头紧锁，眼里的参木达村群众如此贫困，使他常常夜不能寐。在他的枕头下，随时放着笔记本和笔，有时半夜突然想到一个好主意，便翻身起床记下。在驻村的短短两个多月里，仓决扎西已向工作队提出合理化建议20多条。

仓决扎西和队员们致力于改善参木达村群众的居住环境，先后多次到区、地、县相关部门汇报请示，将村内道路硬化项目列入有关部门的议事日程。随后，他又和勘测部门一起冒着冬季凛冽的寒风实地勘测，跑上跑下。回到房间，他还忍不住要手舞足蹈比划半天。

为了拓宽参木达村群众的增收渠道，仓决扎西精心设计了村标准电磨房；为了村里的500亩生态造林项目，他多方奔走；为了修建村里的水塘水渠，田间地头到处都是他的脚印；为了丰富群众文化生活，他和队员们组织了村里的首支文艺队。岁末年初，村子里天寒地冻，朔风连日，他坚持和村文艺队员一起排练。夜深了，他亲手为文艺队员送上热腾腾的饺子。村民们第一次看到了自己的"春晚"，一个个笑得前俯后仰，老人们高兴得直流眼泪。

驻村后不久，仓决扎西就患上了疾病，因为怕影响工作队的正常工作，他向队友隐瞒了病情，默默忍受着病痛的折磨。2013年2月，队友们发现他在暗地里吃药，都劝他回拉萨治疗。他却说什么也不同意，仍然抱病值班："没事，现在驻村任务这么重，等忙完这一阵再说。"

2月10日正值藏历新年，仓决扎西冒着严寒，带病走了20多公里的冰雪路到曲当乡电站维修机组，排查问题，确保全乡群众节日期间正常用电。天黑了，他才拖着疲倦的身体返回驻地。本想静静地休息一会儿，但由于身体极度疲劳，终因睡眠呼吸暂停综合征并发高血压，他再也没有醒来，就此离开了他热爱的农村水电事业，用36岁的年轻生命兑现了"为了群众的利益，甘愿奉献一切"的誓言。

◇ 本文发表于2013年3月28日《中国水利报》
◇ 作者：易云飞、朱凌云

曹君：荒漠甘泉护水人

一

风起后，宁夏盐环定扬水管理处三楼上也有股呛人的味道，黄沙从城外弥漫过来了。我们想，明天去沙漠深处，将会遭遇沙尘暴。4月25日一早，汽车出吴忠城，天空阴霾，路上却见到一处处积雪。过了管理处一泵站，荒漠里已是一片银白。

曹君开车。他是四泵站党支部书记、站长，穿一件深灰色厚外套，沉稳寡言。9点多，我们到了四泵站。这是沙漠里的一畦绿洲，围墙外杨树参天，院落里有几排平房，平行的两栋粉刷后呈米黄色，有廊道连接；操场边，丁香、迎春花、海棠等开得正艳，像个小花园。

这里平均一个泵站有职工20人左右，四泵站19人。他们实行四班三倒制，3人一组，上9天休3天，除了值班和正在休息的同志，站区显得很安静。

曹君换上工服去厂房，戴上安全帽，先到高压室查看，又去厂房检查电机、水泵。厂房闷热，噪声大，值班长过来打招呼，说什么都听不清。

走到厂房外变电所前，曹君说，每年过完春节，他们就要早早对机组设备、渠道工程设施做全面检修维护。从春天开机上水到秋天停水，每天24小时不间断，要连续运行5个多月。他上下午都要去厂区看看，不去不放心。曹君妻子曾说，有次去泵站看他，大半夜他突然惊醒，说是爆管了，平时埋怨他老不回家，没想到他们天天承受着这么大的压力。

还真出过险情。2003年，那时曹君还在六泵站。夏灌高峰期，一节渡槽止水橡胶突然裂口，渡槽排架地面被冲了个大坑。他火速组织职工赶到现场，用纤维袋装上沙子抛下去堵，可很快被湍急的水流冲跑。他忙让同事用绳子绑住自己的腰，跳进近两米深的渡槽，钻入水中才将漏水口封住。

这天下午，遇到宁夏盐环定扬水管理处处长李克文，他正好率几位工程师到四泵站检查会商部分压力管道维修问题。泵站工程设备老化，曹君与同事先一节节排查，被沙土掩埋的用锹挖出来检查，仔细观察、敲听，按危险程度标上不同记号，便于值班人员巡查，并上报管理处。

盐环定指宁夏盐池、甘肃环县、陕西定边三县，差不多属抗战时期陕甘宁边

曹君在检查设备状况

区核心区域，也曾是干旱少雨、生态环境恶劣、地方氟病高发地区。1987 年，国家决定兴建陕甘宁盐环定扬黄工程，以解决老区缺水困难，改善当地群众生活生产条件。工程于 1988 年开工，1992 年首次通水，总扬程达 651 米，是亚洲最大的农村饮水工程。管理处管护 123.8 公里共用干渠，12 级泵站。

李克文称赞曹君，全线 12 个泵站在 8 个泵站工作过。他说，一个个泵站如同沙漠中的"接力棒"，由各段"扬黄人"将黄河水接力护送到老区。

二

初夏的雪，下午就无影了。曹君从温棚出来，满头是汗。温棚里种有黄瓜、西葫芦、豆角、韭菜等时令蔬菜。

沙漠里的泵站，仿若孤岛。刚来那阵，通勤车每周向 12 个泵站运送一次生活用品和蔬菜，前两天还新鲜，后几天就烂了。要在此安心工作，得先解决吃喝问题。曹君想，每天三班倒，下了班也回不了家，不如带领职工一起开荒种菜。从小在农村长大的他，整地种菜都会干，先是一两个品种，后来发展到十几个品种，还搭起了小拱棚。尝到甜头后，他又带领大家发展庭院经济，房前屋后种果树，养鸡鸭，他们站副食品慢慢实现了自给自足。

1990 年参加工作的曹君，是管理处第一批职工。与他一批来的 90 多名员工，如今留下来的不到一半，有的辞职在外成为大老板。李克文说，曹君每到一处，都把泵站当成一个家来经营。2012 年，曹君从九泵站调到四泵站，他以为是自己工作没干好。李克文告诉他，就是让他去把四泵站的工作抓一抓，带一带。

四泵站技术员马进宝在廊道边洗脸。他说，多年没得过先进的四泵站已经连续两年走在全处前列。休假回站刚换上工服的贾绍祥也过来一起聊，他们的工服都是浅蓝色。"就说那次挑粪吧，他第一个就跳下去了。"贾绍祥说，要给蔬菜上农家肥，厕所粪坑结成板块，要用铁锹撬，曹站长二话不说，穿着筒靴直接跳了下去。

"站长下去了，一共三个党员，我一看，该我了。"马进宝笑着说。

在他们看来，曹站长为人少说多做，以身作则，用心去关心每个人。泵站远离城镇，出租车都不愿进来，职工回家要跋涉10多公里路才能到公路上赶公共汽车，有同事还曾在沙漠中迷过路。曹君妻子在吴忠卷烟厂上班，工资比他高，他买回一辆二手车后，就成了义务司机，尽量接送回家的同事到公路口。

晚餐吃面条，同事们挤在厨房帮厨。民族地区，泵站都是清真灶，马进宝在做西红柿炒鸡蛋。他介绍正在忙碌的炊事员："我们这位女工家庭困难，15岁的儿子和年迈的母亲与她一起生活，一直无住房，工作上分心。曹站长来后积极与管理处联系，为她争取了一套公租房，解决了她的后顾之忧。"他端过面条来边吃边讲："2013年我老父亲去世，曹站长驱车200多公里来慰问，我母亲拉住他的手很感动。作为一个基层带头人，整天没见他闲过，真正是把泵站当成了家。"

泵站人不多，大家相处像兄弟姐妹，友爱体谅。生活虽单调，办公室却布置得雅致，有图书室、棋牌室，墙上党的群众路线教育活动园地规范，每个人的心得体会读了都感到实在温暖。

他们的宿舍多不关门，曹君寝室门背后搁着铁锹和沾了土的胶鞋。他巡堤回来取了碗去吃饭，一位泵站养护工的爷爷昨夜去世请假回家，他在顶班。

"可以安排其他人顶吧？"曹君点头，"但大家下班后都很累，我不会安排别人，反正我在办公室也坐不住。"他不善言辞，觉得应该做，条件艰苦，要拴心留人，就要尽量为职工创造和谐温馨的环境。

院子里种有桃、李、枣、苹果等果树，桃、李正在含苞。晚上，曹君和马进宝抱来柴草堆在树下。半夜4点，他又起来点火，为土地加温。

三

窗外有布谷鸟的叫声，据说过去泵站常听到猫头鹰叫，很少听到鸟叫。养护工每天要对渠堤巡护两次，第二天上午，我们随曹君巡堤。

靠渡槽排架不远，有两口水窖。经过多年努力，不少老区家家都用上了自来水，而泵站去年11月份才喝上自来水。曹君讲，过去都是从渠里引水到大窖沉淀，再流到小窖过滤，通过管道流到站区撒点消毒灵就作为饮用水。

曹君避开脚下低浅的草，踩着沙砾，边走边仔细观察渠堤，从四泵站走到五泵站，有4公里多。每次巡护得由五泵站值班人员在"养护工巡护日记"上签字后，再沿渠道另一侧往回巡查。

雪后的天空仍旧灰蒙，不过渠边的草已经泛绿，柠条灌木有1米多高。曹君停住脚步道："过去沿线看不到多少草，像远处一样遍是黄沙。"

突然觉得，那时远处没有耸立的风电，周围没有一点动静。这一带地处毛乌素沙漠边缘，毛乌素沙漠是中国四大沙地之一。走在这里四望，岗丘起伏，沙地连绵，节节攀升的渡槽、渠道蜿蜒在沙海中。

1996年，曹君被派往条件最艰苦的六泵站担任站长，在六泵站，他率先在全线展开了植树治沙行动。

六泵站居渠道首尾中段，位于沙漠腹地，人迹罕至。管辖的10余公里为流动沙丘，刮场风，门打不开，床上、碗里都是沙子。

"几场大风后，有些渠道就被填埋了，沙子比渠堤还高，分不出渠来。"曹君回忆。

泵站的同志都记得，有一年水利厅领导下基层与泵站职工一起清淤，风沙嘶吼，一锹挖下去，扬起半锹沙子，吹得人没办法干活。

一年里，曹君有两三个月都要带领职工清理风沙。"不能这样被动清淤，做重复劳动。"1997年，上任一年的他立下"军令状"，一定要将站区周边的沙子治住！

曹君老家灵武出过全国著名的治沙英雄，他摸索着在渠道两岸尝试生物治沙。在流沙集中的区域用麦草方格固沙，然后在方格里种沙蒿、柠条、沙柳、花棒等植物。

曹君每次回老家都随身带一个袋子，收集草籽、花籽回站上培育，还开着四轮车到几十公里外的地方采集沙柳种条，拿回来在渠道两旁种植。

沙与水本就相克，好不容易栽棵树苗，风一刮连根吹走。也做过泵站站长、如今是管理处检修队书记的高利兵曾见证过："沙漠里下场雨不容易，每次下雨，别人往屋里躲，六泵站的人却往沙漠里冲。"下了雨，苗子才好活。有段时间，

曹君参加泵站渠道劳动

六泵站职工"铁锹、防风眼镜、口罩"三件套不离身，男人帽子、女人头巾武装，成天就是治沙植树。有时风沙突起，遮天蔽日，只得死死趴在地上，鼻腔、耳洞全灌进沙子。"我们是来当工人的，不是来当农民工！"不少同事是城里来的孩子，从没干过重活。曹君说："那时讲什么也没用，只有往前冲，冲在前，大家总会跟上来。"

没有机械，全靠人力。安装防沙草障水泥桩和刺丝围栏的时候，正值隆冬，曹君与同事常常干到晚上，看不见，打几个手电筒照亮；沙地车辆进不去，人挑肩扛，硬是把几百个水泥桩抬进现场。

沙漠里，能坚守下来都不容易，没想到他们手握铁锹，脚穿胶鞋，迎风斗沙，依然在上演激情燃烧的故事。

曹君扶着高过人头的柠条，脸上满是欣慰。10多年过去，如今六泵站渠道两侧形成了百米宽的绿色长廊，杨树成林，花棒成片，锁住了滚滚黄沙，保证了工程安全行水。

四

与曹君接触，会感受到他身上有种理想主义色彩，他的书柜里藏有现代史书和革命题材小说。作为一个西北人，他对缺水困难有切身体会，不少地方长年喝含氟的地下水，40岁以上的人牙齿发黄，70多岁的老奶奶就佝偻着腰没法看太阳了。他深知，扬黄工程像血脉一样穿过荒漠，将黄河水送到老区、民族地区、贫困地区，既是民生工程，也是民心工程。

管理处常组织新进员工到受水地区了解民情，接受岗前培训和入职教育。盐池县曾是陕甘宁边区经济中心，李季的长诗《王贵与李香香》就创作于此；环县山城堡战役，是红军长征胜利结束的最后一仗，歌曲《咱们的领袖毛泽东》就诞生在环县；定边是陕甘宁边区北大门，"一道道水来一座座山，赶上骡子走三边"。然而，这些地方山大沟深，丘壑相间，缺的就是水。

曹君明白，盐环定工程送去的不仅是生命之水，还是党和人民的深情；所做的工作枯燥琐碎，却与先辈的事业一脉相承。

"天上水、地下水，比不上黄河水；亲情、友情，赶不上扬水情""心系灌区，服务民众"，九泵站办公室挂满锦旗。九泵站承担着灌区供水任务，这里两片灌区涉及16个村5000多人，人均收入由灌区开发前的338元，提高到现在的4200元，翻了11倍还多。

2009年10月，曹君调到九泵站当站长。灌区支渠长，地分散，配套设施老化，加上种植的农作物品种多、用水紧张，老百姓为争水吵过架，动过手。按说，这些事与泵站关系不大。但曹君了解情况后，常走村串户，调解纠纷。

隰宁堡村是个回族聚居地，2010年持续干旱，春灌中支渠水泥板突然垮塌近20米，群众担心庄稼灌不上水影响收成。村里支渠长王玉平说："曹站长得知情况后，立马让配水员关闭斗口，还开着四轮车拉着职工，带上铁锹、沙子、水泥赶到村里帮助抢修，一起整渠坝，铺板板，勾缝子。乡亲们都说他们是我们庄稼人的贴心人。"

曹君理解的工作很简单，就是为人民服务。潘儿庄是个移民村，也是周边远近有名的西甜瓜产地，水口多，调水频繁，下游灌水困难，瓜农意见大。曹君就去村里听取意见，给他们发《用水明白卡》，商量制定先下游、后上游，先高口、后低口的轮灌制度。还邀请行风监督员和群众代表到泵站参观，到斗口看配水流量。几轮灌溉下来，一些争水户"规矩"了。村民们说："这个曹站长心眼好，会办事。"

他还带领职工到吊庄移民小学结对，带头捐物捐书；为附近儿女在外打工的老大妈拉水，干活。在他的观念里，能做事是幸运，能帮助别人是幸福。

"黄河水最甜，共产党最好。"曹君说，看到村民送来这样的锦旗，他心里很满足。

五

墙上有钻机声，副站长张磊与同事跪在地上用水钻钻洞，过去站上宿舍烧炉子，今年冬天可以用上电暖器了。张磊调来四泵站不久，他说，曹站长身上有种正能量，能给集体带来好风气。

长年奋战在沙漠戈壁，曹君的脸晒得黑黑的，手掌粗厚。他说，得感谢多年的体力劳动，除鼻子"吃"进不少沙，留下全阻性鼻窦炎后遗症，身体没其他毛病。

曹君1969年出生，曾以3分之差高考落榜。1990年听说盐环定管理处招工，父亲动员他去考，没想到被录取了。许多同学羡慕他找了个好工作，可到了泵站，映入眼帘的是荒凉，感受到的是寂寞，他的心情冰凉，后悔不该来这个单位。担任村支书的父亲语重心长地告诉他："水利工作哪点不好，直接为咱老百姓服务，你可不要站在这山望那山高啊。"

管理处领导找他们谈心，对他们讲，在泵站也可以在职学习，参加考试。就这样，他的思想慢慢转变了，随着时间推移，岗位磨炼，渐渐爱上了这一行。1994年8月，他光荣地加入了中国共产党。在从泵站值班长、技术员到副站长的成长过程中，他先后进修了华北水利水电学院函授机电排灌专业和中央党校经济管理专业，成为一名工程师。

2004年4月，在六泵站治沙关键时期，曹君61岁的母亲因患心脏病需要到西安动手术，家里来信让他回去。2003年母亲患肾脏病住院就因为忙没能回家照顾，他心里犯了难，煎熬折磨，直到带领职工浇完500多亩的灌木，才踏上去西安的列车。一进病房，他泪流满面，伏在母亲床前一句话也说不出来。

母亲的病稍有好转，父亲骑摩托带着她第一次到盐环定看儿子，到了六泵站，看到荒无人烟，比老家农村还艰苦，母亲心疼得当场哭了，父亲也默不作声。这时，轮到儿子来安慰两个老人。曹君告诉父母，他们正在治沙植树，条件会慢慢好起来。

曹君最愧疚的是母亲，父亲做了27年的村支书，家里30多亩地全靠母亲种，累弯了腰。邻居家的年轻人都不让父母下地了，他作为长子却不能分忧。弟弟辞职做生意，2008年在吴忠买了房，把父母接到城里生活，可这时母亲身体完全垮了，三天两头住院。2010年母亲心脏病突然去世，曹君赶回家，跪在灵前撕心裂肺地痛哭，悲痛欲绝。提到母亲，他眼里满含泪花。

母亲住院期间，护理的活更多地落到了妻子身上。妻子党丽娟介绍，同事都说她有个"隐形丈夫"，上班，带孩子，家里的事她一个人撑着。2007年夏天，她被查出疾病，大夫建议尽快去银川做手术。她打电话给曹君，希望能抽空陪她去，可曹君工作依然走不开。出院回到家，拖着伤口未愈的身体给孩子做饭，胳膊疼得抬不起来，她控制不住蹲在厨房大哭一场。

妻子委屈，但每当想起丈夫假期回来像还债似地做家务，专门为家里准备小药箱，送女儿去幼儿园，女儿在教室里哭，他躲在走廊里难受的样子，又觉得丈夫是一个细心的、体贴的老公。

2005年，曹君作为宁夏回族自治区水利系统先进典型在吴忠影剧院作报告，党丽娟带着女儿去会场，看到曹君身披绶带、胸佩红花站在台上时，女儿对爸爸赞不绝口，满脸敬佩和骄傲。2013年女儿主动报考了河海大学，父女都与水利结下了不解之缘。曹君70多岁的老父亲也为儿子的成就感到自豪，他说："我们家6口人，有4个党员，我们都在为党工作，干的是革命工作。"

女儿要去南京上大学，2013年9月，曹君早早买上火车票，准备出趟远门送女儿。因为受水区发生秋旱，上级决定延长供水时间。曹君又想退票留在岗位上，李克文告诉他："站上有其他人值守，你放心去吧。"这是曹君第一次走出宁夏，但他在南京只待了两天就匆匆回到泵站，他的心牵挂在盐环定扬水事业上。

宁夏水利厅纪委书记崔莉介绍曹君，特别提到他的眼睛，说一个40多岁男子的眼睛还那么单纯清澈，一个人只有无私，不计较个人得失，才会保持那种纯净。

第二天下午，曹君开车送我们到吴忠。路上，不时会看到"向曹君同志学习"的标牌，他是10多年的行业标兵，是自治区第十一次党代会党代表和"宁夏好人"，是水利系统劳动模范。

曹君希望有一天，渠道沿线不是绿色一排，而是一片，有更多的人来做沙漠水利游。

在遥远的荒漠里，一渠生命水在静静流淌，一群水利人在默默坚守。

◇ 本文发表于 2014 年 7 月 1 日《中国水利报》
◇ 作者：胡争上

曹儒珍：棠荫岛上二十七年的坚守

"你的血吸虫肝硬化病史已经有 30 多年，想治愈已不可能，我们最多做到不让病情恶化。"这是曹儒珍最近一次身体检查时，医生对他说的话。

曹儒珍今年 63 岁，看上去却跟 70 多岁差不多，人也很瘦，这些都是长年的血吸虫病造成。2010 年，他从江西鄱阳湖水文局副局长的职位上退休，喜欢上了钓鱼，没事就拿着渔竿到附近的洲滩上去坐坐。在鄱阳湖棠荫岛上待了 27 年，每天与湖水为伴，他早已习惯了安安静静的生活。

"苍蝇岛"初体验

棠荫岛其实叫苍蝇岛，顾名思义，就是因为岛上苍蝇实在太多。后来，当地老俵觉得"苍蝇岛"不好听，就改成了"棠荫岛"。名字是好听了，环境却还是那么恶劣。到现在，岛上还流传着一段顺口溜：棠荫血吸虫窝，蚊虫蛇又多；苍蝇握成把，人来无处躲。

1970 年，曹儒珍高中毕业，同年 9 月通过了鄱阳湖水文局（当时名为鄱阳湖水文气象试验站）测量员的考试。10 月 1 日一早，他背着行李从都昌县周溪镇的家里出发，要到因苍蝇和血吸虫而"扬名"的棠荫岛去上班。花了一个小时翻过一段五里长的山路后，鄱阳湖出现在他面前，眼前的景象与他想象中的波澜壮阔千差万别：没船没路，要想到达目的地，只有一段满是泥泞的洲滩。这段"路"在都昌县大名鼎鼎，叫做"八里江蚌湖"。

"十月份枯水期刚开始，鄱阳湖水位才退下去，洲滩上全是沼泽，深的地方到大腿这里。"曹儒珍回忆。看到这样的情景，他立马泄了气，磨蹭了半天才鼓起勇气走了出去，没几步，一只脚就陷在了泥泞里，因为行李太重，根本拔不出来。

到达棠荫岛上的时候，曹儒珍已经成了"泥人"，肩磨破了，脚上也起了水泡，原本干净的行李包变得脏兮兮的。他的心情低落到了极点，然而真正的挑战才刚刚开始：一上岛，成群的苍蝇拥了过来，冲得他眼睛都睁不开。

"以前只听说岛上'苍蝇握成把'，上了岛之后发现真是这样，只要你挥一下手,总能逮到几只。"曹儒珍回忆道。老站长汪泽培接待了他,把他带到站房,他立马发现这里走路的声音都与别处不同。怎么不同?带着噼里啪啦的响声,跟放爆竹一样。这就是踩到苍蝇的声音。原来,因为岛上苍蝇太多,大大影响了站上员工的工作和生活,员工们就每天把农药拌在粥里,在站房里外各撒一圈。曹儒珍到站上已经是下午,药死的苍蝇积累到了最高峰,这就是他一走进来,耳边全是"噼里啪啦"响声的缘故。

"饭也吃不下。一碗白米饭端出来,没过多久上面就盖满了苍蝇。"曹儒珍说着,脸上尽是苦楚。

就这样,他在条件如此恶劣的棠荫岛上住了下来。后来站上员工给他传授了一些岛上的生存秘诀:晚上不要出门,外面都是毒蛇;吃饭不要讲究,没什么菜;学会自己找事做,没事干很无聊;别太想家,一个月才能出去一两次。

"前面三条都很容易做到,可想家这个事,不是自己可以控制的。"曹儒珍带着微笑说道。后来他了解到,除了一月一次的正常休假,还有一个机会可以出岛,就是每周到周溪镇上去采买生活用品。本来是个与家人见面的好机会,可一想到那条八里长的"路",他也不知道是该高兴还是难过。

在狂风巨浪里战斗

十级台风、不到一个立方米的容身空间、一小时记录一次数据、连续24小时在茫茫湖面上,这是曹儒珍和同事熊道光一次工作的环境及内容。1975年8月,棠荫水文站开展了一个名为"风浪测验"的课题活动,目的是测量风速在水面上的梯度变化,与陆地上的风速变化进行对比,从而计算出两者之间相互转换的一个参数。因为要测量风速在水面上的变化,所以他们把测量时间选在刮台风的时候,整个过程,测量人员都必须待在水面上。

为了收集到更精确的数据,经过商量,测量地点选在了有"风窟"之称的褚溪河口。那片水域内有一个航标塔,课题组把塔中间一个距离水面五米的空格搭成一个棚子,五面都封上木板,只留一面背风口出入,空间不到一个立方米。

台风到来的下午,曹儒珍、熊道光乘船抵达航标塔。进了棚子后,他们做的第一件事就是在各自的腰上系一根指头粗细的麻绳,另一头在塔上绑成死结——这就是他们的"安全带"。做好了安全措施,两人发现一个重大情况:由于下船匆忙,带的两斤饼干落了一斤在船上,也就是说直到测量工作结束,两人的食物只有这一斤饼干和一小瓶水。

曹儒珍介绍,一般情况下台风会持续一天左右,两人怕赶上特殊情况,为节约粮食,头一天晚饭,每人只吃了五个硬币大小的饼干,到了第二天,这个数字更是减少到三个。然而相比于身体上的疲乏,这根本不算什么。

"地方只有那么大，高不到一米，在里面只能弯着腰勾着腿弓着背，没过多久就浑身发酸。"曹儒珍说，台风在外面呼啸，出去十分危险，可是在棚子里待得越久，身上的疲乏就越严重。最后实在熬不住，他一咬牙，冒险从棚子里慢慢挪了出来，两只手紧紧握住航标塔两边，人才敢慢慢站起来。站直了，在狂风中结结实实地伸一个懒腰。这个平常生活中再简单不过的举动，这时却要冒着生命危险才能做到。

坚持到第二天，两人身体上的疲乏都已经到了极限，好在这天下午风势小了些，大船过来接人，当时鄱阳湖水文试验站站长胡景会也在船上。看见二人平安无恙，胡站长没说什么，只是让他们赶紧到船舱里去吃两口热饭。

在曹儒珍的记忆中，但凡工作遇到危险，基本上都和风浪有关，1985年8月的一次测量让他印象深刻。鄱阳湖素有"无风三尺浪"的说法，那一次遇上暴雨，风浪大得吓人。曹儒珍和队员曹达利本来是在临近棠荫岛的蛇山主航道上测量，大风狂浪硬是把船只给推到了西北边的马鞍山。"当时我们死命划船才登上了岸，要不然再往西北边漂，就要到五六公里外的泗山，回来就难了。"曹儒珍介绍道。

马鞍山是一座孤岛，岛上荒无人烟，连个遮风挡雨的地方都没有。两人只好站在岸边淋雨，等雨停了才划船返航，回到棠荫岛已是凌晨。

这样的情况在水文站发生的次数实在太多了：遇上大雾天气迷路；涉过洲滩时陷在沼泽里；冬天湖水成冰，穿着下水裤一边破冰一边前进；夏天发大水，20多天轮流守在湖水里，一个小时报一次数据……曹儒珍说："既然选择了这份工作，再苦再难，都要做好，而且要做到最好。"

缠了他半辈子的血吸虫病

1972年，也就是曹儒珍参加工作两年后，有一天他突然发起了高烧。站上员工没当回事，让他在站房里休息。谁知过了几天，高烧还没退下来，老站长汪泽培察觉出不对，赶紧把他送到医院，一查：急性血吸虫病。

当时治疗血吸虫病治疗的方法是注射一种叫做"酒石酸锑钾"的药物。这种药对人体肝脏损伤极大，有1‰的死亡率，现已禁用于急性血吸虫病患者。1972年，曹儒珍因为急性血吸虫病在医院接受治疗，连续20天打这种针，每天一针。"得病不是最折磨的，治疗才是。打这种针，即使再身强力壮的年轻人也扛不住，每一针下去都生不如死，而我又是那种身体挺差的人。"说这话时，曹儒珍的动作大了些，显然是对当初的痛苦记忆犹新。

治疗到了中期，药效发作也到了最激烈的时候。"那时候躺在病床上，人恍恍惚惚的，意识已经有点不清楚了。吃不下去，但一直都在吐。"按医生的说法，这是最难过的一关，好在曹儒珍挺了过来，情况才开始有所好转。

20天的治疗期结束后，他出院了，然而这并不代表他的病得到根治。打这以后，血吸虫病导致的肝硬化一直都让他饱受折磨，同时受到折磨的还有站上的其他员工。

1982年，曹儒珍就任棠荫站站长，最关心的事就是站员们的病情。那时候，站上员工都有血吸虫病，需要定期到医院去医治，当时鄱阳湖水文局条件有限，大家看病花的都是自己的钱。次数多了，大家就抱怨这病是参加工作才得的，不应该自己花钱。曹儒珍非常理解大家的感受，下定决心要把这件事给解决掉。

1989年，原江西省省长吴官正前来视察鄱阳湖，询问站上有什么困难。曹儒珍意识到这是一次不可多得的机会，立刻反映了此情况。他适时提议，要把血吸虫病当做一种职业疾病来对待，由水文局统一组织员工进行医治。这话得到了吴官正省长的高度关注，意见立即下达。一个多月后，鄱阳湖水文局就收到了省水文局拨下来的血吸虫病治疗专项经费，站上员工及时进行了检查和治疗，多年看病难的问题得到解决。

这些年，因为上级领导的重视，曹儒珍的故事在水文系统里流传开来，很多人问他："血吸虫病缠了你这么多年，那你后悔当初去棠荫岛吗？"曹儒珍都是这样回答："没什么后悔不后悔，得这个病是在意料之中，只不过当时为了这份工作，也就没想太多。"

曹儒珍之所以说意料之中，是因为在都昌县，大家都知道棠荫是血吸虫重疫区，水文站职工和岛上居民染上血吸虫病的概率是100%。血吸虫寄生在钉螺里面，想不染病，唯一的办法就是不与水接触，这对搞水文的人来说根本就是不可能的事。所以选择到棠荫工作，也就等于选择了与血吸虫病作斗争。

与家人有关的老故事

曹儒珍有三个孩子，而三个孩子的出生，他一次都没有赶上过。老二、老三是过了月余才见到，老大虽然只隔了一个礼拜，却最让曹儒珍觉得自责，也最让他感到心酸。

那是1974年，妻子杨大妹怀了第一胎，全家瞩目，曹儒珍也牵肠挂肚。老站长汪泽培知道了这个事，一如曹儒珍新婚时一样，常派他去采买，于是他每个月都能回家与妻子见上两三面。"她生的那天我刚好在家，吃中饭的时候，她跟我说肚子有点痛，可能晚上就要生了，让我不要走。"曹儒珍回忆道。然而当天，老站长的指派里并没有"你明天再回来"一项。他看着妻子，犹豫了半天，最终还是选择了回到站上。当天晚上，杨大妹果然生产，因为第一胎的缘故，生产有些困难，直到第二天早上五点孩子才成功降生。

曹儒珍是在第三天才知道妻子生产了的。当时通讯不便，家人托了棠荫岛上的村民捎信，口信过了两天才到。初为人父，本来是件大喜事，可听到这一消息后，曹儒珍却只觉得心里不是滋味。

说起当年的事，杨大妹仍旧有些耿耿于怀："当时生完孩子，我躺在床上，眼泪就不停地流出来。"委屈是有，不过想到丈夫工作辛苦，她也没有过多地指责，反而百般迁就。有好几次过年，轮到曹儒珍在站上守岗，她就带着三个孩子跟着去，一家人在站上过新年。不过这可不是什么好玩的事。

1982年，这年春节轮到曹儒珍守站。腊月二十六，是他到站上接班的日子，这天的事他至今每次想起还万分愧疚。

这天清早，曹儒珍起床，发现一夜大雪把整个世界都裹上了银装，他的心就沉了下来。大雪还在下着，三个孩子在外面玩得欢，曹儒珍却坐在家里愁眉苦脸，心里想着：这样的天，可怎么走？他到门外去踩了一脚，雪没到了小腿，他知道在洲滩上绝对不会只是这个深度。

吃了午饭，一家人就要出发，孩子们就耍赖了。"他们当然不愿意去了，家里有人陪他们玩。我就跟他们说，我们不去，你爸爸一个人在那里，多可怜啊。"杨大妹回忆道。

就这样，一家五口还是按原计划出发了。曹儒珍担着年货和小女儿，杨大妹牵着两个儿子，一家人冒雪上了路。八里江蚌湖上的积雪果然深厚，崎岖的路藏在雪下，一脚下去浅浅的，下一脚就可能踩进了深沟。一家人不知道摔了多少跤，三个孩子更是哭了一路，到达站上已经是晚上。本来是寒冷的冬天，可是进到屋里，夫妻二人发现贴身的袄子已经被汗湿透了。

在棠荫站27年来，曹儒珍记不清亏欠了家人多少。每逢双抢时节，站上的员工都能回家帮忙，可作为站长的他不能，他要把这些机会让给站员，家里的事就全部压在妻子一个人身上。妻子抱怨，家人劝诫，曹儒珍却始终没有想过离开棠荫。其实在鄱阳湖水文局有这样一个不成文的规定，只要在棠荫工作有了一定年限，申请离开，上级基本上都会成全。然而曹儒珍始终没有提出过这一要求，直到1996年局机关因工作需要将他调离，他的棠荫岁月才算结束。

◇ 本文发表于2013年12月《江西水利人》
◇ 作者：占任生、何超、肖凯文

崔政权：大师风范励后人

2005年12月4日，在上海10年罕见寒潮来临的深夜，一双跋山涉水的脚板再也挪不开步子，一对深邃、睿智的眼睛再也无法睁开，一颗不知疲倦的心脏悄然停止了最后的跳动。中国工程勘察大师、水利部科技委委员、原长江委综合勘测局总工程师、模范共产党员崔政权同志，永远离开了我们，享年71岁。

噩耗传来，长江委人泪水涟涟、哀思如潮。有的专家学者请假自费乘机、坐车赶赴上海为他送行。消息传到三峡库区，秭归百姓要给崔大师树碑，巴东父老乡亲要为崔大师立传，奉节人民要为崔大师铸一尊铜像……

专家、同事为何对崔大师如此敬重？崔大师到底为三峡库区做了些什么，三峡人民对他如此感恩颂德？

一

让我们的思绪飞回到20世纪90年代初，聚焦在650多公里的三峡库区，一同搜寻崔大师如珍珠般散落在库区的点点滴滴。

众所周知，三峡工程的成败关键在百万大移民。1991年9月，崔政权奉命担任三峡库区迁建选址和地质论证的总负责人。三峡库区地质工作人称"通天工

工作中一丝不苟

程"，党中央和国务院高度关注，任何一个闪失都会引起国际反响。崔政权常常告诫自己："要为三峡百万移民找到一个安稳的家园，对党和国家高度负责。"

"三峡工程是国际一流工程，我们的工作、我们的成果也必须是第一流的。"这是崔政权给长江委地质人员，也是给自己定下的标杆。虽然年近花甲，但无论严冬酷暑，还是暴雨大雪，皮肤黝黑、面容清瘦、身体单薄的崔政权每年要巡查库区两三次，行程数千公里，攀高坡，下沟谷，足迹踏遍三峡库区的每个角落。

1994年10月，崔政权带领长江委地质人员用3个多月时间对三峡库区20个县（市）150余处可供建城（镇）部位进行了全面考察，跑遍了5600公里库区淹没线附近的山山水水，做了大量细致的地质调查和勘测，摸清了移民城镇选址的地质情况。考察结束后，他立即向国务院三建委和国家移民局写出了《关于三峡工程库区涉及移民工程的地质、岩土工程问题的报告》。1995年元月，他又亲自拟订了《三峡工程库区城镇建设中岩土工程实施要点》，为城镇迁建选址提供了地质依据，有力指导了迁建工作。

沟通中侃侃而谈

巴东县城自古以来就是三峡库区中自然、地质灾害最为频繁的一个地区。仅1991年8月6日巴东老城发生的泥石流，就使1394间房屋倒塌，3人死亡，直接经济损失近5000万元。巴东人盼望早日摆脱地质灾害的魔影。

自实施移民工程以来，巴东人就以无比的热情积极选择新址。早在1979年，他们就请某规划院选址、详勘，并由上级批准黄土坡为建城新址。

巴东人以为找到了一个建立家园的安稳地方，于是在黄土坡大兴土木。截至1992年，新县城已基本建成，投资达1.8亿元，巴东县城的一大批机关已迁到黄土坡。可是崔政权却看到黄土坡地质灾害的魔影在步步紧逼。

1992年5月，第一次到黄土坡考察的崔政权对随行县领导说的一句话简直如晴天霹雳："巴东新县城建到了一个滑坡体上。这一带决不能再建设。另外，白土坡存在的地质问题也很多，也不能作县城新址。"他向巴东推荐了云沱、西瀼坡一带方案。崔政权的意见引起湖北省有关部门的重视，省人民政府召开专家论证会，并将新县城扩大到云沱、西瀼坡一带。

但1.8亿元的投资，当地政府哪能说放弃就放弃！在对云沱、西瀼坡一带论证的同时，黄土坡的建设一刻未停。1993年，崔政权再次来到黄土坡，看见二道桥沟一带正在开挖的巴东宾馆等建筑物的地基已呈现出滑坡体，崔政权立即阻止道："二道桥沟一带的建设赶快停下来，千万别再搞了，否则要出事！"

崔政权走后，巴东黄土坡的工程依然进行着。转眼到了1995年初，崔政权心急如焚，再次呼吁在黄土坡一带要严格控制建设规模，已建好的地方要搞好排水设施。后一点建议当地官员采纳了，他们仅仅花了半个月时间突击搞排水设施，其他的照搞不误。

面对这一切，崔政权突然感到自己是那么软弱无助，强烈的责任感和知识分子捍卫真理的使命感煎熬着他。一天晚上，熟睡中的崔政权突然被噩梦惊醒，他梦见整个巴东新城滑到了江底，他也因失职戴上了手铐。醒来后，他周身大汗淋漓："不行，我要对巴东人民负责，向上面反映！"

1995年4月，崔政权撰写了《长江三峡工程库区迁建城镇新址地质条件论证情况通报》。巴东县领导看了崔政权的报告，并对照他的一贯立场，感到崔政权也许是对的，于是停止了黄土坡上的一切建设。可是，已经晚了！

6月10日清晨5时45分，二道桥沟一带发生崩滑，体积达46000立方米，死亡5人，平湖路垮塌60米，直接经济损失近1000万元……

巴东县领导这才意识到"巴东县城的命运同地质环境紧紧联系在一起"，于是聘请崔政权为地质顾问。

8月6日，崔政权考察三道沟，又发现了险情。他对随行的副县长说："你要赶紧将这一带的单位和居民疏散到安全地带，这一带近期将要发生滑坡。尤其这座油库要搬走，否则滑坡下来引起大火，将成为特大灾害！"

副县长听了这番话着实感到问题严重，马上表态说："我们立即采取措施，马上疏散。"然后，他望了望离疏散带很近的一块地方，那上面有商店和住房，担心那一带也会遭到滑坡袭击，于是不安地问崔政权："那一带需不需要疏散？"

崔政权看了看说："那一带不受影响，不必疏散。"

一切都按照崔政权的要求安排妥当了，县领导更多的时候还是把不安的目光停留在那片崔政权说不用疏散的地方。同志们也暗暗为崔政权捏了一把汗，为他的预报，更为他说的那一块不必疏散的地段。万一有个什么闪失，尤其那块地段万一也出现了滑坡，房毁人亡，这可是要担大责任的呀！有人暗自嘀咕崔政权为什么不把保险系数弄大点，人家搬迁，又不用你掏钱；或者不要马上表态，只是说再观察观察。这样既不失身份，万一有什么情况，本人又不需要担责任，地方上也不好怪罪。他难道不怕因此身败名裂吗？

生性耿直的崔政权可没有想那么多，他只想尽快地将情况向上级汇报以引起重视。

8月15日，崔政权赶写了一份《巴东县城区主要地质问题暨需要抓紧进行的工作》报告。三建委、湖北省和巴东县的领导都开始密切注视三道沟。

10月29日，那个早已被崔政权预测到的滑坡恶魔向三道沟扑来，毁了170米209国道、70米港区码头、3个单位和3户农民房屋。由于预报准确，防范措施得力，无一人伤亡，油库起火的灾害也避免了。这件事震动了整个巴东。

巴东人到滑坡现场一看，简直惊呆了。崔政权让搬走、疏散的地段果然滑下去，崔政权没让搬的地段没有任何灾害痕迹！

"神了！真是神机妙算，佩服，佩服！"巴东地方官员和老百姓奔走相告。他们对崔大师彻彻底底地服了。

艰难困苦，玉汝于成。也许巴东人并不了解，在崔大师"神机妙算"的背后是多少岁月的颠簸、跋涉，是多少日夜的冥思苦想，是他千锤百炼后对三峡库区地质环境的了如指掌。惊诧、信服、感恩，又何止一个巴东，在秭归，在巫山，在奉节……到处流传着崔大师为当地人民指点迷津、排忧解难的动人故事。

据不完全统计，从1991年9月到1996年11月，崔政权在选址上为三峡库区新城建设避免了20余亿元损失。他带领同志们以国内外地质界从未有过的速度，完成了三峡库区迁建新址选择和地质论证初勘、详勘报告，共1000余万字、10000余张图纸。这一个个字、一张张图都凝结着崔政权的心血和智慧。

为了常备无患，做好地质灾害预报和新建城镇运行情况的长期监视工作，在崔政权的积极呼吁下，从1995年开始，库区12个县（市）建立了地质工作站，配备了专职地质员。崔政权为库区的地质安全安上了一双双警惕守望的眼睛。

每年七八月份，是大江大河多事之秋，崔政权总要求综勘局下发红头文件，通知三峡库区的所有地质工作站，同各市、县主管部门一道对长江干支流两岸组织巡查，对可能发生险情的部位超前预报。1998年7月至9月，三峡库区共发生崩滑126起，总体积达2亿多立方米，但因预报及时，均未发生人员伤亡事件。当地政府和老百姓说，有了地质工作站，我们住得放心，睡得安心，工作时不担心。

"山矮人高，水浊心清"，这是库区的一位县领导送给崔大师的一副对联，崔大师在库区人民心中的崇高形象和赤子情怀，跃然纸上。

库区的山熟悉他，峡江的水亲近他。他与三峡人有缘，三峡人因他而有幸。

二

有两件事是崔大师这一生深感欣慰的：一件事是为三峡库区百万移民找到了

一个安稳的家园，另一件事是在工程地质领域创立了一个新的体系。

1935年，崔政权出生于吉林省和龙县一个朝鲜族农民家庭；1956年，毕业于原东北地质学院水文工程地质系；1956年至1990年，从事长江干、支流丹江口、宝珠寺、江口、彭水等10多个大中型水利水电工程的地质勘察工作。他每完成一项工作或工程就立即进行技术总结，提出问题，并针对这些问题学习借鉴国外的先进理论和方法。在这个时期，他写出了几十万字的笔记，为后来出版的专著《系统工程地质导论》积累了宝贵的基础资料。

20世纪70年代初，崔政权的论文《岩溶作用动态平衡理论》在美国华盛顿召开的第28届国际地质大会上，成为"国际水文地质学新进展"专辑的特约论文。时任水电部副部长李鄂鼎和总工潘家铮都给予了很高的评价。

1981年9月，崔政权作为国内首批赴日进修生，到日本神户大学工学部土木系进行岩石力学与岩土工程研究。在日期间，后来担任国际岩石力学学会主席的樱井春辅导师对他的影响很大。导师渊博的学识、独特的见解、求知的精神在他的脑海里打下了深深的烙印。他暗暗下定决心，要成为中国的樱井春辅。

数十年来，崔政权是这样想的，也是这样做的。

回国后，崔政权建立了"系统工程地质"理论与方法论。1986年此项成果一问世，就被当时的国际工程地质学会主席称为开辟了工程地质学新的领域。该理论先后在清江隔河岩和高坝洲水利枢纽、湖南澧水渔潭电站等工程勘察实践中运用，创造了明显的社会效益和经济效益。1992年，他的研究成果被推广到全国水利水电系统。

同年5月，崔政权60余万字的专著《系统工程地质导论》出版了，荣获水利部优秀专著奖。国内外专家对该书给予很高的评价，国内专家们说："它标志着我国水利水电工程地质和岩土工程跻身世界行列……全书反映出作者站到了当代工程地质学发展的前沿……该书中的某些领域达到了国际先进水平，填补了国内空白。"

当时国内工程地质学有两大学派：成因学派和结构学派。专家们认为崔政权创立了第三大学派，即系统学派。国际工程地质学则有四大学派，即苏联的地质工程学、奥地利的地质技术或岩土工程学、美国的环境途径工程地质学、中国的环境地质学，而崔政权以系统工程地质学创立了国际工程地质学的第五大学派。崔政权因此被载入中外地质学史册。

除系统工程地质理论外，崔政权还提出了滑坡滑动的"起跳点"，斜坡变形破坏的新模式——"坠覆体"等新概念新理论。

1992年，崔政权获国务院政府特殊津贴。1994年，他被授予"中国工程勘察大师"光荣称号。

通过实践总结与理论研究，崔政权还建立了自成系统的岸坡变形、失稳预测理论与方法论。针对三峡库区，他拟定了"长江三峡工程岸坡变形、失稳监测预报系统"，开创了库区地质灾害防治的先河，引起国内诸多专家学者和国外地学界的关注。

"三峡库区地质活地图"、"库区地质灾害防治第一人"等有关崔政权的美名，在三峡库区，在国家有关部委，不胫而走。

1999年，崔政权的专著《边坡工程》（和李宁合作）荣获交通部科技进步二等奖。同年，崔政权成为中央电视台的"东方之子"，这期节目被特意安排在"五一"劳动节当天播出。崔政权由此走进了千家万户，成为劳动者学习的榜样。

不经几番寒彻骨，哪得梅花吐清香。崔大师卓越的成就源于他几十年如一日的辛勤耕耘。"务实、勤奋、坚持、成功"是他一贯遵循的工作原则。凡接触过崔大师的人，都能感觉到他身上始终有一种奋发向上、孜孜不倦的敬业精神。

一般人能学好一门外语就属不易，崔政权却主要靠自学掌握了日、英、法、俄四国语言，其中日语和英语达到能熟练跟外宾交谈、发表论文的水平。当年考神户大学进修生，为了过日语口语关，崔政权每天早起对着墙壁苦练，最后练得舌头红肿、流血。一本《现代美国口语辅导手册》，崔政权每次回家一有空就捧读。53岁那年，他不知老之将至，又开始学习法语，很快就达到能翻译著作的水平。

细细算来，终其一生，崔政权从来没有休过假，无论是在查勘的车船上，还是在茶余饭后的空闲时间里，即使卧病在床，崔政权依然坚持学习。崔大师不喝酒、不打牌、不下棋，也不喜欢闲聊。他喜欢喝浓咖啡、抽烈性的"555"牌香烟，这都是长期熬夜养成的习惯。为了事业，崔大师一直透支着健康，耗尽了心血。

中国地质大学原校长、中国科学院院士殷鸿福极为推崇崔政权，他对崔政权说："我们这一代人拼搏的缩影就是你。"长江委综勘局的青年职工最自豪的一件事情是，别人评价自己的身上有崔大师的影子。

三

崔政权不唯书、不唯上、只唯实，一身知识分子的铮铮傲骨。当年奉节新县城选址，某专家断言三马山新址建在了滑坡体，新城建设被迫停工。当地政府非常着急，找到崔政权，他顶住巨大的压力，通过勘查分析否定了那位专家的论断，选定了口前—三马山新址方案，并在报告书上签署了明确的意见。此举确保了新城的建设进度和三峡水库135米蓄水如期进行。奉节原县委书记陈孝来提起此事，眼里含着泪花，动情地说，崔大师承担了别人难以承担的风险，尽到了别人难以尽到的责任，实现了别人难以实现的成就，他对科学和事业的追求使许多人只能望其项背。奉节县委常委孙开武说，崔大师不是奉节人，但他以科学严谨的工作态度、求真务实的工作作风、敢于负责的献身精神为奉节新县城的建设作出了卓越贡献，我们要把崔大师写入《奉节县志》，传之后世。

如今，三峡库区的移民城镇大多已经建成或基本建成，并经受住了三峡水库135米、156米蓄水的考验，初步证明了这些城镇选址和建设的成功。

2001年9月，超期服役的崔大师66周岁了，他正式办理了退休手续。同事们都说这下崔大师可以好好歇口气了。可他哪闲得住啊，人退了心没退，继续忘我地工作。他身边的人都说，崔大师的一生都在工作。

论名，他是国内外享有盛誉的地质权威；论利，工资和津贴等收入足够晚年花销，完全可以待在家里颐养天年，但崔大师是个将事业看得比生命更重要的人。从工作岗位彻底退下来后，他除了参加国家有关部门邀请的会议外，就在家著书立说，对一生的工作进行全面总结，给后人留下了一笔精神财富。

2004年8月中旬，崔大师应邀参加了南水北调西线一期工程关键技术问题考察。考察途中，一向翻山越岭赛过小伙子的崔大师，突然又发烧又呕吐。为了能继续参加考察，他嘱咐同行的单位同事，千万不要把这件事告诉单位，也不要告诉他的夫人。

医生检查说肺部有阴影，建议住院观察，但崔大师说："没事，五六年前我肺部就有阴影，抽烟抽的，没事，没事！"他坚决要求和考察组的同志一道继续考察。

同事和医生都拗不过崔大师，只好让他带药上路。就这样，一路上在车上打着吊针，崔大师一直坚持在海拔4000多米高的地点考察。

考察结束回到武汉，医院确诊，崔大师积劳成疾，身患肺癌。

一个身患绝症的老人，这下总该好好休息了，医生也嘱咐他要静养，千万不能劳累。但崔大师首先想到的是来日无多，他还有很多的事没做完，他要同病魔搏斗，与时间赛跑。

在近一年的休养时间里，崔大师哪是在养病，他是在拼命呢！他每天伏案十多个小时，以顽强的毅力用英文写出了数十万字的专著《立足地表变形信息的滑坡预报系统》。

2005年秋，崔大师已是肺癌晚期。恰在此时，崔大师的专著成为国家科技部和欧盟七国合作的《中欧科技合作第五框架项目》的重要内容，被邀请参加10月在希腊海滨城市萨洛尼卡举行的欧盟第五框架项目"滑坡预警系统集成与优化"第五次会议。

由于夜以继日写书劳累，出国前几天崔大师说话常常吐词不清，妻子和同事都劝他不要去参加会议了，他却说："我要为合作项目做一个了断。"

10月15日乘火车去北京时，崔大师就感到身体有些不适。从北京飞往萨洛尼卡后，崔大师的反应更明显，说话越来越不清晰，每天表情十分痛苦，饭也不能吃，只能喝点汤水。由于崔大师说话不十分清楚，会议发言就由参加会议的几个同志分别宣读他的报告，崔大师坐在会场上一直坚持到会议结束。

会后安排考察欧盟几个国家的滑坡，这对身体已极度虚弱的崔大师来说，无疑是一个巨大的挑战。大家都劝他别去了，他摇摇头表示"坚决要去"。第一个滑坡考察结束时，崔大师的手脚已不听使唤，但他咬紧牙关，告诉自己：不能倒下，一定要考察完所有项目中的滑坡。他知道自己在国际地学界的影响，虽然年届古稀，但却代表了中国老一代工程技术人员的形象，不能躺下呀！

在崔大师考察完意大利东北部的一处滑坡时，他再也坚持不住了……

崔大师不愿留在意大利治疗，他惦记着后面还有几个滑坡要看。在医院住了一个晚上，打了几瓶点滴，他感觉身体恢复了一些，清晨又和考察团成员一起乘飞机，辗转希腊、意大利、奥地利等几个国家，考察完会议安排的所有滑坡。到意大利罗马机场时，崔大师无力地躺在候机室座椅上，身体感到非常难受，但他十分欣慰：他提交的《滑坡预警系统报告》获得了同行专家的广泛好评。

10月29日，由北京飞回武汉后，汽车直接把崔大师送到了医院。此刻，大师还没有意识到癌症已转移到脑部，他念叨的还是他和欧盟的合作项目。

因病情恶化，崔大师转入上海华山医院伽马刀中心进行治疗。伽马刀手术后最初的那段日子，崔大师自己感觉不错，他满怀信心地告诉前来探望的同事："假如上帝再给我5年时间，我会把欧盟的合作项目做得更好，因为这关系到国际威望啊！"

病中的崔大师每天脑海里仍思考着三峡库区，眼前常常出现幻觉：巴东的黄土坡、白岩沟、西壤坡……奉节的宝塔坪、莲花寺、三马山……秭归的茅坪、剪刀鱼、范家坪……一幕幕像放电影似的浮现在眼前。三峡库区的山山水水、星罗棋布的新城新镇，都连着大师的心，系着大师的魂……

直到去世前几天，崔大师每天依然牵挂着欧盟合作项目，那是他十多年来对三峡库区环境地质工作的总结，是他总结后创造性的立论。

弥留之际，他紧紧握住女儿的手，嘴唇微微蠕动，似乎还有好多好多的话要说……

大师带着遗憾走了。他放不下心爱的事业，离不开魂牵梦萦的库区。他没能看到移民城镇的最终建成，没能等到三峡水库的最终蓄水。

无需树碑，那库区一座座拔地而起的新城就是一座座丰碑；何需立传，大师的功业永远镌刻在库区人民和水利人的心中。

斯人已逝，风范长留。大师的精神永存，似古老的三峡，历久弥新；大师的生命不朽，像奔腾的江水，昼夜不舍；大师的事业常青，如薪火相传，继往开来……

◇ 本文发表于2009年9月22日水利部网站
◇ 作者：张志杰、刘军、单学忠、余满喜

代全胜：水库大坝"土专家"

初次见到代全胜，是在水库大坝的苗圃园。炎炎烈日下，黝黑的面庞，结实的身体，不高的身材，一顶草帽、一把镰刀的标配，一副地地道道的农民形象。有人开玩笑说："全胜，就你这形象，演个农村大叔，获奖是绝对的。"

也许是自小在水库边长大的缘故，代全胜对大坝有着天生的好感，大坝的一草一木、一砖一瓦他都如数家珍。加之父亲曾经也是一名大坝管理员，耳濡目染，使他对大坝的管理维护产生了浓厚的兴趣。

吴岭水库大坝位于湖北省荆门市京山县钱场镇，地处乡间，远离城区。身边的同事换了几茬，有的调进机关，有的职务晋升，唯有他每天面对枯燥的大坝，痴心坚守，从 1988 年至今，他多次放弃调动机会，一干就是 26 年。

身处基层一线，工作周而复始。他每天一次的巡坝，每周不少于三次的除草，如同设定好程序的机器人，工作安排得严丝合缝。除草、清杂、育林、查险，一遍下来就得半天，他从没叫过一声苦。管理所女同事多，每次给树苗浇水，搬运水管和安装潜水泵的工作基本上都是他主动来做，双手早已磨出了厚厚的一层老茧。他左手拇指有一处疤痕，就是去年夏天抗旱时搬运潜水泵被砸中留下的"印记"。

大坝所的同事都称他为"万金油"。无论是闸门管理、白蚁防治，还是防汛抗旱、环境绿化，代全胜凭借着自己的勤奋钻研，成了业务工作的行家里手。

2004 年，他接手闸门运行管理工作，针对启闭机闸门的运行管理，他组织制定了闸门启闭机的定期检修维护制度。在他的工作笔记中，详细记录了启闭机闸门各部位的运行状况，具体到每颗螺丝钉的使用年份、使用期限和使用现状。他常说："螺丝虽小，安全事大，绝不放过任何一个可疑隐患。"在他的精心维护下，启闭机闸门连续运行 11 年，从未发生一起安全责任事故。

吴岭水库大坝为均质土坝。置身坝顶，放眼望去，坝坡上绿草茵茵，库区里水波荡漾，蓝天白云下，景色如画，美不胜收。然而令人意想不到的是，这种土坝极易滋生白蚁巢穴。白蚁就如同坝下的"定时炸弹"，一旦引爆，便会酿成管漏险情，甚至溃堤垮坝，后果不堪设想。

代全胜 1985 年毕业于天门九真中学，1988 年 3 月参加工作。刚上班的他，面对白蚁防治这个行业，感到一切都是那么新鲜，那么陌生。为了提高自身专业知识和技能，尽快进入工作"角色"，他在没有白蚁防治基础的前提下，买来大量白蚁防治书籍进行钻研，硬是靠着不懈的努力，成了行家里手。

那段时间，他就像中了魔一样，潜心研究白蚁防治方法。白天蹲守在坝坡上观察、分析，晚上挑灯整理白天的研究心得。在他的脑海里，似乎已经没有了节假日的概念。

户外作业一肩挑

经过不断地观察、分析，他将大坝白蚁的活动轨迹了解得一清二楚，3月初白蚁苏醒繁殖，4、5月份设置松木引诱桩，10月份觅食冬藏，反复研究、实验，历经无数次失败，终于摸索出一整套适合吴岭水库白蚁防治的措施。吴岭水库大坝白蚁危害得到了有效遏制，他"土专家"的名号也渐渐响亮了起来。多家水库单位请他去指导白蚁防治工作，更有白蚁防治公司高薪聘请他做顾问，却被他婉言拒绝，他说："当初，我自学白蚁防治就是为了让吴岭水库大坝免受蚁患危害，安全运行。现在，蚁害得到了控制，我愿意为大坝继续坚守。"

在他的努力推动下，大坝所于1996年成立了白蚁标本陈列室。经过十几年的采样和收集，现在标本室共储存有500余份白蚁标本，其中蚁王、蚁后300余对，标本数量众多，种类丰富，为白蚁的有效防治发挥了重要作用，成为管理局白蚁防治对外展示的窗口，得到了省厅及相关单位的高度评价。

尽管别人对他的评价越来越高，他自己却清醒地意识到自身的不足。他的文化层次较低，理论素养不高，要想适应时代的需要，就必须不断地吸取知识的"营养"。他下决心报考了成人大专班，还结合实际，先后编制了《吴岭水库白蚁防治手册》《闸门运行管理规范》等多本技术性参考资料，在湖北省科学技术出版社出版的《华中昆虫研究》杂志上，发表了《吴岭水库大坝白蚁防治研究》的论文。

吴岭水库汛期为每年的 5 月到 10 月，历时半年。每年一到这个时候，代全胜就会多出一个"家"。这个"家"就是吴岭水库大坝管理所的值班室。一张单人床，一台旧电视，一部值班电话，加上零零散散的几件生活用品，就构成了他半年的"家"。

熟悉他的人都知道，他的家在钱场镇，家中还有 80 多岁患病的老父亲。每当说起家里的情况，他总是刻意地轻描淡写："这里离家不远，有什么事马上就能回去，现在是汛期，溢洪道闸门操作离不了人。"其实大家都了解，他是一个孝子，尤其是母亲去世后，父亲独居。每天早上办好工作交接，他都会给父亲买好早餐，父亲牙口不好，早饭就带些稀饭、面条；知道老父亲腿脚不好，他提前将中午、晚上要做的饭菜洗净放好。

选择了大坝，就选择了奉献。父亲的生日在汛期，作为父亲唯一的儿子，工作以来，他从没陪父亲过一个生日。"每次想起这件事，心里都觉得对不起父亲，汛期结束，一定给老爷子补上。"代全胜说。

顾不了自己的小家，他却将满腔的热情和丰富的情感奉献给了工作。有他的地方，充满了温情和快乐。在所里，从设备安装、水电维修，都是代全胜动手，不用请师傅。他的口头禅是"一来给单位节约开支，二来自己还可以锻炼手艺，一举两得嘛"。

代全胜在吴岭水库工作 26 年，闸门运行管理未出纰漏，巡堤查险从不间断，灌溉测流一丝不苟，大坝蚁患得到有效防治，如同他的名字"全胜"一样，他用自己勤奋的工作态度、朴素的工作作风、忘我的工作精神，做到了工作中的"全胜"。2009 年 9 月，代全胜被中国农林水利工会全国委员会授予"全国水利系统知识型职工先进个人"光荣称号。

◇ 本文发表于 2014 年 12 月 8 日湖北省水利厅网站
◇ 作者：鞠晓阳、圣明、伍绪涛

戴敬秋："追求完美才有动力"

多彩的水利人生

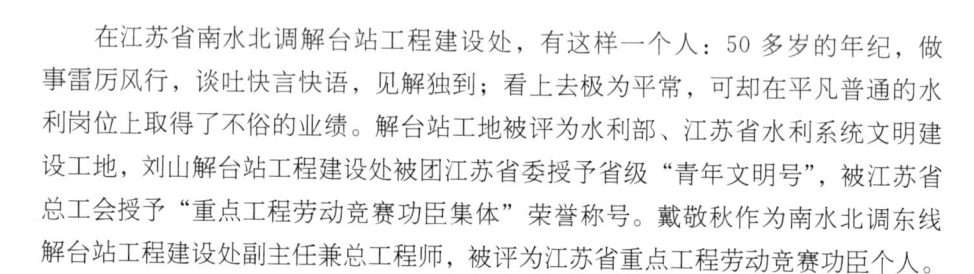

在江苏省南水北调解台站工程建设处，有这样一个人：50多岁的年纪，做事雷厉风行，谈吐快言快语，见解独到；看上去极为平常，可却在平凡普通的水利岗位上取得了不俗的业绩。解台站工地被评为水利部、江苏省水利系统文明建设工地，刘山解台站工程建设处被团江苏省委授予省级"青年文明号"，被江苏省总工会授予"重点工程劳动竞赛功臣集体"荣誉称号。戴敬秋作为南水北调东线解台站工程建设处副主任兼总工程师，被评为江苏省重点工程劳动竞赛功臣个人。

戴敬秋对记者说："我这个人工作上一辈子追求完美，正因为世界上没有完美，所以有了不断追求的动力。"

1977年1月，戴敬秋从华东水利学院毕业分配到江苏省治淮指挥部规划设计室工作。幸运的是，工作第一天就自带背包上淮安工地的他，在芦席工棚里同设计大师、中国工程院院士周君亮面对面地工作了大半年时间。周君亮大师的言传身教和务实敬业精神，影响了他30多年的水利人生。在江苏省水利勘测设计研究院工作的近20年中，戴敬秋从具体工程设计干起，担任过8年院长助理，兼任过技术室主任、计划财务科长、办公室主任和财务科长，其间还担任江苏水利大厦工程总监理工程师。1996年4月，他调江苏省水利建设工程总公司担任副总经理，先后担任江苏省重点水利工程泰州引江河高港枢纽、国家重点工程淮河入海水道滨海枢纽项目经理，负责的工程获得过鲁班奖、詹天佑奖和大禹奖、省级扬子杯奖等多种奖项。2003年年末调江苏省苏北供水局任总工程师。

就是凭着这股执著劲，在老一辈水利工作者的奉献精神激励和鼓舞下，作为退休前的最后一个工作站，他义无反顾地来到了南水北调东线解台站工程一线工地，担任建设处副主任兼总工程师，后又主持日常工作。

花费心血最多的项目

谈起南水北调工程，戴敬秋如是说：一辈子干了许多水利工程，也有一些成绩，但相比之下，投入精力最大、付出努力最高、花费心血最多的还是解台站项目。

来到南水北调解台站建设处后，戴敬秋首先考虑的就是如何凝聚参建各方，形成合力，做开明业主，使"打造精品工程"成为大家的共同目标。他明确提出建设单位不是设计、监理、施工、设备材料供应等参建各方的领导，而是以合同为纽带的参建各方中的主导方。对于核心作用，他给记者打了一个大蒜头的形象化比喻：建设处好比一头大蒜中心的杆子，其他参建各方则是围绕着杆子的一粒粒蒜瓣，底部的垫子和周边的蒜衣则是合同，使原本相互独立的各方凝聚在一起，成为一个有机整体。

建设处的同志来自全省各地多个单位，年龄从20多岁到60多岁，有干部，有工人，技术职称从初级到高级。为提供一个宽松和谐的环境，工地上设有卡拉OK室、阅览室、棋牌室、乒乓球室、篮球场和单杠、哑铃等文体活动场所及器械。每位同志生日时食堂都加菜共同庆贺，让其在欢声笑语中体验"家"的感觉；每逢重大节日，建设处都邀请工程所

戴敬秋（后排左三）在解台泵站主持生产会议

在地村庄、单位领导，全体监理人员和施工单位负责人、工种队长，到建设处食堂聚餐。一杯敬酒，一声问候，消除了误解，淡化了乡思，激发了工作热情。2006年7月1日清晨，戴敬秋为全体参建员工作安全生产演讲，从生命、生存到生活质量剖解安全生产的重要性，从安全帽的作用到怎样正确佩戴安全帽讲安全生产技能。句句肺腑之言，情真意切，使全体员工（特别是农民工）受到了一次实实在在的安全生产教育。

戴敬秋工作经验丰富，关键技术问题从不含糊，对年轻同志言传身教，传帮带，使不少同志受益匪浅。他常说，工作上抓而不紧等于不抓，要抓就一竿子到底。他在工作中尽心尽力，容易较真，凡是认为该坚持的事情就一定要坚持下去。因此，有人在背后称他为"老倔头"。他自嘲说，从正面说呢是执著，从反面说是固执，老顽固，但岁数大了，改也难。

解台站基坑土方开挖过程中遭遇复杂水文地质现象，戴敬秋凭借丰富的经验，立即委托勘测单位补充进行水文地质勘察，实施井点降水，试打深井，召集专家论证会。为了摸清异常水文地质现象的规律，他亲自组织现场观察、试验，24小时连续测量地下水水位变化情况。为及时掌握基坑水位下降情况和变化规

律，以便决策，他连续 30 多天亲自点绘逐日逐时地下水水位变化曲线，图纸长卷达 2 米多。当年他在泰州引江河高港枢纽解决基坑降水难题时历时 4 个多月，这次解台站复杂水文地质现象的探索、研究到基坑降水方案的实施直至降水成功，仅历时 40 余天，为工程建设赢得了宝贵时间。

泵站厂房内的噪声和回声是目前普遍存在的问题，戴敬秋组织施工单位攻关。经过多方案比选，采用自创的吸音装饰板方案，花钱不多，在全省率先解决了泵站噪声问题，切实改变了工作环境。该方案已引起不少建设同行的关注和兴趣。

解台站工程施工招标时，园林绿化部分布局方案尚未确定。实施过程中，戴敬秋从整体布局的设计思路，到具体景观小品的构思都亲自过问。现已建成的解台站管理区，无论是围墙、大门、站内主要道路，还是曲径、木亭、假山、葡萄架、戏水平台和宣传画廊，无一不渗透着他的智慧和辛劳。

一家三口在工地

在工地采访时，恰遇一位 50 多岁的女同志忙忙碌碌地张罗饭菜。记者当时没注意，以为只是建设处的工作人员。吃过晚饭后，从其他同志的口中得知，那位就是戴敬秋的老伴。

老伴在和他结婚前，是工厂里的先进生产者。退休后，为了支持他一心一意抓好工程项目，离开城市到工地"打工"。

也许是受戴敬秋影响，女儿在高考填报志愿时，愣是没有听妈妈报考师范院校的建议，最后报考了华北水利水电学院。2005 年大学毕业前，女儿先后报考了研究生和公务员，结果双双中榜。女儿自立、自强，给了过去很少管孩子的老戴莫大安慰。只是一家三口都在水利工地，作息不一定同步，团聚的时间其实很少。

戴敬秋对解台站工程建设管理的工作体会和感想颇多，这两年先后在有关期刊发表了近 10 篇建设管理和施工技术方面的论文。他说，离退休还有一年时间，退休后可能还会发挥一些"余热"，但作为主要负责人主持一个工程项目的管理工作将成为历史。因此，他把解台站工程戏称为"封笔"之作。他告诉记者，解台站建设处确实是一个战斗力很强的集体，自己仅仅是其中的一员。

戴敬秋概括自己的人生：宁负自己，不负家人；宁负家人，不负朋友；宁负朋友，不负事业；力争事业上追求完美。

戴敬秋不遗余力地为中国的水利、为南水北调工程的大厦添砖加瓦。他以这种独特的方式，为自己的人生绘就了一幅绚丽的晚霞图。

◇ 本文发表于 2008 年 11 月 28 日《中国水利报》
◇ 作者：赵洪亮、李松柏

邓自坚：西林河上父子兵

不惑之年转行自学成才的水利人

"西林河可是我们龙门的命根子！"说起西林河，这位76岁的老人情绪饱满、思维缜密，数十年间的记忆仿佛在此刻历历在目。

邓自坚回忆，新中国成立前的广东龙门县仅仅靠一个碾米厂在闲暇时段发电，因此当时整个龙门都面临电力紧缺的压力，家家户户有盏电灯就不错了，路灯更是想都别想。直到1964年，龙门有了第一座水利发电站——龙田渠发电站，装机容量为160千瓦，县城用电才有所改善。

1996年6月于珠海凤凰山水库工地考察
六角形混凝土块护坡新技术（中）

正是因为亲身经历过水利优势给予电力使用的便利，使得进入水利系统工作的邓自坚深感责任重大。1979年，41岁的邓自坚调入当时的广东龙门县水利电力局工作，虽然这对于原本从事畜牧兽专业工作的他来说是个重大的挑战，但他虚心学习，利用办公室资料员的身份，广泛查阅和掌握各种水利专业知识。

1983年，龙门县水利电力局组织专家调研全县水资源，建立水利规划，主要针对西林河进行了12级水利发电站的规划,邓自坚更加勤奋地翻查工程师技术材料自学,因为他知道,龙门更重要的水利时代来临了。

汛期顶住压力24小时巡逻不停

资料员的工作一干就是8年,邓自坚已经逐渐成长为一个合格的水利人,1987年,他被调往县三防办主持工作。

"以前只知道西林河能够带给老百姓福利,去到三防办工作后,更感到西林河带给老百姓的危机。"邓自坚说,由于西林河没有建设任何人工调节河流水位的工程,历史上,但凡降水偏多的年份,西林河就要带给龙门县城的老百姓一场水灾。在邓自坚的印象里,1953年、1959年、1966年、1974年都曾水淹龙门,尤其是1959年那次,当时的龙门县政府处水深超过1米。

1988年4月中旬,时任县三防办主任的邓自坚迎来了最大压力的汛期,"当时天堂山水库的建设已经启动,只要建设的这几年汛期熬过去了,以后就好了。"6月,对流雨比往年来得更猛,西林河的水位直逼警戒处,邓自坚和同事们24小时在西林河边轮流巡逻,"要随时关注土堤的情况,一旦发现管涌现象,要尽快处理。"手机不普遍的年代,他们用对讲机相互报告水情。"在我的印象中,我爸的对讲机整晚都停不下来。"邓自坚当时还在读初中的儿子邓文辉如是说。

专业人做专业事,新时期水利人子承父业

或许是那个6月留给邓文辉的印象异常深刻,那场西林河边的防汛战役以及父亲作为一个水利人的赤诚之心深深影响着这个年轻人。因此,邓文辉成了新一代的龙门水利人。

1992年,邓文辉从原广东省水利电力学校水电站电气设备专业毕业。作为当时为数不多的水利技术人员,他成为抢手的人才,进入龙门县渠首电站机修班工作,"我爸是半路出家,所以他特别希望我是个更加专业的水利人"。

邓文辉被分配负责电站的电器检修,每天上午8点半至下午6点,他和同事们轮流巡查,排除机器故障。这天,刚刚上班准备启动机器的他发现,立式机组中需要在发电前顶起的转子突然顶不起来了,仔细排查下,他发现是施力的压力油泵坏了,无法将刹车板撬开。"刹车板不开,顶不起转子,西林河水就会白白流走,这就是损失啊!"邓文辉很急,但因为没有备用零件维修,也行不通。最后,他赶往最近的虎跳发电站借压力油泵,单程几十公里的路程他往返下来只用了一个多小时,"只有用最快的速度才会有最少的损失"。

在龙门，像邓自坚、邓文辉这样子承父业的水利人还有十余人，他们将满腔热情倾注在西林河中。他们当中的父辈，顶住了西林河带给百姓的灾难，盼来了西林河小水电的辉煌时期，之后，又将自己的子女送上专业化道路，成为龙门水利电力大发展时代的支柱力量。

◇ 本文发表于2014年11月2日《南方日报》
◇ 作者：林文通、卢慧

窦青柏：把艰苦写成欢乐的歌

1992年，窦青柏参加工作，进入天津市水文水资源中心，20多年来一直扎根在水文测报一线。他以站为家，见证参与了水文测站旧貌换新颜的变迁。

随着科技时代的到来，干好现代化水文测报工作，光有奉献和刻苦的精神远远不够，必须要有现代化技术本领才能满足水文测验新技术的发展要求。当时在水文基层测站中，学历高的年轻人非常少，已近不惑之年的窦青柏便主动请缨，肩负起新仪器、新技术的掌握和普及任务。他通过培训和查看书籍，把"全站仪、GPS、ADCP"等新技术当成一个个硬骨头来啃，夜以继日、孜孜不倦地学习，用很短的时间就掌握了这些新仪器的使用方法，并抓紧组织职工培训，一遍又一遍不厌其烦地进行实际操作演示，实战中取得了好的效果。

2011年7月下旬，北京持续暴雨，猛兽般的洪水奔涌下泄。潮白新河黄白桥水文站水情接近历史最高值。汛情紧急，传统的流速仪法每次测流要耗时2个小时以上，窦青柏带领职工利用新仪器"ADCP"施测流量，单次流量测验仅20多分钟，为上级防汛决策赢得了宝贵时间，取得了"725"大洪水测报工作的完胜。

2012年7月21日夜间，天津北部山区蓟县的沟河罗庄子水文站突降特大暴雨，上游杨庄水库开闸泄洪。水情告急，窦青柏担心几位年轻职工没有测洪经验，便从百里外的宝坻连夜顶着大雨、冒着山区发生泥石流的危险赶到罗庄子站指导测报，此时蓟县闪坡岭进山口有警戒，经申请才准许他通行。进山途中，他在刮倒的树木中艰难徒步，走到半道还接到家里的电话，爱人从电视上看到山区有泥石流预警，声音哽咽着说："你一定注意安全，我和闺女等你平安回家。"来到罗庄子站，有20年测洪经验的他也感到了一阵阵恐惧。山区河道坡度大，水流湍急，洪水卷带着泥土和碎石，奔涌咆哮。他大胆启用特殊水情测验方案，合理安排测验时机，调整测验方法和测次，沉着应对，终于成功测到了该站30年来最大的洪峰过程。

水文测站人手少，常常要值夜班，窦青柏深知职工欠家人的太多，多次主动要求春节值班。尽管近年水文测站硬件设施有了较大改善，然而独守大年三十夜也难免心里如打翻五味瓶一般。2011年春节，窦青柏把大年夜值班时复杂而真实的感受写成散文《尽享这份美丽孤独》，发表在了全国水文文化核心期刊《江河潮》2012年第一期上。

窦青柏还发挥音乐特长，利用业余时间进行歌曲创作，凭借自己对水文工作的熟悉和热爱，创作了天津水文人之歌——《山水笑》。歌曲情感真挚，曲风流畅，在参加水利部水文局2014年度"全国水文优秀原创歌曲征集评选大赛"中获得二等奖。

生活中的窦青柏，爱好广泛，风趣幽默，正直正派，所在科室，职工关系融洽，大家精诚一心，业绩突出，近年先后获得过水利部、天津市水务局级先进集体，被授予先进报汛站、文明闸站、青年文明号、职工小家、文明科室等荣誉称号；窦青柏本人也获得了天津市政府颁发的引滦通水20周年先进个人、2014年五一劳动奖章等荣誉。

◇ 本文发表于2015年9月20日天津市水务局网
◇ 作者：文静

冯天彬：用脚步"丈量"出精确数据

看着存有全县普查资料的计算机设备和台账资料全被装上车，送往省里进行最终审核，陕西省吴起县水利普查办公室副主任冯天彬总算舒了一口气，历时 3 年的水利普查工作总算基本结束了。为了这些枯燥、单调的数据，冯天彬几乎跑遍吴起县的沟沟峁峁。可以说，这些数据是冯天彬和他的同事用脚步一个个"丈量"出来的。

勇当重任　白手起家

位于延安市西北部的吴起县，是中央红军长征胜利的落脚点。全县总面积 3791.5 平方公里，辖四镇八乡一个街道办，总人口 12.6 万，地貌由"八川两涧两大山区"构成，属黄土高原梁状丘陵沟壑区。

2010 年，水利普查正式启动。面对一没钱二没人的琐碎、繁重的水利普查工作，大家都不愿意接手。于是，局里将连续 5 年获得水利局优秀工作者称号的冯天彬作为首选人，让他担此重任。

"当时要钱没钱，要人没人，可以说是白手起家，工作开展难度很大。"冯天彬说。

冯天彬租用两套住宅楼作为水利普查办公室，在全系统抽兵点将，组建了由 20 名县级技术人员、39 名乡镇普查员、158 名村组普查员组成的三级专职普查队伍。跑县，上市，多方汇报，争取到 57 万元普查专项资金，一次性采购了 10 台电脑、6 部数码相机（带镜头）、1 套全功能投影仪、1 部全站仪、6 部 GPS、2 部对讲机，还有档案柜、阅览桌、办公桌等基本办公室设备，一个月内全县水利普查工作就开始运转。

同时，他积极参加水利部和省、市组织的培训工作，与进行过试点的相邻县区联系，学习先进经验，全县水利普查工作红红火火地开展起来了。

一步一个脚印采集数据

吴起县境内沟壑密布，地形支离破碎，地域广阔。冯天彬通过对全县资源分布、人员调配、时间控制、普查要求进行综合分析,将全县划分为13个乡级普查区、164个村级普查区;又根据县内区域特征,将乡、村级普查区在"八川两涧里"分别给予落实,使得物尽所用,人尽其才。

6月的陕北,没有一棵树掩映的乡间道路上,骄阳炽如火烤。冯天彬带领队员穿梭在吴起的沟沟洼洼。特别是在沟道侵蚀单元小班外业调查中,他将最难普查、最偏远的小班分包给自己。早上5点钟天还未大亮,他就和队友背着水壶带着面包启程了。没有路的山道里,他和队友背着仪器爬山开路,按照普查内容,打开GPS定位,铺开图纸,确定位置,画图,记录数据。正午的太阳照得人有点眩晕,身上的衣服已经贴在身上,大半天爬山测数据,队员们饥肠辘辘,疲惫不堪。

"要不咱们回去休息下,明天再来?"有队员打着退堂鼓。

"回去?明天还得来,光爬山就得两个小时。大家休息一下,吃点东西,再坚持一下。"冯天彬给战友们鼓劲。

随后,冯天彬背着最重的仪器和土样,带着队友继续前进,直到完成另一个小班的测定工作。像这样的长途跋涉,3年来,冯天彬记不清有多少次了。为了获得一条沟系、一座坝的数据,他们经常在荒无人烟的山沟里,一走就是几十公里。

有一次,就在第二个小班将要完工的时候,突然下起大雨,为避免图纸被淋湿,冯天彬脱掉外套把普查图纸包起来,吆喝着队友往山下车里赶。好不容易赶到车前,汽车却陷在满是雨水的泥巴路上,他又跳下车,和队友一起冒雨推着车前行。当走到柏油马路上时,大家已满身泥泞。回到县城时,已是万家灯火,虽然大家一天都没有吃饭,但终于完成这座沟系的数据普查,心里也是满足的。饥饿,连续的奋战,加上淋雨,硬实的冯天彬终于病倒了。然而,普查工作涉及面广,难度大,时间紧,任务重,他每天在医院打完点滴后,就赶回单位,继续工作。有两次他甚至举着吊瓶回到办公室,一边算数据,一边输液。

就是凭着这样一股不服输的老黄牛精神,冯天彬和他的队友不仅提前一个月完成全县12767个数据的外业普查工作,而且标准质量高,调查水平准,走在了全市乃至全省的前列。

◇ 本文发表于2012年7月20日《中国水利报》
◇ 作者:秦汉

淦家俊："黑包公"站好最后一班岗

他们一个月有 29 天都待在船上，夏天顶着烈日工作，冬天迎着寒风巡查；喝湖里的水，睡觉伴随着发电机的轰鸣声；没有娱乐活动，一天 16～18 小时的工作时间，随时处于待命状态；没有新的社会信息，唯一优于常人的生活条件是偶尔能吃上一条新鲜的鄱阳湖鱼……渐渐地，他们已经不能融入正常的社会生活，上岸看见五颜六色的灯光就会头晕。他们的朋友开始变少，圈子越来越小，慢慢地只剩下家人的理解和支持。

淦家俊和他的团队就是这些描述里的主人公。淦家俊今年 54 岁，已经当了爷爷的他，立志要在退休前站好鄱阳湖上的最后一班岗。

不近人情的"黑包公"

江西九江市河道采砂局副局长陈绪修谈到淦家俊时说了这样一句话："在九江，你找不到这种肤色的人了，和非洲人站在一起还真看不出什么差别。"

淦家俊没有"辜负"陈局长的评价。第一次前往湖边与淦家俊会面的时候，阳光很耀眼。快上船时，生产组的组员们都在船上迎接，还没看清楚人，远远就见阳光打在几个人脸上反出光来。其中一个人的反光尤其明显。再慢慢走近，不待采砂局的陪同人员开口，大家就认定了一个黑得眼珠和脸色几乎融为一体的人就是淦家俊。经过介绍，果不其然。

在船上，工作人员都习惯称呼淦家俊为"黑包公"。包公的意思不言而喻，强调他黑，不仅因为他的皮肤，更因为他的臭脾气，动不动就要拉下黑脸。

有一次，淦家俊在采区对廉政工作进行暗访，发现一站泵员桌上放有两包烟。经过了解，原来是该站泵员在配载过程中的工作让采砂船主非常满意，采砂船主临走时丢给他两包烟以表犒劳。本来不是什么大事，可是淦家俊偏要"小题大做"，黑脸就拉下来了。他不仅找到泵员大批了一通，还找到该运力负责人的手机号码，对其进行严肃批评，并要求将这两包烟立刻退回，最后还要求运砂主和站泵员当场写检查报告，第二天内部进行通报批评。

这样的事数不胜数。在淦家俊工作巡岗船的船舱墙面上，现在还贴着两张检讨书，其中一张写道：

检 讨 书

  在星子配载完后申请签证时，由于船头干舷不足，拿烟送给签证工作人员，我深刻认识到自己的严重错误，并保证以后不再犯同类错误，望上级领导监督。

  淦家俊的眼里就是这样容不得沙子，廉政方面永远是严防死守，不露任何一丝缝隙。"要想有攻不破的防线，就得把自己的防线守牢。"这是他常对工作人员说的一句话。为了杜绝腐败问题，就连一丝疑似问题他也坚决不让发生。有一次他在泵上解决矛盾纠纷一直到下午两点，由于没有吃午饭，泵主就安排了一顿简单的工作餐。可谁知第二天，淦家俊就吩咐人员买了些蔬菜和鱼送回去。他还亲自上门向泵主解释："不是说您小气，而是采砂工作中，廉政是我们第一位的工作。"从事采砂管理十余年，淦家俊坚持与采砂船主只谈工作，不谈交情。所以在船主的眼里，他可不是什么"好人"。"他这个人好'坏'的，我们做得不好，或者有一点什么不正当的心思，立马翻脸不认人。"采砂船主董兵说道。

  三言两语，既是佩服淦家俊的廉洁，又是对他的不近人情感到无奈。

  每天早晨，工作群里和泵主的手机上都会收到这样一条短信：

  廉政公告，警钟长鸣！请各位泵主严格遵守不给采砂管理人员"好处"廉政规定。如发现，第一次将处以100倍的罚款，第二次处以100倍罚款同时，取消会员优惠政策，第三次除以上惩处外，停产15天。

  在日常管理中，所有采砂船一律按排班顺序进行生产作业，并在网上公布。运砂船按照开票的先后顺序上泵配载，管理人员无法为采砂船、运砂船排队提供便利。在处理违规采砂船时，他会召集班组长成员集体研究，并及时向指挥所领导报告。"通过抓阄的土办法来决定开采顺序，这样大家也没什么抱怨。"淦家俊仔细地介绍着这些。在船舱采访期间，工作人员的电话不停地响起，处理纠纷，回答各种疑问，但他们说得最多的一句是："按规则办事，其他的别想。"

  做这一行的都明白，干得久才经得起真正的推敲。

  作为采区主管生产的负责人，淦家俊每天都会和采砂船老板打交道，难免要常常经受各种诱惑，但淦家俊说："我自己就只拿工资补贴，合法的就要，不合法的千万不能碰。"干这行的淦家俊就是看到不少同事因为经不起诱惑，一时糊涂而落得个铁铛入狱，因此他深知自己不能往那个坑里跳，一点苗头都不能有。

  淦家俊坦诚表示，自己也是普通人，晚上躺在床上偶尔也会想："如果拿了这钱，就能办些事，家里的一些问题也能解决了。"但终归只是偶尔瞎想，要付诸行动，"胆小"的淦家俊还真不敢。如今，淦家俊就要退休了，干到退休而不出事，是他最大的愿望。他时时刻刻都在强调，他要站好退休前的最后一班岗。

一切以安全为主

在淦家俊的床头，摆放着一台电脑，屏幕上的 QQ 群里不时发来消息：九点零五分浙临采发布"生产调度，强胜 89 还有一个小时可配载完毕，请帮浙临采 1618 安排下一条运力"。

2013 年，在淦家俊的建议下，现场指挥所将生产组与安监组合并成立安全生产平台，每天安排主管生产和安全的负责人在采区内不间断巡查，一旦发现有违规作业的采砂船立即对其停产整顿，同时，严格实行"一泵一船，先出后进"的制度。采砂期间，每艘采砂船一次只能挂靠一艘运砂船，待运砂船配载完毕并安全退出后，下一条运砂船才能上位配载。若发现采砂船锚泊拥挤而有安全隐患的情况，巡查小组会及时通知生产调度，停止发放运砂船，候载运砂船必须锚泊在划定的安全区之外，不得影响重载运砂船退档。

如今采砂管理井然有序，这在淦家俊担任组长之前是想都不敢想的事情。采砂局副局长吴鹏这样介绍："以前采砂的要不就是'湖霸'，要不就是不法商人，动不动就用刀子解决问题，再加上之前的私人开采，不法行为非常多。"许多采砂船主为了能够采到更多的砂，私底下通过各种方法与采砂管理人员拉好关系，长期下来，在采砂行业形成了一股不良风气。面对这个问题，在采砂统一管理后，理念之一就是"把焦点变成亮点"。而管理的办法说简单也简单，就是加强巡查，把一切有可能酿成大祸的小问题扼杀于萌芽状态。

聊到一半时，淦家俊的直觉提醒他巡查采砂船的时间到了，于是迅速穿好救生衣，坐上快艇，"嗖"的一下便向湖中央驶去。坐在快艇上的淦家俊一点也不闲，脑袋左右摆动，警惕地望着江面上来来往往的采砂船。到了某一个地方时，他突然起身站起来，盯着对面一艘采砂船，大声向工作人员喊道："你们的船堵到航道了，往那边一点，这样不安全！"这样大声喊了好几遍，一直到采砂船听见指令，按规矩把船停好他才停下来。坐下了他嘴里还在念着："这样很危险的，很容易引起船与船之间的触碰。"

五分钟过后，快艇靠近了方才那艘"九江采 89 号"。这是一艘 2010 年新建的采砂船。要靠近采砂船，必须将快艇停靠在采砂船旁，再从快艇跨向采砂船，虽是脚步一跨这么个简单的小动作，但距离窄小，快艇晃动厉害，四周又是湍急的湖水，一不小心失足了，就将掉进浩浩湖水中。淦家俊第一个跨了上去，再将其他人一个个安全拉上了船。随后，他便马不停蹄地在船上四处走动起来，观察采砂工作人员的穿着。按规定，船上不能穿拖鞋，必须穿着救生衣。走进船舱，船主热情地上来向淦家俊问好，淦家俊直奔主题："今天采砂情况怎样？"还没等船主回答，一个工作人员突然大声朝淦家俊喊道："来砂了！别说，你还真灵，你一上来我们这就有砂了。"待这句话落下，淦家俊便向船舱外走去，对着正迎面而来的一艘船比画着手势。只见他小拇指朝上，意思是减慢行驶。在江面上，采砂船的动力声音很大，交流的最好方式就是比画手势。"刚刚这样的情况就很危险，按那样的速度就有可能会发生碰撞"，淦家俊一边说一边马不停蹄地又赶往下一艘正在采砂作业的船。

自2009年以来，九江市对鄱阳湖采砂实行政府统一管理，开创了全国先河。这项艰难的挑战需要不断创新管理方法，改变以往不合理的开采方式，做到科学合理。这可不是一件易事，但有了淦家俊的参与，确实解决了不少问题。九江市河道采砂局局长罗百奚说过："办事关键还是要靠人，淦家俊就是靠得住的那个人。"

"我希望能定居在船上"

对于普通人来说，一个月只回一次家是件不能想象的事情，可放在淦家俊身上，情况就刚好相反。他不愿意回家："每次回到家都不安心，担心这个担心那个，生怕出一点问题，各种胡思乱想。与其那样纠结，还不如就待在船上来得舒坦。"作为采砂局的领导，局长罗百奚自然非常乐意看到淦家俊这样敬业负责的好员工，可是他更珍惜这样的员工，于是总强调劳逸结合。罗百奚局长说："每个月我必须强制下令让他回去休息，否则他是不会回家的，不回家休息怎么能行呢。"然而即使是有了领导的"逼迫"，遇到重大事故，淦家俊还是会义无反顾地放弃他的假期。

2012年3月6日，淦家俊的长孙女出生。家里打电话来报喜，初为爷爷的淦家俊十分高兴，心想一定要回去看看这个刚出生的孙女。待把各项工作都安排妥当后，他请了两天假，打算回家暂时享受一下这天伦之乐。可刚坐上车，他看到窗外的天空阴沉沉的，同时还刮起了大风，他的心思便也沉重起来，开始担心采区的工作。思虑再三，车子还没开动他就下来了，重新返回了采区。没能立马看到孙女的可爱模样，淦家俊心里有一些遗憾，可是他一点儿也不后悔，因为他回来之后及时地组织了防台风暴雨的工作，将一场可能发生的灾祸化于无形。

淦家俊一直说他有两个家，而他口中的"第二个家"，就在鄱阳湖的一条船上。这艘看似不大，却"五脏俱全"的船上住了五个人：副所长兼生产组组长淦家俊、安全监管班班长周建国、纪检保卫组副班长吴阳滨、快艇负责人李咸明、生产班班长胡克文。下到船舱内，是一个10平方米左右的空间，里面一张大的会议桌和几张椅子占据了四分之三的空间，桌上放置着的一台电脑不时发出"滴滴"的声音，这是他们为了方便管理建的一个工作群，平常用于加强采砂船主和管理人员的联络。电脑要等到一天工作完全结束后才能关掉。再往里走两三步,是船头一个2平方米的封闭空间,也是淦家俊平时睡觉的地方,不大的空间里竖放着两张单人床。

淦家俊的"第一个家"在永修,儿子现在在南昌办了一个厂,一家三口就在南昌定居了,如今家里只剩下妻子一人。对于淦家俊来说,年龄大是他自认为的优势,因为不用太顾家。他常对船上的员工说,"你们年轻人应该多回家"。有这么轻松的心态,自然要算上淦家俊的妻子一份功劳。他介绍道:"刚开始她也不能理解,但来船上转了几次之后,就特别体谅我,昨天她还来了。"

时至今日,尽管淦家俊已50多岁,但他从未懈怠。正如九江市河道采砂局柯毅副局长所说:"人多事杂,需要耐心细致工作;艰苦生活环境,需要吃苦奉献精神;高危职业,需要一身正气;安全生产要求,需要科学工作态度。这几点在淦家俊身上得到充分体现。"

◇ 本文发表于2013年12月《江西水利人》
◇ 作者:占任生、何超、周菁

高兴利：抢险队的后勤部长

在舟曲抢险一线，28 名抢险队员的后勤保障真是难坏了 58 岁的高兴利。

作为队中年龄最大的队员，他以前经常是以黄河水利委员会抢险专家的身份出现在一些特大抢险救援中。听同来的队员讲，高兴利参加过 1998 年九江堵口，2003 年的渭河堵口，还有蔡集堵口和汶川抗震救灾抢险等。而这次随队前往舟曲一线，他不仅要亲身参与一线抢险，而且奉上级指示负责全队的后勤保障工作。

舟曲在泥石流过后物资匮乏，抢险队不光缺水缺电，连队员们一日三餐的蔬菜都很难购买。在前 3 天从郑州装运过来的生活物资基本用完之后，高兴利不得不想尽办法到处寻找水源和新鲜蔬菜。得知南山上距离驻地 10 公里处有个云台村时，他兴奋不已，海拔近 1500 米处的水源是非常干净安全的。随即，他和驻地领导一同前往考察水源，并当即在云台村找了个小伙子，达成协议给驻地长期供水，终于改善了队员们用水困难的局面。云台村的小伙子一天两次用小三轮给驻地送来清凉甘甜的山泉水，队员们也终于可以在劳累一天后痛痛快快地洗个澡了。

就这事，高兴利很是高兴。舟曲灾后因为泥石流把城区所有的供水管道全部摧毁，饮用水和生活用水一度引起恐慌，安全有保障的水源至关重要。在舟曲，水是保障灾后抢险救援的重要生命源泉。因此这事不光是高兴利的骄傲，也是大伙最称心的事。

驻地卫生亦是高兴利最操心的事。抢险队来到舟曲已是受灾的第 4 天，卫生防疫成为舟曲救援重中之重的工作之一，驻地也不例外。28 名队员拥挤在当地居民两间房屋里，人多地小。因为前几天缺水不能洗澡，驻地气味难闻，加之山区苍蝇乱飞，高兴利看在眼里急在心里。他为了让驻地尽量干净卫生，亲自到城区找防疫疾控人员，请求他们每天给驻地消毒。

那天出现几个白衣白裤头戴口罩的人来驻地，给宿舍、厨房以及卫生间和垃圾存放处喷洒消毒液，几名队员很是惊讶："这里高出城区这么多，用得着这么兴师动众吗？"

高兴利说："传染病是灾后最容易发生的疾病，何况我们的抢险作业区就在

高兴利（右一）寒冬腊月奋战在项目第一线

城区，虽然住在山上，但人在危险区作业，这是很有必要的！"

不光请来疾控人员防疫，高兴利自己还跑到街上购买消毒液，只要进城的队员回来，他一定守在驻地大门口亲自为队员喷洒消毒："鞋底鞋底，这是最重要的部位，喷不干净不要进门！"

正是因为高兴利的严格作风，队员们都增强了自身安全的防范意识，从饮食到作业，大家都主动戴口罩，不喝生水，进门自动消毒。

驻地在高兴利的"保护"下越来越干净卫生，有队员笑称："老高把驻地弄得比舟曲的宾馆还带劲！"其实灾后的城区宾馆人满为患，卫生条件真不一定比驻地好。

高兴利不光要让队员吃上新鲜蔬菜，喝上卫生干净的水，还要置办必备药品，消炎药、感冒药等都不可或缺。每天，他都要在驻地吆喝："有不得劲的，头疼感冒发烧的都要吃药。"

高兴利毕竟是以黄委抢险专家的身份来到舟曲一线的，他还积极参与抢险队的施工方案研究和决策，亲自参加舟曲主要街道冲洗战斗。在和部队共同救援中，他仔细交代士兵怎么使用冲洗设备，要求队员多和部队战士交流，要把黄河人多年抗洪的经验传授给战士们，讲究配合效果。高兴利自己都说："没想到年近 60 了还能参与前方抢险救援，这是一生的骄傲。"

◇ 本文发表于 2010 年 8 月 20 日黄河网
◇ 作者：欧阳新华

葛东宝：带领大伙闯市场

同不善言辞的葛东宝拉家常似乎是件很费劲的事，眼前这位朴实憨厚的中年男人，咋看都不像一个领着几十号人走南闯北做工程的企业老总。

2010年初，葛东宝去河南金龙水利水电工程有限公司当总经理时，公司正处于经营低谷，企业亏损严重，外债高筑，职工工资都发不出。有人说，国企有国企的体制机制和管理模式，死活不赖个人，你去干几年拍屁股走人也没人拿你说事。

葛东宝不这样认为，想凭一腔热情带领大家走出困境。可他走马上任没几天，这种热情就被一盆冷水浇得无影无踪。上任后第一次开会，会议主题让人无语：商议职工要求贷款发工资的问题。当时葛东宝的心情相当复杂：既理解大家，又对大家那种根深蒂固吃大锅饭的心态感到无奈。

葛东宝面对面试着给大家做工作，想要大家认一个死理，那就是放下架子，像私企那样去闯市场，要有股一条道走到黑、撞了南墙也不回头的拼劲，这样才能自个儿救自个儿。

其实职工也不愿意半死不活地过日子。葛东宝的真诚和踏实让他们吃了颗定心丸。他们觉得让这位朴素而又谦逊的领导领着干，应该有翻身的一天。

葛东宝出手果然不凡。他上任不久就点了三把火。第一把火，把历来干好干坏都均分的工资单烧掉，工资直接和效益挂钩；第二把火，把想坐机关的"富贵病"烧掉，对机关人员进行精简分流，充实到一线岗位锻炼；第三把火，把坐等竞标的"懒汉病"烧掉，积极跑市场，主动竞投标。

为尽快摆脱困境，葛东宝想方设法提升公司承揽项目的资质和能力。这一年，在原有水利水电二级资质的基础上，金龙公司顺利取得房屋建筑工程施工总承包三级资质和市政公用工程施工总承包三级资质，并出资组织几十名职工参与有关培训。有了这些资质，金龙公司就有了开拓更多市场的资本。

这一年压力非常大。尽管葛东宝执行的竞争和奖罚机制一下调动了职工参与投标、施工和外驻分公司的积极性，但做工程的实力和信誉不行就不会有后续工程。所以每个工程中标后，尤其是一些大的重要的项目，葛东宝都要长期待在施工现场，盯着每件建材和每道工序。他说一定要替业主着想，靠良心和诚信做好每个项目。当年金龙公司工程承揽合同额达2800万元，还分别在安徽合肥、河南南阳、江西九江开办了分公司。

靠着这股韧劲，金龙公司的项目越做越多，信誉也越来越好。次年新中标合同额实现新突破，保证了职工工资正常发放。2013年，新签合同8176万元，分公司（办事处）达到10个。

项目多，风险也多。葛东宝很懂得如何在市场中规避项目风险，他说公司家底本来就不殷实，有时看似项目遍地开花，但一个项目出问题就会影响全局。

他定期开会，重点谈项目风险控制。他要求落实外派人员岗位职责，对资质证件使用、分公司管理、工程风险控制和施工项目部管理等进行系统规范，在结算上严格控制成本票据、进度质量及农民工工资发放等关键环节，努力降低项目风险。尤其对那些工程进度完成快而结算滞后、票据提供不及时的项目进行重点管控，及时了解项目潜在风险，并将各类风险消除于萌芽状态，达到项目风险可控、损失最小的目的。

在做项目的过程中，葛东宝意识到以前对项目进行粗放管理带来的一些债务纠纷严重影响了公司的正常经营。为此，他在单位实行年度项目清算制度，每年将所有施工项目承揽、利润收入、债权债务进行一次全面清理，清晰理出了单位的项目"家底儿"，防止再发生新的"陈年旧账"，确保公司资金安全回收。

为了节约公共开支，将有限的资金用好，葛东宝实行公共支出预算管理，量入为出。他还加大民主理财力度，除每月定期进行民主理财外，还要求单项开支超过1000元的项目，必须通过民主理财才能实施。对超万元的项目，要进行专项理财，对公共支出公开晾单，杜绝各项漏洞。通过持续的预算管理、民主理财和项目清理的实施，单位公共开支持续下降，经济状况逐步好转。

葛东宝的严格管理看似一根筋，但金龙公司的职工说，正是由于葛总带领大伙拼市场这股"死心眼"的劲儿，金龙公司工程承揽由2010年的2800万元提升到2014年突破亿元大关，达1.29亿元；经济收入由2010年的2050万元提高到2014年达到7556万元；职工的收入也在逐年提高，由2010年的20449元增长到2014年的37605元。

经过几年打拼，金龙公司回笼了大部分债权资金，多年积累的历史债务也陆续得以清偿，公司的经营由年年亏损转向持续盈利。

有职工说，与人家的总经理相比，我们的总经理就是个普通得不能再普通的人，但他身上特有的真诚憨厚是公司对外招标的软实力，特有的谦和踏实是公司对外承揽业务的硬实力。

葛东宝心里清楚，闯市场单凭一个领导的能力就能赢天下那是瞎吹。他举例：假如一个工程需要二级建造师证、水利水电造价师证，我是没有，但我们公司必须有人有，没有就不可能竞标。

所以他明白，想在竞争激烈的市场环境中生存，人才才是基础。他把部分青年职工派到施工一线、分公司重要岗位进行重点培养。每年都拿出近10万元资金对各类施工岗位人员进行培训和学习充电，提高全体员工的综合素质。鼓励职工积极考取建造师等执业证书，重奖各类执业资格考试通过人员，并在工资待遇上给予倾斜。近几年，金龙公司先后已有18人分别通过水利水电工程施工二级建造师、水利工程造价师和小型项目建造师资格考试，有效缓解了公司投标及施工亟需的岗位证件问题。

葛东宝总想着给大伙多做点事。他认为向市场要效益是大事，但做不好职工的民生工作，这个总经理就不合格。公司每年挤出一定资金为职工办实事、办好事，逐步给职工更换全新的办公桌椅、空调、电脑等办公设备，不断改善办公环境。坚持每年为职工进行一次健康检查，建立困难职工档案和职工健康档案，对困难职工进行救助。尽力落实职工各项福利待遇，职工关切已久的住房补贴和住房公积金问题也于2014年得到全部解决。

职工的办公环境变了，葛东宝的办公室却还是原来的老模样，屋里空调早已不管用却不舍得换台新的。职工说葛东宝"抠"自己不"抠"大伙，说葛东宝刚来公司后修订机关制度时，就提议将公司外出施工补助费用大幅提高，远高于其他兄弟施工单位；对考取建造师等执业资格的奖励，更是重奖鼓励；对每次组织的各类岗位培训，花钱也毫不含糊。

这些年，葛东宝的心全装在市场上。家里家外的事都是爱人一手操办，虽常感到愧疚，但谁都知道，他爱人就一直没有依赖过他，家中的事儿也就没指望他。葛东宝说："只要公司所有人的日子都好过起来，我这个总经理才算当得值。"

◇ 本文发表于2015年8月5日黄河网
◇ 作者：欧阳新华、周强

顾广发：生命鲜花在水利普查中绽放

"既然揽了这摊工作，咱就不能耽误事！"朴实的话语来自黑龙江省龙江县济沁河乡一名身患肺癌的普通水利普查指导员顾广发。

2010年上半年，顾广发在工作时感到全身无力，咳痰带血，经哈尔滨医科大学第四附属医院检查，确诊为左肺叶鳞状细胞癌，建议尽快进行手术治疗。这次手术进行了5个多小时，左肺叶全部切除，缝了20多针，住院2个月。手术后，医生一再嘱咐他要休养，不能累着，至少要休息一年半左右。

2010年年末，第一次全国水利普查开始了。顾广发听到这个消息再也待不住了，主动找到领导，恳切地说："我做了16年水利工作，对全乡的水利工程都比较熟悉，水利普查是大事，还是由我来干吧。不让我干，我更着急啊！"乡领导被他感动了。就这样，顾广发拖着术后虚弱的身体，义无反顾地投入到水利普查工作中。

培训阶段，他积极主动召集全乡7个村7名普查员参加县普查办召开的培训班。他带队参加，第一个报到，全乡无一人缺席。培训过后，由于各村指导员没有水利工作经验，他又召集各村指导员到乡里培训，并亲自授课，用通俗易懂的语言，手把手、面对面地教普查员填表、绘图、采集数据等，提高了大家的理论水平和业务能力。在宣传水利普查工作时，他逐村检查，亲自悬挂横幅，得到全乡民众的理解和支持。

机电井入户调查过程中，按照县普查办的要求，规模以上和规模以下的机电井、人力井都需要入户实际调查。分配完任务以后，他不放心，每天坐着摩托车，带领普查小组一村一井地实地踏查。大家看到他虚汗不断，都劝他休息几天，不料第二天他又第一个来到乡里，直到所有的井全部普查完毕。

台账建设是水利普查工作的重点和难点，顾广发带领本乡普查员攻坚克难，精心组织，至3月初各个项目全部建立了台账。年过半百的他，本来不懂微机操作，为确保台账数据准确，他虚心请教年轻同事，同时不厌其烦地请教县普查办各项目的专家，沟通咨询，直到弄懂为止。赶上双休日，别人都休息了，他和普查小组的成员们还在工作。乡食堂停火了，他就把大家领到他家里吃饭。工作时间内各项表格没完成的，他就带回家继续完成。顾广发的奉献精神鼓舞着大家，济沁河乡的水利普查工作一直走在全县前列。

　　风蚀水蚀普查技术含量比较高，县普查办决定抽调几位专业技术好的乡镇普查指导员同县普查办的专家一起定位调查单元点。县普查办的领导深知顾广发的业务能力强、工作干得快，却不忍心让他拖着虚弱的身体，爬高山，登峭壁，钻荆棘，蹚河沟，所以开始公布的人员中，没有他的名字。他急了，坚决要求参加风蚀水蚀调查。单元调查中大家看到他气喘吁吁、大汗淋漓，都劝他别再跟着测了。他总是一笑说，没事，走吧。直至出色地完成水土保持外业普查工作。

　　民堤定位、灌区取用水台账建设、渠道测流……每一项普查工作，他都参与，亲手测量。

　　2010年9月末，国务院水利普查办下发了将河湖取水口起始坐标、水利工程位置、规模以上机电井位置全部进行外业采集GPS定位的通知。接到通知后，县普查办积极组织，开始投入到具体工作中。时值国庆节，考虑到几位普查指导员家都在县里，难得放假回家团圆，顾广发让所有人都放假休息。他说："辛苦我一个人，让大家和和乐乐过节吧。"他自己一个人，骑着摩托车一个项目一眼井地进行外业采集。北方的天气，刚进10月就阴冷阴冷的，刮起了大风，他所在的乡镇又是山区，山路崎岖。整整7天假日，他一天都没有休息，在全县各乡镇中，第一个完成了河湖取水口、水利工程、规模以上机电井定位工作。全乡的122眼规模以上机电井的位置他都如数家珍。

　　有些工程属于个人管理，管理者不愿意主动接受普查。顾广发就逐户去农户家做工作，白天没人晚上去，到农户家和普查对象拉家常沟通感情，用乡情和他对工作的热情来感动普查对象。南济村一户果农家，有一处引水上山工程，可是果农不愿意被普查统计。他就三番五次地去果农家，果农一躲再躲，始终不见。就这样去了一次又一次，每次都扑空。直到有一次，他在上山路上实在坚持不住了，坐在地上休息，边喝冷水边吃药。果农家人看到后，非常感动，把他让进屋里。很多普查对象都表示："就冲老顾拖着带病的身体上我家来，我也得好好配合他的工作啊。"这句话是对顾广发爱岗敬业精神的最高褒奖。

　　自开展普查工作以来，顾广发经常是晚上在家"打点滴"，白天又意气风发地投入到普查工作当中，不知道的人很难想到他是一个摘除了一边肺的病人。生活中，顾广发是个孝子，是全家的顶梁柱。母亲生病，他楼上楼下抱着母亲去看病输液。年近八旬的老父亲身体也不好，他榻前照顾，尽心尽力。自己有病以后，他嘱咐家人不要把消息告诉父亲，还是一如既往地侍奉老人，让老人能安度晚年。爱人看他家里家外没日没夜地忙，从没有过休息日，很是心疼，埋怨说："你自己的身体自己不知道吗？累病了还得我来照顾你！"他知道妻子是气他不爱惜自己，所以，也总是一笑，继续把全部精力投入到水利普查工作中。

普查工作开展过程中，医院一再来电话督促他复查病情，可当时正值普查工作的紧张时期，他就一拖再拖，坚持把阶段性工作完成后，才请假去北京复查。

◇ 本文发表于 2011 年 11 月 10 日《中国水利报》
◇ 作者：隋学群

郭留锋："锋"芒出鞘守大江

不惧暴力斗"砂霸"

秋夜的江面，风平浪静，气温低得让人直打哆嗦，而这已是执法队员们在江上度过的第八个不眠之夜了。2014年10月2日至9日，为控制住"砂耗子"的非法采砂船，郭留锋带领队员吃在执法艇上，睡在采砂船上，坚持200个小时不间断看守，用坚韧的毅力维护着长江省际边界重点河段的采砂管理秩序。

11年前，刚从警校毕业的郭留锋，通过层层选拔，从老家河南驻马店来到长江委驻江西九江水政监察鄂赣大队，成了一名驻守在长江鄂赣省际边界非法采砂一线的水行政执法人员。

河道的无序采砂危害极大，不仅威胁航运、破坏水生态环境，还会掏空河床，危及沿岸大堤，造成崩岸塌滩，严重影响防洪安全……作为执法大队长的郭留锋，为了省际边界河道的安宁，他和他的队员们与利欲熏心的"砂霸"展开了一场又一场正义与邪恶的较量。

2013年5月，一艘大型"吸砂王"在长江武穴闸附近水域作业，执法人员多次劝其离开无果，正当队员们强行登船时，"砂贼"驾驶着一艘拖斗船径直向执法艇拦腰撞去，几名队员险些落入江中，与此同时，郭留锋与几名较早登上采砂船的队员也遭到了"砂贼"的暴力围攻。为化解险情，郭留锋迅速改变策略，用"讲道理"的方式与"砂贼"不断周旋。最终，在郭队长的掩护下，其他队员安全撤离。

同年8月，又有一艘"三无"船只在6214码头附近水域非法盗采江砂，在勒令停船等警告都无效的情况下，执法人员决定强行登船，2名队员直奔船机舱，欲拆除船上的采砂泵。突然，船舱外冲进2个手持匕首的"砂贼"，他们满脸杀气，与执法人员怒目相视，并狂妄叫嚣着："哪个敢拆就一刀捅死他！"现场气氛顿时紧张起来，所有人都不敢轻举妄动，唯恐激怒这些暴徒，2名执法人员的性命危在旦夕。就在这时，郭留锋挺身而出，向前一个健步，一只手从后方紧紧扣住手持匕首的"砂贼"的腰部，另一只手则死死控制住其持刀的右手，一时间，两人僵持不下。"砂贼"恼羞成怒，变得更加丧心病狂，竟拽着郭留锋朝船舱外的甲板走去，嚷着要"同归于尽"，在这万分危急的关头，郭留锋猛的一个反扑，"砂贼"被重重摔在了船甲板上。暴徒终于被制服了，郭留锋也松了一口气，但他的右手却在与暴徒的搏斗中不幸负伤。

每当谈起这些惊心动魄的瞬间，人们都会由衷地佩服郭留锋的胆量，可他总说："与亡命的'砂霸'过招，心理把握最关键，他们干的是违法的事，难免心虚，只要我们拿出威慑的气势，他们就不敢太嚣张。身为执法人员，我只是做了自己应该做的事。"

全心全意为"大家"

郭留锋以队为家，一心扑在工作上，认识他的人都叫他"郭大队"，但在鄂赣大队的队员眼中，他还是一位名副其实的"郭后勤"。

2013年春节，由于执法任务重，郭留锋毅然决定放弃春节休假，与队员们一同继续坚守执法一线。可春节长假，后勤的师傅都回家过年了，队上大伙们的吃饭成了问题。思前想后，郭留锋做出一个决定：把自己的家人接到队上，不但能解决队员们的吃饭问题，大家还能一块过年。

二话不说，郭留锋隔天就把自己的妻子和父母全都接到了队上，长期被寂寞冷清笼罩的执法营地顿时热闹起来。郭爸爸当仁不让，成了春节期间营地里的"掌勺"，胡辣汤、地菜包子……一道道河南美食，让队员们大饱口福。此时的营地，因"小家"的加入，变得年味十足，其乐融融。

今年7月，为强化执法队伍建设，总队新分来一批队员，这些队员大多20出头，年轻气盛，但缺乏执法经验，加上营地环境闭塞、工作强度大，生活枯燥单调，极易产生挫败感。刚来队上不到一个月的朱蛟龙，已参加过好几次巡江，面对复杂的非法采砂局面和狂妄的"砂贼"，他感到万分懊恼，却又束手无策。心细的郭留锋看出了小朱的心事，他将自己10多年来积累的执法经验与小朱分享，终于让小朱重拾信心。郭留锋常说："执法工作，最重要的就是相信自己，要坚定信念，邪终究压不过正。"

"郭队长心里装的全都是队员们。"这是副大队长胡明对郭留锋最朴素、最中肯的评价，"一次夜巡，我和几名队员回来晚了，郭队长亲自下厨煮面给我们吃……他说大家平时工作辛苦，又远离亲人，作为队长，有责任照顾大家，让队员们感受到家的温暖。"

义无反顾驻"一线"

长江鄂赣省际边界河段历来非法采砂案件频发，执法打击形势严峻。高危高险的工作压力，让不少人望而却步，而郭留锋在这里一待就是整整 11 年。他总说："非法采砂分子都是亡命徒，巨大的利益驱使他们铤而走险，如果执法不严，他们就会肆无忌惮，我们要做的就是与他们斗争到底！"

2007 年，郭留锋与妻子韩婧结婚，可来不及休满婚假，他就又回队上去了。之后的日子，夫妻俩聚少离多，原本一个月有一个礼拜的假期，他总是没休息两天就急急忙忙往队里赶……年幼的女儿常常抱着电话嘟囔着："爸爸，你再不回来，我都要长大了。"

韩婧终于坐不住了，她作了一个重大决定："到九江找丈夫去！"2010 年底，她果断辞去在老家的正式工作，只身一人带着女儿踏上了开往九江的列车。

郭留锋的父母都患有严重的糖尿病，母亲更是有严重的慢性阻塞性肺气肿，为照料体弱多病的公婆，2012 年 10 月，韩婧将老人们也接到九江，与自己生活在一起。至此，一家人终于在九江"团聚"。但这样的团聚对郭留锋的家人来说也是一种奢求，因为就在年底，郭留锋被任命为队长，从此，他回家的次数更少了。

今年 10 月，再次怀孕的韩婧突发先兆性流产症状，此时，郭留锋正带领执法队员在非法采砂船附近日夜盯守，无法抽空回家。"想让他陪我去医院做检查，总是在电话里答应了，可等了几天还是没回来……"妻子以无奈的语气"埋怨"丈夫的"无情"，"但想到他一心扑在工作上的那股子劲头，作为妻子，我随他到九江，又有什么理由不去支持他？"韩婧哽咽着，眼眶中滚动着心疼丈夫的泪花。

满腔热情倾注治江执法，疾恶如仇面对黑恶采砂。为了紧盯目标，郭留锋毅然坚守在执法最前线，顾不上与家人团聚；为了同伴的安危，他智斗"砂霸"，把险境留给自己；危急面前，他挺身而出制服暴徒，将性命置之度外……这，就是郭留锋，一名"锋"芒出鞘的优秀基层水政监察员。

◇ 本文发表于 2014 年 11 月 18 日长江水利网
◇ 作者：张潆

郭铁女：规划江河的"铁女人"

还没来得及拂去身上夹带的异国尘土，更没机会调整与厄瓜多尔十几个小时的时差，她便拖着长途跋涉后的疲惫身躯，怀着忐忑不安的心情匆匆赶往山西老家。因为在从厄瓜多尔回国途中转机时，她收到了家人短信："父亲病重，速回家看望。"她哪里知道，看到这条短信时，父亲已离开人世半个月了！这些天家人一直编着善意的谎言，千方百计向她隐瞒真相，没把这个不幸消息相告，担心她在异国他乡孤独悲伤而影响国外工作。等她赶回老家，见到的是一堆还没长草的黄土。此时此刻，她的心跟掏空一样难过，跪在老父坟前，捧起地上的黄土，任凭泪水如决堤般哗哗直流……她为没尽到女儿的最后孝心而愧疚、自责和难过，家人的理解与支持，让她得到些许安慰。她，就是长江水利委员会长江勘测规划设计研究院规划处防洪室主任工程师——郭铁女。

郭铁女长期从事水利规划计划前期工作，自 1985 年从武汉水利电力学院治河专业毕业，在规划处防洪室工作已有 27 个年头。

脚踏实地——从点滴做起

参加工作以来，郭铁女对负责及参与的每一个项目都一丝不苟。工作初期，主要做些抄写、画图等辅助性工作，如绘图制表、抄水文年鉴、绘制水位流量关系曲线等。这些看似不起眼的工作，她都认真地做，仔细校对，很少出差错。她点绘的曲线、绘制的表格、整理的计算资料等，都清爽整洁、条理清晰，"七五"攻关课题中的槽蓄等水文曲线就出自她手，至今仍在参考引用。她有良好的工作习惯，经常将平时掌握的或以往研究的各类成果数据、资料分门别类记在小本上，以备不时之用，用得多了，自然就记在了脑子里。她也成了规划处防洪专业的"活字典"，对防洪控制点的基本数据、堤防、蓄滞洪区等基本情况如数家珍。她凭着一份执著、一腔热情、一股韧劲，从技术员到助理工程师、工程师，再到高级工程师和主任工程师，一路走来，无论是配合他人工作，还是独自负责项目，都认真对待，哪怕一个规划数据，都要翻阅大量资料，请教多位前辈进行核实论证，力求做到准确。这练就了她较扎实的业务功底，更练就了她不言输的个性。

1998年，领导安排她牵头负责清江高坝洲库区防护工程规划。她作为项目负责人，除了负责项目的规划方案论证、工程规划设计、报告编写汇总外，还要对外沟通协调。繁杂琐碎的工作，消耗了她大量正常办公时间，她每晚都是在大楼管理员的催促下才离开办公室。她勤勉的工作态度，务实的工作作风，良好的沟通能力，确保了项目的顺利进行，最后提交的报告获得了业主赞扬，业主领导忍不住夸她：真不愧为"铁女"。

勤奋工作——积蓄成功的源泉

1998年大水后，长江委开展了长江流域防洪规划编制工作，她作为编制工作组的主要成员之一，负责《长江流域防洪规划》总报告的统稿汇编及堤防工程专题报告的编写。由于项目涉及省份多，专业繁杂，汇总统稿难度大，集中办公便成了常事，而每次加班总少不了她的身影。多少个周末和节假日是在加班中度过的，恐怕连她本人也记不清楚。即便报告编写汇总完毕，还免不了要经过讨论、征求意见、送审、修改等一系列反复过程，在长时间的循环往复中，她要随同编制组的同事对报告补充、修改，再补充、再修改，直至满足各方要求。经历了无数的夜以继日，度过了几个寒暑春秋，最终出色地完成了总报告和简要报告的编写汇总，并得到了国务院批复。厚厚的15本报告，凝结了她的心血和汗水。

作为《长江防洪》第一编纂人，她为普及防洪知识，用"102个为什么"，通过通俗的语言、简洁的文字向大家介绍了长江的防洪形势、防洪体系等专业人员都有些难以理解的问题；作

参加贵州水利普查

为《全国山洪灾害治理规划》主要编写人之一，她获得了全国优秀水利水电工程勘测设计奖；她主编的《山洪灾害防治关键技术研究》项目获得水利部大禹奖二等奖。

厚积薄发——彰显规划专业风采

设计院作为长江委技术支撑单位，每年都抽调部分精兵强将配合长江委相关

单位工作，郭铁女就是其中一位。今年5月7日至8日，湖北省黄冈市蕲春县普降大到暴雨，局部发生特大暴雨，部分地区遭受较严重的洪涝灾害。国家防总派出防汛抗洪救灾工作组赴蕲春县灾区检查受灾情况，指导与协助防汛工作。郭铁女作为防洪专家被安排参加抗洪救灾，接到通知，她连换洗的衣物都来不及回家拿，就随同工作组赶赴现场察看灾情、听取汇报、指导抗洪救灾，晚上赶写材料向长江防总和国家防总汇报，等忙完这一切，人跟散了架一样无法动弹。同事们常亲切地叫她"铁"，不仅仅因她的名字里含"铁"，更因为她有铁一般的意志力。

规划处作为承担前期规划项目的专业单位，常常要抽调技术人员代表长江委配合水利部水规总院组织的全国专项规划编制，部里对抽派的人员业务素养要求较高，既要具备良好的专业素质和熟悉总体情况，还要具备良好的文字组织能力和宏观把控能力。规划处经常安排她参与编制全国性的专项规划。像全国水利"十一五"规划、全国大中型水库加固规划、全国江河流域防洪规划、全国山洪灾害防治规划、全国蓄滞洪区建设与管理规划、全国中小河流治理规划、全国水资源综合规划……这些规划中的长江流域部分，均以她为主编写汇总。这些项目都有个共同点：工作周期短，涉及省份多，协调难度大。为按时完成任务，她长期对着电脑熬夜加班。随着电脑中的一行行数据、一排排文字终于变成厚厚的铅印本，她的肩颈已僵硬得没有了知觉。其实她也有"hold不住"的时候，只是她把苦和累深深埋在了心里。

经过多年的积累沉淀，郭铁女具备了宽广的知识面和厚实的业务功底，现在除了承担正常的生产任务以外，还承担了部分规程规则编制工作。《洪水调度方案编制导则》《防洪风险评价导则》《山洪灾害防御预案编制大纲》等都由她起草编写。

如果你是一滴水，你是否滋润了一寸土地？如果你是一线阳光，你是否照亮了一片黑暗？如果你是一颗螺丝钉，是否永远坚守你的岗位？郭铁女，一颗小小的螺丝钉，一个普通的水利人，平凡的岗位，平凡的工作，闪耀着不平凡之光。

◇ 本文发表于2012年11月27日《中国水利报》
◇ 作者：袁如意

何朝勇："傻子"与"狂人"

提起何朝勇，群众说他是"傻子"，业内人称他是"狂人"，他自己称自己是"剑门汉子"。

我曾听人家说起过他，却不曾见。在地震发生一周年的时候，我们来到了重灾区四川广元市剑阁县。

在由黑龙江省援建的溃坝高危水库——剑阁县剑门镇英雄水库除险加固施工现场，笔者终于见到了这位剑门流域的水利水保员何朝勇。此时，他头戴安全帽正忙着组织施工。

说他是"傻子"，因为在旁人看来，他确实做了一些特别"傻"的事。

地处剑阁县城上游、蓄水177万立方米的英雄水库，是全县海拔最高、位置最险最重要的小（1）型水库。5·12地震后，被确定为溃坝高危水库。除险加固迫在眉睫。工程开工后，施工人员、监理人员以及民工几十人在山上的生活成了问题。因为这里远离集镇，交通十分不便，买米买菜要到十几里路外的下寺镇或剑门关镇。工地请了几次帮忙做饭的人，每个月1400元的工资都没人上山。

为了保障后勤，何朝勇动了脑子，他无数次厚着脸皮动员妻子上山。也许是被丈夫的真情打动，也许是被"傻"到家的他软硬兼施磨得"晕了头"，妻子还真的放弃了县城舒适的生活，跟何朝勇来到这海拔1000多米的山上，住进了工地的帐篷，当起了几十人的炊事员，并且每月领着仅500元的工资。

他是一根筋，在基层水保站工作了12年，却还没有人员编制和正式工资。朋友们多次想帮他都被拒绝。我们都奇怪，他到底图啥？"我爱水利事业！"大家只能看着他，每天在这山旮旯里来回奔波，当义务水利员。

而说他是"狂人"，因为地震中，人们看到了他的"狂劲"。地震使何朝勇在县城和老家的房子都受到了严重的损毁，然而他顾不了这些，连续三天三夜奔走在水库、供水站等工程现场，详细查看受损情况，组织安排应急抢险工作。正是由于夜以继日的奔波，在全县，他第一个准确上报了辖区内的地震灾情。

在那段日子里，妻子给他打过上百次电话，让他回家看看受损的房子，看看儿子，他总是以没时间打发了。去年端午节，恰逢他岳母去世100天。按当地风俗，岳母"百期"祭奠，女婿必须到场。妻子让他回家给母亲烧纸，他也没有回家，依然坚守在灯煌水库的抢险现场。

今年 2 月，黑龙江省援建的英雄水库除险加固工程开工后，为了保证工程的质量和进度，保证辖区内的水利灾后重建有序推进，他就一直吃住在工地。妻子常抱怨："你就跟工作过一辈子！"

在地震的应急抢险和水利灾后重建中，又何止一个何朝勇，无数水利人还在忘我地工作，舍小家，顾大家，为水利灾后重建奉献自己的青春。

◇ 本文发表于 2009 年 5 月 14 日《中国水利报》
◇ 作者：傅登祥、胡兴荣

蒋安成：用生命诠释水利局长的职责

7月2日，正当迈入今年主汛期的第二天，在洪水肆虐、堤防出险的危急关头，在党和人民群众最需要的关键时刻，陕西省南郑县水利局局长蒋安成同志不顾个人安危，身先士卒，靠前指挥，勇于担当，毅然决然地冲在巡堤查险防汛抗洪第一线，不幸殉职……

蒋安成用生命诠释了一名水利局长的职责，用实际行动书写了一名共产党员的先进本色和对党的无限忠诚，用生死诀别诠释了一心为民的公仆情怀和"献身、负责、求实"的水利行业精神。

滔滔汉江为他鸣咽，秦岭千山为他垂泪，三秦大地为他悲恸，亿万群众为他感动。几天来，记者怀着沉痛的心情，含泪采访了蒋安成身边的同事、家人和好友，试图用搜集到的细节和故事，还原蒋安成工作和生活的点点滴滴，真情呈现一名基层水利干部恪尽职守、勇于奉献、用生命捍卫生命的质朴情怀。

"险情就是命令"，再危险也得上

今年是蒋安成到县水利局任职后的第一个汛期。6月还是旱象当头，刚刚迈过7月的坎儿，南郑县立即旱涝急转。

最近忙着汉江综合整治工程开工前期准备工作的蒋安成，已经连续几天加班到夜里十一二点。7月1日，得知2号将有一轮强降雨过程，身为县防汛抗旱指挥部副指挥的蒋安成立即部署防汛抢险工作，从早上一直忙到深夜两点，才在办公室的沙发上"眯"了一会儿。

7月2日，南郑县普降大到暴雨，汉江一级支流濂水河流域的忍水、两河、新集、黄官等地发生50毫米以上的强降雨。10多个小时的大暴雨，让蒋安成焦躁不安，因为濂水河上游有个高值高频暴雨区，每当别处下小雨时，这里总是大到暴雨，濂水河洪水将严重威胁下游群众的生命财产安全。

一大早，蒋安成就紧急召开局机关全体职工会议，安排部署一周重点工作尤其是防汛抢险相关工作。会后他一直接打电话，收集了解各乡镇汛情，部署防汛工作。

"15时30分，濂水河洪峰达到350立方米每秒，石梯堰段堤防发生严重险情。"

天下雨、人上堤，涨洪水、人上堤，这是水利人的工作规律。接到险情报告后，蒋安成抓起雨伞，提上胶鞋，叫着县水利局副局长公烨和总工程师刘文忠就往现场赶。

下了车，3人一前一后快步走上10多级狭窄的台阶，登上石堤堰渠首枢纽挡墙进水闸坝顶查看险情。此时汹涌澎湃的洪水正在狠命地撕咬着潆水河堤防，渠首枢纽挡墙处的堤脚已经被掏空。3人刚刚上去正待查看险情之时，渠首挡墙突然坍塌，让人猝不及防，走在前面的公烨和刘文忠随着挡墙向潆水河倾斜的惯性掉入河中，走在后面的蒋安成从断裂的挡墙裂缝中直接掉入引水渠被洪水冲走。公烨和刘文忠随后被闻讯赶来的群众救起，而蒋安成却不见踪影……直到7月3日12时50分，经过21个小时的全力搜救，蒋安成的遗体在距离事发地10公里外的地方打捞上岸。"蒋局长边上台阶边说：'这地方有些危险了，要赶紧调人和物资上来把险情控制住。'刚一说完就掉了下去。"刘文忠永远也不会忘记蒋局长落水前的最后一句话。

记者在事发现场了解到，石堤堰枢纽挡墙坍塌的地方，在1975年建有石梯堰进水闸门，平时处于半开状态，主要灌溉下游4个村8000亩土地，同时也是沿渠两岸数十个鱼塘的水源工程。今年年初，石堤堰引水渠刚刚进行了全面硬化。"根据蒋局长头部受伤情况分析，可能落水后撞到三面光的水泥渠，导致头部重创才无法自救。"在场的村民纷纷猜测。

"蒋局长应该知道他的脚下就是危险，但这里地势最高，可以查看全局，是观察潆水河汛情和石堤堰段堤防险情的最佳位置。"住在石堤堰附近的养鱼户唐润民感慨万千。

"这个地方每年防汛都去，蒋局长上任后也到现场查看过几次。"公烨告诉记者，"当时雨大水急，进水闸已经被水淹了，本想站上去可以更清楚地查看石堤堰堤防险情，尽快拿出抢险方案，没想到我们刚站上去，不到1分钟就塌了。"

"领导就是责任"，必须敢于担当

"他真是个好领导。这么大的雨，他明知道有危险，还是亲自来了，太不容易了。"养鱼户唐润民说。"领导就是责任"，这是蒋安成的口头禅。作为县水利局长和县防汛抗旱指挥部副指挥，蒋安成深知自己的责任和使命。在抗洪抢险的关键时刻，上还是不上，是自己上还是让别人上？强烈的责任感让他毫不犹豫地选择了担当，选择了身先士卒，冲锋在前，甚至不惜献出自己年轻而宝贵的生命。

公烨告诉记者："蒋局长常说，当领导就意味着责任，该你决策的时候就要敢于担当，敢于决策，不能推给别人。"

就在蒋安成因公殉职当天上午的全体职工例会上，他依然不忘强调"主动工作、履职尽责，敢于负责、勇于担当，提高效能、转变作风"。翻开蒋安成生前最后一天的会议笔记,这 24 个字赫然在目。

随着采访日益深入,透过点滴的细节,蒋安成的公仆情怀和人生信条逐渐清晰。

出生寒门的蒋安成 1989 年从安康农校制茶专业毕业,由于出色的工作表现,他当过基层乡镇领导,任过县计生局局长、党组书记,2011 年 10 月调任县水利局局长、党组书记,主管全县水利工作。可以说,蒋安成 23 年来干的工作几乎与他的专业都不相干,但他凭着善于学习、勤于思考、深入调研的扎实作风,一步一个脚印,硬是从一位"门外汉"变成所在行业的"行家里手",干一行爱一行,干一事成一事。

2011 年中央 1 号文件出台和中央水利工作会议召开,为水利改革与发展带来了难得的机遇。刚刚上任不久的蒋安成立即进入角色,广泛调研,深入学习,摸清全县"水账",以发展现代水利、民生水利和生态水利为总体思路,抢抓中央加大水利建设的历史机遇,启动实施了一系列重大水利项目。工程总投资 2.21 亿元的云河水库工程是陕西省级重点跨流域引水枢纽工程,1998 年经原省计委批准修建,后因建设资金无法到位停工。蒋安成到任后,积极组织局里主要技术人员编制项目规划,加快前期工作,跑市上省,多方争取,使得停滞了 13 年的云河水库项目在他到任 3 个月内开工建设,其间的艰辛与汗水不言而喻。

汉江平川段综合整治工程是省上确定的水利兴陕南的重大决策,为了尽快启动南郑段综合整治工程,蒋安成数次与工程设计单位现场勘查,优化工程设计方案,使该项目被省里列入汉江综合整治计划。冷水河防洪工程也是县上的一项重点工程,该工程工期短,要求高,施工环境差,蒋安成多次深入工地,着力解决施工中的具体困难,确保工程有序推进,目前工程已完成投资千余万元。随着冷水河、濂水河中小河流治理项目,病险水库除险加固等一大批水利工程开工建设,以及农村饮水安全、小型农田水利建设等项目加快建设,2011 年南郑县水利投资为历年之最,为全县经济社会发展提供了强有力的水利支撑和保障。

"蒋局长平时很爱学习,经常钻研水利建设管理的政策法规,指导我们开展工作。"南郑县水利局农村饮水指挥部办公室副主任李斌介绍道。据了解,针对全县小型水利工程多、管理难的问题,蒋安成通过对国家政策法规的研究和大量调研,促使县政府出台了《关于印发南郑县水利设施建设与管理责任划分暂行规定的通知》和《关于加强水利建设外围环境保障工作的通知》,让长期处于"失控"状态的小型水利工程终于落实了管护主体和责任。

南郑县有多条汉江支流,防汛任务十分艰巨,蒋安成上任半年多来,一双胶鞋、一件雨衣几乎走遍了南郑境内的河流、塘库和重点防范地段。大量的下乡检查,一环接着一环的项目审查、工作汇报,让他不分昼夜地连轴转。虽然在水利局任职只有短短 9 个月,但南郑县水利建设在他的带领下掀起了一轮轮热潮。

群众眼中的蒋安成：尽职尽责，坚韧进取

这几天，蒋安成巡堤查险以身殉职的英雄事迹成为全国媒体关注的焦点，广为传颂，感动着一个个国民、一个个地域、一个个行业乃至整个社会；在短短5天时间里，百度搜索"蒋安成"竟跳出网页17800个。一次次动情的诉说，一份份不舍的追忆，将蒋安成的形象永远铭刻在人们心中。

听说记者要采访蒋安成同志的先进事迹，南郑县法镇党委书记李华林立即驱车从县城赶到汉中市主动找到了记者。

"安成是个好领导，好干部。"2006年9月，蒋安成担任法镇党委书记时，李华林还是镇长，两人一起搭过班子，"安成工作非常敬业，认准的事克服一切困难都要干。当年为了争取茶叶、中药材、农田灌溉工程的资金，他经常到省财政厅汇报工作，怕早高峰堵车耽误了事，每次6点就出门，哪怕到厅里等上一个多小时。"在法镇任职期间，蒋安成带领广大干部群众发展以茶叶、中药材等主导产业，为今天法镇的发展奠定了坚实基础。

到县水利局就职后，为了促成多个水利工程项目尽快开工，蒋安成又成了陕西省水利厅的"常客"。

"蒋局长很讲究工作效率，很多工作在两天前就安排好了。有时候遇到急活儿，上午刚布置，下午就追问干得咋样了，第二天就问干完了没有。"李斌坦言，"跟着蒋局长工作虽然很累，但却很有成就感，为群众干了很多实事。"

长期繁重的工作压力和下乡出差饮食不规律，让蒋安成患上了萎缩性胃炎。为了不耽误工作，他每天都把中药熬好放在车上或者办公室，边工作边服药。7月2日事发当天，妻子熬好中药准备送到单位给他喝。"下面报告有险情，我要带人去看现场。"蒋安成说完匆匆挂上电话，这一去就再也没有回来。

在17岁的儿子蒋镡浩眼里，爸爸是个高大优秀的人，虽然工作很忙，但对家庭很负责任。"有时候加班回来晚了，爸爸第一句话就是，对不起，我又晚了。其实，我们全家都能理解他，都支持他的工作。"懂事的小浩声音低沉而坚定，"现在爸爸走了，我要做好家里的顶梁柱，帮妈妈撑起这个家。"

不仅是亲人、同事和好友，外地陌生人也为蒋安成同志以身殉职的事迹悲痛不已。"像蒋安成这样恪尽职守的领导干部让人敬服，希望中国能多出几个像他这样的局长。""敬仰先祖功德尽忠职守，期盼江河安澜惠泽万民。蒋安成局长一路走好，人民会永远记住您的！"在互联网上，人们自发地留言悼念这位人民的好干部。

"走到哪里，他的精神就影响到哪里"

"本领再大，离了群众就没有战斗力；成绩再大，功劳都是大家的。"在蒋安

成眼里，团队的力量是无形的。一个好领导决定了一个班子的生命力，一个好班子可以影响一个团队乃至整个事业的健康发展。

作为县水利局班子主要负责人，蒋安成坚持把抓班子、带队伍作为义不容辞的重大职责，始终做到尽心竭力，常抓不懈。他在班子会上公开承诺：凡是要求党员干部做到的，我们首先做到；凡是不允许别人做的，我们首先不做。在他的感召和影响下，他所在的领导班子成员之间已经形成了一种默契，工作中互相援手，生活上互相照顾，沟通融洽，齐心协力。

"蒋局长经常告诫领导干部，干事情一定要沉下去，注重调查研究，努力把每个环节都做细、做实、做好。"刘文忠说，"在蒋局长的带领下，水利局班子很团结，很和谐，也很有战斗力，在工作中不讲条件，不推卸责任，相互协作。"

正是有这样一个团结的队伍，在防汛抗洪的关键时刻，才能冲得上，顶得起。领导班子身先士卒，冲锋在前；中层干部恪尽职守，爱岗敬业；普通群众默默无闻，甘于奉献。团队的凝聚力赋予了县水利局全体干部群众强烈的归属感和使命感。

刘文忠落水获救后，双臂严重擦伤，红肿发炎，得知单位干部群众都外出参与搜救，他毅然回到局机关坚守岗位，参与防汛值班，直到第二天晚上在主治医生的强烈要求下才回到医院。

榜样的力量是无穷的。南郑县水利局的办公楼，还是20世纪七八十年代修建的三层小楼，设施简陋，条件艰苦，但全体职工在这种条件下依旧保持着开拓进取、昂扬向上的精神风貌。每当暴雨来袭，不管是夜晚还是周末，不需要任何通知，水利局的干部群众都会陆续回到局里，坚守岗位。很多同志住在乡镇，每天早出晚归，忙起来他们就住在单位。"蒋局长经常加班加点到很晚，领导这样敬业，为我们树立了榜样，我们职工更要义不容辞地做好本职工作。"

有一种责任重如山，有一种情怀大于天。蒋安成坚定信念、对党忠诚的高尚品质，真抓实干、开拓进取的时代精神，勇挑重担、淡泊名利的崇高境界，情系群众、一心为民的公仆情怀，恪尽职守、勇于奉献的人生追求，深深打动和影响着全国各地各行各业，在人们心中树起了一座丰碑！

当记者结束采访时，南郑县又迎来了新一轮强降雨过程。县防汛抗旱指挥部里灯火通明，在"转变作风、履行职责、团结协作、务求高效、和谐发展"的鲜红横幅下，全局干部群众化悲痛为力量，全身心投入到防汛抗洪抢险的又一个战场，立誓完成蒋安成同志未竟的事业。

◇ 本文发表于2012年7月12日《中国水利报》
◇ 作者：杨勤、王剑

蒋志刚：爱在青山绿水间

在湖北省孝昌县，有一位出了名的水官。

对于他，人们有许多不解。他毕业后放弃了孝感市的工作而来到孝昌县，放弃了海南某公司给予的高薪而继续留在水务局。他分管工程管理、项目建设，家里却清贫如洗，去过的人都说那是"'最难看'的一个"。

对于他，人们有许多尊敬。他记录了120多本"志刚笔记"，走遍了孝昌的沟沟坎坎，被称为孝昌水利的"活地图"。他是孝昌水利发展的"一号功臣"，丰收的背后是他33年的守望和付出。

他是蒋志刚，湖北省孝昌县水务局副局长。

"父亲给我取名志刚，就是希望我有钢铁般的意志。我出生在澴水之滨的白沙镇，经历过洪水滔天的灾难、干旱无情的痛苦。我自小就受大禹治水故事的影响，知道'水'对于农业、农村、农民有多重要。"蒋志刚说起自己与"水"的渊源，就像在讲述自己的成长史。迄今为止，他人生的每一个路口，每一个重要选择，无一不是与"水"息息相关。怀揣着"兴水利，除水害，惠民生"这一最初的梦想，蒋志刚大学专业选择了水利，毕业工作选择了水利，工作地点选择了基层。

不忘初心，方得始终。33年过去了，爱在青山绿水间，最初的梦想仍然每时每刻激励着他，指引着他。

干好水利有"底气"，"发展水利事业，必须务实创新"

"我学的是水利，我知道我的用武之地在农村，在基层。"蒋志刚说。眼前的他，不苟言笑，似乎很难接近；无论是作为听者抑或讲述者，他总看着对方的眼睛，透着股认真和真诚。

1961年出生于孝昌县白沙村的蒋志刚，对农村、农民有着深厚的感情。1981年，从湖北省水利学校水利工程专业毕业后，他来到原孝感市观音岩水库工作。8年的工作实践，让蒋志刚对水利有了更深的思考，1988年他进入武汉水利电力学院深造，攻读水利工程管理专业。1991年毕业之后，他被分至孝感地区水利局工作。而这之后，他迎来了人生第一次重要选择。

这一次，蒋志刚放弃了市里的工作，来到了孝昌县。"1993年孝感撤地建市，新成立的孝昌县一穷二白，也一片空白，急需专业人才。"孝昌县副县长刘先斌说，"蒋志刚毕业于水利学校，后来又去深造，在那个年代，他这种学历还能选择留在基层的，实在太少了。"

由于行政区划的变更，诸如地形地质、水文气象、水资源等水利资料严重缺乏，均要进行全面摸底，整理汇编。蒋志刚作为唯一的水利工程师，带领技术人员深入乡镇村组，对山冈、坝渠进行勘测，将85本工作笔记、上十万个数据整理成册。这些数据，成为孝昌水利建设发展不可或缺的重要资料。至今，他仍保持着记录笔记的习惯，"志刚笔记"已经有120多本，共计200多万字，10多万个数据。

早年的笔记本已经泛黄，页边角卷起，而近些年的本子折痕累累，醒目地宣告着被主人经常翻看的自豪。这些是蒋志刚的"宝物"，也是他干好水利工作的"底气"，里面详细记录着孝昌水文、水资源、防汛抗旱、水生态、水行政执法等方方面面的资料，既有勘察得来的水利数据，日常工作的点滴记录，也有由实践引发的所思所想。

"老蒋啊，幸亏你当初坚持反对，否则淹了县城，我就是孝昌的罪人啊！"

"这是我的职责所在。"

2009年，孝昌县城澴河西岸博士湾项目的开发商和蒋志刚曾有这样一次对话。对博士湾的项目开发，县里初步决议要将博士湾裁弯取直，这样可以腾出土地，增加财政收入。早在规划时，蒋志刚就代表水务部门提出，博士湾开发要服从城区总体规划，也必须服从防洪规划。澴西博士湾下，是天然滞洪区，如果滨河路高了，影响河道行洪，就会威胁河东城区安全。但是开发商从项目收益角度考虑，坚持裁弯取直方案。

蒋志刚直接找到县里领导，展示工作笔记中整理的1956年以来的水文资料，将其中的利弊分析给领导听。多番沟通、据理力争之后，最终没有施行最初的方案。一年后，澴河发大水，洪水越过博士湾滨河路，顺利进入滞洪区，安然过境。

带着干好水利的"底气"，蒋志刚对业务的钻研从未停止，他在日记中写道："发展水利事业，必须务实创新。"

1994年，蒋志刚带领技术人员进行优质太子米基地示范水利规划设计，获得了省市专家的肯定，1995年工程建成后，被列为湖北省节水灌溉示范工程；2003年，蒋志刚以玻璃纤维加固技术、植筋技术等一系列新技术、新工艺，对青山口渡槽进行除险加固，比原方案节省投资50万元，还在2004年获得孝感市人民政府科学进步奖；2006年，他主持"水库大坝白蚁隐患探测及防治技术应用",被认定为湖北省重大科学技术成果;2009年,他建议从金盆水库引水,解决了孝昌城乡17万人的饮水安全问题,同年他建议澴河和晏家河县城段建橡胶坝,实施后扩大了沿河两岸灌溉面积,保护了水生态;2013年,他提出潜水泵和离心泵连接在一起的办法,加大了陆山泵站的出水流量,缓解了当年的旱情……

相比那些"闪亮"的成绩和荣誉,蒋志刚更看重孝昌百姓获得的实惠——农业增产了,农民增收了,家园安全了。

临危不惧有"勇气","作为水利人,见不得百姓因为水旱灾害受罪"

今年5月5日,孝昌县水务局组建了几支新队伍——"志刚防汛抗旱突击队"和"志刚城乡供水服务队"。孝昌县水务局局长殷华安说:"以蒋志刚的名字来命名,是想让他的精神感染更多人。"

水利工作十分辛苦,防汛抗旱时常面临危险。防汛时,越是电闪雷鸣、狂风暴雨,越要往外走;抗旱时,越是骄阳似火、高温酷暑,越要到现场。"这都是水利工作的特点,作为水利人,没有一点不怕苦、不怕死的精神,不行!"蒋志刚字句铿锵地说道。从事水利工作33年,蒋志刚多次"临危受命",又"临危不惧"。同事们都说蒋志刚勇敢、不怕危险。而这些"勇气"的背后,是他日积月累的水利知识沉淀,是"艺高人胆大"的一种诠释,更是一种心系百姓的担当。他微微皱起眉头:"作为水利人,见不得百姓因为水旱灾害受罪。"

1998年特大洪水使孝昌县滑石冲水库水位猛涨,水闸因老化而破裂,威胁下游10万群众的生命财产安全。摆在面前的首要问题,是确定裂缝的位置。而两扇闸门,都在26米深的竖井底部。

蒋志刚回忆说,当时竖井下漆黑一片,深不见底,而且水流湍急,撞击着井壁,声响震耳。"情况紧急,根本来不及多想。而我又是现场最了解情况的人,自己下去也更放心。"抓着生锈的爬梯,蒋志刚小心翼翼地探向井底,一次,两次,三次……上下六七次之后,终于确定了破裂位置,及时采取措施后,险情得以排除。潘仪照是认识蒋志刚已经30多年的老同事,他说:"当时有锈铁脱落,幸好没有砸中他的头部,只是掉在了身边,不然后果不堪设想。"说起这件事,蒋志刚自己也心有余悸,但他又说:"如果再经历一次,我想我还是会这么做。"

2004年7月18日,气象预报有雨,分管水库工作的蒋志刚看着天色不对,心里一沉,立即打电话提醒枣林水库开闸泄洪。"因为当时枣林水库的大坝还没有完成除险加固,我实在不放心。"蒋志刚说道。那天晚上,孝昌县普降大雨。第二天一早,蒋志刚就冒雨赶往枣林水库,途中还与水库所在的芳畈镇领导联系,建议做好抢险应急准备。到水库一看,水位已经接近坝顶,而且长势很快。

蒋志刚冒雨测量

蒋志刚安排完现场抢险工作,迅速到双孔泄洪闸。可是闸门紧闭,旁边已经出现溃口。乱石、急流中的泄洪道,就横阻在面前。

"他一着急,顺势猛地一下,就跳过了泄洪道,抓住坡上的茅草才没有掉在水中。衣服被划破了,双腿也划得鲜血直流。"潘仪照说道。最终,蒋志刚顺利打开了闸门。尽管枣林水库水位最后还是超过了坝顶,但因为采取了有效措施,水位缓缓下降,险情得到了控制。

清风来去有"正气","水利工作者要守住水的防线,还要守住自己的防线"

"长期与水打交道,我学到一个道理:清水自清,浊水自浊。水利工作者要守住水的防线,还要守住自己的防线。"蒋志刚在日记里写道。

从蒋志刚的家到达办公室,只需不到 10 分钟的时间。除了在工地,他剩下的时间大多往返在家和办公室的两点一线上。而要找到蒋志刚的家,十分容易。整栋楼里,唯一没有防盗门的那一户就是。

因为家具不多,蒋志刚的家显得格外宽敞。几把木质椅子,一个旧茶几,和一台二十几英寸的电视,就是客厅。卧室里摆了很多纸盒子,衣柜上的漆被磨得看不清。很难想象,这个家是孝昌县水务局副局长的家。

蒋志刚坦言:"这些年,作为分管工程管理、项目建设的副局长和全县水利工程检查验收小组组长,我手里还是有些实权的,经手的资金也是论亿元计算。"可是在金钱面前,蒋志刚坚定地说了"不"。

蒋志刚到孝昌后,个人承接的预算业务达 16 次,为单位创收 10 多万元。兼任县水电建筑勘测设计院院长 5 年，他承揽房屋、规划等业务，为单位创收 40 多万元。适逢孝昌水利快速发展的这些年，各类工程相继开工建设，许多施工单位都想通过蒋志刚"走后门"，但每一次都被他坚定地拒绝。一些老板言语里暗示着"好处"，蒋志刚佯装愚钝；一些老板设下豪华酒宴邀请他，蒋志刚以各种理由推脱。蒋志刚同事邹兆全说，曾有一位施工单位老板想对蒋志刚"有所表示"，在蒋志刚口袋里"伸进又拿出"，蒋志刚板着个脸，严词拒绝。

对很多人来说，拒绝"熟人"很难，"得罪人"没必要。可是对蒋志刚来说，无论是陌生人，还是熟人，无论是高官、商人，还是平常百姓，都不能"越界"。蒋志刚说："水搅浑了就看不出深浅；路走歪了，人倒下去，扶都扶不起来。"

2009 年 7 月的一天，蒋志刚的表兄带着礼物来看望蒋志刚脑瘫的大儿子。可这一次，表兄"有备而来"，他希望蒋志刚"弄个工程"给他儿子做。

"表侄不具备施工资质，显然不能做工程。"

"做不做得了，不都是你一句话的事儿？"

谈话进行得很不愉快，最终以表兄摔门而出作为结束。

初步统计，2004—2013 年间，蒋志刚共拒收红包、礼金 30 余次，共计 20 多万元。唯有一次收下的 6000 块钱，是业余时间帮一个项目方审计节省了 20 多万元成本所得，而他又把这 6000 元酬金全部交到了单位的账上。

在其位谋其政，在其位必一心为民谋其政。蒋志刚牢牢把严权力关、利益关、人情关，从无例外。生活的清苦在蒋志刚看来不算什么，但是利用手上的权力去谋取私利，是他无法接受的。

牺牲小我有"大气"，"我愧对我的家人，但我更感激他们的理解"

采访时说起家人，蒋志刚似乎变了一个人。那是他内心最柔软的一个角落。本来不苟言笑、总是让人肃然起敬的他，突然就红了眼睛。殷华安说："蒋志刚的家庭可能是孝昌几万干部里'最难看'的一个。"

蒋志刚家庭特殊，父亲是抗美援朝的老战士，战时留下了久治不愈的关节痛，母亲又在 2002 年被诊断为平滑肌腺瘤；大儿子自幼患有脑瘫，生活不能自理；蒋志刚的弟弟因公负伤，有严重性的脑震荡……"能克服这些困难，难以想象。而蒋志刚几乎没有因为私事请过假，这更难以想象。"殷华安说道。

蒋志刚不是没有遗憾。2003 年 4 月，他被派到外地出差，学习水费改革经验。可同时，他的母亲也病重在床，已经停止了药物治疗，随时可能离开。全县水费改革事关重要，蒋志刚最终还是选择接受出差任务。他想着："我尽快回来，尽快。"几天后，考察一回来，他就赶紧奔赴医院。可是妻子告诉他，母亲已经在 1 个小时以前离开了……

蒋志刚不是没有改变"清贫"生活的机会。30多年的水利工作历程中，他有多次离开水利的"机会"，而每一次，他都选择"留下"。早在1993年，还在孝感市水利局工作的蒋志刚被派往海南出差，他被当地一家房地产公司老板看中，老板以5000元的月薪聘请他为预算主管工程师。5000元相当于当时他两年的工资，但蒋志刚拒绝了。孝感市水利局副局长张海洲说："孝感市水利局、市水利规划设计院等多家单位早就想把蒋志刚'挖走'了，但孝昌县领导以水利事业发展需要他为由进行挽留，他还是留下了。"

蒋志刚为了水利事业和造福民生的理想，牺牲了小我，奉献着大爱。而他的妻子官小灵，为了支持丈夫的事业，维系家庭的和谐，同样牺牲了许多许多。官小灵从孝感市来到孝昌县，从医院来到工作相对轻松一点的计生委。"离家更近，方便照顾。"她说，"我对金钱要求不高，嫁给他，认的是这个人。水利就是他的命根子，搞水利是造福百姓，他认准了，我还是支持他。"而蒋志刚有一个习惯，回家第一句话一定是问："小灵呢？"

大儿子患有脑瘫，歪着脑袋，双手僵硬而不协调地动着。官小灵把蒋志刚领回的奖章挂在大儿子脖子上，给他讲爸爸的故事。大儿子吃力地说："爸——爸，真——棒！"

"我愧对我的家人，但我更感激他们的理解。"而说起小儿子考上大学时，本该喜悦的他，却流了泪。他极力擦拭着，哽咽地说："我也不能像有钱人家那样给孩子买车买房作为礼物，我只有把平时他成长过程中的点滴记录下来，作为礼物送给他。"

小儿子蒋磊一直都是蒋志刚的骄傲，而这位父亲送给他的入学礼物"沉甸甸的"。蒋志刚一直记录着小儿子多年来的成长片段，把它们制作成图文并茂的册子《成长轨迹》，精心印制了100多本送给亲朋好友。蒋磊收到礼物后说："爸爸的确太忙了，之前我对他也有不理解，觉得他总不陪我们。可是看到这份礼物，我发现爸爸其实一直都在默默关心我，这些记录就是最好的证明。"

一路走来，是他和同事们的奉献换来孝昌粮食产量"十一连增"，换来群众饮水更洁净、家园更安全；他的爱，让家人虽苦犹甜。

"我考上大学那年，村里为我放了整整三天的电影。"回忆当年，蒋志刚露出了难得的笑容，"人要知恩图报。组织给我这么多荣誉，我对自己的要求必须更高，要对得起信任我的人。"他是蒋志刚，湖北省孝昌县水务局副局长。

◇ 本文发表于2014年6月26日《中国水利报》
◇ 作者：陈萌、熊渤、胡顺华

柯于义：老西藏精神的诠释者

深入野外第一线，搜集地质基础资料

作为西南诸河流域综合规划地质勘察现场负责人，2006 年至 2013 年，柯于义长期驻扎西藏，每年大部分时间都在西藏的工地度过。

刚到西藏的时候，高原反应常常伴随着他，夜晚睡不着觉，头痛欲裂，他甚至用过头撞墙来缓解。喝了不洁的、烧不开的热水后拉肚子的滋味更是难以忍受……这些经历没有把他击垮，反而使他积累了经验，以后再没害怕过高原反应。

当时，雅鲁藏布江综合规划工作启动，他随长江委专家组对雅鲁藏布江大拐弯地区进行查勘，总是跑在最前面；2007 年，他带领一个地质小组深入无人区，行程数千公里，从阿里的普兰到林芝的墨脱，对雅鲁藏布江进行了全面查勘；其后，他作为专业负责人组织对雅鲁藏布江中游的藏嘎坝址、米林调节库坝址、墨脱坝址开展了专门地质勘察。2008 年，作玉曲河水电规划时，他带着马帮翻山越岭徒步行走 10 余天，睡帐篷、啃干粮开展地质勘察。2009 年至 2011 年，他又先后组织完成了尼洋河综合治理与保护规划、察隅曲流域综合规划、帕隆藏布流域综合规划地质勘察。

作为地质工作者，他坚信只有深入野外第一线，才能获得最真实、最完整、最全面的资料。这一时期，从金沙江、怒江的横断山区到三江源头的各拉丹东，从雅鲁藏布江的源头到墨脱，从一个工地跑到另一个工地，他的足迹几乎遍布整个青藏高原，收集到大量翔实珍贵的地质基础资料，负责组织完成了金沙江、澜沧江、雅鲁藏布江以及玉曲河、察隅河、尼洋河、帕隆藏布流域综合规划地质成果的编制，为西南诸河流域综合规划编制工作打下了坚实的基础。

完成西南诸河流域规划勘察工作的同时，柯于义还分别组织并全程参与了青海省引大济湟调水总干渠、云南滇中引水、金沙江塔城坝址预可研、西藏山南地区阿涡夺水库渗控、拉洛水利枢纽及配套灌区、玉曲河扎拉水电站、雅鲁藏布中游综合治理等十余个工程项目的地质勘察工作。

主动请缨技术援藏，抗震救灾保平安

2008年，西藏自治区水利规划勘测设计研究院向长江设计院提出了派地质专业人员援助的请求，考虑到柯于义有丰富的西藏工作经验，他成了援藏的不二人选。

刚到受援单位报到，10月6日拉萨市当雄县就发生6.6级地震，当地群众生命财产遭受重大损失，大量房屋建筑受损。柯于义主动请求到震中考查，并立即投入到西藏水利厅组织的抗震救灾工作中。他专门带领一个工作组对地震可能影响到的水利工程逐一进行现场检查，提交了"关于对拉萨市15座水库进行特别巡视检查情况的报告"，落实了处置建议，确保水库安全运行。

2008年12月，墨脱县发生山体滑坡，堵塞雅鲁藏布江形成堰塞湖。次年2月底，受国家防总指派，柯于义作为地质专家参加了西藏自治区墨脱县山体滑坡应急调查处置工作。他经过9天跋涉，步行140余公里，克服雨天、山高路险等重重困难，成为第一个也是调查组中唯一到达滑坡堰塞湖现场的专家。他同西藏方面的专家密切配合，顺利完成了堰塞湖现场调查任务，随后与调查组成员一起加班加点编制完成《西藏自治区墨脱县山体滑坡应急处置方案》，得到水利部、西藏自治区人民政府肯定。

援藏期间，柯于义参与组织完成了10余个项目内外业工作，还作为地质专家参加了西藏自治区水利厅组织的30余个项目的成果咨询和审查。为做好受援单位专业管理和技术"传、帮、带"，他带领专业人员在野外工作100多天，一边工作一边针对西藏地区独特的高原地质环境，指导他们开展水利水电工程地质环境条件的研究和总结，提高了当地技术人员的专业理论水平。在此基础上，他参与组织了西藏水利厅水利规划勘测设计研究院建院10周年第一次全院学术交流会，组织专业技术人员编写论文30余篇在会上交流。

从"小柯"到"老柯"，探索进取永不止步

1993年，柯于义分配到长江设计院时，正值三峡工程开工，他把能参与三峡工程建设作为自己的人生起点，立下了不断学习进步的人生志向。参加三峡库区城镇规划勘测工作期间，同事们休假，他主动留下继续工作，刻苦钻研技术，快速积累经验，很快成为单位技术骨干。

1995年，作为技术负责人，柯于义开始担负起金沙江虎跳峡河段的规划勘察工作，一干就是3年。他跑遍了虎跳峡150公里的河段，对该河段地质条件的熟悉程度得到长江委专家的一致认可。1997年"长江治水人"摄制组记者在虎

跳峡采访，问他是否能长期在这艰苦的地方从事野外工作，他回答，能参与这样宏伟的水利水电工程的规划建设，是一个地质工作者一生的"荣耀"。

1999年，三峡库区地质灾害治理工程项目启动，他转战到三峡库区负责巫山县10余个地质灾害项目的勘察论证，3年多时间里，他到过数百个竖井和上千个钻孔收集研究资料，从中发现了前人资料中的多个重大错误并予以纠正，最终形成的勘察成果通过国土资源部、重庆市组织的专家论证和审查。同时，他还参加了"长江三峡地灾治理研究课题"研究，主笔编写了《长江三峡库区巫山新县城破碎岩体与滑坡群的成因与治理利用研究报告》，被评为长江水利委员会科技进步一等奖，出版了专著《长江三峡工程库区巫山新城区地质环境与移民建设利用对策》。

2010年，柯于义参加长江水利委员会组织的长江源科学考察。他利用难得的机会，精心搜集、记录各种地质素材资料，研究长江源头的地质环境和长江形成的自然规律，以翔实的第一手资料参与了《长江源科学考察报告》的编写。

在西藏工作期间，柯于义的身体常常处于极度疲劳状态，但他在完成繁重的野外地质勘察工作任务的同时，仍组织地质专业人员开展西藏地区冻土、冻融作用对水利工程的影响研究；进行新构造运动、深厚覆盖层成因机制的研究等，研究成果参加了由中科院、西藏自治区在拉萨组织的"第十届西部科技论坛"交流活动。

多年艰苦的工作，柯于义获得过"长江设计院劳动模范""长江水利委员会十大杰出青年""全国水利援藏工作先进个人"等荣誉称号。一个有志青年成了学科专家，他也从"小柯"变成了"老柯"。

◇ 本文发表于2015年4月29日长江水利网
◇ 作者：李胜元

老谭：水利站长忙普查

夜，静静的，江西省崇义县丰州乡政府院子内，只有水利站办公室里还灯火通明。

老谭面对着电脑，凝神注视着表格，正逐项逐项校核前段时间现场调查的每一组数据：用水户名称、用水量、用水计量方式……老谭是水利站站长。

老谭已经校好了水利单位清查表、河湖取水口清查表、灌区取用水量台账表、社会经济用水台账表，接着又把前几天与村里普查员一道去核实的水利工程清查表输入电脑：圆滩水电站、编码360725、所在河流上犹江、装机容量4000千瓦……

老谭似乎看不清表格里的数字，眼镜被他摘来摘去，一会儿伸长脖子贴近电脑仔细辨别，一会儿又额头仰起，眼睛定定地看着上下左右之间的数值是否准确无误。

时钟指向零点，四周没一点儿声响，此时老谭眼中放射着胜利的光芒，心中绽放出一种收获的愉悦，只见他手指点点，在密密麻麻的电脑桌面上数数：1、2、3、4、…呵，13个，对，没错没漏，就是13个。老谭立马又打开一个填满数据的表格，一一打印，刷刷的打印声对他来说就是收工号。

老谭回到宿舍，只觉眼皮发沉，"扑"地躺下睡了。

"呜呜""呜呜"……连连的嗡鸣声惊醒了沉睡中的老谭，是妻子水秀打来的振音电话："死老谭，你礼拜六不回来又在聊闲啊！"说着就挂了。

老谭瞧瞧时钟，已是8点多了。老谭想起，前两天水秀说了，这个周末要回家割稻子，家中正缺劳力呢！这就得放放手上的普查活，赶紧把稻子割了。想到这，老谭一溜滚地从床上爬起，又迅速打开边上的电脑，原来老谭还要看看网上普查QQ群里有没有什么动态。刚上线，老谭就看到左下角有许多群友的头像在闪动，原来都是来提问的，老谭给群友一一地作了详尽回答。

"呜呜""呜呜"，妻子电话又来了："老谭，难道你回一趟家就这么难么？"老谭一看，时钟已指到了9时半，"啊哟，这么快呀！"老谭有些局促不安，赶紧关电脑下楼，跨上摩托车一溜烟就出了院子门往家里赶。

"快吃饭，我们今天先去割岭顶子那几丘禾，隔壁水生家明天会帮我们打谷。"刚踏进家门，水秀就催着说开了。

老谭驾着摩托车在山道上盘旋，突突的声音在山谷间回响。老谭和妻子利索地走进柔软的稻田里，肩并肩地割起稻来。

"老谭，最近在做些什么呀？"水秀边挥镰边问老谭。

"水利普查呢！"老谭答。

"水利还要什么普查？你是撑饱了没事干，水利普查还能治住那些水灾、山洪么？"

"呵呵，水秀，你还真说对了，我们水利普查就是要摸清家底子，要打一场兴水治水的大胜仗！"

"还大胜仗，凭你一个小小的水利站长还能忙出什么大事来，你真是个放屁的臭虫！"水秀嘲笑地说。

"水秀，你真是不懂形势，水利普查是大事，项目内容指标都是反映乡情民情国力，跟你还难以说清哟！"

"你这死老谭，什么说不清，我们家的农活你平时搭理过多少？我跟你说，过了礼拜你就在家忙秋收，别在我这儿说什么水利普查！"水秀的嗓音一下子提高了八度。

老谭心想，这怎么能行？下周是普查清查数据的上报初审呢！

"谭站长——谭站长——"老谭感觉有人远远地在喊他。

"啊呀，徐乡长，你来了啊！"老谭抬头望去，原来是新上任的徐梅乡长来了。水秀也从稻丛里直起腰来，她看见一个年轻漂亮的女人后面还跟着两个小伙子。水秀一个都不认识。

"谭站长，今年收成蛮好呀，你看这沉甸甸的谷子。"徐乡长说。"徐乡长，前两年县乡为我们村排忧解难，修好了损毁的徐家洞水渠，我们这片田灌溉没问题了，稻子这几年都高产丰收呢！徐乡长，没想到今天你还能来到这岭顶上，山高路远的。"老谭说。"谭站长，我们刚刚到你家，邻居说你们在岭顶子割稻子，我们就径直来了。是这样，县里25日在我们乡召开全县第一次全国水利普查工作调度会，我来了解一下情况，听县里说你的普查工作做得很好，还要你在会上作典型发言呢！"

"哪里，哪里，乡长过奖了！"老谭高兴地应着。

"怎么，就你和嫂子两人在割稻子呀，谭站长？"徐乡长问。

"是啊，乡长！"老谭似乎有些难为情。

"这样吧，谭站长，明后两天乡里的普查指导员都到你家来帮忙割稻子，稻子一割完，参与水利普查的人就要集中起来，认真把乡里第一次全国水利普查工作中的新做法新经验进行全面梳理，一定要把在我们乡召开的调度会开成一个全县水利普查的经验交流会、质量推进会。"

徐乡长在老谭和水秀面前还说了些有趣的话，就离开了。

"走，收工。"水秀突然说。

"怎么这就收工？"老谭问。

"快回家准备好吃好喝的，明天普查人员要来帮我们割稻子，可要好好款待你们！"水秀高兴地说。

"谢谢老婆！"老谭嘿嘿一乐。

老谭和水秀走出稻田，乐呵呵地往家奔去。

◇ 本文发表于 2011 年 11 月 10 日《中国水利报》
◇ 作者：刘人

雷泽太：勤恳为百姓办事

2013年8月10日，《皖西日报》头版醒目刊出一条《临时泵站出水，农民欣送锦旗》的现场短新闻，报道说："在抗旱紧急关头，寿县调集时淠排涝泵站的精兵强将，远征安丰镇，临时搭设倒虹吸提水泵站，通过连续两昼夜奋力抢建，3台机组同时出水抗旱救苗……喜得'龙水'的叶套村农民为表达感激之情，自发赶制一面书有'抗旱显身手，永记水利人'的锦旗，敲锣打鼓送到临时搭建泵站负责人雷泽太的面前……"

1986年，雷泽太从部队转业，分配到安徽寿县水利局时淠排涝站工作。单位地处张马淠堤，远离城镇，他却安于本职，一边向"老水利"请教，一边钻研水利知识，很快成为业务骨干，2008年被提任为站长。

2007年，时淠排涝站被列为国家治淮项目，投资2600万元实施更新改造，泵站作为业主代表之一，积极参与工程建设。雷泽太作为工程建管处成员，主要负责施工环境协调等。他为人质朴，与当地老百姓关系好，每当施工中遇到阻力时，施工单位第一个想到的便是他。工程征地过程中，有几个不明事理的农户，围绕提高青苗赔偿费的问题，软硬兼施不让建设单位施工。雷泽太得知情况后，巧当"难缠人"，苦口婆心，很快打通了这几个农户的思想，工程施工顺利进行。如今，改造一新的时淠泵站就像一颗明珠镶嵌在张马淠堤上，装机规模5台套2000千瓦，排水流量达18.5立方米每秒，保护着时淠洼地5.8万人和近4万亩耕地免受内涝侵害。

自担任站长以来，雷泽太便以"家长"的责任心，抓学习、强管理、搞建设、促发展。单位各项工作均有长足进步，多次被评为管理目标先进单位。

"好的管理，不是让职工心生畏惧，而是使职工爱上这个集体，充分融入这个集体。"雷泽太常按照泵站工作纪律和技术管理规程，制订实施了一系列上下班考勤和工程日常、运行、应急、防护管理制度，确保泵站工程设备运行安全。目前，时淠排涝站机电设备已实现自动化控制，技术等级、运行安全指数和管理智能程度大为提升。

作为直接面对农民群众的基层水利单位负责人，雷泽太历来注重与泵站保护区的群众搞好关系，勤恳为百姓办事，替百姓着想。

2007年夏季，大雨倾盆，外河内湖洪水暴涨，时浠泵站全力开机抢排内涝。7月10日，泵站进蓄水池终因承不住高水位压力，池墙坍塌近5米。负责抢险的雷泽太，采取用土包堆砌石的办法，组织水利职工赤膊上阵、奋力排险，经过3个多小时的奋战，险情排除。当县电视台记者采访浑身泥水、累得瘫坐地上的雷泽太时，他说："抗洪抢险是水利人应尽的职责，水利人必须做好水利事。"

2012年，时浠排涝站着力开展管属区堤坝清障和环境绿化工作。由于利益所牵，当地村民多次提出无理要求，清障计划一度受阻。雷泽太就挨家挨户做工作，无数次登门真诚交流，村民们终于感动了，保证了清障、绿化工作的顺利实施。如今，时浠排涝站已成为张马浠堤上一道亮丽的风景线。

2013年"三伏"时节，持续一个多月的干旱少雨和上游渠道供水不足，致使全县扬花孕穗的水稻大面积受旱。面对旱魔的侵害，县里决定在沿淮的丰庄镇临时搭建刘帝泵站，提取淮河水源抗旱。8月11日，雷泽太接到援助建站的命令，迅即从刚搭建完成的倒虹吸临时提水泵站抽调技术骨干，带队北征搭建刘帝泵站。经过3天连续奋战，6台机组投入运行，丰庄镇5万多亩受旱水稻得以"解渴"。

临时泵站建成出水这天，丰庄镇镇长握着雷泽太的手，激动地说："感谢水利人的支援！"

◇ 本文发表于2014年6月17日安徽水利网
◇ 作者：叶超

李传发：老局长的水情缘

今年 79 岁的李传发，身体硬朗，见客人到来兴致勃勃，开口便说："我这辈子与水真有缘！"

1971 年，李传发升任王家畈区委书记，继续组织群众修水利。1972 年，永丰水库工程上马，这是一座总库容 587 万立方米的小（1）型水库。在水库建设中，黏土斜墙式大坝刚具规模，溢洪道还没有修起，汛期就提前来临。李传发把办公室搬到了大坝上，带领 2000 多名群众，不分昼夜地与时间赛跑，终于在汛期来临之前如期完成。

李传发于 1981 年任原宜都县水利局局长。经过新中国成立后 30 年的建设，湖北宜都全县 5 大灌区已初具规模，已建水库 46 座。改革开放初始，全国正处于国民经济调整时期，大规模农田水利建设基本消失，宜都县水利投资一下缩减到只有十几万元，只能用于小农水建设和防汛抗旱应急之需。"水利建设虽然处于低潮，但水利人奉献精神永在，更要迎难而上，拿出实际行动，干出成绩。"他勉励大家要提起精神搞水利建设。

建设清江大堤，他与民工一样，每天早早上工地，常常是连续工作十几个小时才回家。为了满足大堤建设需要，他建起了采石场，带领工作组，每天轮流上山爆破开山，打凿石头。每个人的手都磨起来了泡，但没有谁喊苦叫累。他自己带干粮、带饭菜，或者就地架灶做饭吃。晚上不能赶回家，就地搭工棚。正是凭着这样一种奉献精神、拼搏精神，千米清江大堤最终巍然屹立起来，解除了沿岸人民的洪灾之患。

作为一局之长，按说他本可以把家属从农村迁入城市，为儿女找份好工作，但他从不谋私利。妻子一直在家务农，女儿李家珍工作后，20 多年来一直在基层水利站工作。

1993 年 5 月，李传发退休了，他没有享受退休后含饴弄孙的晚年，而是回到农村老家，为家乡贡献余热。

回乡后，李传发目睹水牛在堰里泡澡、人在堰里洗衣服，甚至挑水吃的情景。村里黄胆性肝炎病者多，一个组里就有 18 人得这个病。

"我主持修建了近 10 座水库，可老家的 8 口堰塘淤积渗漏，每逢旱年就干涸，老家的乡亲们一直没有吃上自来水。"他感到有些对不起乡亲。"肯定是水的问题，只有吃上安全卫生的自来水，村民才有生命健康！"李传发坐不住了，他要带领村民修建饮水工程。

没有上级补助，村集体经济基本是空壳，群众生活也困难，没有钱怎么办？李传发与老伴商量一宿，决定把自家养的 4 头猪卖了，凑足了 1000 多元钱。然后又去市里找老朋友、老部下，争取到了 50 吨水泥和几千米管材。他带领群众修建了 4 个大水池，铺设 3000 多米管道，从主井到家庭的水池，全部过滤净化，周围 1 平方公里范围内的 25 户家庭，家家吃上干净、卫生的自来水。

为了保证管网维护，近 20 年来，都是他自己出钱负责管网维修，没向群众要一分钱。一根水管近百元，换一个接头 20 多块钱，现在已耗去他近万元的工资。

"老局长你一直待在农村，生活没有城里方便，你后悔不后悔？"有人问道。

李传发坦然道："咱作为党员只想把工作干好，一心一意为人民服务，大家有困难都去找组织，那会给组织添多大的麻烦呀。现在新农村建设得好，我对生活环境很满意！"

说起今年中央 1 号文件和中央水利工作会议精神，李传发抑制不住喜悦："现在水利不仅是农业命脉，还是人的命脉。水利建设造福后代，绝不能半途而废，那样水利就变成水害了。"

◇ 本文发表于 2011 年 10 月 18 日《中国水利报》
◇ 作者：李广彦

李杲："80后"河官履新

近一米九的大个子，略带稚气的国字脸，身着棉布衬衣和牛仔裤，语速不紧不慢，10月15日，记者初次见到河南兰考河务局局长李杲，同大多数人第一次见到他的感觉一样：怎么派一个毛头小伙子来领导几百人的县局？

2014年5月，33岁的李杲没有想到，一纸任命让他重任加身，更没有想到，这个重任是把根牢牢地扎在兰考黄河——焦裕禄精神发源地。

刚履新，李杲就接连被上级约谈：兰考河务局承担的防洪基建工程施工进度严重滞后，局属企业被河南省水利厅列入"信用不良记录"名单，要求停业整顿，两年内禁止参与水利市场投标。这对一个底子薄、经济来源单一的县局来说，无疑雪上加霜。

事情总得一件件解决，工作总要一项项开展。在别人无法品咂个中滋味的情况下，李杲开始了一个县局河务局长的履新之路。

通过较长时间的调研、思考、讨论后，他和班子成员决定，对外"积极沟通、主动服务"，让河务部门工作融入到地方建设中去，以此为契机争取政府与各职能部门对河务工作的大力支持；对内"强纪律、振精神、夯基础、抓主业、惠民生"，以此为主线破解难题。

面对黄河兰考段工程管理水平高低不一的现状，李杲把彻底改变工程面貌作为"天字号"工程来抓。他强调狠抓日常管理，量化工程养护任务内容，做好绩效考核，奖罚分明；开展示范点工程建设，以点带面，全面提升工管水平；开展工程管理重点难点专项整治，在临近村庄的工程上设立专门垃圾箱，给群众生活垃圾找到出处。

当时，兰考县正在开展"六城联创"和"美丽乡村建设"活动。李杲及时向县政府进行堤防垃圾治理专题汇报，引起县政府领导高度重视，决定将堤防卫生纳入对沿黄乡镇的考核范围，同时促请县委、县政府督察部门将堤防及淤背区垃圾专项治理工作纳入对沿黄乡镇的督察范围，充分发挥沿黄乡镇政府在工程管理中的作用。这些措施使兰考河务局走出了工程管理混乱的困境。

随着水行政管理要求越来越高、越来越严，如何在现有管理范围大、人员少、工具少的情况下做到水事案件早发现、早处理，有效降低执法难度和执法成本呢？李昊以水利综合执法示范点建设为契机，积极探索信息技术在水行政管理中的应用，构建水行政管理监控网络。在兰考河务局水政监察大队视频控制室，记者看到监控中出现了农业生态园、兰丰浮桥等河道内建设项目及其经营情况，看到了上堤路口、易违法河段的实时监控动态。监控摄像头可360度旋转，还可远调近拉，工作人员足不出户就将监控范围内的所有活动掌握得清清楚楚。

"只要有手机信号，工作人员就可在手机上同步监控。目前，像这样的监控点我们已经布设了4处18个点。"李昊说，"下一步要将水行政视频监控技术与黄河防汛、工程管理相结合，对18处重点河段、重要工程节点、滩区内河道建设项目等进行全覆盖，最终实现对河势、险情、工情、水情、工程管理和水行政管理的全面监控。"借助现代信息技术，兰考黄河涉河水事管理进入了一个新的发展阶段。

"第十套广播体操现在开始。"工作日早上8时，兰考河务局在局办公院内通过做早操进行考勤。说起此事，李昊表示，作为治黄战线"一线指挥官"，有时候得用点儿小智慧，通过这样看似不经意的小事，加强工作人员的纪律意识，转变工作作风。

采访中，李昊多次提起他工作的一个思路，就是把每件小事做好，并让这些做好的小事连成片。在做好各项治黄主业的同时，李昊在单位资金极其困难的情况下，筹措10多万元，对一线班组进行优化；加强党风廉政建设和安全教育，多岗位锻炼年轻干部，铺设年轻干部上升通道等。

履新至今，李昊的工作笔记写满了4大本，密密麻麻记录了一年多来工作中的具体事情。每项事情，解决了就在前面打个对勾。在他不大的办公室里，记者看到一张张临摹的字帖，人文、史地以及各类专业书籍有序摆放，随机翻开，里面有标注痕迹。李昊说："平时里想着工作，忙着工作，闲暇时，把心放放空，有利于更好地思考局里下一步的发展。"

兰考黄河具有不可比拟的地理位置与历史人文景观资源。在这里，奔腾咆哮的九曲黄河完成了最后一个大弯，直奔大海。历史上黄河多次在此决口，黄河大堤内形成了多处沙丘沙岗、滩涂湿地、岛屿沙湾。1952年，毛主席到东坝头视察黄河。2014年，习近平总书记视察东坝头险工。昔日的不毛之地已是一片片绿洲，果园随处可见。

李昊多次与县委、县政府沟通，提出在满足防洪需求及工程管理要求的前提下，充分挖掘黄河历史文化，适度进行旅游开发，让东坝头险工成为游客认识黄河的科普基地、学习黄河文化的教育基地、了解黄河历史的旅游目的地，同时也为市民提供一个休闲度假的场所。

如今，东坝头黄河湾风景区已被列为兰考县旅游发展总体规划中首期开发的景点之一。

◇ 本文发表于2015年11月19日黄河网
◇ 作者：都潇潇、于澜、刘宇

李辉:"水二代"的青春人生

作为一个治水人的儿子,少年李辉随父亲先后转战黄、淮水系,数次搬家,不断转学,直到在山东微山县韩庄镇中学读完初中,于南四湖管理处刘桥提水站参加工作。那年他16岁,现在李辉是淮委沂沭泗局南四湖水利管理局河道修防工高级技师。

走上工作岗位,李辉才发现自己理论水平欠缺。他抓住一切空闲给自己"充电",通过刻苦努力,以优异的成绩考入山东水利学校,不久又顺利通过成人高考,分别完成专、本科学业。带着对水利更深的认识、更高的梦想,李辉回到了工作岗位。

2001年春,接到举报有村民在堤上违章施工,李辉立即通过电话向领导汇报,同时骑上自行车就往堤上赶,13公里的堤顶碎石路愣是不到15分钟就赶到了。到了堤上,他一边制止群众围堵工作人员,一边阻止机械继续施工,眼看情势紧张,他毅然站到施工机械前大声说:"这是你们先人修筑的大堤,想要破坏的话,就从我身上压过去!"在场的人被他感动了,村民陆续停止违法行为并同意撤离,一场冲突因李辉的及时赶到得以化解。

2006年年底,李辉因表现突出,调到南四湖局工程养护公司工作,至此,他更是哪里有问题就出现在哪里。一次,灌浆工地上出现不明事理的群众聚众闹事,他立刻挺身站在设备旁劝说制止。突然,一位老人冲向李辉,哪知他身后是数米高的陡滑堤坡,稍不留神老人就会滚下坡去。李辉眼疾手快,迅速用身体挡住老人,不让其摔倒,用切身行动感化了在场群众,使工程顺利进行。

2011年年底,同事们发觉李辉脸色渐渐变得蜡黄,体力也大不如前,上楼梯都气喘吁吁,虚汗直冒。他开玩笑说:"人老喽,零部件都老化喽。"在下级湖的工地上,他如往常一样在施工现场进行技术指导。忽然,一阵难忍的腹痛袭来,令他只能扶着一位同事的肩膀才能勉强支撑着,同事们劝他赶紧去医院检查,他没事似地笑着说:"肠炎,老毛病了,吃点药就行,不要紧。"一直坚持到天黑才收工。

2012年年初,李辉感到身体状况无法正常工作,便利用春节假期进行检查治疗。做完肠镜后,医生为稳定他的情绪,轻描淡写地告知他,只需做个肠溃疡手术。不知已身患恶性肿瘤的李辉在病床上躺了三天就着急了，请求医生立即手术，好尽快上班。"你先养养，等身体强壮一些就手术。"大夫不断安慰。妻子偷偷抹去眼泪："上班，上班，就你忙！大夫是让你在这里好好陪陪我，你还不乐意了？"常年居住工地，与妻儿两地分居的李辉，躺在病床上满怀歉意地安慰妻子："没事的，我命大！就在这里好好陪陪你。"一直到进手术室他都含着微笑，由于术后不用麻药，疼得他一天一夜没有睡觉，为了不让家人担心，他硬是一声不吭。

刚做完手术，李辉接到紧急任务，家人都劝他："请别人做吧，把身体休养好要紧！"他摇了摇头说："不，任务要紧，趁我头脑还清醒，以后我不知道还能不能……"他话到嘴边又咽了下去，但是大家都明白他的意思，被眼前这个硬汉深深打动了。

李辉平时工作很少麻烦别人，此时大伙担心他伤口复裂纷纷提出帮他整理资料，也被他婉言谢绝了。他每天坐在办公室电脑前，左手紧捂腹部，右手一个字一个字艰难地敲击着键盘。功夫不负苦心人，他拖着术后急需康复的身体顺利完成了这项任务。

化疗期间，李辉经历了常人难以忍受的病痛折磨。除了要克服心理上极大的压抑和悲观，还要忍受恶心呕吐、手脚麻木、呼吸困难等不良反应。每次化疗，他连续几天不能进食，身体虚弱得话也说不出，只能依靠输营养液勉强维持。几次化疗下来，体重急剧下降，头发全掉光了，但他仍以顽强的意志同病魔抗争，只因一个信念：战胜病魔，早日回到工作岗位。

2012年7月9日，化疗刚结束，李辉便要求回单位上班。妻子急了："你疯了，你这个样子怎么能上班？大夫不是说至少要静养半年吗？"他劝妻子："老这么躺着，实在是种煎熬。我去上班，也许能转移一下注意力，对养病有好处。你放心，如果我真撑不住，就赶紧回来，行不？"妻子了解他的脾气，只得强忍泪水，默默为他打点行装。7月16日，李辉拖着病弱的身躯回到单位，并申请前往工地一线。在"二级坝二闸水土保持项目"施工现场，为确保材料规格、质量合格，从卡车上卸下的每一块砌筑护坡的块石，他都亲自检验，手磨破了也不抱怨一句。炎炎夏日，他吃住在条件简陋的工地上，并没有因为自己是干部是病号而要求特殊照顾。那时，人们总看到这样一幅画面：一个人戴着草帽，左手轻捂腹部，右手扶柳树，从日出站到日落。经过不懈努力，该项目按期竣工，顺利通过了上级验收。

李辉知道，要想做好水利工作，振兴水利事业，必须拥有一批高技术人才。自他被南四湖局选为河道修防工授课老师以来，连续9年累计培训230余人次，7人经他指导考上技师。每次他都精心准备，认真授课，尤其是2012年12月，为使学员在技能竞赛中取得好成绩，大病未愈的李辉拖着虚弱的身体坚持为学员授课。在寒风凛冽的大堤上，李辉手把手指导学员调仪器、读数据、测高程，不厌其烦地为学员示范、讲解，凭着顽强的意志和强烈的责任心，圆满地完成了培训任务。

一分耕耘，一分收获。2009年，李辉获得全国水利技术能手荣誉称号；2013年10月，获得沂沭泗局第四届技能大赛二等奖；2014年3月，主持"钢丝绳悬空养护机研制与应用"获得淮委科技进步奖二等奖……

李辉用敬业成就理想，用奉献诠释责任，用无悔青春锻造出治理淮水的安澜之剑。

◇ 本文发表于2015年7月10日淮河水利网
◇ 作者：刘宜树

李慧情:"急"的是病人"想"的是患者

1993年,李慧情从湖北医科大学临床医学专业毕业,分配到长江医院工作。21年来,她一直默默无闻地战斗在医疗行业最前线,面对众多的荣誉和赞美,她总是说自己所做的一切都是医生的本分、应尽的职责。

随叫随到

李慧情的敬业与坚守,贯穿在21年的每时每刻。她说:"选择了当医生,我的上下班时间就由病人来定了。"

一个周末,刚刚值完班回家的李慧情正在吃晚饭,手机突然响起。接听电话后,她放下碗筷,二话没说就出门了。原来,社区一位姓王的80多岁老婆婆在家摔倒昏迷,需要医生上门急救,当时医院门诊病人多,值班医生分身乏术,只有打电话给李慧情让安排人员出诊。

李慧情深知老人摔倒,没有专业人员在身旁,危险度极高。情况紧急,最快的选择是自己出诊。她赶到患者家中时,老人已经呼之不应,面色灰黄,大小便失禁,血压心率不稳。李医生果断地与同时赶到的护士一起对老人进行紧急诊治:打针、输液、肢体固定、伤口止血包扎、身体擦洗……王婆婆苏醒过来后,不敢相信自己还活着。得知是医生救了她,感动得说不出话来,拉着李慧情的手要子女一定给医生酬谢。李慧情婉言谢绝说:"治病救人是我们医务人员的职责,是我们应该做的。"几天后,医院收到一张用大红纸写的感谢信,信中充满了对李慧情医生的敬意和感激之情。

为方便患者就医,急诊科开办了家庭病床,李慧情平时都是利用休息时间上门看病,她把自己的手机号码留给病人及家属,嘱咐有事随时呼叫。她的手机从来都是24小时开机,为的就是遵守那份对患者的承诺。20多年来,她出诊无数,大病小病一样对待,出诊看病成了她医疗工作的一部分。

"第一例"

在医学院,她是高材生;在工作岗位,她不断求索,每遇疑难重症,总是查书问典不断积累，练就了独到的查病看病视角。

2006年的一天，一位患者因胸背部疼痛来医院就诊，一般情况下医生都会考虑心绞痛、急性心梗或急腹症等病。李医生经过认真检查后，判断有可能是主动脉夹层病，这个病在临床上极其凶险，患者随时会因主动脉破裂而猝死。她果断决定转上级医院做进一步检查治疗，还帮助联系转院事宜。果然，经过详细检查，患者确诊为主动脉夹层病，在大医院得到了及时治疗，挽救了生命。事后，上级医院的接诊医生夸奖说，你们基层医院还能鉴别诊断出这种病症，了不起！

2007年7月，多年不见的疟疾病已经很少有门诊医生会想起。此时，一位工程技术人员从缅甸回国持续高热五天，在几个医院就诊都被当做普通感冒治疗，病情未见好转，且在加重。经人介绍来长江医院就诊，李慧情了解病史后，敏锐地感到可能是疟疾病，由于前期治疗的药物干扰，查找疟原虫为阴性，不好确诊，李慧情根据经验判断建议再次血检。终于，疟原虫找到了，及时发现了武汉市近年第一例输入性疟疾病例，由此引起江岸区乃至武汉市疾控中心的高度重视。经过筛查，发现武汉市出国人员中存在不少疟疾病患和携带者。此后在相关部门的干预下，患者得到治疗，防疫工作得到加强，有效控制了这类传染病在武汉市的二代感染和蔓延。

这就是李慧情医生，看病治病不循规蹈矩，总能出奇制胜，深厚的理论功底和实践经验赋予了她行医的自信。

"王争艳式"的好医生

武汉市有著名的好医生王争艳，大家都说李慧情就是"王争艳式"的好医生。李慧情看病从不给病人做过度检查，不开大处方，总是尽量用最少的花费使病人得到最好的治疗。

2014年3月，一个小儿病患者在外院输液治疗14天，花费3000多元病情仍未好转，经人介绍找到李慧情，结果没打针输液仅仅花了20多元钱就治好了患儿的病。

有人提醒李慧情："你总是用便宜的药给病人治病，怎么能提高经济效益？"李慧情说，一个人生病就已经够痛苦了，如果因为治病大把大把花钱谁都会心疼，对不富裕的家庭就更是雪上加霜。"我们不能只讲自己的收入而给患者增加负担，给病人实事求是检查、用药，我心安。"

李慧情坐诊时，经常会有一些病患"粉丝"有病无病来找她量量血压，听听心脏，做健康咨询，她总是热情接待，免费为他们做这些事。

急诊医疗是高风险工作，尽管每天都处于高度紧张状态，但李慧情却未出现过一例误诊漏诊。由于工作勤奋、医德好、质量高，她多次被评为长江医院好医生、先进工作者，2011年还荣获"全江女职工建功立业标兵"称号。

李慧情说："我喜欢做医生，每当看到病人康复，就觉得自己的工作更有价值！"

◇ 本文发表于 2014 年 11 月 18 日长江水利网
◇ 作者：孟婧勷、李汉华

李全力：通信站的光阴

绵延千里的淮河两岸，耸立着近 20 个基层微波通信站，为了保障淮河防汛通信网的正常运行，数十名通信系统运行维护人员长年工作在基层一线，几十年如一日，克服地理位置偏僻、生活不便等困难，默默无闻地从事着枯燥、繁杂的工作。李全力就是他们中最具代表性的一员。

52 岁的李全力，1983 年 12 月招聘分配到常坟站任值班员，2002 年任站长。

常坟站位于安徽蚌埠市怀远县常坟镇，距离县城 25 公里，因路况不好，交通不便，在不逢集不堵车的情况下，一趟单程需要近一个小时时间。李全力家住县城，30 年来长年在常坟站值班，总是能够按点按时到站接班，风雨无阻，寒暑不停。不值班的时候，他常常奔波在常坟镇和怀远县的相关部门，为职工办社保、办房补，协调邻里关系，开展文明创建。遇有线路故障、汛情紧张，或是设备检修、施工改造等情况，他总是在第一时间来到站里。

2009 年，常坟站进行机房及配套设施改造，为监督施工，李全力吃住在站里，有时就在办公室的沙发上就寝。沙发空间狭窄，伸展不便，几天下来，他的腰椎间盘突出症复发，疼痛难忍，步履艰难。大家劝他回去就医，责任感促使他坚守现场，监督施工一个月直至完工，施工方和职工都为他的敬业精神所感动。

常坟站是蚌埠往上游方向的第一个通信站点，位置重要，责任重大。作为站长，李全力将确保通信畅通和站区安全作为自己的首要职责。他带领职工每月定期对柴油机试运行两次，对蓄电池组测量一次，确保后备电源供电可靠。他总结了"三个必巡"工作法，将微波机房、电源室、柴油机房、变压器作为必巡点，微波楼、管理楼作为必巡线，站区作为必巡面，形成重点突出、层次分明、不留死角的三位一体安全管理模式；在高温、雷暴、大风、冰冻雨雪等恶劣天气，他更是加大巡视频率，对设备、线路、铁塔、院区进行细致检查，有效保障了通信畅通，赢得了总站和中心站领导的好评。

算上李全力，常坟站只有三名职工。站区所有事情他都事必躬亲，身为站长，即使清扫院区、清理垃圾这样的脏活累活也亲力亲为。常坟站有 1000 多平方米的绿化面积，在过去很多年里，绿化养护是站区职工的繁重工作。尤其到夏季，花草繁茂，杂草和病虫也迅速生长，李全力常带领大家清晨五点钟就投入到浇水、修枝、灭虫、拔草等工作中。他们迎着夏日晨曦的第一缕阳光，与花草为伍，与鸟语相伴，每次总干到日头高照，再带着满头满脸的汗水、带着手指上磨出的血泡、带着由心底漾出的笑容开始一天的其他工作。

2010年，常坟站进行铁塔防腐处理工程，因为是高空作业刷油漆，为避免油漆飘落到站区外周边住户晾晒的衣物上，施工前李全力带领职工挨家挨户登门沟通，不仅避免了纠纷，使得工程平稳顺利完成，更与周边住户建立了良好的邻里关系，树立了总站和淮委的良好形象。

工作之余，李全力还参加扶贫济困、文明创建活动。他多次无偿献血，积极参与当地"送温暖、献爱心"社会捐助，组织职工走进常坟镇敬老院送粮油，关爱贫困孤寡老人。常坟站连续多年荣获"安徽蚌埠市文明单位"称号，李全力本人也连续多年被淮委授予"精神文明建设工作先进个人"称号。

这就是李全力，一个工作在淮畔小镇中的平凡治淮人。他将大半生光阴守护在铁塔旁、守护在机房里，为淮河防汛通信网的稳定运行尽心尽力。

◇ 本文发表于2015年7月10日淮河水利网
◇ 作者：刘芳

李新国：洪峰面前的选择

1978年农历正月十七，李新国带上行李离开家乡，乘坐火车前往河北承德市围场县水文站。那天正赶上下大雪，到达县城时，大雪没过了脚面，他扛上行李找到伊逊河，再沿着河岸寻找县水文站，从此开始了水文事业生涯。

1981年，李新国服从组织调配，前往蓝旗营水文站，1982年又被安排到李营水文站，1995年10月被聘为李营水文站站长。

李营水文站下辖两个断面，两个断面相距1.5公里，即使抄近道跑个来回也得20多分钟。这么多年来，无论酷暑还是严寒，无论风雨交加还是烈日当头，李新国行走在河边的脚步从未停歇，写写算算就是几十个年头。献了青春献子孙，如今，李新国的大女儿和儿媳妇也都在水文战线工作。

1994年7月13日，李营水文站发生了建站以来第二大洪水，洪峰流量达2250立方米每秒。凶猛的洪水猛烈冲击着横在水面上的水文缆道主索，在洪水巨大的冲击下，粗大的钢丝绳在河面不停地摆动并狠狠地抽打着水面，发出"啪！啪"的巨响，浑浊污黑的洪水夹裹被冲倒的房架、柴垛、杂草、大树、家禽、牲畜等杂物，阵阵疾风夹杂着令人窒息的腥臭味。为了安全，李新国禁止其他人在缆道下活动，而他自己却坚持测验，不时地取沙、观测水位。第二天天空略微放亮，他又带着站上职工卢立国拿着维修工具从下游铁路桥过河，顺着对面山上的小路到对岸维修高架浮标。在经过一处一米多宽的溪水时，他一不小心滑倒在齐腰深的溪水中，幸亏反应及时抓到溪边的荆条，才没被溪水冲下山去。来到对岸高架浮标的水泥杆下，他迅速拿起工具，爬上杆子开始维修。脸上的汗水混着雨水把雨衣下的衣服打个透湿，对这一切他却浑然不知。

2011年11月19日清晨，一场降雪给大地换上银装，7点40分，他一如往常去河道观测水位，出去的时候好好一个人，回来时却步履蹒跚，几乎是一点点蹭着回来的。随后前往医院被诊断为脑血栓，这对原本快乐幸福的一家人无疑是个巨大打击。经过3个多月的住院治疗，他的病情得到较好控制，却留下了一些后遗症。屋漏偏逢连夜雨，一向身体不算太好的妻子又病倒，眼下正在医院住院，接受化疗；年过80的老父亲前些日子又查出食道癌，经过一个月的治疗，病情刚刚得到控制。

就在这时，7月20日，当得知21日夜间到22日白天将有一次较强降水过程后，李新国立即打电话告知大女儿，他要回站上去，并嘱咐女儿照顾好妈妈。一边是工作，一边是身患重病的妻子和父亲，他选择了回到工作岗位。

回到站上，李新国来不及休息，马上与站上人员一起做着各项测洪准备。21日下午17时，李营水文站开始下雨，由于腿脚不灵便，他主要负责缆道操作等。一天一夜，他就拖着这两条不灵活的双腿来回爬浮标楼的钢梯，好几次都差点从钢梯上跌落下来，但他并未退缩，而是强忍疼痛，衣服湿了，来不及换，口渴了，也顾不上喝口水，瞅着空，还帮着算算流量，发发报文，就这样坚持着。

李新国（右三）参加汛前检查

在大家的共同努力下，22日7时50分测得了自1994年以来的最大洪水，洪峰流量为418立方米每秒。洪水在慢慢消退，人们悬着的心终于可以稍稍放松一下了。8点多，他才得以抽空吃局领导派司机买回来的包子，看着他那疲惫的身躯，大伙心里一阵阵心疼。局长一再叮嘱千万注意安全，别把身体累垮了。李新国只是对大家淡淡一笑，这时女儿的电话来了，得知妻子病情平稳，他告诉女儿说，等这边忙完了就回去。

一边是自己的病痛，一边是无法割舍的亲情，一边是为之奉献了毕生的事业，他选择了跟同志们坚守在一起。

◇ 本文发表于2012年8月21日河北水利网
◇ 作者：邱雄国

马文进：“晋中好人”

2014年12月17日，山西省晋中市文明委主办的第五届公民道德建设先进典型人物"晋中好人"评选揭晓，黄河中游水文水资源局职工马文进当选善行义举类"晋中好人"。

对于黄河中游水文水资源局职工来说，同事马文进当选"晋中好人"，名至实归。

马文进的主要事迹是无偿献血，他先后无偿献血60余次，共计12000余毫升，而一个正常成人总血量是4000余毫升。

第一次献血，是在2002年。有一天，他在局机关院里听说一位同事刚献过血，就问那位同事献血后有什么反应没有，那位同事说没有，跟正常人一样。马文进心里一动，他原来也想献血，因缺乏相关知识没有付诸行动。现在听同事一说，立刻下了决心，当即就跑到献血站献了200毫升。

马文进的血型属于千分之三的稀有血型，被山西晋中市中心血站指定为"定点血库"。除了正常献血，他还多次为白血病患者应急献血小板。献血小板比正常献血复杂得多，把血抽出后进行分离，需要的部分接收，不需要的部分再输回献血者体内，献一次血小板需要花三四个小时，比正常献血用的时间长得多。献一次血小板相当于献800毫升血，也就是相当于4次正常献血。此外，由于血抽出再输回，会加大感染的风险。即便如此，马文进仍是有求必应，随叫随到。

有一次，马文进因腰椎间盘突出在医院住了几天，刚刚出院，就接到中心血站通知，有位白血病患者急需血小板，他立即艰难地赶到医院为那位患者应急献了血小板。十多年来，像这样应急献血小板，马文进已经做了9次，他用自己的鲜血拯救或延长了许多患者的生命。

马文进的爱心也得到了社会的尊重。卫生部、中国红十字会总会、中国人民解放军总后勤部卫生部联合授予他"2006—2007年度全国无偿献血铜奖""2008—2009年度全国无偿献血金奖"，晋中市人民政府授予他"2008—2009年无偿献血金奖"。

不仅自己义务献血，马文进还带动家人也加入无偿献血队伍。同时，他还热心其他社会公益事业，积极为四川汶川地震灾区和青海玉树地震灾区捐款，为晋

马文进（左一）为扶贫村发放书籍

中市"农家书屋"捐书，为本单位两位大病患者给予力所能及的帮助。

马文进是黄河中游水文水资源局研究室副主任，长期从事业务技术工作。作为主要完成人或主要参加人，他参加过"八五"国家重点科技攻关项目、国家自然科学基金资助重点项目、水利部水利科技开发基金资助项目、黄河防汛科技项目，主持或参与完成了10多项黄河水文科技项目，有20多项技术成果获黄委水文局科技进步奖、创新成果奖或技术革新浪花奖，多项科研成果应用在生产中并取得较好的经济与社会效益。

无论业务工作有多繁忙，马文进始终不忘共产党人为人民服务的宗旨。当人民需要时，他总会站出来。

2013年，马文进当选为黄委水文局首届"身边好人"。这次，他又当选为"晋中好人"，把黄河人甘于奉献的精神洒向了晋中大地。

◇ 本文发表于2015年4月9日黄河网
◇ 作者：高戍戌、王继和

刘和全：栉风沐雨写忠诚

参加工作 26 年来，他始终以站为家，无怨无悔兴水利，被乡亲们誉为"活地图"；作为基层水利站站长，面对群众的诉求，他有求必应，从不推诿；山洪暴发的关键时刻，他驾车赶赴抢险一线，遭遇车祸身负重伤后，仍念念不忘救人。他就是安徽省安庆市岳西县姚河水利站站长刘和全，一名用实际行动践行习近平总书记"三严三实"要求的基层水利干部。

再危险我也要赶过来

"河滩里两个人救起来了吗？工地上到底什么情况？" 3 月 29 日上午，当看到赶来救援的派出所协警彭先福时，满头是血的刘和全忍着剧痛询问道。"刘站长，你受了这么严重的伤，就先别管救人的事了。"看着刘和全疼痛难忍却还关心抢险救灾的事，彭先福忍不住落泪。创口的疼痛越来越重，刘和全逐渐进入半昏迷状态。在被送往医院抢救的路上，紧抱着他的彭先福还隐约听到他念叨着救人。

当天清晨 6 时，岳西县姚河乡境内突降强降雨，1 小时内降雨量达 58 毫米，河水暴涨。7 时许，乡政府值班人员接报，姚家河内有两名正参加水利工程施工的农民工被困河心沙滩，情况危急，亟待救援。接到通知后，姚河乡分管水利的党委副书记吴刘继迅速拨通了刘和全的电话。"我打电话给他，主要是让他与县防指协调安排上游水库分洪。但和全听说情况后就急了，马上就要赶过来。我清楚他的性格，遇上这么急的事，他是一定要赶来的。"吴刘继说。

姚河乡地处江淮分水岭，经常出现极端区域性小气候，突发的暴雨泥石流曾经夺走过群众的生命。"孩子她妈，工地上有事，我去姚河了。"刘和全丢下一句话就急急忙忙发动车子赶往姚河。路上，刘和全一边驾车，一边与前方联系。沿路暴雨肆虐，泥水成河，刘和全万分焦虑，不由加快了车速。

大雨冲刷的路面格外湿滑，路边不时有碎石落下，泥水四溅。前方急转弯，路面上又出现了一块滚石，他紧打方向，车子一下冲出了马路……

"我是要到电站值班，看到车子翻在河滩上，就赶紧跑下去救人。刘站长当时满头是血，疼得厉害，可还是告诉我他是乡水利站的，说要去救人。我就赶紧拨打120报警，随后乡里救援的人和车就来了。"第一个发现车辆的龙王村村民孙贤发说道。

因为遭受重创，刘和全颈椎、腰椎受伤，肋骨多处断裂，肺叶被戳破引发大出血。截至4月20日，刘和全仍在昏迷之中。"肋骨断了这么多的人，关键时刻还想着救别人，不是亲耳听到，谁会相信这是真的。刘站长这人，大家都很敬佩，希望他早日好起来！"彭先福激动地说。

水利站就是他的家

"从1月18日到姚河水利站工作以来，和全连续工作了两个多月，没休过双休日，晚上也经常加班加点，这段时间他太累了！"姚河水利站老职工朱诵林含着热泪说。

3月28日，也就是事发前一天，刘和全度过了最忙碌的一天。当天，市勘测设计院到姚河乡中小流域治理施工工地验槽，刘和全除了要陪同市里技术员开展工作，还要到另外10来处工地巡查。下午3点，市里人员返回时，他已经在沈桥、姚河等村往返了4趟。送走客人后，他又开车到梯岭、皂河等水保工地巡查。晚上8点，他才动身踏上回县城的路途。

刘和全（中）在认真做着笔记

从主簿水利站到姚河水利站，朱诵林与刘和全前后三度共事。对刘和全，朱诵林可谓是知根知底："和全是聪明人中的老实人，业务过得硬，做人非常实诚，不管是干技术员还是站长，做事从不推诿，总是要做得更好。"

姚河乡是岳西县水利工程建设的主战场。今春以来，乡里有一个水土保持项目和一个中小流域治理项目正在实施，投资额达4000多万元，工程涉及全乡6个村，建设点达10多处。考虑到刘和全工作认真负责，业务能力强，县水利局年初决定将他从主簿水利站调到姚河乡，任水利站站长。

1月18日，刘和全到姚河乡报到，第二天一早他就来到水利站上班，迅速进入角色。当时，水土保持项目已经开工，中小流域治理项目正在启动。作为水利站站长的他，既要参与县局建管处的工作，又要负责水利站工作，任务极其繁重。白天，他基本不在站内，全乡10多处工地上，他来来回回跑，上山下河，参与工程设计，开展质量监督，协调施工环境，听取群众意见和建议；晚上，他与同事一起分析乡情、雨情、水情，制订乡镇防汛预案，常常一干就干到了下半夜。

"和全曾经跟我谈心，说在姚河的工作量，跟原来比翻了好几倍。只有起早一点，睡晚一点，才能不耽误工作。"吴刘继说。

越是风雨越要往前冲

作为最早一批水电中专班毕业生，刘和全的业务素养在基层水利站算拔尖的。20多年来，他没有因为自己有一技之长就四处炫耀，更没有以此为条件跟组织提要求。

石关乡是他在主簿水利站工作时长期包点的乡镇，乡内的山山水水，都留下了他的足迹。经他实施的水利工程，设计合理，质量牢靠。"和全对石关的情况十分熟悉，被当地干部群众称为'活地图'。政府只要有涉水的项目和工程，都一定会喊他到场。而他无论人在哪里，都会第一时间赶到并积极参与，工作热情特别高。"曾在石关乡分管水利工作的主簿镇政协工委主任储昭发说。

基层水利工作很辛苦，碰上雨雪天更是艰辛。2005年"9·2"洪灾，主簿水利站辖区内的主簿、石关、巍岭3个乡镇都是重灾区。肆虐的山洪泥石流冲毁了村庄和道路，堰渠和堤坝等水利基础设施更是遭遇了毁灭性的打击。当年冬天，是灾后恢复的攻坚期。一大批水利工程项目要实施，水利站全体同志既包片负责，又互相支援。一个寒冷的冬日，刘和全到石关乡张家村为一处水毁堤坝修复进行测量。天寒地冻，结冰的石头十分湿滑。一不留神，刘和全滑进了刺骨的河水里，鞋子和裤子都湿了。看到他冻得直哆嗦，边上的村干部让他停止工作，赶紧回去换衣换鞋。可他想着马上就要下雪，再耽搁就会误了工期，咬牙坚持了1个多小时，直到完成全部的测量工作，才骑着摩托车返回20公里外的水利站。回到家，裤腿里和鞋子里都是冰花，双脚冻得青紫。"我们这有句俗话，叫'下雨时，别人往家跑，看牛的往外跑'。我们水利人也一样，越是风雨越要往前冲，刘和全就是这样做的。"主簿水利站站长王绪怀说。

前些年，水利站工资发不出来，妻子工作又尚未转正，家里条件十分艰苦，可他没去找组织，更没有向服务对象伸手。因为他精通工程设计，曾经有家私人企业想请他去兼职做监理，一年能多挣点钱，可他却以工作忙抽不开身婉言谢绝了。后来家里条件稍好，女儿在城关上高中，就在县城买了一套房子。为节省费用，他利用周末自己动手搞装修。对自己抠门，可他在工作中却很大方。去年在建石关乡微型泵站时，他瞒着家人垫了3000多块钱。在他的精心设计下，工程建设得又快又好，获得了"皖江杯"评比三等奖。

他爱人胡忠花，在主簿镇一所小学教书，对刘和全的为人和工作，也经历了从不理解到支持的过程。"跟他几十年了，他就是这么个实在人。过去下乡长期骑摩托车，也不知道摔过多少跟头。调到姚河以后，担心路远难跑，就借钱给他买了一辆车，原本想让他回家方便些，却没想到他还是没空回家。上个礼拜天，女儿从学校回家，想让他回来看看，可他回不来。这次回来了，却没想到出了这么大的事。"守在市立医院重症监护室外的胡忠花哽咽道。

◇ 本文发表于2014年4月15日安庆群众路线网
◇ 作者：林智勇、崔泽惠

罗刚：用充实的工作忘记病痛

说起罗刚，在湖南湘西土家族苗族自治州水利局，没有人不为他忘我勤奋工作的精神所折服，没有人不为他顽强战胜病魔的毅力所感动。

今年50岁的罗刚，30年的水利生涯简单却充满坎坷，平凡却承载荣光。他1981年8月参加工作，1983年入党，曾先后任州水利局计财科副科长、州水电系统团委书记、电力科副科长、总工室主任、水政支队支队长、水政科科长等职务。在这些平凡的岗位上，罗刚同志以水为墨，以情为笺，书写了一曲面对病魔时顽强抗争、忘我工作、开拓创新的人生乐章。他多次荣获省、州政府的嘉奖，两次被评为湖南省水资源及河道管理先进个人，2006年被授予湖南省"四五普法"先进个人荣誉称号，2010年荣获湖南省"十佳"水利建设先进个人荣誉。

"工作是我生命的激活因子"

罗刚对工作激情似火，对事业执著如铁。1996年，因长年超负荷工作，他在赴龙山县检查工作的途中晕倒了，老局长心疼地责备他："你怎么连命都不要啦？"老局长强行派人将他送往省城医院检查，结果患的是极易转移和复发的多分化鳞癌。

罗刚坚强面对。长达5个小时的手术，30次的放疗，将他折磨得脱了形。手术后，他嘴歪了，脖子被烧得焦黑，头发脱光了。但病魔并没有将罗刚击倒，休息后的第三天，罗刚毅然地走进了办公室。10多年的财务工作，他一丝不苟，哪怕在他身患癌症时，也没有做错一笔账。治病让罗刚家庭经济极度困难，他没有向组织伸手，没有申请过一分困难补助。

2010年，罗刚又患上了鼻咽癌。住院时，正值防汛关键时刻，罗刚怕给局里添麻烦，他卖掉自家的房子，一个人去省城医院治疗，未向组织提任何要求。治疗的时候喉咙烧焦了，不能进食，连水都难以下咽，而他心中牵挂的仍是工作：电话中安排工作，领导来探望，他汇报的仍然是工作。一出院，他依然按捺不住工作的激情，顾不上妻子心疼的泪水、母亲担忧的神情，义无反顾地走进了办公室。他对亲人说："工作就是我生命的激活因子，只有在充实的工作中，才能忘记病痛，忘记自己是个病人。"亲朋好友都叫他"湘西癌王"。

创先争优"钢模范"

身为水政科科长兼州水利局机关党支部副书记的罗刚，十分重视党和群众的血肉联系，他认为党组织就是群众最大、最好的"靠山"，为人民服务永远是立党的宗旨，而勤政、廉政是党组织高效执政的前提。他发挥班子成员和主要负责人的作用，积极与其他成员通气、交换意见，做到大事讲原则，小事讲风格，与班子成员之间推心置腹、坦诚相见。在水行政执法中注重加强干部队伍建设，认真查找和纠正队伍的"虚、浮、懒"的不良作风。在群众中树立了务实、拼搏、公正、廉洁的优良形象。水政工作变主动管理为主动服务，进一步转变了工作职能。

罗刚参加劳动

罗刚坚持把党的先进性教育和创先争优落在行动上，他积极带头加强政治学习，写出了十几万字的政治和业务学习心得体会。刚任水政科科长时，为了尽快熟悉业务，他不断自加压力"充电"，拖着病弱的身体，进行业务学习的强化训练，以弥补专业不对口的短板。不到两个月，他翻阅查询相关资料百余本，先后制定完善了23项水行政执法的工作管理制度，使水行政执法工作迈向正规化、制度化和系统化建设的道路。罗刚带病开展调研，每每下县或下乡，身上都带着两样东西——书和药。同事们看见他憔悴的脸上带着坚毅和自信的神情，大把地往嘴里送药，个个泪眼模糊，心生敬意。在加强自身建设的同时，罗刚还注重创新队伍培训，通过外出考察、以会代训、岗位练兵、法制讲座、专家授课、教材辅导等多种有效途径，每年举办 2~3 期业务培训班，全局依法行政意识不断增强。

不论是在"党员先进性教育"活动还是在"创先争优"活动中，罗刚所在的科室和支部办的宣传栏、学习心得栏，总是吸引人们的眼球。专栏版面新颖，内容丰富、实在，讨论的问题引人关注。这都源于他坚持学习、积极探讨和改进工作方法。

罗刚以身作则，带领的水政执法一班人思想正，觉悟高，做人廉，执法严，湘西水政工作年年上台阶，2009 年、2010 年连续两年湘西州水利局河道管理工作被湖南省水利厅评为先进单位。人们都说，罗刚是个铁汉，这些先进都是这个"钢模范"捶打出来的。

维护溪河健康的卫士

30 年来，罗刚不计得失，淡泊名利。他频繁地变动岗位，尽管身患顽症，但面对每一个新的工作岗位，他重新学习，重头来过，毫无怨言。罗刚每到一个科室，总是把工作做得得心应手；不论到哪个工作岗位，他都兢兢业业，将工作干得漂漂亮亮。"我是从死神手里逃出来的，还有什么能难倒我、打倒我？"罗刚如是说。

2001 年，罗刚任水政科科长，面对新岗位、新任务，他深知水政工作的艰辛，更理解这项工作的重要。湘西要打造天蓝水碧山青的秀美山川，关键是水利。他决心做一名溪河健康的卫士，让湘西的每一条河流都畅通、干净、清亮起来。上任之初，他强拖着病体，从源头到河口，跑遍全州每一条河流，当看到有些河道垃圾堆积，臭气熏天，河道堵塞，乱采河沙，他心里好痛，彻夜难眠。他暗下决心一定要把这项工作做好，向百姓交一份满意答卷，留给子孙后代健康的溪河。

罗刚带领全科室人员不断创新执法手段及信息化办公方式，依靠高科技和信息化设备，将工作延伸到每一个角落。在他的努力下，先后为全州水政队伍配备了摄像机 10 台，录音机 12 台，照相机 18 台，液晶电脑 22 台，传真打印机 18 台，当时全省最好的水政执法专用车 11 台。

一次在赶赴长沙应诉途中，不幸发生车祸，他当时被撞昏迷送往医院。经过几天抢救，他最终苏醒过来，身体尚未痊愈，又继续到法院应诉，马不停蹄地协调关系。这样来回奔波省城持续两年，终于处理好了该项事宜。"他为了水政执法付出了血的代价。"同事们由衷地敬佩他。

几年的水政工作，罗刚深知河道治理维系着防洪安全、经济安全和社会安定。每一次水患，罗刚心里都感到无比酸楚，更感到身负的使命与责任重大。他利用自己在水利部门工作 30 年积累的人脉关系，抓住各种机会，积极向省厅争取项目。2010 年，为争取中小河流治理武水矮寨河段、寨阳河段这两个项目，他三进北京，历尽艰辛，几次晕倒在途中，同事们看在眼里，痛在心里，将他送进医院，可罗刚每次苏醒过来，便拔掉输液管，赶上队伍，继续奔走在路上。最终，争取了中央财政资金 3200 余万元。两个项目落户湘西的消息传开，沿河两岸的苗家乡村山寨沸腾了，他们的母亲河将得到治理。

公正廉明　拒绝诱惑

俗话说："常在河边走，哪有不湿鞋？"水政执法要做到刚正不阿，不徇私情，公正廉明，拒绝诱惑是件很不容易的事，但罗刚做到了。在处理违章违法案件中，曾有很多人都想私了，送红包、请吃喝是常有的事，但罗刚一一拒绝。一次他查处酉水河段一处采砂大户，征收、罚缴 30 多万元。业主千方百计打听到罗刚的住所，还了解到罗刚身患癌症正需要钱"救命"，于是亲自出马到罗刚家"慰问"，送了个大大的红包，说尽好话要罗刚收下，被罗刚婉言谢绝："我是很急需钱，但我不能以损害国家利益来苟延我的生命，老兄，请把你的礼物收起来，当交的还是要交。这样，我们还可以以兄弟相称。"业主被罗刚一番真诚的话语打动，收起了红包和礼物，没过几天把所有的费用全部交清。

在执法过程中，罗刚也曾经无数次遭到业主不择手段的威胁，但为了国家的利益，他不畏惧，更不退缩。2005 年 5 月，在处理保靖县一选矿厂违法向狮子桥电站库区倾倒废渣堵塞河道案件时，他遭到一些不法分子的围攻，但他始终不惧威胁，据理力争，晓之以理，动之以情，处处表现出不卑不亢，临危不惧，最终依法处理好了这一起案子。就在办理这起案件时，传来老父亲病危的消息，罗刚忍泪处理亟待解决的案情。之后回到家里，他跪倒在父亲的灵柩前放声痛哭："父亲，你睁开眼睛看看，我是你的老三啊，儿子不孝，没有跟你老人家见上最后一面啊！"

他只能用更扎实的工作来告慰父亲。在他的感召下，罗刚带领同志们不畏艰难，2001 年至 2005 年，全州共清除 85 处河道行洪障碍，拆除违章建筑 20 栋 3200 平方米，清除淤砂卵石 6.42 万立方米，清除弃渣垃圾 4.55 万立方米，查处水事案件 165 起，立案查处 85 起，现场及时处理 80 起，其中州局直接查处 29 起，全州共挽回经济损失 3000 多万元。河道项目事关防洪保安，他将群众的生命安全放在第一位，严格把好河道项目审批关。

河道项目他必把关，必要时到现场实地察看，在审批吉首市黄莲溪水电站项目时，他审阅防洪评价报告发现，其校核洪水位偏低 4.7 米，立即通知了业主及设计单位。设计单位及时进行了变更设计，从而避免了河溪镇 4000 多居民房屋在大洪水时的灭顶之灾。业主说："你们的审批把关，为我避免直接经济损失1000万元以上。"

规费征收也是水政工作中的一项任务，繁重、费力更不讨好。但罗刚不嫌麻烦，他以理服人，以情动人，出色地完成每一年的工作任务。2010年，州水利局成立水行政规费征收办，他又主动请缨，带领6个年轻人风风火火干起来，下基层，找业主，宣传法律法规，依法收费，两次三番地找，周而复始地讲，不厌其烦地跑，虽受尽冷脸，但成绩斐然，全年征收到位各项涉水规费90多万元。2010年，罗刚从医院回来不久，拖着病体赶往山高路远的龙山县湾塘电站收取水资源费。当时，电站正面临发供分家，企业举步维艰，上百号职工围堵单位，等待解决工资问题。罗刚赶到，向经理说明来意，看到罗刚因化疗烧焦的脖子、苍白的脸色、顽强的神情，经理感动得热泪盈眶，他紧紧握着罗刚的手，久久地说不出话来："老罗，尽管企业困难，我们当交的钱一分不少，你的精神和毅力真的让我太感动，太让我敬佩！"2003年至2006年，罗刚主抓水资源费征收，每年州本级征收的水资源费和河道采砂管理费都在70万元以上。10年来，经他征收和上交的水资源费及河道采砂管理费上千万元，这笔收入直接用于河道整治和水土保持，溪沟河流一天比一天更清澈，山川越来越秀美。

风雨征程，无悔人生。罗刚用赤胆磨砺精神，用毅力铸就精彩，书写了一首兴水惠民感人至深的水利人之歌。

◇ 本文发表于2011年6月21日《中国水利报》
◇ 作者：刘祖国

宁勇：身上打了 8 根钢钉的建设局长

一

2013 年这个春天，对宁勇来说，又是一个忙碌的季节。

2 月，时值农历新年，中原大地寒风凛冽，千里冰封。宁勇在离家近千里的施工现场度过了又一个春节，而在南水北调中线陶岔渠首枢纽工程建设这三年，这个七尺汉子腰椎间盘突出的问题却越来越严重了。一家三口，爱人在蚌埠，孩子在南京，一家人很难团聚到一起，现在 2013 年春节，他又留在了工地。万家团圆、举国欢庆的时候，这个足迹遍布淮河两岸的建设者既有远离家乡的些许孤独，更有建设者由衷的自豪。

宁勇（右一）施工现场话施工

3 月，古城西安。时隔 6 年后，宁勇生平第四次被推上了手术台。了解他的人都知道，这个手术已经不能再拖下去。这一次，他的腰椎部位又被植入了 4 根钢钉。4 根钢钉植入体内，手术基本还算顺利，几乎没有做什么休养，宁勇又马不停蹄地从西安直接来到了南水北调中线陶岔渠首枢纽工程的工地上。

"越到收尾阶段，越不敢放松啊。"陶岔渠首枢纽主体工程已完工，宁勇坚持留守工地，一方面有很多事情需要他临场指挥和最后定夺，另一方面最主要的还是要给现场所有参建人员一个信号、一份信心、一个榜样：建管单位的主要负责人能够为工程鼓劲加油，为工程的完美收工而坚守，每个施工人员就没有理由不去拼搏，不去努力！

二

1982年，刚从华东水利学院毕业的宁勇，被分配到淮委规划设计院设计室工作。

其时，淮委规划设计院刚刚在淮委规划处的基础上恢复建院，草创阶段，专门搞设计的人员很少，设备也极其简单，几张桌子一拼，几把椅子一摆，一个设计室就宣告成立了。更棘手的是资料的匮乏，几十年的时代变迁连带着损坏了几乎所有积累的资料，一切设计工作都需要从零开始。当时正赶上国务院治淮工作会议召开不久，大规模治淮建设即将展开，规划设计任务自然十分繁重，但激励大家奋力向前的更多的则是建设美好祖国的强烈责任感。

"那时候，身上好像总有一股子使不完的劲。"用宁勇自己的话说，仗着年轻，老想着一口气把工作做完，当初真正达到了以办公室为家、废寝忘食的地步。画图完全依靠手工，全是一两米长的大图纸，挂在墙上，完成一张往往需要集中精力站上好几天，既是对耐心的锤炼，又是对体力的考验。靠着这种最原始的作图方法，宁勇完成了大量的图纸设计工作，获得了一项又一项殊荣。

正是靠着这种拼搏加拼命的精神，在治淮19项骨干工程中，每一项成就都深刻铭记着宁勇和他的同事这样一批规划设计人的贡献。

连续数年的高强度工作，严重影响了宁勇的身体健康，缠绕他一生的腰椎问题正是那时候落下来的老病根。1986年，年仅29岁的他患上了腰肌劳损，后来逐渐演变成腰椎间盘突出。

三

淮河中游地区，历来是我国重要的农业和能源基地。

早在1958年，国家就开始动工兴建临淮岗工程。后因国民经济困难而停建，未完工的工程由于未形成整体规模，无法发挥效益。

这一等就是40年。2000年9月，宁勇被选任为临淮岗洪水控制工程建设管理局副局长兼总工程师，2003年7月，又被委以临淮岗洪水控制工程建设管理局常务副局长的重任。

重任之所以"重"，是因为该项工程的特殊性。工程跨安徽、河南两省三市四县，影响范围大，各种矛盾复杂；主体工程项目多，仅主、副坝就长约77.6公里，施工强度及施工干扰大；施工战线长，淹没影响处理工程项目分散，建设管理难度大；工程占地拆迁及移民安置工作量大，任务重，直接影响主体工程实施进度；工程建设资金来源和种类较多，是首批实行财政国库集中支付试点项目，对管理工作提出了新的要求。

这是一块名副其实的"硬骨头"。

在这样的情况下，宁勇把保证工程进度和质量作为第一目标，带领建管局上下人员逐一攻克工程建设中的移民、管理、技术等种种难题，牺牲了几乎所有的节假日，保质保量完成了工程建设各项任务。这期间，他腰椎间盘突出再次复发，刚过40岁腰就开始直不起来了，但他并没有因为病情影响工作，工地上依然有他现场查看和指挥的身影。不同的是，每次下工地，他都会带一个小马扎，不能站着，就坐在工地上完成工作。直至2007年工程竣工验收后，他才做了第三次腰部手术，腰椎部位被植入了4根钢钉。

对宁勇来说，远离家乡来到偏僻的临淮岗小镇，病痛算不了什么，日常工作辛苦算不了什么，汛期24小时防汛值班、凌晨去查看现场算不了什么，获得各种荣誉也没有什么大不了，牺牲最大、让人愧疚更多的还是家庭，特别是汛期和混凝土浇筑期间，这时如果家里有事，特别是孩子生病，爱人半夜打来电话，最揪人心。当时宁勇妻子正患高血压，长时间两地分居，妻子有病昏倒不愿意告诉丈夫，而是自己去医院挂号排队医治。作为建管局的家属，她何尝不愿意自己的亲人在自己最需要的时候守在身边，可是这显然做不到，宁勇两三个月不回家是家常便饭。

在宁勇和一帮建设者的共同努力下，经过6年的艰苦奋战，淮河人多年的梦想变成了现实。2006年11月6日，临淮岗洪水控制工程建成，一条主坝飞跨淮河两岸，12孔深孔闸、49孔浅孔闸、临淮岗船闸等一字排开，像一条气势宏伟的长龙截住了滚滚淮河水。淮河干流从此结束了无控制性枢纽的历史，淮河防洪、灌溉进入了新阶段。

四

2003年12月30日，南水北调中线调水工程正式开工建设。如果说丹江口水库是南水北调中线的蓄水池，陶岔就像一个"水龙头"，控制着丹江口水库的水从这里流入输水干渠，流向北方。

陶岔渠首枢纽因其独有的渠首"龙头"地理位置，被列为控制总工期的关键设计单元工程。其主体挡水建筑物包括重力坝、引水闸及电站等，任务艰巨，责任重大。宁勇以其出色的工作业绩和丰富的建设经验被任命为南水北调中线一期陶岔渠首枢纽工程建管局局长，开始了他治水历程中的又一个攻坚战。

陶岔渠首枢纽工程远离治淮大本营，人际基础的缺乏和地域文化的差异，使工程建设从开始就面临着难以想象的困难。此外，工程涉及的移民征迁问题、协调工程建设与地方工农业经济发展关系等问题也逐渐显现出来。

宁勇（右一）向参观人员介绍陶岔渠首枢纽工程

按照初步设计要求，陶岔渠首枢纽工程施工期间，应保证下游灌溉用水需要，每年3—4月和7—9月为引水灌溉期。

2011年初，河南南阳地区遭受严重干旱，当地连续七八个月没有一次有效降水，玉米收不上来，种下的小麦又面临着减产和绝收的威胁。此时，渠首大坝第一仓混凝土已经开仓浇筑，建管局正在为2011年6月具备度汛条件的节点目标全力以赴、奋力拼搏。

渠首枢纽是抢出工作面，提前给下游百万亩良田一次注入救命水的机会，还是按部就班施工，早日达到度汛条件？国务院南水北调办向淮委陶岔建管局发出指令，要求务必于2月20日前具备向下游灌溉的导流条件。哪怕多抢出一天，对于下游150万亩良田来说，也是解了燃眉之急。

宁勇及时组织参建单位对施工方案进行专题研究，调整施工方案和总体施工进度计划，增加引水灌溉临时导流工程。就在这一关键时期，宁勇腰病再次复发，已经到了只能躺、不能坐的地步。

旱情就是命令，时间就是生命。宁勇的"拧"劲又上来了，他拒绝了回家休养和马上做手术，因为陶岔离不开他。

他选择了坚守工地，即使不能亲自去现场，也要躺在寝室内批阅文件，听取汇报，坐镇指挥。"在工地上更加方便，很多事情电话里说不清，必须在现场处理，这比千里之外遥控指挥好多了。"他得意地告诉我们。

2011年春节，宁勇拖着病体带领建管、设计、监理、施工单位310多名工作人员日夜坚守在工程建设一线。白天，争分夺秒；晚上，灯火通明。大家加班加点，夜以继日，<u>昼夜施工</u>。

2011年2月19日，连续多日高强度的施工后，具备过水条件的灌溉导流工程终于完工。20 日，丹江清水通过灌溉导流工程为干旱数月、亟待灌溉的南阳引丹灌区百姓送去了一渠救命之水。

而更让人惊喜的是，在工程总工期本身就极为紧张的前提下，工程建设进度比原计划又提前了 3 个月。

2012 年 9 月，大坝主体工程完工的节点目标提前实现。

考虑到宁勇的身体状况，组织上曾劝他离开工地到后方工作，可他对工程一往情深，几次动员都没有打消他的执著，他心系前线。

"我做的都是自己应该做的，把别人放到我的岗位上，相信都会做出同样的成绩。"这位身上打了 8 根钢钉依然奋战在治水第一线的汉子，这位在水利事业中战天斗地的建设者如此平静地说。

◇ 本文发表于 2013 年 4 月 27 日淮河水利网
◇ 作者：杜红志

蒲前超：青春护水源

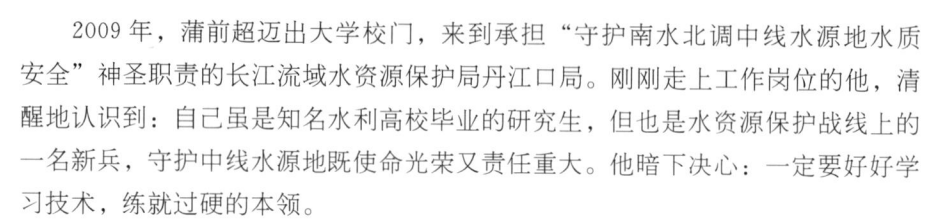

2009年，蒲前超迈出大学校门，来到承担"守护南水北调中线水源地水质安全"神圣职责的长江流域水资源保护局丹江口局。刚刚走上工作岗位的他，清醒地认识到：自己虽是知名水利高校毕业的研究生，但也是水资源保护战线上的一名新兵，守护中线水源地既使命光荣又责任重大。他暗下决心：一定要好好学习技术，练就过硬的本领。

7月，正值酷暑，刚到单位报到的第一个星期，蒲前超就参加了单位组织开展的丹江口库区上游安康市水资源保护工作实地调研。他迅速转变角色，在现场查勘调研过程中很快进入状态：白天顶着烈日，每到一处，现场拍照、定位、询问情况、记录等工作，他都一丝不苟地完成；晚上回到住地，不顾白天的奔波和疲惫，他都会认真细致地梳理当天查勘的情况，及时整理收集的资料，忙到深夜才能休息。近半个月的现场调研查勘，虽使他黑了一圈，瘦了几斤，却更加激发了他投身水源区水资源保护事业的激情。

作为一个水保新兵，蒲前超知道，光有热情、干劲不够，必须要有知识的力量作支撑。他利用业余时间，系统学习水资源保护管理各项法律法规，认真领会国家关于水资源保护工作的方针政策；工作实践中，他珍惜岗位锻炼的机会，尽快转变角色，以适应工作需要。特别是，面对完全没有任何经验的水质监测分析工作，他一边勤奋学习水质监测的各种技术规范和检测方法等专业知识，一边主动向经验丰富的专家虚心请教，并反复实践练习。在一遍遍的蒸馏、萃取、滴定、比色过程中，他已由水质分析的门外汉逐步成长为实验室检测的行家里手。几年来，他渐渐成了单位的业务骨干，挑起了大梁。

丹江口局起步晚，基础薄、人员少，工作任务繁多，这就要求每个人都要承担更多的工作任务。身为年轻党员的蒲前超，更是勇挑重担，身兼数岗。

从2012年起，丹江口局承担了16条主要入库河流水质监测采样任务。这项工作，涉及丹江口库周2个省2个市6个县（区）14个乡镇，其中包括2个省界缓冲区，共计18个点位，单次采样行程近千公里，具有点多面广、战线长、环境复杂等特点，尤其是每月2次的样品采集任务，工作量之大，频次之高，任务之重对外业工作人员是个考验。

每天曙光初露,蒲前超和同事就开始沿着崎岖的山路,驱车辗转于汉库、丹库各主要支流入库口,每到一处采样点,他都仔细勘查监测断面周边环境状况,进行GPS定位和影像资料收集,完成水样采集和现场参数的测定,一直忙到天黑才返回基地。为准确找到监测断面,他们沿着山路前行,原本取样点相隔半小时的路程,有时因乡村道路维修或道路险要,他们得翻越多座山梁。进入雨季,遇山体滑坡,道路泥泞,步行推车是常事,蚊虫叮咬是"家常便饭";采样点多位于偏远山区,食宿不便,经常要强忍饥饿坚持工作。不同的支流控制断面和库湾角落,都留有他的工作热情和不畏艰辛的信念。

2013年2月3日,农历小年,中雪。按计划,丹江口局又要开展16条支流监测采样工作。早上6点,天还没亮,漫天飞舞的雪花已将房屋、树木、马路裹上了银装。蒲前超骑车来到单位,来不及揉搓被寒风冻僵的双手,就开始仔细检查前一天准备好的采样器材和监测设备,并帮助司机装好防滑链,再次确认车辆安全性能。他心里清楚,这次采样工作将比往常更加艰难。

低温降雪,一些路面已经结冰,沿途遇到好几起交通事故,他们更加小心地行驶着。好不容易快到第一个采样点,通往采样断面的道路却被一辆侧滑在路边的大货车阻挡,他们不得不拎着采样器材和设备沿着湿滑的小路走上20分钟。路面有冰,蒲前超不慎摔倒,额头立刻被路边的山枣树划破。他当时并未在意,按照规范测量完水温、溶解氧等现场参数后,还积极协助同事采集水样。直到采集完五个点的样品,已是中午一点多,他们饥肠辘辘找到一处小餐馆,一人点了一碗面条,这时同事在帮忙处理伤口时,才发现有一根约半厘米长的枣刺斜插入他的额头。顾不上伤口的疼痛,快速吃完午饭后,他们又向蜿蜒在大山深处的条条河流奔去。晚上8点多,当别人正与家人聚在一起吃着小年夜团圆饭的时候,他们才带着一天的辛劳,把满满一车水样送回实验室。

作为中线水源区水资源保护的前沿哨,丹江口局的一项重要任务就是定期开展丹江口水库重要水域和主要支流省界缓冲区的监督巡查。争当水源区水资源保护排头兵的蒲前超,每次巡查总是局里的主力,一出差就是数十天,经常无暇照顾家庭。寒来暑往、风霜雨雪,黝黑的面庞,记录着他的艰辛。在水源区一线"摸爬滚打"的他,带回大量第一手资料,并收集整理、编写完成一系列的调研报告,受到上级领导的充分肯定。他还积极参与水源区丹江口大坝加高工程、陶岔渠首枢纽工程、潘口水电站和小漩水电站等重点水利工程建设的环境保护工作,主动放弃节假日休息,前往工地现场巡查和监测采样,加班加点编写各类环境监理、监测工作报告,获得了业主单位的一致好评。几年来,他从未休过一个年休假。2011年5月,新婚的他主动放弃婚假,办完婚礼仪式的第二天即投入到紧张的工作之中,直到现在他心里还一直愧疚:这辈子欠妻子一个蜜月。

参加工作5年来,蒲前超在守护中线水源地水质安全的平凡岗位上,展现着一名基层水资源保护工作者的精神风貌。"勤勉务实、勇挑重担、拼搏进取"已成为他的个人"标签"。他先后获得"长江委创先争优活动优秀共产党员""长江流域水资源保护局优秀个人""汉江集团优秀共产党员"等多项荣誉。他人如其名，拼搏前行，不断超越。

◇ 本文发表于 2014 年 11 月 18 日长江水利网
◇ 作者：单超

钱成：南渡江畔女"哨兵"

翻开椰岛海南的地图，你会看到一条横穿 7 个市县境内的大江，她就是古称黎母水的南渡江，惠泽着两岸数百万的人口。坐落在白沙黎族自治县大山深处的海南省水文水资源勘测局福才水文站，虽建站已 71 载，却鲜为人知。作为南渡江的"前哨"，福才水文站在与台风、洪水的搏斗和较量中，默默地走过了几代水文人。41 岁的女职工钱成，与大山为伍，与孤灯陋室为伴，一个人，一个站，18 个年头，默默无闻，辛勤工作，守护着数百万人的生命财产安全，用青春和热血诠释了"求实、团结、奉献、进取"的水文行业精神。

大山的女儿：从不退缩

钱成所在的福才水文站位于白沙西南群山中南渡江边，距离南渡江源头约 30 公里，距离松涛水库入水口约 20 公里。水文站始建于 1943 年，是海南最老、最偏僻的水文站之一，肩负着南渡江、松涛水库水文信息的监测与拍报任务，为白沙、琼中、儋州、澄迈、屯昌、定安等市县提供防灾减灾基础性水文数据。几十年来，这里不通水、不通电、不通路，生活用水要每天爬山去挑，运送食品也靠肩扛手提。一间已成危房的土砖屋、一张简陋的木板床、一张破旧的办公桌、一台 12 寸的旧电视机、一套测验仪器就是这个深山测站的全部设施。即使近年来建了房子，测站环境依旧清冷。

钱成的父亲钱开芬是位老水文人，1996 年，父亲退休后，她从父亲手中接下了接力棒，成为福才水文站唯一的职工。作为一个涉世未深的女青年，每天夜里要一个人守在深山里面，四周黑漆漆的没有一盏灯，站房的四周都是山，感觉总会有什么怪物忽然窜出来。每次壮着胆子去河边观测完水位，钱成都会一路小跑冲回房间，用木棍紧紧把房门顶住。夜深人静的时候，经常会有醉酒的汉子恶作剧般敲门砸窗，发出阴森恐怖的啸叫，吓得她常常整晚不敢闭眼，整宿盯着天花板，害怕一睡过去就会遭遇不测。

"父亲生前常说，水文事业是他的毕生精力所在，他希望我能热爱这份工作，不管多么清贫，多么艰苦，都一定要坚守在这个小站，坚守好自己的岗位。"钱成说，那段最难熬的时间，是父亲的遗愿在支撑着她，一晃就是18年。

水文站大多傍水而建，而依山傍水的好环境成了众多村民埋葬先人的风水宝地。福才水文站周围零零散散有几块墓地。2010年7月，天降瓢泼大雨，山洪暴发，河边浮来一具男尸，浮尸的位置刚好在水尺旁边，遮拦了水尺上的数据。黑压压的河面上只有钱成一人，哗哗的河水声使气氛更加恐怖，她当场就被吓哭，瘫坐在河边。为了不影响水位数据的上报，钱成一边哭着给自己鼓劲，一边借助微弱的手电光，硬着头皮把尸体挪开，仔细记录下水文数据。如今再回忆那次三更半夜与浮尸为伴的经历，钱成依然感到心惊肉跳、毛骨悚然。

水文站建在深山老林中，钱成一个人值班，孤独的她常常跑到河边，对着河水大吼，排解心中的寂寞。遭遇蛇和蚊虫的袭扰可谓是家常便饭。2008年的一个夜晚，钱成去河边观测水位，四周静悄悄，只听到偶尔传来的虫鸣声和自己橡胶套鞋踩着地面发出的"嚓嚓"声。忽然，前方的草丛中传出"嗦嗦"的声响，她一下子全身紧张起来，不敢再往前挪动半步，借着手电的微光，隐隐看清双脚前方有一条半臂粗的蟒蛇，冷汗顿时从脑门上流了下来。可能没有从钱成身上感受到恶意，过了一会儿，大蛇慢慢地从草丛里离开了。钱成说，想起那几十秒，感觉过了好几年，蛇走之后腿都发软，整个寂静大山都能听到自己"怦怦"的心跳声。

钱成正全神贯注地工作着

在这样寂寞艰苦的条件下，钱成18年如一日，以站为家，如同那些被人们誉为忠实"海岸卫士"的红树林，无怨无悔地面对着寂寞和困苦，抵制着各种诱惑，在工作岗位上兢兢业业，高质量地完成了降水、水位、水质取样、遥测维护等水文信息的监测与拍报任务，坚守着水文人的忠诚本色。

坚强的母亲：也有脆弱

常言道：自古忠孝难两全。钱成在寂寞漫长的岁月中，患上严重的甲亢疾病、精神分裂症和颈椎病。而这时，父亲病故，孩子幼小，母亲重病缠身无人照顾。这些困难像一座座大山，经常压得她喘不过气来。可是，为了水文事业，每当家庭困难和工作发生矛盾时，她把心中的天平砝码，总是加到水文勘测工作这一边。

1996年，钱成刚走上工作岗位，父亲因患上严重的肺结核而去世。站里每天都得准点报送水情数据，离不开人，父亲病重时钱成一直没能守在床前尽孝。钱成说，那段时间是她最寂寞无助的时候，失去父亲的痛一直折磨着她。由于精神压力大，她刚刚40出头，就患上精神分裂症，满头白发，满面皱纹。

　　钱成结过婚，因长期不能照顾家庭离了婚，12岁的女儿跟着她过。都说穷人的孩子早当家，钱成长期守在站里，为了让孩子受到更好的教育，女儿一个人住在白沙县城，从小就学会了自己做饭洗衣。女儿3岁半时患严重肺炎，咳嗽和高烧不止。当时正值汛期，局里要求每个小时必须上报一次水位，站里一刻都离不了人。钱成把女儿放在站里简陋的小床上，用敷湿毛巾的方法帮女儿降温，一边照顾生病的女儿，一边冒着狂风暴雨去往河边观测水位，直到三天后洪水退去，才抱着女儿赶去县城的医院治疗。

　　长期在风大潮湿的环境工作，加上经常不分昼夜加班加点、涉水工作，导致颈后肌群、韧带等组织劳损，钱成患上了严重的颈椎病。2011年6月7日，透蓝的天空，悬着火球般的太阳，云彩受不住酷热，悄悄地躲得无影无踪。钱成头顶烈日返回站里报水文信息。她沿着弯弯曲曲伸向山上的小路往上爬。爬到半山腰的时候，累得腰腿发软，浑身是汗。突然，颈椎病复发，她顿时感到头颈、肩臂、肩胛上背及胸前区疼痛难忍、手臂麻木。不大一会儿，脚步越来越沉重，腿像灌了铅似的，一下子没站稳，摔倒在一个斜坡上，右手掌心被划开一个大血口，血流如注，头昏目眩，生命危在旦夕。上山打猎的黎姓村民见此情景，赶紧将受伤的她安全护送下山，随后送往镇卫生院救治，才化险为夷。

平安的使者：忘了自我

　　在抗击1998年、2008年、2009年、2014年的特大台风洪水中，钱成每次都坚守在站上，一次次迎着狂风暴雨，真实准确地记录下暴风雨的整个过程。经常是连续作战，病倒了仍坚守岗位，不分昼夜进行采样监测，及时准确地完成监测任务，用自己的行动谱写了一曲水文英雄赞歌。

　　元门是黎族苗寨的聚居地，钱成所在的福才水文站旁边就是一个黎族苗寨。为了尽快融入当地群众的生活，钱成时常会去村里和村民聊天，遇到台风来袭时，会提前到村子里一家一户通知做好食品储备，收好户外的东西，以免造成人员伤亡及财产损失。

　　2014年7月18日，海南省遭遇41年来最强台风"威马逊"。这次台风导致福才站水位升至203.48米，超历史记载最高水位（201.54米）1.94米。福才水文站经历了惊心动魄的一天：15时30分台风在文昌登陆，截至22时，福才的降雨都不大，大家渐渐放松了警惕，到19日零点，暴雨伴随着闪电突然而至。零时21分，时降雨量达到70毫米。多年的水文工作经验让她意识到，水位还会继续往上涨。上报完水位后，钱成转身往村里跑去，挨家挨户通知村民注意安全，帮助村民把低洼地带的财产转移到地势较高的位置。

2014年9月15日，台风"海鸥"重创海南。钱成需要在对岸的坝顶与溢流坝面之间测量与喷绘2米高的水尺。这意味着她要面对与地面近150米的高差，再通过30米的圆弧形溢流坝面，才能在对岸设立水尺。如果稍有不慎，就会滑落坝下，粉身碎骨，后果不堪设想。面对这样的高危作业，关键时刻，钱成用绳子拦腰绑住自己当做保险绳，独自一人完成了这项艰巨的任务。

从事水文工作近18年，钱成创造了测报工作零错报、零迟报、零缺报、零漏报的纪录，多次受到上级表彰，为保障海南人民群众生命和财产安全作出了突出贡献。

◇ 本文发表于2014年第十二期《今日海南》
◇ 作者：孙勇、邹小和、唐雪珂

秦以培：拥有以自己名字命名的劳模工作室

39岁，身高1.8米，体重只有60多公斤。他在寒冬腊月里进入水下孔道内抢修过机组，他在《科学时代》和《扬州大学学报》上发表过论文，他在全省水利系统拥有首个以自己名字命名的劳模工作室……他就是江苏省盐城市市区防洪工程管理处运行一科普通闸工秦以培。

别人下雨往家躲，他往防洪闸站奔

"天阴了，要下雨了。"8月20日上午，正带队在串场河防洪闸站做清洁工作的秦以培望着满天乌云说道。他得抓紧时间完成工作，去胜利河闸站看看机泵。此时的他，衣服早已被打湿，两只高筒水靴里早已灌满了水。

"我们是24小时手机开机，不分节假日的，别人下雨都是往家跑，我们是往防洪闸站奔。"秦以培说道。他每天都会观察雨情、水情，不管在哪里，最惦记的就是抽水机泵是否能够随时开机运行，能否及时排涝。

2014年1月9日，正处于串场河闸站保水活水运行期，晚上7点，4JHJ机组在运行时电流突然增大，并伴随着异常振动。发现这一情况后，秦以培果断要求停机，连夜组织班子进行检查，在封闭流道、抽水堵漏等预备程序完成后，他第一个进入孔道检查。

正值寒冬腊月，刚进入孔道内的秦以培即使穿着防水的皮叉裤，仍被孔道内抽不干净、足有半人高的水浸透了衣裤。冻得直哆嗦的他，在水下沿着轮槽摸索了半个多小时，终于将一块卡在叶轮间的铁片取出。等到机组运行恢复正常，已是次日凌晨4点，维修过程中，连右手被划破都没有察觉到，回家简单包扎了下，换了身衣服又准备往单位赶。爱人拉住他问："怎么还去上班？"他称机泵才排除故障，必须要去现场看看。

就这样，经过为期三天的检查和修理，秦以培一一把关，机组故障被彻底排除，成功避免了一起恶性事故的发生。

自2012年起，市政府要求市区串场河闸站实行间隙性通航管制，每周一、三、五下午定时通航，平时则断航。秦以培为了配合好海事部门建立协调、高效

秦以培工作时一丝不苟

和有力的航道管理体制和运行机制，主动放弃法定假日，做好每一次间隙性通航工作。在他爱人印象中，他似乎很多年没有休过年假了。

闸工等于"杂工"，连续11天24小时在岗

2012年7月5日8时，新洋港盐城站水位达到1.69米（警戒水位1.7米），并呈继续上涨趋势。当天9时11分，秦以培接上级调度指令后，带领站内全体职工迅速启动串场河闸站所有机组全力抢排内河涝水，并随时密切关注水情、雨情、工情变化。

由于人手少、工作量大、环境复杂，秦以培只能24小时在班在岗，平均每一小时就去巡视一次，就这样连续运行了11天，每天吃住都是在单位，连换洗衣服都是爱人送到单位。在这11天里，共投入机组234.57台时，累计翻水1268.73万立方米，全力保障了群众生命财产安全和正常生产生活秩序，充分发挥了串场河闸站的工程效益。

"不论是科长，还是工程师，进入闸站就是普通的闸工。"这是秦以培经常说的一句话，他还笑称"闸工"等同于"杂工"。无论工作日还是节假日，无论是天晴还是阴雨，他既要当运行工，又要当机电维修工，还要当后勤保障人员。

2011年汛期，正在闸下巡视排涝工作的秦以培，突然发现清污机转动缓慢，经过检查，原来是带上来了一口棺材，这让平时很胆大的年轻闸工都感到非常害怕。为了不耽误排涝工作，得知情况后的秦以培第一个走上前，伸手将已腐蚀的棺材拖下传动带。

2013年6月，刚经历一场暴雨后的串场河闸站关闸排水。突然，清污机传动带不动了，原来是一只已经被泡得变形的死猪卡在了传动带上面。此时，又是秦

以培走上前，抱起死猪扔到了不远处运送垃圾的船上，看到清污机恢复了正常运转，秦以培只是用水简单地冲洗了一下，便又继续指挥排涝了。记者问道："不脏吗？"秦以培笑着说："在水里什么样的东西都见过，已经无所谓，习以为常了。再说了，遇到这种事，老同志就应该干在前面。"

成立秦以培劳模工作室，带出平均年龄不到 30 岁的团队

2008 年 5 月，随着串场河闸站等骨干工程的建成，盐城市结束了市区不设防的防洪历史，然而不少新同志对闸站的整体运行情况不太熟悉。为了让他们及时掌握水泵机组结构及工作原理，秦以培趁着小洋河东支闸站机组大保养时，带领新同志对机组进行大修，更换了易磨损部件，并将机泵逐一分解检查，抽调泵体、对机组检修调整，既保障了设备的正常运转，节约了资金，又锻炼了队伍。

2010 年 10 月，秦以培被调至市区防洪工程管理处运行一科工作，面对全新的工程和设备，他在实践中向多方学习、大胆创新，对串场河闸站机组水系统示流仪进行了修旧利废，节约了大量的维修资金，同时对串场河闸站机组主轴填料函积水槽落水管道进行了改造，从根本上解决了原有管道因管径过小及异物堵塞以至于排水不畅造成机组周边大量积水的现象。

"与他共事 3 年，比过去 9 年里学到的东西还要多。"运行一科副科长郑浩对身怀绝技却从不保守的秦以培很是敬佩。2011 年被调到串场河闸站工作时，面对新型设备，郑浩一度感到困惑，在秦以培手把手技术传授下，如今运行一科 12 名闸工，平均年龄不到 30 岁的团队，能够自主维护、保养、检修闸站设备，每年可节约 5 万多元。

秦以培 2009 年获得国家职业技能鉴定考评员资格，2011 年被水利部授予"全国水利技术能手"称号，2012 年被江苏省水利厅确定为"111 人才工程"高技能人才培养对象、被省人社厅评为江苏省首席技师，2013 年被江苏省委宣传部评为江苏省文明职工。

2014 年 7 月，盐城市水利系统成立了以秦以培命名的劳模工作室，这也是江苏省水利系统首个劳模工作室，主要从事水利业务技能实训、技术交流、研发攻关、课题研究等方面的工作，来参加培训学习的，不仅有秦以培团队的闸工，还有全市各水利单位的业务技术人员。

◇ 本文发表于 2015 年 1 月 6 日江苏盐城新闻网
◇ 作者：颜宣

曲少军：为"沙"消得人憔悴

"曲总啊？科研水平非常高，对黄河的情况非常熟悉。"

"曲总，为人真诚，工作认真，待人诚恳。这三个词绝不是套话，是真实感受。"

"曲总是'忧国忧民'啊，背也忧驼了，头发也忧没了。"

……

大家所说的曲总，就是黄河水利科学研究院泥沙研究所（以下简称"黄科院泥沙所"）总工程师曲少军。在单位提起他，从年轻人，到中年骨干，再到领导，褒奖声一片。"我很普通，就是做了自己职责内的事。"在得知自己获评"劳动模范"后，曲少军谦逊地说。

科研工作要严谨，严谨，再严谨

1989年6月从河海大学水力学及河流动力学专业硕士毕业后，曲少军被分配到黄科院泥沙所工作，他的研究之路就此起步。

离开学校多年来，曲少军始终保持学习的习惯。坚持读专著，钱宁的《泥沙运动力学》《河床演变学》，王化云的《我的治河实践》，还有《麦乔威论文集》等治河经典都是他反复研读的"红宝书"。积极参加各类学术会议也是曲少军提升自己思考水平的一个窍门。除此之外，他还坚持阅读学术期刊，了解行业研究的新成果、新动向；经常就学术问题与同事展开讨论，在不同观点的碰撞之中，捕捉灵感的火花。

成为黄科院泥沙所总工后，曲少军在泥沙问题上投入了更多精力。"黄河复杂多变的水沙运动规律世界闻名，这也是我们泥沙研究工作者最头疼的问题。她不按常理出牌，行踪飘忽不定，规律难以捉摸。往往一个经过系统总结和精心演算的数据结果，在实践校验中，得出的答案却谬之千里。"每每出现这样的问题，曲少军和他所在项目组的成员都要承受非议和质疑。"当研究数据与实际结果有差距的时候，作为数据提供者，我们除了不可避免地产生自责情绪以外，还会有一个强烈的念头，那就是尽快找出正确答案！科研工作一定要严谨，严谨，再严谨。"

防汛和调水调沙永远排在第一位

12年来，在每年的5月，曲少军心里都有一个闹铃响起，这就是调水调沙。"不管手头有再多工作，防汛和调水调沙永远是排在第一位的。"

2002年黄委首次进行调水调沙试验，曲少军全程参与了黄河汛前调水调沙生产运行预案编制、实时调度跟踪、后评估等各项科研工作。那一年，曲少军获得了黄委颁发的"黄河首次调水调沙试验先进个人"荣誉称号。此后的11年，年年调水调沙，曲少军年年通宵达旦编制预案，一路奔波跟踪水流，连续作战，投身项目后评估。

曲少军（主席台左三）参加黄河首次调水调沙试验验证数学模型验算

在汛期，水利人在与时间赛跑，而曲少军是要"拿主意"的水利人。调配多少水？要达到什么样的效果？会出现什么情况？要解决这些问题，他必须跑在最前面。"有一年，黄委防汛办公室组织我们集中办公，为了赶时间，给大家准备成箱的可乐。"原来，第二天就要上报结果，必须通宵达旦。多喝可乐不仅刺激神经，还逼得人不停上厕所，这样就不会犯困了。

2010年的调水调沙让曲少军记忆犹新。那一年的调度期，流量增值相当显著，在花园口达到了6600立方米每秒，水利部很重视，要尽快看到分析材料。"深夜1点，我接到任务，马不停蹄赶去黄委防汛办公室开会。大家熬了一个通宵。"清晨五六点，天刚蒙蒙亮，材料如期完成，上交水利部。

通过对近年来小浪底水库异重流塑造期原型观测资料的系统分析及模拟，曲少军和他所在的团队找到了增大水库排沙量的主要原因。在2010年的汛前调水调沙中，小浪底水库达到了150%的排沙比，是2002年开始实施调水调沙以来排沙量最大的一次。在2012年汛前调水调沙生产运行预案编制阶段，除按期完成常规的分析与方案计算任务外，通过对2010年和2011年连续两年汛前调水调沙观测结果的深入分析，进一步认定小浪底水库发生冲刷型异重流能明显增大水库排沙量并大幅度提高水库排沙比。

"质量与结果不冲突"，这是曲少军一个又一个荣誉称号得来的原因。2005年，曲少军获黄委"黄河防洪先进个人"荣誉称号；2006年，获黄委直属机关党委"优秀共产党员"荣誉称号；2008年，被水利部评为"全国水利科技工作先进个人";2009年,被科技部授予"全国野外科技工作先进个人"荣誉称号;2011年,被中共河南省委省直机关工作委员会授予"优秀共产党员"荣誉称号。

尽己所能,做好本分科研任务已经占据了曲少军吃饭睡觉以外的绝大部分时间,"忧"驼了背,"忧"掉了头发。作为泥沙所的总工,他还承担了其他的工作。每年,黄委都会收到社会各界热心人士提供的治黄方案,黄科院作为治黄科研生力军,负责对这些意见进行反馈。曲少军多年来看得多、听得多、知识面广,成了不二人选。"这些热心人士对黄河有感情,提出的方案饱含深情厚谊。我们要用系统的专业理论对这些方案进行分析,但问题是对方不一定懂专业。这个解释工作不好做,不过总要有人去做。我也就是尽己所能,做好本分。"曲少军牵头处理的群众来信已有十余封,"还不错,基本能做出比较圆满的解释。"

黄科院泥沙所对外发布的防汛报道也都由曲少军审阅。有时,新闻稿件不过四五百字,他却会像审报告一样仔细修改,还给写稿的年轻人耐心讲解为什么这样改,以后再写要注意哪些。

对年轻人的培养要做到无悔,不愧对,不遗憾

科学研究中的传承非常重要,泥沙学科也一样,老一辈专家的衣钵传给下一代,学科便会得到更快发展。黄科院泥沙所一贯有"以老带新"的传统。曲少军是一个性情温和的人,与周围人相处十分融洽,这样的性格也让他得以广泛继承众多老专家的长处。如今,曲少军脑海中"传帮带"的念头也十分清晰,希望年轻人能够真正"站在巨人的肩膀上"。

"对年轻人的培养要做到无悔,不愧对,不遗憾。"曲少军这样要求自己。他把更多的机会留给年轻人去经历,去成长。"我告诉项目组的年轻成员,做科研,在清贫寂寞的时候要静心,在遭受非议质疑的时候要定心。认识黄河泥沙的道路,不能怕失败,不能怕反复,要不断地在实践中提升认知。每一个新问题,都是一个刷新我们对黄河认知的好机会。"

黄委举行劳模表彰大会那天,曲少军挂着绶带、捧着大红花回家,在电梯间遇到邻居"赵劳模"——全国劳模赵业安。赵工看着"红彤彤"的曲少军,先是表示祝贺,接着鼓励他做出更大贡献,争取更高荣誉。"今后还要不断给自己加码,多一点冲劲,和大家一起做大事。"步入知天命年纪的曲少军依然干劲不减。

◇ 本文发表于2013年12月28日《黄河报》
◇ 作者:赵何晶

阮家春:"水库是我一生服务的地方"

"说句心里话,谁不希望自己的家越来越好呢"

本想双休日去采访阮家春,可去家里、去办公室,他都不在,打电话又没人接听。后来通过多方打听,终于在溢洪道闸管理所找到他。

47岁的阮家春,是安徽省龙河口水库管理处龙腾公司副经理。他1987年参加工作,先后在保卫科经警队、溢洪道闸管理所、大坝管理所、龙腾公司等部门任职。

龙河口水库管理处在安徽省六安市龙河镇。见到阮家春时,他正在只能容纳半个身子的狭小空间里跪着给钢丝绳抹黄油。5月的龙河口水库已经初现暑气,穿着厚厚的工作服、戴着安全帽的他满头大汗,由于操作空间过于狭小,明显可以感到他身体有点僵硬。看着他那么吃力,我们忙劝道:"阮经理,上来歇会儿吧。"他憨笑道:"没事,快干完了,你们先坐一会儿啊。"

等了大概一刻钟时间,阮家春吃力地从井底爬了上来。

"不好意思,让你们久等了。"

"阮经理,您怎么跑到这儿干活来了?这不算您的分内工作啊。"

"工作不存在分内分外的。马上就要到汛期了,只有保证闸门能够拉得起、放得下,才能确保水库枢纽工程设施的安全。这里就三四个人,人少事多,责任重大。我在溢洪道闸管理所干过几年,对相关工作也比较熟悉,所以有空的时候就过来搭把手。"

"您图个什么?"

"嘿嘿……"憨憨的笑声再次响起。"我是顶替我父亲来到水库工作的,我从小就在水库长大,水库的一草一木我都非常熟悉。水库对我来说,不仅仅是我工作的地方,它更是我的家,而我能为家付出的就是多为它做点力所能及的事,保护好它,建设好它。说句心里话,谁不希望自己的家越来越好呢?你说对吧。"

"做事和做人一样,讲究点、干净点,总是好的"

2013年7月11日,赤日炎炎,暑气逼人,时任大坝管理所所长的阮家春正带着所里的同事，顶着烈日对东、西大坝和坝沿坝坡上的白色垃圾和浮石进行清理。

阮家春穿着一身已经洗得有点发白的工作服，头戴一顶草帽，左手拿着一个蛇皮袋，从东大坝一直走到西大坝，一路走走停停，不时地弯腰捡起垃圾。

"多长时间组织清理一次？"

"一般一个星期两次，到旅游季节，游客比较多，垃圾也就多了，我们就一个星期三次。只有这样定期化、常态化，才能保证大坝的清洁。"

"累不？"

"怎么不累！就这天气，甩着手在大坝上走一圈，都得脱层皮。"

"隔个把星期稍微打扫一下不就行了，又没有什么强制性要求。"

"大坝是我们龙河口水库管理处对外的窗口，就像人身上的衣服，干干净净的，这样别人看了才舒服。做事和做人一样，讲究点、干净点，总是好的。虽然累点，但打扫干净以后，回头看看，清清爽爽的，自己心里也舒服啊。"

2013年，龙河口水库管理处全力争创国家级水利工程管理单位。阮家春带领大坝管理所全体同事，对坝沿坝坡的环境加强整治，对坝后树林、梯田、绿化带进行修剪，定期对白色垃圾进行清理和外运，对水利监测设施进行保养、修护。通过努力，整个大坝的环境焕然一新，特别是坝中山，已然成为万佛湖风景区的一大亮点。大坝管理所的辛勤付出获得了水利部专家组和安徽省水利厅领导的肯定和表扬，2013年，龙河口水库管理处授予大坝管理所"优秀集体"荣誉称号，阮家春被授予"先进个人"荣誉称号。

"矛盾消除在沟通中，这点，我做得不好"

"大春子被人打了。"

当管理处的同事看到满身血污，被三四个人扶着已经神志不清的阮家春时，都惊呆了。大家都无法相信，一个整天乐呵呵的老好人怎么会被人打得那么惨。

经过公安部门的调查，原来是当地群众私自在管理处的溢洪道接电、用水，时任溢洪道闸管理所所长的阮家春发现了这一情况，便去群众家里劝阻制止，却被不理解的群众推搡辱骂，最后被打。这件事在公安部门调解下，阮家春主动原谅了打人者，事件得到了圆满解决。

"为什么要去群众家里？"

"一方面，私自接电用水严重危害了我们单位的利益，作为闸所的负责人，我有责任和义务去维护单位的利益不受损害；另一方面，这一行为也存在很大的安全隐患，如果操作不当，会出人命的。作为水利人，而且都是乡里乡亲的，他们不知道危险，我得去告诉他们。"

"有怨言吗？"

"被人打得在床上躺了半个多月，怎么可能没怨言呢？但事情发生后我仔细想了想，也反思自己，其实我也有做得不好的地方。那些群众毕竟不是从事水利工作的，对私自接电用水行为的危害性了解不是很多，只是图方便。如果当时我能够更加耐心点、说得更细点，让他们都明白了，也许就不会发生这些事了。将矛盾消除在沟通中，这点，我做得不好。"

有人说阮家春傻，太老实了，为了工作得罪人，被别人打了还替别人说话，但他却用沟通的方式架起了一座水库与当地群众的心灵桥梁。不错，他是"傻"，"傻"得可爱，"傻"得让人感动。

"对家人我有所亏欠，但我不后悔我的坚守。"

阮家春的家庭经济情况不是很好，上有年岁已高的老母亲，下有一个读高三的女儿，全家的经济来源主要就靠他一个人的工资。

"挺困难的吧？"

"我是典型的一拖三，一人工资四人生活，仅靠我一人的工资，实在是难以维持。老婆做点小生意，贴补家用。我们苦点累点没关系，可委屈了女儿，心里不是滋味啊。"

阮家春在水库是有名的孝子，由于妻子在县城陪读，家里的家务以及照顾老母亲的责任就全落在了他的肩上，但他从来没有怨言。住在龙河口水库管理处的人傍晚经常可以看到他扶着年事已高的老母亲在水库周边散步。对于老母亲，他是这样说的："'树欲静而风不止，子欲养而亲不待'，珍惜现在，好好孝顺母亲，免得日后后悔。"

"你把自己的全部精力都放在了工作上，家里人有怨言吗？"

"家人知道我的工作忙，都理解我。虽然他们不说，但其实我心里面还是感到愧疚，特别是对女儿，没有给她创造一个好的生活环境。"

"想过放弃这份工作吗？"

"我是一名水利人的后代，水库是我工作的起点，也是我一生所服务的地方。对家人，我有愧疚，我没有给他们好的生活条件，但我不后悔我的坚守，因为我是一名水利人！"

阮家春，千万水利人中的普通一员，没有高学历，没有特殊技能，没有出众的口才，没有可歌可泣的事迹，有的只是立足岗位、兢兢业业、一生做好一件事的坚守。

◇ 本文发表于2014年6月10日《中国水利报》
◇ 作者：郭晓敏、范智

尚吉武：泵站就是家

家是什么？是沉甸甸的责任，是风雨过后温馨的港湾，是漂泊旅途中的一处驿站。而对于尚吉武来说，宁夏固海扬水管理处黑水沟泵站就是他的"家"，是他为之奋斗、付出，同时也收获了欢笑、泪水的地方。

4月上旬，随着宁夏引黄灌区春灌开始，奔腾的黄河水顺着固海扬水工程蜿蜒400多公里的渠道，滋润着宁夏中部干旱带和西海固170万亩良田沃土。走进荒漠上建起的泵站工作区，绿树环绕，蔬菜满园，果树成行。

正在泵房悉心巡视设备的尚吉武，已经两个多月没有回家了，这对他来说是家常便饭。"在泵站工作，首先要过的一道关便是耐得住寂寞。"在人迹罕至、信息闭塞的基层泵站工作久了，今年41岁的他显得拘谨、木讷。

1993年6月，尚吉武从宁夏水校毕业后，来到固海扬水管理处田营泵站做起了机电运行工，这一干，就是20多年。

尽管田营泵站条件艰苦，但从第一天上班起，尚吉武就暗自下决心，一定要好好学习，以饱满的热情，过硬的技术本领，投身到造福宁夏中部干旱带61万回汉群众的光荣职业中。为了全面掌握设备的检修技术，他苦练本领，一身油、一身汗钻进机电泵组，加上刻苦钻研的那股劲头，他很快就掌握了设备检修的知识，具备了处理泵站较为复杂的缺陷和故障的能力。两年后，他就担任了值班长，第三年就担任泵站的技术员，成为泵站机电设备运行管理的骨干，并两次代表管理处参加同行业的技术比武活动，均取得了非常优异的成绩。

泵站因为设备老化严重，能源单耗严重超标，而且水泵效率严重下降，直接导致机组上水量不足。为了有效解决这个问题，他在设备的优化组合上使运行方式更加合理，保证了设备发挥出最高效率。他积极配合管理处进行水泵涂护、钢制叶轮的改造试验工作。安装了管理处第一台钢制叶轮，采集一系列数据，为钢制叶轮的推广提供了理论依据。新型叶轮推广后，使用寿命为以前铸铁叶轮的5倍，大大节约了成本，提高了水泵效率，减少了维修量，每年仅电费就节约6万余元。在平时的检修工作中，他善于琢磨，修旧利废，对于库存的一些旧零配件进行维修再利用，每年节约维修资金5000余元。

固海扬水工程的32个泵站中，条件最艰苦的是石炭沟泵站。担任石炭沟泵站副站长后，他把学到的知识和积累的经验运用到机电设备的检修与管理上。3年的时间，泵站的机电管理水平有了较大提高，一个管理落后的泵站进入管理处考核前列，职工的精神面貌和业务技能发生了质的改变。

2010年，固海扬水管理处把他安排到黑水沟泵站副站长的岗位上，主抓机电管理工作。由于黑水沟泵站属于固海扬水中枢泵站，对于整个系统的运行起着决定性作用，而且刚经过大型泵站更新改造，机电设备缺陷和遗留问题多，这对他是一个严峻的考验。为了在最短的时间内适应工作需要，他扑下身子，在向安装、调试单位学习新知识的同时，协助、配合安装单位处理隐患，前后共发现并处理重大设备缺陷20条，提出合理化建议10条，为后期泵站的运行管理工作打下了坚实的基础。

宁夏固海扬水工程是全国最大的公益性扶贫扬黄灌溉工程，地处生态环境恶劣的宁夏中部干旱带和西海固地区。在荒漠中开展水利工作又多了一种艰难——播绿。他把闲下来的时间都交给了泵站周围的土地，工作之余带领职工平田修路、植树造林、养鸡养兔、种瓜种菜。

尚吉武（右）记录数据一丝不苟

一把铁锹叫醒春天。职工们慢慢发现，尚吉武的汗水让每天的伙食有了亮点，韭菜、小白菜、西红柿、黄瓜、茄子……进入夏季，各色蔬菜几乎不重样地"走"上了职工的餐桌。

"尚吉武走到哪里，哪里就有绿洲。"提起尚吉武，同事们赞不绝口。几年来，他在工作过的泵站开挖林带1050米，开垦菜地2.4亩，累计植树5000余棵。辛勤的付出，换来了丰硕的回报，昔日沙飞石走的荒滩如今绿树成荫、鲜花盛开、瓜果飘香。

在生命最绚丽的20年里，尚吉武扎根艰苦而偏僻的扬水泵站，坚守深爱的工作岗位，展示出西部水利人的男儿风采。他多次被评为"优秀共产党员""先进工作者"和宁夏水利厅"十大优秀青年"。

◇ 本文发表于2014年5月6日《中国水利报》
◇ 作者：孟砚岷、谢海宁

石郑州：青春在王屋山上闪光

从23岁到33岁，河南省济源市王屋山供水站站长石郑州从一名水利门外汉成为一名水利技术骨干，再成长为供水站站长。10年来，他在平凡的工作岗位上默默奉献，火热的青春熠熠闪光。

苦练技能当标兵

2001年，王屋山集中供水工程正在紧张施工中，河南省济源市决定面向社会招聘山区供水工程管理人员，家住供水站附近的石郑州第一个报了名，经过层层选拔，他被录取为供水站的一名工作人员。刚刚走上工作岗位的他来不及兴奋，就遇到了大麻烦，作为一名门外汉，他没有水利专业知识，缺乏专业技能。

负责培训新员工的是一位在水利行业工作了30多年的"老水利"，他给新员工布置的第一份作业就是让他们沿着供水工程管道走一遍，实地勘察供水管道路线。那可是四五十公里的山路，要翻山越岭，穿洞过涧，路途极为艰难，一趟下来至少要走半天。

有的新员工当场就退缩了，石郑州二话不说，拿起图纸，带上必备的工具就出发了。直到夜里11点多，石郑州才和另两个同事一起搀扶着走进供水站。一进门，大家几乎认不出他们来了，石郑州满脸灰尘，衣服挂破，手、脚沾着血迹，可他全然不顾疲劳和疼痛，兴奋地向大家讲着一路见闻。他不仅沿着供水管道全线走了一遍，而且在图纸上标明了各个水利设施的参照物，使大家更容易看懂图纸。他的细心和认真得到了"老水利"的赞扬，顺利通过了培训考核，成为一名正式的水利职工。

走上工作岗位，石郑州一头扎进一堆水利专业书籍中，学习专业知识。为了熟练掌握各种阀门的结构原理，他把阀门大卸八块，然后再安装好。手冻裂了，就贴上胶布继续练。就这样，曾经对水利知识一窍不通的他把阀门、管材的种类、型号、用途、性能等背得滚瓜烂熟，闭上眼睛都能拆装阀门，迅速成长为供水站的业务骨干。

他不断刻苦钻研，把学到的理论知识与实际相结合，总结出了山区复杂地形条件下管道维修保养的好经验、好做法。在近几年济源市举行的职工专业技能比武大赛上，他总是名列前茅。他总是说："做人本来就应该干一行、爱一行、钻一行，学无止境，我还得练！"

爱岗敬业作奉献

石郑州对工作总有一种豁出去的狠劲和拼劲，工作没完成，他就坐不下、睡不着，大伙都叫他"拼命三郎"。

2009年大年三十，天降大雪，气温急剧下降，通往下冶镇的供水管道被冻裂，下游一万多名群众春节期间的生活用水面临困难，群众没有水，年夜饭都吃不上。担任值班任务的石郑州立即带领两名同事踩着烂泥，迎着大雪，展开紧急维修。管道冻裂的地段处于一个山沟沟里，山路险峻，车辆根本无法到达，只能步行。他们深一脚浅一脚地走在雪地上，翻山越岭，肩扛人抬，终于把维修工具和材料搬运到目的地。

冻裂管道的周边满是泥水，石郑州穿上胶鞋、拿起铁锹第一个跳进泥水中开挖管槽。沟道里积满了泥水、雪水，无法判断管道冻裂的准确部位，石郑州跳进沟道内伸出双手在刺骨寒冷的泥水中摸索着，经过半个小时的寻找，终于找到了确切部位。他站在泥水中锯开水管、打驳口、连接管道，在零下十几摄氏度的雪地里待了4个小时，维修工作终于结束，重新供上了水。他们带着一身的泥浆往回赶时，已是夜幕降临，远方传来阵阵鞭炮声，家家都吃上了团圆饭。每年的冬季，他们都要经历20起像这样的抢修行动。为了合理调度水源保障正常供水，他们都要分成几个巡线小组，日夜巡逻在供水线上。

每年到了农忙季节，家里人都希望石郑州能回家帮忙，他总是歉疚地说："农忙季节正是用水高峰时期，为了保障群众及时安全用水，供水站工作人员都要服务到田间地头，这关键时刻，我怎么能不顾工作呢？"在他的要求下，家里只种了一点口粮田，把多余的地让给了邻居。他的孩子在城里上幼儿园，由父母在学校附近租房照顾，孩子最大的愿望就是能够让爸爸接送一次，可是孩子幼儿园早已毕业了，他却没有满足孩子这个小小的愿望。

群众身边的"及时雨"

石郑州是出了名的"一根筋"，这个外号是他的一个要好的朋友给他起的。有一处管道破裂，经过维修后，按照技术要求，必须用混凝土镇墩进行固定，两天后才能向下游供水。石郑州的一位好朋友家正在修建房屋，急需用水，便请求他提前一天放水。石郑州耐心地向朋友解释，可是他这位急脾气的朋友根本不听解释，反复央求让提前放水，他始终没有答应。朋友临走时气得大声说："石郑州啊石郑州，你可真是个死脑子，一根筋，一点也不顾及兄弟面子。"而石郑州对同事们说："维修工程是有严格标准，有明确要求的，我们必须坚决执行，这个折扣说什么也不能打！"后来，他的朋友也理解了他的做法，但他"一根筋"的外号却传播开来。

坚持原则、不讲情面的石郑州又是充满温情的。他的心里装满了对水利工作的热爱和对群众的深厚感情。按照规定，供水站只负责主干管道的巡查和维护，村内管道由各村负责管理，群众家里的管道由自家管理。可石郑州每天都要走村入户巡查管线，及时了解群众用水的意见和建议，帮助群众解决用水过程中遇到的疑难问题，东家的水龙头坏了，西家的水表有了问题，他总能在第一时间赶到现场处理。有一次，燕庄张大娘家的水管出现故障不能正常用水，她的孩子们都在城里打工，无人修理，老太太家里供不上水，做不了饭。石郑州知道后，在张大娘家挖开管道仔细查找，用了半天工夫终于修好了，他还悄悄地自己掏钱买了一根水管和一个阀门给张大娘家换上。直到3个月后，张大娘的儿子到供水站找他还钱时，大伙儿才明白怎么回事。

这样贴钱、贴物、费工夫的事情他可没少干，有的人对他这种对分外差事都上心的行为不太理解，说他有点傻。"我生在农村，长在农村，是这方水土养育了我，我最理解群众没有水的难处，能够为父老乡亲做点事是我最大的心愿。"他总是这样回应别人的议论。

石郑州认真地说："老百姓需要咱，说明咱们水利在群众心中的地位很高，水利人受人尊重，干这样的工作，就是苦点累点也很值。"

朴素的话语道出了他的心声，正是出于对水利的追求和人民群众的感情，10年来，他尽心尽力地把每一件小事做好。十里八乡群众的交口称赞就是颁给他的奖杯，党组织的信任和鼓励就是给他的褒奖。

◇ 本文发表于2011年11月15日《中国水利报》
◇ 作者：王小平

司兆乐：用一生书写共产主义信念

8月20日，一名有着近60年党龄的老专家，原长江流域规划办公室副总工程师司兆乐走完了他85年的人生旅程。在司兆乐书房的桌子上，摆放着他花费28年心血，不久前刚刚完成的一部600多页、近50万字的书稿——《新中国经济快速发展证明社会主义好》，作为一名老党员向党的十八大献礼的爱国之作。

司兆乐的少年时代是在抗日战争的烽火中度过的。抗战胜利后，司兆乐怀抱"工业救国"的理想进入山东大学土木系学习。在学校里，他开始学习《共产党宣言》《联共党史》《国家与革命》等科学社会主义书籍，初步建立起对社会主义的信仰，并参加了党的地下工作。1953年，他光荣地加入了中国共产党。就在这一年，他大学毕业分配到了长江流域规划办公室工作，用自己的所学报效祖国，实现自己的理想。

虽然是一名科技工作者，但是司兆乐长期以来十分关心青少年的社会主义教育工作。20世纪80年代初，司兆乐从一份内参上看到，有的大学生在课堂上提出了"社会主义好还是资本主义好"的质疑，引起了他的深思：为什么新中国成立之前许多大学生、中学生在国民党统治下冒着受政治迫害的危险，秘密地学习科学社会主义知识并树立共产主义信仰，而现在的大学生学习条件这么好，理想信念反而出现动摇呢？由此，司兆乐产生了一个念头：搜集资料，分析研究成果，编一本社会主义教育的书，要用中国快速发展的事实证明社会主义制度的巨大优越性和先进性。他希望这样一本用事实说话的书能对广大青年有较强的说服力，节约青年在学习中查阅收集资料的时间，为青年的社会主义教育工作做出一点贡献。

从1983年开始，司兆乐一方面要完成日常繁重的技术工作任务，另一方面开始思考、收集资料，为撰写文稿做准备。每看到一篇有价值的文章，司兆乐都把它裁剪下来，分门别类，细心地贴到本子上，做成剪报。20多年来，一共贴了满满的30多本，占满了家里的大半个书柜。2005年，司兆乐从长江委技术委员会顾问的岗位上退下来，闲暇时间多了，照理可以在家颐养天年，安享天伦之乐了。但是，他却越来越觉得有一件大事必须赶快完成。已经78岁高龄的他开始着手比较、分析，整理提纲，几个专题的分析资料基本完成后，他将书名确定为《新中国经济快速发展证明社会主义好》。写作伊始，每一章他都要多次反复

司兆乐在认真学习

修改，几易其稿，直到自己满意为止。

2009年，司兆乐患上了脑腔梗，记忆力减退，健康状况开始恶化。感到自己的时间不多了，他勉励自己千万不能停下来，一定要在有生之年完成书稿的编写，把它献给党的十八大。病痛一次次折磨着他，但坚定的信念给了他顽强的意志，他夜以继日，奋笔疾书。司兆乐不会用电脑，他每天要忍受着疼痛，趴在写字台上认真编写，每一个字、每一句话都反复斟酌，每一部分都几经修改。经过不懈努力，他终于完成了全部手稿。28年，50万字，厚厚的两大本手写文稿，是对一个老党员、老水利人关于信仰、信念与信心的最好见证和诠释。

拿起厚厚的《新中国经济快速发展证明社会主义好》文稿，仿佛托起了一位老党员对党的事业的无限忠诚和沉甸甸的嘱托。文稿一共10大章、45小节，约50万字。文稿列举了大量的数字论据，深入描述了二战前帝国主义给世界劳动人民带来的苦难、工人阶级反抗斗争并逐步发展成社会主义革命的历程、二战后帝国主义的新变化以及二战后新兴的发展中国家的发展改革等，将新中国60多年来济快速发展的成就与印度等非社会主义国家进行了比较，对中国及世界发展的前景进行展望，有力地证明了社会主义的合理性、优越性和必然性。

今年4月初，长江委直属机关党委常务副书记傅新平了解到司兆乐的心愿后，专门上门看望慰问他。不顾年老体衰，司兆乐向党委领导提出了两点请求：一是将此书稿献给党中央，作为他对党的十八大的献礼；二是向党中央转交他的建议信，建议加强对青年的社会主义教育工作。直属机关党委安排专人负责，将他所撰写的《新中国经济快速发展证明社会主义好》文稿整理装订，分别呈送给中共中央办公厅和中共党史出版社。中共党史出版社有关部门负责人对司兆乐热爱和关心党的事业、关注青少年社会主义教育的事迹及书稿本身的价值给予了充分肯定。

司兆乐走了，没有遗憾，因为他终于实现了自己20多年的愿望，完成了一名党员对党组织的庄重承诺，留给了后人沉甸甸的嘱托。在他的身上，人们看到了一名老干部、老党员对党无比忠诚、为党奉献终生的高尚情怀。而他的事迹和精神，必然激励后人牢记嘱托，勇担责任，在新时期不断奋勇前进。

◇ 本文发表于2012年9月25日《中国水利报》
◇ 作者：李慧琳、吴波

宋桂先：三股劲无愧黄河人

"牛劲"足

说到牛，人们总是联想到"埋头苦干""任劳任怨"。宋桂先是水利部授予的"全国水利系统模范工人"，也是个平凡的人，他是山东垦利黄河河务局义和管理段保管员。他穿着朴素，走路快似风，一举一动中，总透出一股不松懈的"牛劲"。

宋桂先刚参加工作时，是河务段炊事员，这活既脏又累，那时没有自来水，伙房用水全靠肩挑。他中等个头，身体瘦弱，一次挑两桶水已累得气喘，可他总是一次挑 3 只水桶。就这样，与锅、碗、瓢、盆打交道，一干就是 10 年。对工作他不管分内分外，只要有空，总是抢着干。一年夏天，凌晨 3 点，黄河水上涨，河务段抽水的电机和水泵需要移动，当他得知值班人手不够时，主动赶到工地现场。他蹚着一米多深的水，奋战了 3 个多小时，直到把电机移到安全地带才返回。

他后来担任了保管员，搞仓库整理，后勤供应，天天从早忙到晚，为做到及时、优质服务，他抢时间，走起路来似小跑。劳累过度，他常常感到腰疼，到医院一检查，发现有一节腰脊椎已滑脱 1.5 厘米。医生告诫他如不及时治疗，拖下去有瘫痪的危险，回单位他一声没吭，继续工作。这时单位安排他和另一名职工到六号路收石料，结果只去了他一人。临时工地条件艰苦，住在低矮潮湿的简易帐篷里，腰疼得厉害，他强忍着。最忙时一夜收 20 多车石头，他连觉都没睡，身体实在坚持不住了，就倚在石头上喘一会儿。他这样一干就是 3 个月，收石料 5000 余立方米，保证了工地需要。

"钻劲"强

宋桂先不善言谈，但善于钻研。他是个多面手，当炊事员时，为提高饭菜质量，自己买来《菜谱》《烹调技术》等书，业余学，天天练，很快提高了烹调技术。在全局炊事员技术比赛中，他得了第一名。为改造炉灶，他查阅了大量资料，进行了多次试验。为寻找耐火砖，他骑自行车跑了四五个单位。经他改造的炉灶，每天燃煤量由 40 公斤降到 25 公斤，一年就为单位节煤 5 吨多。宋桂先遇到什么就钻研什么，单位的拖拉机水箱坏了，到县城修理部修理，既耽误时间又花费钱财，于是他干脆学起了电焊技术，自己动手把水箱焊好了。

宋桂先的钻研面甚广，他不仅会修锁头，配钥匙，修自行车、摩托车，还会修洗衣机、电视机等电器。他自备了一个工具箱，随时修理各种物品。这些年来他为单位安装、维修货架、木桩、地排车等上百件，并多次焊接好水箱、喷雾器、水管等，既解决了工作急需，又为单位节约了资金。

"傻劲"大

他当炊事员时，一次食堂里改善生活，煎了鱼。这时来买鱼吃的职工比平时多了，最后只剩下了 3 份。他望着香喷喷的鱼刚要端起来吃，猛然想起了在外面施工的工人还没来吃饭，就把鱼留给施工的同志，自己吃点咸菜将就了一顿。有人说："你真傻，放着香鱼不吃吃咸菜！"像这样的事不止这一次。后来他当上了司务长，仍然忘不了老本行，一有空他就到伙房去，帮着洗菜、添煤。

宋桂先在修理防汛工具

宋桂先家在农村，离河务段 20 公里，家中有年迈的父母。黄河"96·8"抗洪抢险紧张的时刻，邻居捎来口信，说他父亲患病高烧不退，被折腾得迷迷糊糊，让他回家照顾老人。一听老人生病，他着急了，但眼前的防汛形势更让他着急，防汛料物需他调拨，后勤物资需要他保障，这个时候他决不能离开防汛阵地，他让妻子和妹妹照顾老人，自己毅然投身到抗洪抢险中。直到抗洪结束，他才满怀内疚、拖着疲惫的身体回家伺候老人。

一个人做点好事并不难，难的是一辈子做好事。人们都说宋桂先是个善良勤快人，是个万能手。谁家的自行车坏了，谁家的缝纫机、电视机出了故障，都是他帮助修好。十几年来，助人为乐成了他的习惯。

宋桂先说："咱是黄河人，就得有黄河人的品行，就得有奋力拼搏的黄河精神，就得实心实意为治黄事业办事出力，这才不愧为黄河人。"他用特有的"三股劲"，保持着黄河人的本色，黄河人的精神风貌，为大家做出了榜样。

◇ 本文发表于 2012 年 2 月 7 日《中国水利报》
◇ 作者：杨树棠

孙长茂："没想到会在山里干一辈子"

35 年的忠诚坚守

1979 年 12 月的一天，孙长茂按当年人事政策接替退休的父亲，来到安徽马鞍山市和县戎桥水库管理所上班，那年他刚满 25 岁。自那天开始，他就成了一名正式的水利人，与水结下了不解之缘。

35 年来，孙长茂把自己最美的青春年华献给了他心爱的水利事业。防汛、抗旱、灌溉、治理渠道、维修设备……凡水库管理所涉及的工作，他一项都没少干；凡灌区沟渠延伸到的地方，他都撒下过辛勤的汗水。

"还真没想过会在这山里干一辈子。"当问到坚守理由的时候，如今已是和县戎桥水库管理所副主任的孙长茂如实地说道。和所有的年轻人一样，他也希望能到多个部门去积累人生阅历，也向往城市的繁华。也许是受到父辈的言传身教，随着工作时间的增长，他也渐渐喜欢上水库那单调而又重要的工作。

"虽然工作单调，但水库安危却是人命关天的大事，容不得半点马虎。"孙长茂说。1984 年汛期的一天早晨，大雨倾盆，水库的启闭机突然发生故障，情况十分危急。当时请专家来维修已经来不及，孙长茂便和五六个同事冒雨下水检修。经排查，是启闭机细杆严重变形，必须立即更换。当时的细杆有 250 公斤重，再加上连在一起的 350 公斤的机座，人力如何更换？岸上的人傻眼了。面对水下如此"庞然大物"，孙长茂主动请缨，与同事整个上午泡在水里，用人力吊车将细杆卸下，再一寸一寸地把机座拆掉……午饭后继续下水，吊下新细杆和底座，对接好

孙长茂正在操作设备

位置，插上销子。忙完活已是晚上 9 点多钟，当他和同事用被水泡得发白的双手将自己勉强撑上岸后，顿时都瘫倒在地上，一动也不能动。

戎桥水库位于和县北部山区，18 公里长的南北两条干渠是整个灌区的输水主动脉。在水比油贵的大旱年份，确保渠道不渗漏就是水库职工的另一件大事。1990 年 6 月，和县遭遇较大干旱，孙长茂和同事们每天巡渠两次，日日如此，就这样还保障不了渠道下游百姓的生产、生活用水。此时，百姓为抢水已经产生了矛盾，若不及时处置，械斗一触即发。为缓解矛盾，孙长茂一边巡渠防漏，一边安排其他同事架设临时机泵，从远处小水库调水，到晚上还和镇村干部一道去群众家耐心调解。用水的矛盾终于解决了，可孙长茂的脚板上却磨出了七八个大血泡。35 年来，他和同伴们化解了多少险情，谁也数不清楚。

18 年的孝母情怀

孙长茂专业技术精湛，是水库的技术骨干，每年主汛期，他就吃住在水库，随时应对各类突发情况。对于他工作上认真负责的精神，单位职工无不佩服。同时，他 18 年如一日悉心照顾母亲的事迹，在当地也广为传颂。

1996 年春天，孙长茂 83 岁高龄的老母亲，突然感觉下肢无力，无法行走。他立马取出家里多年积存的 8000 元钱，带着母亲到南京等地检查。最后，医生诊断为骨质疏松，且老人年事已高，只能保守治疗。18 年来，他和妻子一直精心伺候卧病在床的母亲。

"老人爱干净，每天都要擦洗、翻身，否则就浑身难受。"孙长茂的妻子介绍。有段时间，老人病情加重，孙长茂和妻子轮流帮其擦洗、翻身。淳朴的家风，也影响着家人。现在，孙长茂的儿媳也会帮奶奶抹抹洗洗。相传泉水能治病，孙长茂常与妻子、儿媳用轮椅把母亲推到浴室泡温泉。如此孝敬老人，常被街坊邻居当做教育子孙的样板。

母亲的病情时好时坏，也考验着孙长茂"久病床前无孝子"的忍耐和极限。2012 年的冬天极为寒冷，老人家的身体变得虚弱。当时孙长茂认为母亲难以熬过这个冬天，为不让她受寒，就添置了取暖器、电热毯，还在母亲的床边架起临时床铺，整夜陪在身边，时时注意，怕她有什么闪失。有时母亲犯糊涂，神志不清，不能进食，他就用牛奶、麦片熬成粥，一勺一勺地喂。也许是孝心感动上苍，这个冬天，母亲不但熬过来了，而且病情还有所好转。

"报纸上经常有背着母亲去上学的报道，汛期时，孙长茂就是背着母亲来上班的，令我们很感动。"戎桥水库管理所主任钟福武告诉我们。孙长茂不放心别人夜晚照顾母亲，每到汛期，他为了度汛、孝母兼顾，就把母亲安顿在单位自己的宿舍里，带着母亲上班。宿舍离办公室只有 20 米远，若出现不测，会及时发觉。去年汛期的一个下午，母亲想上卫生间，下床去扶长条板凳，没扶稳，一下跌倒在地，爬也爬不起来，只是嘴里喊着："长茂、长茂……"许是心灵感应，孙长茂在巡堤回来的路上，老是感觉母亲在叫他，便急忙返回宿舍，发现老人仰面朝天倒在地上……还好他赶回来得及时！

一辈子的无悔抉择

一转眼，孙长茂已经由一个血气方刚的年轻小伙，变成了花甲老人。到2014年，他已经在和县戎桥水库管理所度过了整整35个春秋。现在的他，腰不再像当年那样挺拔，鬓发也已初霜显现，而就在今年的冬天，他将迎来60周岁生日，准备光荣退休了。

孙长茂正在查看水位

"一点也不后悔。唯一对不起的，就是孩子他妈，跟着我吃了不少苦。"问到当初抉择，孙长茂说道，2000年之前，每月工资只有300来元，面对一家老小的生活开支，经常是入不敷出。在那个下海经商非常疯狂的年代，亲戚朋友一年外出打工挣好几万元的大有人在，大伙纷纷劝他外出做生意，甚至有个表兄弟已经帮他找好了摊位，但出于对工作的挚爱，他还是婉言谢绝了。

"水库的职工本来就少，我还是个技术骨干，我不能因为个人原因就随便离开，影响整个水库工作。"孙长茂说。为了补贴家用，没有工作的妻子就在附近的农村找了几亩闲田耕种，工作之余，他也帮妻子耕地种菜，减少家里粮油蔬菜开支。"我也没帮到她多少。"孙长茂说，由于农忙和汛期时间基本重合，那个时候的他整天待在水库防汛值班室，无暇帮妻子耕田收谷，可他又不忍心让妻子一个人应付农忙时节，于是就雇了一些劳力去地里帮忙。

"在自己最辛苦的时候，我也曾责怪过他，让他不要干水利了。"妻子说话显得不好意思。但孙长茂就是舍弃不下这份工作，面对妻子的责备，他总是憨笑道："你辛苦了！"这让妻子又好气又好笑。

2002年，孙长茂的儿子孙晓峰从部队退伍回来，本可以托人到县城找一份舒适高薪的工作。但他主动动员儿子来水库上班，说水库职工青黄不接，如果水利没有后备力量，后果就不堪设想。从小就跟随父亲在水库边长大的儿子，自然对水库十分熟悉，他不假思索就同意了父亲的建议。就这样，在和县，他们成就了新中国成立以来第一个一家三代全是基层水利人的佳话。

"我只是做了一名普通水利人应该做的事。对于35年前的选择，我毫无怨言！"回首过往岁月，孙长茂没有惊天动地的豪言壮举，只有这些平凡的小事。也正是这些平凡小事，让人们看到了一名基层水利人的淳朴与美丽。

◇ 本文发表于2014年4月15日《中国水利报》
◇ 作者：汪国庆、常兴胜

孙国永：首席技师练就一刀准

孙国永是安徽驷马山引江工程管理处乌江抽水站的一名普通职工，日前被聘为全国水利行业首批首席技师，他也是"全国技术能手""全国五一劳动奖章"获得者。

"学"透知识

说起孙国永，周围的人第一句话一定是："他是个爱看书的人。"按他自己的话说："成功解出难题，会有一种兴奋与喜悦，我喜欢这种感觉。"

从技工学校毕业后，孙国永又继续考上了成人中专班。虽然只有中专文凭，他却做完了大学《高等数学》《线性代数》等4本理科书籍里的全部习题。《江都排灌站》《大型电力排灌站》等专业书籍，是他业余攻关的又一目标，只要与泵站业务领域有关的书，他都会买回来看一看，读一读，记一记，相关读书笔记有七八本。

将理论转化到实践工作中，是他工作追求的乐趣。一次乌江站排水泵管道进行更新，水下一根直径240毫米的水管已全部锈烂，其中要重新加工60度管道弯头，这可是站内青年职工完全没有接触过的活。上午，四五个职工七嘴八舌，边商量边放样画图，可半天过去了，谁也没能画准确。下午上班，孙国永提前1小时来到工作现场，将施工图样完整画出，大家按图进行材料切割、焊接，加工出的部件完全符合要求。同事都竖起了大拇指，称赞他知识学得透。

2006年5月，孙国永代表安徽省参加全国泵站运行工决赛，提前20分钟就做完了全部理论试题，在实践操作比赛中，他从容、自信，最终技压群雄，获得第一名，展示了安徽水利人的风采。

"细"处真功

与孙国永共过事的人都说他做事细心，正是靠着在工作细微处的执著、认真，他在岗位上一次次发现别人没发现的问题，一次次确保泵站机组正常运行，为单位挽回损失，为灌区的正常运行做出了贡献。

2005年，一次抗旱开机前检查中，他负责检查电机绝缘。6台机组顺利检查完毕，同事在回家的路上有说有笑时，孙国永却还在为10号机组检测数据与往年不同而困惑，他不顾别人的劝说，转身返回站房，翻阅以前的测量记录，对10号机进行重新测试，发现是由于灰尘过重导致了测量误差，经过重新清理检测，一切都符合了要求。

2006年3月，乌江站大机组安装，他负责测量机组轴垂直同心度，技术规范允许偏差只有0.08毫米。他用心测量，精耕细作，反复安装调整、测试，把偏差值控制到了0.04毫米的范围，工作之细，让同行惊叹，也确保了机组整体安装工作的顺利完成。

2011年4月，一次抗旱运行值班时，刚接班的孙国永发现，上一班记录中，7号机组温度比1小时前高出0.5摄氏度，细微变化让他警觉起来。他再对整个运行设备进行检查，原来给机组散热的风扇控制器因长时间运行而烧毁，由于发现及时，避免了重大设备事故发生。

"深"度保险

"孙国永工作态度认真，有责任心，什么事交给他都放心。"乌江站站领导说出了这番感慨。

在乌江站更新改造项目建设中，站里把压力大、风险重、时间紧的任务交给他来完成，大到电机的性能检查、高压电缆头的制作，小到二次回路接线，样样让领导放心，仿佛交给孙国永就是上了保险。电缆头制作的活虽小，任务却一点也不轻松，如果一次制作不合格，不仅要截去重新做，影响工期，还有可能由于裁剪，造成电缆长度不够而报废，带来几万元的损失。

面对压力，孙国永把它变为挑战成功的动力，认真进行每一环节的操作，在切削电缆1毫米厚的半导电层时，要求切削深浅恰到好处，"深"破坏了绝缘层，"浅"则清除不干净或划痕过多，增加电缆的泄漏电流，影响整个电缆使用寿命与运行安全，为此他练就了一刀准，65厘米长的电缆线，竟能一刀削完，而且厚薄正适宜。就这样，他提前完成了22个1万伏以上高压电缆头的制作，经过数倍的高压电气检测试验全部合格。

"板"式工程

在乌江站，人人都知道，孙国永每一项技术攻关都干得非常漂亮，而且个个都是样板。

乌江站更新改造项目建设中，1600千瓦的机组大修，最苦、最脏的是进行水泵拆装，其中水导面的工作又是最差的，空间不足1平方米，不见日光，周围全是铁锈，还充满淤泥腥臭。每次孙国永都在水导面作业，在零部件除锈中，用钢丝刷子刷，用铲子铲，锈蚀较深的小凹槽，就用铁丝去掏。

近年，乌江站开展创新增效活动，成立了由青年职工组成的QC小组，孙国永是QC小组中的骨干。孙国永负责机组大修，就根据自己多年机组大修、安装的经验，把每一道工序尤其是关键工序进行定员和人员优化组合，然后开展针对性培训，大大降低了人工投入，缩短了维修工期。他根据自己的经验和实践，总结形成了多项QC小组活动成果。在"降低水泵汽蚀概率，提高水泵抗汽蚀性能"QC小组活动中，他提出采用环氧树脂聚合物在原叶片的基面上进行涂护修补的方法，解决了乌江站水泵叶片、叶轮严重汽蚀的问题，仅这一项就节省38.5万元的维修改造费用。

孙国永在平凡的岗位中，寻找工作的方法与乐趣，将一名泵站运行工的价值与理想展示在人们面前，脚踏实地地创造了一个个不平凡的业绩。

◇ 本文发表于2012年9月18日安徽省水利厅网
◇ 作者：丁新、范智慧

孙幼安：水利局的"螺丝钉"

21岁那年，从部队退伍回来的他，意气风发地走上了双溪电站职工岗位。从青春年少到鬓发染霜，他把"献身水利，造福于民"作为人生信念，像一头不知疲倦、任劳任怨的"老黄牛"，在平凡的岗位上书写自己的奋斗人生。他就是孙幼安，江西上饶德兴市水利局城市防洪管理所一名普通职工。

初到德兴市双溪电站，为尽快熟悉工作，孙幼安白天跟着老师傅练听力，练眼力，学维修，晚上就把自己关在房间里学理论。就这样，凭着努力，他从一个退伍士兵变成了站里的操作能手，第二年就被评为站里的先进职工，后来还被推选为职工代表。1984年，孙幼安调入了县水利局。

因为懂维修，同事家如有水电易损件损坏或是下水道堵塞等问题，常常会麻烦他。孙幼安有求必应，常常一干就是几个小时，直到把问题解决为止。这么多年，用废的工具有多少套，掏钱搭上的小材料有多少个，他自己都记不清。同事们称赞说，孙幼安就是德兴市水利局的一颗"螺丝钉"。

1985年年初，原局食堂管理员工作调整，孙幼安被安排管理食堂并兼职掌勺大师傅。从拿螺丝刀转到拿菜刀，这对孙幼安是考验，更是挑战，但孙幼安圆满完成了任务，而且一干就是24年。

局食堂不比自家的小灶，要求多，管理严。要制定翔实的采购计划，要保证采购的原材料新鲜、安全、无污染，为此，孙幼安每天要建台账，做到账物相符，价格真实，同时要不定期做好防蝇、防鼠、防虫等工作，保持餐厅的环

专心工作中的孙幼安

境整洁，给大家提供一个舒适卫生的用餐空间。

相对食堂管理而言，最让孙幼安费心的是解决"众口难调"这一难题。他自己买书学菜肴搭配，还利用节假日和周末拜师学艺，坚持每天记菜谱，做到三天不同样。

每天巡视一遍城区河道，确保河道通畅、河道水面在正常值范围、水面施工有序，这是现在孙幼安每天的工作。2008年，因工作需要，孙幼安从干了24年的局食堂出来，调入城市防洪管理所。

虽然清理河道垃圾、开闸泄洪都有具体的工人，但每有情况，孙幼安总是冲在最前头。德兴市聚远大桥施工期间，为保证大桥顺利施工，河道的水位需控制在一定的范围内，他常常半夜一个人去开闸，进行水位调节。有一次开翻板闸门，由于刚开启闸门时水流过大，他被大水给冲出去好远，险些发生事故。去年12月下旬，洎水河上游连续降水，大量垃圾被堵在市区铜都大桥至南门桥河道水面，对拦水坝构成很大的威胁。孙幼安又一次冲在最前头，直到问题解决。

"把工作当事业来做，就没有苦，没有累，只有工作带来的乐趣。"孙幼安如是说。

◇ 本文发表于2015年4月20日《上饶日报》
◇ 作者：程志强

谭琼：80后巾帼排水建模立奇功

奋战在上海水务规划岗位上的80后女博士谭琼，2009年4月毅然放弃在英国Wallingford水利环境技术咨询公司技术总监位置上如日中天的事业，愿把一生所学报效祖国；她不负众望，在上海水务规划岗位上屡建奇功，短短5年时间就"脱手斩得小楼兰"，打了三个小战役：首战建立上海防汛实时预警模型，填补了国内空白；再战开发水务一体化模型，一举打破了专业分割；三战搭建规划后评估与管理决策模型，突破了当前应用局限。深厚的专业知识、爱岗敬业的奉献精神、不菲的业绩，使她迅速成长为国内排水管网模型的青年领军人才。

对她的采访是在一个晴天的下午。我聆听她的故事，并记住了她感动我的三句话。

最大愿望：用知识报效祖国

谭琼给人第一印象是沉静内敛，谈起学习经历却着实让人惊讶，硕博连读，门门功课成绩优秀，年年一等奖学金获得者，我只能用"学霸"来形容她。她所学的专业是环境工程，注重人与环境的和谐发展，在学校学习了环境系统的相关理论知识，在研究生时期接触到了排水管网模型这一技术。这一技术就是基于大量信息和数学计算，预知水活动并进行方案选择的一个有效工具，它利用地下排水管网及其与之相关的人类活动、自然属性等信息，用计算机模拟地下管网的排水情况。

十年寒窗苦读，博士毕业，她以优异的成绩进入令人艳羡的英国Wallingford水利环境技术咨询公司工作，这是排水管网模型领域全球第一流的公司，前身是英国私有化前的皇家水力研究院。在这里，她看到了世界顶级的水力模型研发和应用情况，看到了与国内的差距，并萌生了学好知识报效祖国的心愿。这里有欧洲最大的雷诺水力实验室，有庞大的专业团队进行水力模型的研究、软件的开发、技术应用的推广。排水管网模型只是其中的一个小部分，与水有关的海洋海岸、河网、供水、排水都有成熟的模拟技术和应用案例，河网预警预报技术已在欧洲开始应用。除了水力过程，环境过程、气候变化、生态变化都得到了很大程度的研究和模拟。谭琼在 Wallingford 公司工作了两年，进一步掌握了排水管网模型应用技术，并对其他相关技术有了深入的理解，学习并积累了计算机管网模型的先进知识和丰富经验。当时国内的管网模型概念刚刚兴起，许多人并不了解和接受这一新鲜事物，设计还是以理论公式为主。她常常想，一定要把这些好的技术用于指导国内的排水设施建设，以提升国内现有排水设施的建设和管理水平。

带着愿做"第一个吃螃蟹的人"，在国内普及运用排水管网模型应用技术、为提高城市排水能力出一份力量的朴素想法，她义无反顾地放弃了已是该公司技术总监的职位和丰富的福利待遇，谢绝外国公司领导的挽留，进入了上海水务规划设计研究院，决心同志同道合的人一起为上海水务规划建设出谋划策，并应用这些先进技术更好地提升国内水务规划水平。

问她后不后悔，她莞尔一笑：人是讲良心的，国家培养一个博士不容易，能用所学的知识报效祖国，人生有寄托，有归属感。

奋斗目标：抢占科技制高点

在领导和同事的支持下，谭琼在水务科研岗位上大展所长，消化吸收管网模型先进技术并进行二次创新，与国内实际情况紧密结合，为上海市排水系统的规划设计、管理运行提供了科学的决策支持，填补了管网模型应用的空白，优质高效地解决了城市内涝、水环境污染等难题，并达到国际领先、国内首创的水平。这些研究创新，主要包括：

建立上海防汛实时预警模型，突破了仅有几个发达国家应用这项新技术的局面。该技术为气象衍生灾害早期预警系统，响应"智慧城市"理念，可提高暴雨积水公共安全事件的应急处理能力，目前国际上仅有美国、英国、日本等三四个发达国家开始应用。她潜心研究，攻坚克难，在国内率先实现了排水系统的实时动态防汛预警和模拟，促使以依靠经验为主的粗放型管理模式转变为基于实测数据、模拟技术的精细化管理模式，提高了管理决策水平，填补了国内空白。项目获上海市优秀工程咨询成果一等奖。

开发水务一体化模型，首次在国内实现了水利专业模型与排水专业模型的耦合运算，打破专业分割制约，形成水务一体化模型关键技术，为优化河网与管网排水系统的布局和规模，节省工程建设投资，实现河网与管网蓄排水相容以及污水治理与水环境改善相配的可持续发展提供了关键的技术支撑。项目获发明专利一项，全国优秀工程咨询成果三等奖。

搭建规划后评估与管理决策模型，将模型应用从规划评估拓展到管理决策。为全市面积最大、改造最难的肇嘉浜排水系统提供了科学的积水改造方案建议。

通过模型科学分析，基本改变原先计划，制订了更加合理的、全新的工作方案，对决策产生很大影响，同时为肇嘉浜排水系统建立了实时预警平台，将模型应用从规划评估扩展到管理决策。项目获得上海市优秀工程咨询成果一等奖。

攻关的那些日子异常艰苦。在实时防汛模型系统开发过程中，作为项目组的骨干，她需要不断在排水公司机房进行现场调试。由于系统主要用于防汛预警，常常是发布了暴雨预警后，她需要从办公室赶往排水公司机房，两个地方有近半小时车程，这样往往都是在风雨最大时赶往现场，全身常被暴雨淋湿。在系统试运行期间，她怀着几个月的身孕，仍然坚持第一时间赶往现场，为实时模型系统保驾护航。最初的模型试运行结果不够理想，系统运行不稳定，常出现意想不到的问题，也曾遭遇别人对系统的质疑，为此她还跑到领导办公室落下委屈的泪水。但是，心中一个念头鼓励她：成功只属于坚持的人。于是，谭琼总结经验与教训，不断改进完善，最终为上海市排水系统跨入实时预警时代奠定了良好的开端。

谈到这里，她一再央求我能写上几句话：水务规划院是一个真正能干事业的地方，有很好的团队，这里的领导爱才、惜才，没有领导慧眼卓识和大力支持，排水管网模型可能就是一句空话。

我突然岔开话题，问她什么是幸福？她微微一愣，略作思索后给了答案："一个人热爱自己的工作，尽心尽力地把自己的本职工作做好，就能从工作中体味到幸福感和成就感。这时的工作就不再只是工作，而是一份成功的事业。"

最美愿景："城市看海"现象不再出现

泰戈尔曾说，花朵的事业是美丽的，果实的事业是尊贵的，但我愿做一片绿叶，绿叶的事业是默默地垂着绿荫的。谭琼说她喜欢做水务工作的一片绿叶，但我无论怎么看，都觉得她是一朵特别鲜艳的花朵。

在排水改造决策上，她为全市积水点改造开创了更科学的途径。马路积水是影响上海汛期市民出行的老大难问题，其中上海宛平路是一个多年难以解决的积

工作中的谭琼（右）

水点，引起众多关注，到底采用什么方式有效解决，困扰决策和设计部门多年。不同部门提出不同的方案，谁也无法证明哪个方案更优。为此，她建立了以此积水点为中心，覆盖肇嘉浜排水系统及其周边共30平方公里的排水系统，通过整体与局部的全面分析，提出了优化的解决方案，对市防办决策提供了支持。目前，上海市其他一些积水重点、难点都逐步开始采用这样的思路开始改造工作。

一分耕耘，一分收获。谭琼负责参与了数个重大的科研创新项目，如国家水专项、水利部公益性科研项目、上海市初期雨水治理规划等。共负责参与国家重大专项及世界银行项目4项；上海水务领域重要科研课题9项；上海市重大涉水规划2项等。完成项目获全国和市级优秀工程咨询成果奖十项，发明专利一项。她还在国内外核心学术期刊发表重要论文15篇，其中1篇为SCI收录。她的努力获得各界的充分肯定，并先后获得"上海市巾帼建功标兵"、上海市水务"优秀青年"和"上海世博交通保障先锋"等多项荣誉称号。

分析这项工作的前景，谭琼简朴的话语中透出一个胸有成竹的计划，就是通过她及团队的努力，让排水管网模型未来应用实现"三度"发展：一是把雷达降雨引入积水预报系统，不断提升模型应用服务的精度；二是逐步面向社会和老百姓开放，不断拓展模型应用服务的宽度；三是服务范围从一个地区小区域扩展到整个城市，乃至推广到全国，不断增强模型应用服务的广度。

未来有什么打算？她轻声细语中仍只是微微一笑，说：雨天让"城市看海"现象不再出现，这是一份我喜欢的挑战，一个伟大的事业，我一定会继续干下去！

我想起塞·丹尼尔一句名言，"美在已经涉足和尚未涉足的领域中创造着"。不断超越自我，提升自我，这是谭琼的人生追求。那一道道耀眼的光环后面，流淌着她的滴滴汗水和艰辛付出。春雨洗尘后，苍山更翠绿，谭琼又站在了新的起点上。

◇ 本文发表于2015年9月28日上海水务网
◇ 作者：欧阳田军

汪洋湖："'一把手'就是单位的'一杆旗'"

用一生去实践一个承诺的人，他的心中该具有一种何等厚重的情感与信念！

36年前，一位22岁的青年，在镰刀与锤头组成的党旗下举起右手，立下誓言，从此"共产党员"的称号成为他心中最高的荣誉；庄严一刻的承诺，成为他毕生的践约。

时代如潮，大浪淘沙。几十年风风雨雨，这位共产党人的底色鲜红如初。

他走过的每一个地方，百姓有口皆碑。一位农民老汉举着大拇指说："这颗'老山参'到底是被'挖'出来了！"

他工作过的每一个地方，党员干部无不感言：他代表了一代共产党人的方向！

关东大地的山水引我们前行，我们走近他，走进这个共产党人的内心世界，我们看到了一座精神的山峰！

他，就是吉林省水利厅厅长汪洋湖。

群众的每一点难处、苦处，都是他心中的痛；全心全意为人民群众谋利益，是他心中最炽热的追求

汪洋湖工作以来岗位变动16次。问他，这辈子感觉最幸福的是什么？他深情地说了5个字："为群众造福！"

"为群众造福"，这句烫人心窝的话是汪洋湖的真实写照。

永吉县双河镇有一个叫黄狼沟的小村子，地远山高。几十年来，这里的农民最忘不了的人，就是当年镇上的汪书记。

1978年3月8日，上任不到一个月的镇党委书记汪洋湖，打起铺盖卷来到黄狼沟村蹲点。黄狼沟是双河镇那个年代全镇最穷的村，村里已经7年没有分红，家家户户都欠债，日子过得很苦。汪洋湖踏着刚刚开始融化的积雪，围着全村挨家挨户地转。望着一户又一户破旧的草房，看着一个又一个勒着腰带艰难度日的群众，他的泪水在眼眶里打转转。他对同去的一位同志说："这个地方再也不能搞以阶级斗争为纲了！一定要发展经济，解决农民的贫困问题。"

第二天天不亮，汪洋湖就拉着生产队长上了山，沟沟岔岔、七梁八坡，跑了10多天，做出了黄狼沟村生产发展规划。没想到，被多年的政治运动搞怕了的农民，咋也不信"这个新来的汪书记能整出个啥道道"，清早出工，任他和队长怎样挨家挨户地喊，就是不见几个人影。

汪洋湖明白，农民心里有创伤。于是，他向全村人拍着胸脯打下保票："按这个规划整，到秋要是减产，损失是我的；增了产，全是大伙的。请乡亲们相信，共产党是为老百姓造福的！"看着眼前这个扒心扯肝地要让黄狼沟人过上好日子的汪书记，农民信了。

全村人每天凌晨3点起身，跟着汪洋湖把多年积满粪便的房前屋后挖地半尺，一担一担挑到地里。春天播种，全村人又学着汪洋湖种下的3亩试验田的样，换良种，搞密植。这一年，黄狼沟破天荒大丰收，粮食产量翻了两倍，秋后分红，每人一天的分值达到一元一角。这在当时是了不起的大新闻，一村子人乐得做梦都在笑。当他们听说汪书记蹲点一年要到期时，说啥也舍不得让他走，结果，汪洋湖又在那里干了一年。

当年的生产队长娄文波抹着泪对我们说："是汪书记带俺们过上了好日子。20多年，大家伙想他啊！给他捎个话，俺全村人祝他健康、长寿！"

怀念深深的何止一个黄狼沟！

我们来到汪洋湖当年担任过县委书记的舒兰县，涌上门来要"唠唠汪书记"的人扎成了堆。曾在县委办公室工作过的一位老同志，红着眼圈掏出一句让人心热的话："汪洋湖是什么人？汪洋湖是一个把老百姓捧在心尖上，知冷知热，舍心舍命要让他们过好日子的人！"

1985年7月，舒兰县发大水，几万顷丰收在望的庄稼地全部被淹。刚接到调令的汪洋湖心急如焚，还没有报到，就带着行李卷从吉林市直接奔往了险情最严重的亮甲山水库，与群众一道苦战4天4夜，终于保住了水库大堤。汪洋湖赶到市委汇报时，讲到老百姓被洪水冲垮的房屋，讲到被洪水淹没的万顷庄稼地，他的泪水夺眶而出，哽噎难言。

"一定要让舒兰人民重新过上好日子！"4天后回到县里报到的汪洋湖，在县委会议上立下誓言。他跑遍了全县23个乡镇的村村屯屯，晚上12点以前从来没有睡过，整天琢磨着怎样为老百姓办实事。他带领干部群众修建了舒兰第一条柏油公路，改建了化肥厂生产线，增容扩建了水库，兴建了上千栋水稻育苗大棚。仅仅两年，舒兰县气象一新，农业再创20亿公斤丰收大关，工业产值翻了一番。

汪洋湖离开舒兰时，县政协主席受众人之托，找到吉林市委，诚挚坦言："如果提拔洋湖，我们没意见，要不是这样，就别把他调走，我们大家舍不得他！"

在一个人的执著追求中，必蕴含着一种深沉的爱。

汪洋湖祖籍山东，老辈逃荒来到吉林省永吉县的农村落了脚。他小时候家里很穷，冬天住校，连7元5角的伙食费都凑不齐，每年寒暑假父亲都要带他上山砍柴，卖点钱作学杂费。勤劳、淳朴、一生劳作的父母要求甚少，对孩子最大的期望就是"走正道"，汪洋湖在他们身上深深地感受到中国劳动人民金子般的美德。他说："我爱我的父母，我爱那些如我父母一样的千千万万的劳动人民。"

这种刻骨铭心的挚爱，是汪洋湖一生与人民群众血肉相连的根。

他曾多次掏出自己的工资，塞到贫困农民的手中，帮助他们发展生产；他曾在一个因水质不好而使许多人天生弱智的"傻子屯"前后抓了3年，带领村里打井、改水田，使穷了几辈子的农民喝上优质水，吃上白米饭；他还跑前跑后为许多有困难的职工解决下岗家属的就业问题。一位职工患肺癌，汪洋湖几次跑到医院，对医生说："用最好的药，最好的方案，救人第一！"手术那天，手术做了5个小时，他在门外守了5个小时。这位康复的职工逢人就讲："我能活下来，一要感谢共产党，二要感谢汪洋湖！"

群众的每一点难处，每一点苦处，都是汪洋湖心中的痛，全心全意为人民谋利益是他生命中最炽热的追求！汪洋湖曾不止一次地说："是人民养育了我们，这个本不能忘！我们代表人民的利益，这个法宝不能丢！"

曾有人开玩笑，说汪洋湖的名字里有九点水，命里注定要跟水打交道，他当水利厅长正合适。实在是一个巧合，1998年汪洋湖担任吉林水利厅厅长的第一个汛期，嫩江、松花江等流域发生了一场百年不遇的特大洪水

沧海横流，更见出汪洋湖视人民的利益高于一切的赤子情怀。

在那些惊心动魄的日日夜夜，身为吉林省防汛副总指挥的汪洋湖，每天奔波在百余公里的嫩江、松花江大堤上，哪里任务重，就奔向哪里；哪里有险情，就出现在哪里。

8月24日，是一个许多人难以忘怀的日子。那一天，嫩江第三次洪峰刚刚过去不久，江面水位仍居高不下，恰在这时，邻省大堤决口，40亿立方米的水一下子涌进了吉林省镇赉县境内，使镇赉一段名为"32公里"的堤坝内外同时遭受洪水的冲击，情况十分危急。汪洋湖与吉林省委主要领导同志乘坐快艇，火速赶往"32公里"大堤处。

眼前的情景，令人惊骇：嫩江上空狂风怒吼，大堤外一片汪洋，滔滔的江水如一匹猛兽在狂风的助虐下，凶狠地向堤身扑打着，大堤已被削掉二分之一。大堤内亦是汪洋一片，一望无际的庄稼地被洪水没过了顶。人站在大堤上，就如同站在惊涛骇浪之中。"32公里"大堤，危在旦夕！

这时，有人提出，决口已不可避免，现场的人必须紧急撤退。

空气陡然间凝固了。一片沉默。每一个人心里都清楚，这意味着什么。

汪洋湖两眼直直地盯着滔滔的洪水，血涌上了脑门，心在剧烈地起伏。他无法想象，一旦决堤，堤内堤外的大水连成一片，直冲千里平原，那将是一幅怎样残酷的景象！

他深深地吸了一口气，迅速做出判断：如果撤退，大堤一定决口；如果迅速组织力量抢修，大堤还有可能保住。在退与留之间，留是有希望保住大堤的唯一选择。尽管这个选择要担很大的风险，但面对千百万人民群众的生命和财产，面对党和人民的重托，哪怕有百分之一的希望，也要做百分之百的努力！哪怕有天大的风险，也要把它挑起来！

作为在这场抗洪斗争中担当省委"总参谋长"的汪洋湖，庄重地向前跨进一步，向省委领导同志提出自己的意见："不能撤！我认为，大堤还有希望保得住！"

省委领导同志用坚定的目光看着他。他的话音刚落，省委领导同志立刻发出指示："马上组织人力、物力，全力保堤！"

"32公里"大堤终于保住了。吉林"98抗洪"斗争取得了一个决定性的重大胜利。历史从此记下：在这场抵御特大洪水的斗争中，吉林全省江河堤防无一处决口，60万群众紧急转移无一人伤亡，四周县城无一进水，吉林人民创造了抗洪抢险史上的奇迹！

汪洋湖感到自己就是这个世界上最幸福的人。他以共产党永远代表最广大人民根本利益作为自己毕生的行动指南，实现了他对人生的最高追求。

正如他说过一句话："官位是人民给的，不是个人的。人的一生就是几十年，如果孜孜以求的就是官位又有什么意思呢？一个共产党人的价值，就是看你能不能为人民做点实事！"

不偷懒，不糊弄，不滑坡；赤胆忠心为党工作，是他生命中最神圣的职责

有人说汪洋湖是一颗种子，走到哪里，就能在哪里生根开花；汪洋湖是一团火，干到哪里，就能把哪里工作烧得满堂红。

有人问他，有啥"绝招"？

他毫无保留，一口道出："绝招没有，死理有一条：当共产党的干部，一不能偷懒，二不能糊弄，三不能滑坡。"

"不偷懒，不糊弄，不滑坡"，这正是汪洋湖几十年如一日的座右铭。

那一次汪洋湖离家的情景，家人至今历历在目：1987年12月2日，吉林市

漫天大雪，即将前往浑江市任市委书记的汪洋湖，与妻儿依依惜别。这已经是他工作后的第 15 次调动了，而他来吉林市任职与家人团聚还不到 8 个月。望着拉着他不松手的 3 个女儿，望着早生白发眼含热泪的妻子，他的眼睛湿润了，低声对妻子说："别难过了，你和孩子再克服几年。还是那句话，咱是党员，一切听组织的。"

汪洋湖这一生对家人有着太多的心痛。他从政 42 年，工作调动 16 次，其中与家人两地生活 30 年。3 个女儿出生时，他都因工作忙未能陪在身边。他的父亲晚年病重弥留之际，他正在乡下检查工作，老人是呼唤着"洋湖"的名字离开人世的。他的母亲病危，当县委办公室的同志找到他蹲点的大队，用村里的大喇叭喊他时，他正挽着裤腿在稻田里和农民一起插秧。他连夜赶到母亲身边，老人已经走了。他悲痛万分，失声恸哭。

自古忠孝难以两全。汪洋湖把对亲人的爱与痛，收在心底，他以一个共产党人崇高的献身精神，为党的事业竭心尽力。他说："从入党那天起，我就是党的人，党和人民的需要是我唯一的选择。我从来没有对职务有什么考虑，而是对职责战战兢兢，唯恐做不好工作，辜负了党和人民的期望。"

汪洋湖在工作上的"严、细、实"是出了名的。他有一句话："不怕被人骂，就怕不是'人'"。这里的"人"，在他心目中是共产党人，是党的领导干部。他自己有个"账本"，每天布置的工作，每笔 10 万元以上的资金安排，都记上流水账，到时候就掐着小本儿去督察，不落实不行，不出活不行，搞花架子更不行。他经常说的一句话是："一切为实，不奢虚华。"

1998 年，水利厅向水利部上报农田水利建设的综合工程量，负责这项工作的同志，看到有的省上报的数字比较高，就相应地提出了一个数字。汪洋湖拿到数字一看，凭经验就知道这里面有水分。他立刻把这位同志找了来，让他重新认真、仔细核对。他严肃地说："一定要实事求是，把水拧干。是多少就报多少，我们不搞攀比。"

这位同志说："报多少也没人考察，也没法考察。"

汪洋湖火了，厉声说道："考不考察，能不能考察是一回事，我讲的是实事求是。不然，我们就是助长了说假话的不正之风。"

吉林省水利厅最后按实际数字上报了工程量。

之后，汪洋湖在水利厅工作会议上，再次严厉批评了这位同志，他说："你说错话可以谅解，要是说假话我可不容你！"

这位同志至今回想这件事，仍十分感慨。他说："汪厅长是个讲实话办实事、对国家没二心的人，我服他，敬他！"

讲实话、办实事是汪洋湖的一贯作风。2000 年，吉林蛟河市建设了几年的龙凤水库工程最后结尾需要 500 万元，国家下拨了 800 万元。汪洋湖专门召开会议，研究这笔多余的资金怎么办。有同志提出，钱已经到手了，可以安排做他用。汪洋湖不同意，说："国家拨款支持我们，我们有责任把钱用好。这是一笔项目建设资金，不能串项使用。我们要对国家讲信誉！"吉林水利厅把300多万余款如数退回给国家。

在原则问题上，汪洋湖的确是一把铁锁，任何人过不了他这道关。

吉林市水利局局长孙福德以前与汪洋湖搭过班子，两人是多年的老同事、老朋友了。1998年，吉林市上报城市防洪工程建设资金计划时，孙福德与其他同志商量，觉得项目定额不能报得太低，以免到时候工程启动不起来，上报计划就多列了400万元设备费、交通费等。老孙知道汪洋湖的脾气，担心给卡住，就去水利厅做工作，寻思着，没准还可以多要点。没料到，汪洋湖拉住他，一项一项给他算账，结果他不但一分钱没有多要到，原来的计划也得重做。汪洋湖诚恳地说："该办的一定给你办，不该办的找我也没用。国家的钱不能乱花，能省点就省点，我最恨花共产党的钱不当钱的人！"

一个单位的"一把手"，就是一个单位的"一杆旗"。汪洋湖以一身正气，用无声的语言，在水利厅领导班子中，喊出了"向我看齐"的口号，带出了一个团结向上、奋发有为、充满生机与活力的好队伍，一个连续6年获得省级先进称号的好班子。

汪洋湖有一大爱好：读书。不管工作多忙多累，每天晚上回到家中，必把自己关在9平方米的小书房里读书看报整理资料。书，是他心灵的驿站，是他思想上不断向上攀登的台阶

在汪洋湖的办公室和家里，我们看到了他最引为自豪的财富——几千册图书、书报剪贴和读书卡片。他读的书涉及马克思主义理论、哲学、经济学、科学社会主义、科学技术等许多领域，其中有一本他30年前就读过的《反杜林论》，书中的空白处写满了批注，还有几十本水利专业书籍，里面密密麻麻做满了笔记。他深有感触地说："我的世界观、人生观、价值观的形成很大程度上得益于读书学习。而且我这一生换岗十几次，过去的知识用不上了，新的知识又很缺乏，要丰富自己，推动工作，就必须坚持不懈地学习。"

读书成了汪洋湖的生活习惯。他晚上不串门，不应酬，把这段时间看做是给大脑"充电"的时光。有人笑他闲暇时间一点也不潇洒，他说："人各有志，我本人崇尚学习。什么都是身外之物，唯独学到的知识是自己的。"

学习，使汪洋湖永葆共产党人的活力。

在吉林省水利系统，汪洋湖是上上下下公认的"没有职称的水利专家"。

——他担任水利厅副厅长分管水产工作时，提出"因地制宜发展稻田养鱼和名特优水产品"的新思路，吉林省水产品产量提高30%。

——他主持水保工作期间，发明了保水保土与发展坡地经济相结合的"竹节式"梯田法，获吉林省科技兴农一等奖。

——他当厅长后，认真总结治水的经验和教训，提出"以防洪抗旱为中心，实现城市防洪、节水灌溉、小型水库加固配套整体推进"的指导思想，经过两年多的努力，全省41座有防洪任务的城市，达到了50年一遇以上的防洪标准；全省1009座小型水库进行了除险加固；嫩江、松花江干流堤防，达到30年至50年一遇的防洪标准。吉林省水利基础建设实现了历史性的跨越。

在1998年抗洪斗争中，汪洋湖以杰出的工作才能，充分展示了新时期党的领导干部的时代风貌。

他坚持实践第一。8月下旬的一天，洮儿河堤坝突然决口，情况危急，汪洋湖立即要去现场查看险情，旁边的同志极力劝阻："你是防洪副总指挥，责任重大，我们去看看就行了。"汪洋湖斩钉截铁地说："我必须到现场去看，不掌握第一手情况，我心中没数，怎么下决心？"他和一位同志乘上小冲锋艇，顶着7级大风，冲进11公里宽的茫茫水面。头顶不足3米有高压线，水下有民堤、树木、房屋等各种障碍物，小船逆水行舟6个小时、80公里，终于到达决口处，他们查明情况，连夜返回，为控制险情提供了重要依据。

他坚持科学治水。抗洪斗争一开始，他就把全省最优秀的水利专家集中起来，组建成多支专家队伍，分布在后方、指挥部、嫩江大堤的每一个重要堤段，形成了一个强有力的技术决策支撑系统。

8月10日，嫩江第二次洪峰刚刚通过不久，第三次更大的洪峰即将来临，形势十分危急。吉林省委要求水利厅必须在最短的时间内，提出第三次洪峰的量级和抢险措施。其中最为关键的是要知道：嫩江第三次洪峰的流量到底有多大？当时，嫩江上游所有的水文站都被冲毁了，对这次洪峰的流量，只能经过测算分析提出数据。这个数字估计高了，劳民伤财，估计低了，可能遭受灭顶之灾。

那一天，汪洋湖马不停蹄地奔波于百里长堤，他一边实地观测水情、工情，一边会同各方专家，反复测算、分析、论证。

8月11日晚8时，吉林省委召开常委紧急扩大会议，研究如何抵御即将到来的嫩江第三次洪峰。会议首先听取水利厅报告预测结果，会场鸦雀无声。这个预测，关系到全局的胜败啊！汪洋湖一字一句报出他和专家们得出的预测数据：17500立方米/秒。会场上，没有异议。省委当即根据这一数字，果断决策：48小时内，准备330万条麻袋，把210公里的防洪大堤加高1米，加宽2米，建成一道麻袋子堤。

48小时后，洪峰到来，在上游跑滩的情况下，实测流量为16100立方米/秒，洪水水位比原来的大堤平均高4厘米。滚滚洪流，被紧紧地顶在麻袋子堤外，呼啸而下。

这是"98 抗洪"史上惊人的一幕：当时 20 年一遇洪水设防的嫩江堤防，竟然抵御住了 380 年一遇的特大洪峰。如果不是依据那一个数字及时抢建了子堤，洪水将会大面积漫堤而过，后果不堪设想。

嫩江第三次洪峰的安全通过，是 1998 年吉林抗洪斗争史上永远值得骄傲的一章！

走进汪洋湖的办公室，他正在电脑前查看云图。他的办公桌上，有一摞厚厚的吉林省水利建设"十五"计划和 2010 规划。今年 58 岁的汪洋湖，给自己离任前定下了制定出 21 世纪吉林省治水方略等三件事。他希望这些工作能给继任者打个好底。

我们问他，你一生最放不下的是什么？

他沉思片刻说道："时间苦短，我最放不下的就是如何把自己有限的生命，为党做更多的工作。到老，跟自己说一句：你这个党没有白入！你这个干部没有白当！"

他没有收过礼，没有谋过私利；清正廉洁是他生命中最圣洁的精神高地

走进汪洋湖的家，是在一个周六的下午。初秋的夕阳透过陈旧的窗户洒落在这套老式的三室一厅房间里，让人有一种看老照片的感觉：两张木板床、一套旧沙发、两个书柜，还有一张三合板的折叠饭桌，最抢眼的是客厅里一台 25 英寸的电视机，汪洋湖的老伴温淑琴在一旁告诉我们，那是大女儿给买的。

曾听说 1994 年，汪洋湖从吉林市往长春搬家，去的是一台半截子车，司机直嘀咕，这得拉多少趟？结果半截子车还没装满，拉回的全部家当是一个书柜、两个木箱、两口水缸。

还听说，1999 年最后一次分房时，省里按标准在省政府对面给汪洋湖分了一套新房，几万元就能买下，资产值几十万元。可是他却没有要。

提起这些事，善良朴实的老温给我们透了"家底"："早年，两家老人都在，家里人口多负担重，日子过得挺紧。这几年手头宽松了不少，可要买那套房子得花 4 万元，家里存折上的钱连国库券都算上也不够。借钱买吧，那得还到几时啊？"

回来的路上，我们问当地一位司机，在长春市一个拿不出 4 万块钱买房的人家，算什么生活水平？司机想都没想，甩出一句话："困难户。"

汪洋湖的确清贫。

清贫，不是共产党所追求的目标，但是，对于一个手中握有权力的共产党人

来说，这份清贫，却让人们更透彻地看到了他的心底。

我们手上有一份汪洋湖的履历表：24 岁就已经是公社党委书记，29 岁开始任县级领导，他先后担任过永吉县委副书记，磐石、舒兰县委书记，吉林市委常委、秘书长，浑江市委副书记，省水利厅副厅长、厅长。

按照时下一些人的眼光，他有着很多"发财"的条件与机会，但是，他对此"视而不见"，始终坚守一个共产党人的"道"，把手中的权力看做是为人民谋利益的工具，而不是用来为个人谋取私利的商品。他说："当官捞好处，那不是共产党的章法，是共产党的干部，就得按党的规矩来！"

1998 年大水过后，国家加大了对水利建设的投入，3 年中，吉林省水利建设投资达到 60 多亿元。这时身为水利厅厅长的汪洋湖称得上是手中又有权又有钱。在一些人看来，他坐在那儿用不着说什么，只要心思"活分"一点，每年百八十万的"好处"唾手可得。

汪洋湖是从基层干过来的，他十分了解社会，知道自己的位子有多大的"含金量"。然而，在他的天平上，就是一座金山，也撼不动一个真正共产党人的灵魂。

他在水利厅进行了一项被誉为"阳光行动"的改革：凡水利工程建设项目，全部实行招投标制。他与厅班子成员"约法三章"：不取非分之钱，不上人情工程，不搞暗箱操作。他本人带头践约，从未指定过一项承包商，从未写过一次条子，也从未暗示过任何人。

1999 年 2 月，汪洋湖过去的一个老上级来水利厅要工程，他寻思着凭着过去的老感情，冲着老面子，怎么也不至于白跑一趟。没料想汪洋湖温和而又毫不含糊地对他说："你想要工程就去投标，中上标，活儿自然是你的，中不上标，我也不能给你。这是规矩。"他掏钱请老上级吃了一顿午饭，把他送走了。

"一把手"的榜样力量是无穷的，水利厅系统的干部个个向汪洋湖看齐。1999 年，国家和省有关部门对吉林省水利建设资金使用管理情况进行多次检查，没有发现任何重大违规问题；工程质量合格率达到 100%，优品率达到 81.5%。

俗话说，"官儿不打送礼的"，几十年来，汪洋湖的一条"死"原则恰恰就是：不收礼。

那年他在黄狼沟村蹲完点，农民一直念着他的好，有一年他们听说汪书记父亲病重，便派人给他家送去了一篮子鸡蛋，一袋子大米。他收下了乡亲们的厚意，随后把按价折成的钱和粮票托人如数送回。

他到水利厅后，有一次生病在家打吊针，有人得到消息到他家去探望，临走悄悄放下一包蘑菇和五条香烟。三女婿发现后，忙给岳父说，汪洋湖急得边拔针头边要往外追，手背都淤血了。女婿赶紧把他按到床上，拎起东西一直追出老远，还给了来人。

1997年他当厅长后，专门给厅里的司机开了一个会，立下一条"规矩"：不准为领导代收礼品。他每次带车下基层回来前，都要先检查一遍车厢，有东西送回，没东西才走。有一次他到基层去，回来时走出老远才发现车里有一包补品，他立即让司机调转车头，把东西放回住处的房间，然后给县水利局的同志打电话，让把东西拿回。

为了杜绝送礼风，每年春节前，汪洋湖都在厅里再三强调，不要到领导家拜年，有时间去看看困难职工和离退休老干部。有一个春节，一位处长拎着东西去他家，他硬是没让进门。那位处长事后对家人说："我脸上没面，心里服啊！"

有人曾说汪洋湖：你一次礼不收，有点太不近人情。

汪洋湖说："堤溃蚁穴，这个口子开不得。有第一次，就会有第二次、第三次……就会越收越多，时间长了，就陷进去了。一些领导干部最后掉到钱堆里不能自拔，不都是从第一次开始的吗？意志力不强，投降了。所以在这个问题上一定要一刀切死。有情不在礼，我欣赏君子之交淡如水。"

汪洋湖为官做人的标准很高，但是在个人生活上，他的标杆却拉得很低。清廉，在很多人眼里是个标准，在汪洋湖那里则是一种习惯。他视奢侈为祸，以俭朴为宝，一向艰苦朴素，克己奉公。

他在与家人两地生活期间，从不住招待所和宾馆，一直住在办公室，吃职工食堂。到水利厅工作头4年，家没搬来，他仍然住在办公室。他的床下，常年备有一箱方便面、一只小电铁锅，碰上工作忙或夜里加班，就煮点面对付了事。

他工作出行有公车，但他从不用公车办私事。他与家人两地生活30多年，每逢公休节假日回家，都是自己掏钱买票坐车。他到水利厅后，有一次他在永吉老家的姐夫病重，他回去看望。他先是从长春乘火车到吉林市，在市里没有惊动任何人，又乘公共汽车到镇上，镇领导看到老县委书记来了，非要安排车送他，他坚决不同意，借了一辆自行车骑30多里路回到了姐姐家。姐姐家的人说："你做了那么大官，连个车都整不来，还挤汽车，多不相称！"他说："什么叫相称不相称，我是老汪家官最大的，但这是我自己得到的吗？这是组织和人民给的，我只能用它来为人民办事。"

有人曾劝汪洋湖，别太认真了，你一个人又改变不了什么。

汪洋湖说："我们入党时不都是有所追求的吗？承诺了的东西，总得实践，总得从自身做起。在我的职权范围内，对的，我就坚决支持；不对的，我就坚决管住；让别人做到的，我首先做到。"他就是这样的人。

汪洋湖的家人对他的操守有着更深刻的感受。

老伴温淑琴告诉我们，汪洋湖与她也有"约法三章"：不参政，不收礼，不特殊。老温退休前是吉林省水利水电设计院卫生所的一个普通护士，多年来与丈夫默契相守，从无违章。

有一次，某县水利局的同志带着礼物来看望汪洋湖，当时只有温淑琴一个人在家，她让来人把东西拿回，来人不肯，她估计了一下那东西大约值600元钱，便找出钱让他们拿着，他们当然更不干，争来争去，厚道的温淑琴急哭了，说："洋湖的脾气也许你们不知道，如果留下东西，他回来跟我没完哪！"来人十分震惊，深受感动，只好把东西拿回去了。

汪洋湖常常自豪地感叹："我这辈子最大的福气，是摊了一个好老伴！"

汪洋湖有3个女儿。对待孩子，他坚持一个原则——"当他们的人生向导，不当拐棍！"

他的3个女儿都在吉林市。大女儿从卫校毕业后，分配到吉林市一家医院工作。二女儿高考差3分落榜，至今是一个看仓库的保管员。三女儿中专毕业后，没有找到工作，就与丈夫搬到了生活开销低的市郊，靠开一个小药店维持生活。汪洋湖在这一带为官多年，与吉林市方方面面的领导都很熟，孩子工作的事，打个电话，绝无问题。但是，他从没找过任何人。

三女儿的丈夫家祖辈都是搞建筑的，两口子商量，想搞点工程建设。有人说："那还不是一句话的事。你爸爸手指头缝里漏点活，就够你们发财的了。"可是谁也没想到，小两口在每年经手20亿元水利工程资金的父亲那里，硬是没有拿到过一分钱的活。

汪洋湖寡情吗？不！

我们无法忘记那一天采访，汪洋湖轻声而深情地说："这么多年，我最对不起的就是我的家人。"

我们无法忘记小女儿汪强讲的一件事：她们姐几个了解父亲，从不为私事打搅他。1996年冬的一天，汪洋湖从长春到吉林市开会，会议结束那天，他想趁早饭前到几个女儿家看看。但他不知道，这几年，女儿们生活都发生了变化，老大、老二换了房子，老三已经搬到了乡下。他在吉林市转了一个多小时，一个女儿家也没找到。回到长春，这位生性刚强的人流下了泪水，对老伴说："老三的孩子长得挺大了吧，咋不让她抱回来看看。"老伴向女儿转告这话时，泣不成声。

在汪洋湖的内心世界里，永远有着他对亲人最柔情的一角天空。但是，他从不让这片感情掺杂权力与地位的色彩；他从不让这片感情误导自己做出违背党和人民利益的事情。他痛恨封建社会那种"封妻荫子""一人当官，鸡犬升天"的腐败，他崇尚"先天下之忧而忧，后天下之乐而乐"的高尚情操与追求。

汪洋湖的心如长白山的红松，志洁意高；汪洋湖的情感如长白山的流水，清朗隽永……

是什么力量支撑了共产党人汪洋湖的人生？

汪洋湖深情地说："从我在党旗下举手宣誓的那一天，我就告诉自己，你是党的人了，你要为党的崇高理想奋斗到底。这是支撑了我全部人生的理想信念！"

滴水见汪洋。

在中国革命和建设事业的滚滚洪流中，汪洋湖只是沧海一粟。但是，正是因为有了千千万万像汪洋湖这样的中国共产党人，我们党的事业才如浩瀚大海，奔腾不息。因为，有着崇高理想和代表着最广大人民利益的中国共产党人是任何力量也打不垮的；为崇高理想和最广大人民利益奋斗的中国共产党的事业，是这个世界上最有生命力、最壮美的事业！

◇ 本文发表于2009年9月22日水利部网站
◇ 作者：水雯

王传军：情满沂沭河

出生在沂蒙山区一个水利世家的王传军，家里有6人从事水利工作。父亲参加过抗美援朝，传统家庭教育熏陶了他幼小的心灵，还在学生时代，他就经常帮助军烈属、五保户担水、送柴做好事。

1977年，年满18岁的王传军毅然参军。在部队，他总是冲锋在前，一次带领新兵进行实弹演习，一名新兵误操作将手榴弹击发后掉在弹药车内的弹箱上，他不顾个人安危及时拾起扔出车外，避免了事故发生，受到师部首长的表扬。

部队的大熔炉锻炼了他，培养了他吃苦耐劳、见义勇为的品格。入职水利系统后，他曾经一年3次救人，多次不畏邪恶、拔刀相助的美名在沂蒙大地广为传颂。

1986年1月，时值隆冬季节，王传军在工作途中，经过郯城沂河尚庄桥，巧遇一位骑车女青年被马车撞进沂河里，驾车的老汉随即跳进桥下营救，怎奈老人年老体弱一身棉衣，没有救到女青年，自己先沉入水底。危急时刻，王传军边脱棉衣边奔向事发地点，拨开围观人群跳入水中，先将奄奄一息的驾车老人救上岸，再忍受刺骨的寒冰四次钻入水底，最终将女青年奋力托上岸边。他自己醒来时已经躺在了医院，那次他住院花费自理，没有告诉任何人。直到被救者找到单位感谢，领导和同事才知道他的事迹。

同年7月，一位职工在河道内洗澡，河水突然暴涨，洗澡者不谙水性跌进湍急的河中，王传军紧急相救，在其他职工的协助下将那位职工救出。还是在这年仲夏，王传军在郯城安子桥附近巡查，一个儿童落入水中，他还没来得及脱掉衣服就从桥上跳下，将落水儿童救出。

2005年7月23日夜12时许，在局办公室防汛值班的王传军突然被一阵呼救声惊醒，他闻声奔去，在管理局门前看到停着两辆轿车，两名歹徒正在施暴一名躺在地上的人，另一名歹徒手持砍刀在追赶另一名受害者。面对如此情景，他大声喝道："住手，不许打人！"并奋力上前阻拦。歹徒们冲他破口大骂，让他少管闲事，面对强行阻拦的王传军，歹徒们的石块转而劈头盖脸地向他袭来，直到单位职工闻讯赶到现场，歹徒才仓皇驾车逃窜，受害者被解救。王传军因此受伤，以致在这防汛关键时期，他只能躺在办公室边疗伤边指挥工作。

王传军于1981年退伍，被安置在山东沂河郯城段干任堤防管理员，他干一行，爱一行，凭着年轻的力量和青春的热情一心扑在堤防管理工作上。每天，他在坎坷曲折的堤防上骑行百多里，有时甚至几百里。在他的日程中，没有节假日没有星期天，早上4点多起床，晚上10点多回家是不变的时间表。他还主动请求到离家80多里远的郯城李庄段上班，经常一两个月顾不上回家一趟。

有次回家，赶上爱人发烧，孩子又患上肺炎，看着大人小孩的病况和羸弱的样子，他深感内疚，赶紧给爱人、孩子服药治病。第二天，他眼含泪水又匆匆告别家人回到单位。他的耳边还回荡着妻子的话语：你一个临时工没白没黑地干，老婆孩子都不管，一个月就几十块钱，还不如回家自己干副业收入多。但王传军心里却一直在想，比他父亲当年抗美援朝条件强多了，人不能老是盯着钱看！

1990年10月的一天，两名歹徒知道王传军不在家，蒙面入室抢劫了他家，把他妻子捆绑后将财物洗劫一空。他妻子因惊吓和心疼财物病倒了，一周内愁白了头发。王传军回家守了几天，可还没等妻子康复，又返回工作岗位。他总说，妻子虽然有怨言，但还是一直支持他的工作。

工作上，他严格管理堤防，堤防面貌大为改观，却也得罪了一些人。有次，他制止正在破堤拉土的村民，被偷土者纠集的一帮人痛打一顿。衣服撕破，脸上道道血口，身上处处淤血。他回到家装出若无其事的样子，夜晚躺下，浑身的疼痛和屈辱让他禁不住泪流满面。领导和同事得知后都纷纷称赞并嘱咐他要注意工作方法，同时准备给他调换工作岗位，但他谢绝了。他决心在拼命干好工作的同时，学习方法技巧，注意总结工作经验教训。

1987年6月22日，他领到防汛清障任务，顾不上家里的麦收夏种，毅然奔走在防汛清障第一线。由于涉及村庄的经济利益，要砍伐很多树木，村领导极不配合。他三番两次登门做工作，都吃了闭门羹。恰巧村长母亲患病住院，他自费购买补品到医院看望，做感化说服工作，最终说服村长顺利完成了清障任务。因为清障工作，王传军挨过多少骂已记不清。他对有清障任务的同学一样不留情面。也因为在清障工作中的突出表现，他被上级记功表彰。

王传军深知，要干好水利事业，必须具备一定的专业知识。1989年，他开始学习农校经济管理专业，1998年考取山东农业大学经济管理专业，2003年又考取中央党校函授学院经济管理专业，2005年取得本科学历。不断地学习，使他的工作如虎添翼。

任沂河苍山管理段段长期间，他带领职工创造了长城大店八公里"堤防绿化样板"；任江风口闸管理所副所长期间，他协助班子，沟通地方，闸桥收费实现了新突破；任新沭河闸管理所所长期间，在资源贫乏的困境中，水费收取实现突破，2000年创收达100多万元，工程管理基本实现"运行管理现代化，控制操作自动化，工程面貌园林化"，连年被评为先进单位；2005年，任郯城河道管理局局长后，他顶住压力，整治河道采砂管理秩序，5年间依法收取采砂管理费共计5000余万元，工程管理连续在沂沭泗局考核中排名第一。

生活中，王传军关心他人，尤其在担任领导职务后更是把职工冷暖放在心上。1999年，有位经济困难的老职工生病住院，他带头捐款5000多元为其治病，坚持陪护在身边，同室病友都称赞王传军简直像是那位职工的孝顺儿子。

王传军从一名临时工护堤员成长为一名科级局长、机关工会主席，从一名退伍军人成为"全国先进工作者""全国水利系统特等劳模"，30多年执著奋斗，把壮丽青春奉献给了基层水利事业，将无私情怀洒向了沂沭河大地。

◇ 本文发表于2013年4月27日淮河水利网
◇ 作者：谭新

王道席：黄河浪上踏歌行

变化的是工作岗位，不变的是勤于钻研、无私奉献的精神。对于博士后王道席来说，每一次工作变动，都是一次充实完善、超越自我的机会。凭着不懈的耕耘和执著的信念，他赢得了领导和同事的一致赞誉，为自己的人生书写了精彩篇章。

厚积薄发　投身规划设计初试锋芒

20多年的求学生涯，让王道席积累了丰富的理论知识。工作后，无论多忙，他总是保持勤奋学习的好习惯，注重在实践中学习，向经验丰富的前辈学习。

1996年以来，他先后担任了"沁河水资源修订规划""河口村水利枢纽项目建议书"等十余个项目的负责人，积极引进"3S"、模拟优化等高新技术，提高了产品科技含量和工作效率。他先后担任国家"九五"攻关项目"三门峡以下非汛期水量调度模型研究"负责人、国家重点基础研究（973）项目"黄河流域水资源演化规律与可再生性维持机理"专题负责人、国家高技术研究发展计划（863）"水利信息化基础平台研究"项目负责人，多项成果达到世界领先或先进水平。

探索是一个漫长、铺满荆棘却又孕育收获的过程。担任国家"九五"攻关"三门峡以下非汛期水量调度模型研究"项目负责人期间，王道席一度遇到重重困难，苦思冥想成为他那段时间的固定表情。他研发的"三门峡和小浪底水库联合调度模型"符合实际，采用等级优化调度，改变了传统意义上的寻优策略，突出供水目标；河段配水模型则采用同比例、按权重和用户参与三种配水方法，可操作性强；水量调度模型体系首次提出水库调度和河段配水相分离的结构体系，突破传统以水库调度为主的常规体系束缚，该研究成果被权威专家鉴定为国际领先。

王道席1997年被评为黄委设计院"先进生产者"，2002年被评为黄委设计院"首届科技拔尖人才"。6年的磨砺，让他由一个普通学子成长为一个治黄科技领域的探索者、实践者。

勇挑重担　参加"数字黄河"建设屡创佳绩

2002年8月，王道席开始担任黄委"数字黄河"办公室主任。沉甸甸的担子，标志着一个全新的开始。

当时国内的流域信息系统建设才刚刚起步，全国没有一个完整的数字流域规划，国外也没有成功经验可循。王道席到岗初始，就承担起了尽快组织完成"数字黄河"工程规划的重大任务。时间紧迫、任务繁重、技术难度大，压力可想而知。集中办公期间，他连续奋战一个多月都没回过家。

"数字黄河"工程规划合作单位众多，有清华大学、河海大学、解放军信息测绘学院等国内多所重点院校，以及国内多个知名的信息网络公司，工作涉及面广。为了处理好各方面的关系，发挥整体合力，王道席积极主动开展工作，跑断腿、磨破嘴，同事给他起了个"免费咨询专家"的称号。

一分耕耘，一分收获。2003年初，"数字黄河"工程规划顺利通过水利部审查批复，这也是目前唯一被水利部批复的"数字流域"规划。该规划首次提出了"应用系统—服务平台—基础设施"三层架构，不但得到各级领导的高度好评，也成为2004年全国水利工作会议学习和推广重点，还荣获2006年度"中国信息化建设项目成就奖"。

为加强"数字黄河"工程建设管理和标准化建设，王道席组织编制了《"数字黄河"工程建设管理办法》等20多个管理办法和标准，目前已有多个办法和标准被湖北省水利厅等单位借鉴。作为项目负责人，他组织应用服务平台建设，攻克了数据访问中间件、模型库、移动信息服务等多项关键技术。为推进黄委信息资源共享，他组织开发了黄河下游1∶1万、1∶25万和1∶100万等比例尺电子地图，在我国水利信息资源共享方面实现重大突破。

2004年，王道席被评为"河南省新长征突击手标兵"和黄委"数字黄河"工程建设先进个人。

勤思敏行　致力于黄河水量调度与管理

2004年6月，王道席调任黄河水资源管理调度局水量调度处处长。

"谋定而后动"。到新的岗位后，善于做"规划"的王道席，这次却没有急于规划具体工作，而是在观察和了解中思考，寻找工作的突破点。

针对人员流动频繁、岗位新手多的实际情况，他从提高全处职工业务能力方面着手，加强规范化建设，建立定期技术交流制度，找准影响水量调度精度的关键问题，带领大家顺利、高效地完成工作。作为项目负责人，他完成"黄河水量调度系统项目建议书""黄河水量调度条例"等十余个重要项目。其中"黄河流域水资源演化规律与可再生性维持机理"所建立的多维临界调控理论已应用于国务院颁布的《黄河水量调度条例》中。

2007年10月，王道席被任命为水资源管理与调度局副局长。工作中他以身作则，积极拓展黄河水量调度范围，黄河水量调度从干流向支流延伸，由非汛期向汛期扩展。他多次深入闸管所一线调研，了解第一手情况，组织完成的"黄河水资源调度管理系统"稳定运行，被专家鉴定为世界领先水平。

2008年冬至2009年春，黄河流域大部分地区遭遇大旱，王道席按照黄委统一部署，根据《黄河流域抗旱预案（试行）》，配合主要领导积极组织力量及时启动应急响应，科学调度骨干水利枢纽和引黄涵闸，全力支持抗旱浇麦保丰收工作，卓有成效，受到黄委通令嘉奖，并多次得到国家防总、水利部以及沿黄受旱地方政府的高度好评。

5年的黄河水量调度经历，使他丰富了阅历，增长了才干，积淀了管理智慧。2005年，王道席当选为全国青联委员，并被评为"河南省优秀博士后研究人员"。

不惧艰难　远赴黑河再踏崭新征程

2009年9月，王道席服从组织安排，远离家人，赶赴兰州，出任黄委黑河流域管理局副总工程师，全面负责黑河流域管理局的技术工作。

黑河远离黄委本部，地处偏远，工作条件艰苦。王道席从大处着眼、细处着手，力图全面了解黑河水量调度管理工作现状和存在问题。上任不到半年，他就多次深入调水一线调研，足迹遍布流域上、中、下游。戈壁瀚海、雪域高原都留下了他的身影。

2009年"甲流"肆虐期间，他正在黑河下游茫茫戈壁上现场调研，得知女儿发高烧也无法回家，只好一遍又一遍地嘱咐爱人，一定要照顾好女儿。电话里的轻声道歉承担着太多愧疚："我不在郑州，辛苦你了！委屈孩子了！"

在充分调研的基础上，王道席组织对《黑河取水许可管理实施细则》进行了精心修改完善，同时他还组织召开了黑河管理局第一个水资源论证报告审查项目——《甘肃省张掖黑河大孤山水电站工程水资源论证报告》审查会，组织了《黑河流域管理条例》立法前期研究等三个前期项目初审和验收，参加了张掖城区地下水成灾调研和宝瓶水电站建设现场调研工作。短短半年时间，他已将黑河的主要情况、基础数据烂熟于心。

2010年，王道席被任命为黑河流域管理局副局长、总工程师、党组成员，又一次得到组织的肯定。无论在哪个工作岗位上，王道席都非常注重技术工作的总结和积累，先后编写科研报告 30 多本，在国内外著名刊物上发表论文 30 余篇。工作期间，他还组织开展了"河流水量调配技术导则""黄河干流旱限水位（流量）研究"等专题项目研究。

踏歌黄河，王道席用自己的实干与拼搏彰显着水利人的"献身、负责、求实"精神。

◇ 本文发表于 2010 年 12 月 3 日《中国水利报》
◇ 作者：刘湍康

王定学：做群众贴心的干部

5月1日，充满激情的日子，聆听劳动的赞歌。王定学，一个从陕南大山深处走出的全国五一劳动奖章获得者，一个来自基层水保一线的水保生态建设工作者，几十年来，在治理水土流失、保护汉江水源的平凡工作岗位上，为实现地方综合治理、改善区域生态环境做出了突出贡献。

肯吃苦，几十年如一日扎根生态建设一线

过去，白河县几十万亩荒山等待治理，几百条大小沟壑需要整治，半数以上土地处于流失状态。踏进白河县水保站，就注定要吃苦，王定学肯吃苦是出了名的。

治理水土流失从造林开始，调运树苗，召开群众会议，动员群众义务植树，一处处规划治理，王定学没白天没夜晚地忙碌。他风里来雨里去，泥泞山路上留下他艰难跋涉的脚步，多少次在山沟里的村道上险遭车祸，他没叫一声苦，一门心思钻进山里，带领水保干部扎根基层一线与村民同吃同住同生产。通过丹江口库区上游水土保持工程一期、二期项目建设，把一条条穷山沟打造成"山上松柏绿，山腰梯田绕，路渠绕山转，河边青青草，溪水潺潺流，堤上杨柳飘"的美丽画卷。

几十年如一日扎根在生态建设一线，爬过多少山，趟过多少水，受过多少伤，王定学自己也不清楚，他就像扎根这片土壤的树苗，成长到枝繁叶茂。

勤探索，科学谋划形成水土保持地方特色

白河县是南水北调重点水源保护区，生态治理不能小打小闹，要对综合治理做出整体科学规划，乐于探索的王定学心里已有盘算。

连续7日不停地翻山越岭，用脚步丈量着几十条流域和数座高山，王定学第一次累趴下了，可他依旧带着规划资料去省里汇报。有人劝他休息几日，倔强的他稍作调整又钻进了大山，"丹江口库区上游水土保持工程为生态治理带来了大

好机遇，规划是关键。"他组织水保干部深入开展调研，科学规划，全力争取治理项目，为大规模实施生态小流域综合治理描绘出了一幅幅宏伟蓝图。

"地无百亩平"是白河县的地貌现状，王定学总是处处留心寻找连片治理地块。他在麻虎镇康银村发现了一个可以做点文章的烂石滩，随即展开规划，并千方百计筹集资金组织治理，短短几个月把那里治理成了少有的百亩水平梯田。通过打造水土保持连片治理典型，王定学在生态治理中不断创造奇迹。

敢碰硬，工程质量毫不含糊

水土保持工程项目涉及范围广，根据工程承包制要求，一些治理能人积极参与建设。一次，中厂镇宽坪村一位村干部承包建设一段保护群众安置区的河堤，王定学在巡查时发现工程质量有问题，当着群众的面对这位承包工程的村干部进行了严厉批评，责令其彻底整改。

县城防洪工程哪里有质量问题也同样逃不过王定学的眼睛，在下河街工程标段建设衡重式挡土墙过程中，他又发现砌石岸的石块不规范，这是关乎城市人民生命财产安全的工程，怎么能有丝毫马虎？他把工程负责人从西安召回，明确指出工程质量问题，如果不立即改正，就按规定实施通报，态度很严厉，一位工人央求说："请你给我们老板留点面子。"王定学斩钉截铁地说："工程质量就是面子，没有了质量还要什么面子。"

几十条小流域综合治理，面对自然灾害，工程质量经受住了考验，一条条水渠，一片片梯田，一个个小型水利工程，都凝聚着水保人的艰辛与坚持，饱含着水利人的爱心与忠诚。

善创新，优化模式流域样板工程独树一帜

白河县资源贫乏，农业基础薄弱，过去靠兴修水平梯田解决了群众温饱，成为全省水利建设的一面旗帜。怎样让群众脱贫致富，水利建设如何继续走在全省前列，水土保持工程面临着挑战。

王定学有一套创新做法：因地制宜，点面结合，坡耕地退耕还林还草，山脚新修石坎水平梯地，加强沟、路、塘、窖综合配套，河道边修堤、造田、建渠，层层设防，减少水土流失。建立完善了工程建设监管监督制度体系，形成了水源保护工程建得成、管得好的长效机制，治理工作既有效遏制了水土流失，也促进了地方主导产业和县域经济的可持续发展。

王定学常常在一个工地一待就是数天，有人说："白河县没有王定学不知道的地方，群众最熟悉的干部也是王定学。"在项目实施中，他总是坚守基层一线，

以小流域为单元，由易到难，以点带面，在"地无百亩平，土无三寸厚"的恶劣条件下，凭着啃硬骨头的精神把一座座荒山修成了层层水平梯田，打造成精品工程。

王定学长年奔走在工程一线，汗水洒遍工地，换来了一项项治理成果。累计治理小流域45条，兴修梯田1.5万余亩，造林3.5万亩，修田间公路250公里，修建引水渠1.8万米，建成水窖等配套设施2100余处，治理水土流失面积850平方公里，全面完成了丹江口库区上游水土保持工程一期、二期任务。

为民生，改善生态保水源让群众受益

过去，白河县山高石头多，出门就爬坡，人在山上住，水在山下流，天干三天地冒烟，雨下半日光石板。如今，层层梯田似画卷，荒山变成金饭碗。

卡子镇陈庄村通过水土保持工程，连片兴修水平梯田500亩，变荒山为良田，建成后的梯田全部种植茶叶，每户年均收入6000元。陈庄村支部书记韩吉祥赞不绝口地说："水土保持工程让环境变美，让群众变富，是最得民心的民生工程。"笔直的石坎、连片的梯田、盘旋的田间公路是白河人收获希望的田野，是他们攀登幸福的天梯，是闪闪发光的"金饭碗"。

小流域生态治理，有力促进了农业生产条件改善，群众粮食收入和经济收入成倍增长，促进了地方经济发展，有效遏制了水土流失，生态环境得到根本改善，汉江水源得到有效保护，真正实现了源头治理汉江的根本目标。在这个保护汉江水源的战场上，王定学始终冲在最前线，始终以献身、负责、求实的水利行业精神，以共产党员的标准，严格要求自己，用青春描绘青山绿水。

◇ 本文发表于2014年5月20日《中国水利报》
◇ 作者：汤少林、黄良明、袁晓霞

王洪龙：用身体检验水质

无论春夏秋冬，快 60 岁的王洪龙，每天早晨起床第一件事，就是接一杯自己生产的自来水喝下去，用自己的身体"检验"水质。然后沿着崎岖的山路去巡查水源，他步履稳健，穿行在山间丛林。这一平凡的举动，一直延续了 30 多年。30 多年养成的习惯，已融入了他的生命。

感动在平凡

"像王洪龙这样的老同志，30 年如一日，坚持用自己的身体检验水质，难能可贵，精神可嘉，我们水利人应该好好地向这样的同志学习……"四川省苍溪县水利局党组书记、局长陈大凯在全县供水工作会议上感慨地说。

老一点的同志称王洪龙"老王"，年轻一点的叫他"王老师"，老百姓喊他"王厂长"，还有一部分关系好的人直呼"王老汉"。每一个称呼都是一顶"桂冠"。

王洪龙是四川省苍溪县东青供水站站长，好多人都因他每天早晨喝杯自来水来检验水质而熟悉他，而且都知道他没有多少文化，连自己的名字都写不利索。但他始终知道一个道理：供水工作不能马虎，这关系到人民群众的身体健康和生命安全。

他所在的东青镇是一个旱山梁，素有"十年九旱"的自然特性，全镇人民的生活饮用水，源于距供水站 30 多里地的工程水库。水源大都是雨季积蓄的天然水和山沟渠系积雨囤积的水。由于枯落的树叶杂质随流水汇积于水库中，水中的"四瓣草"等水生物，还有附近的农民将一些空农药瓶、种子袋等杂物扔进水中，导致水源受到污染，水质出现严重问题。

为保证人民群众生活饮用水的安全，王洪龙每天将水抽到过滤池后，按标准和比例投放消毒、净化等药品。即便如此，他还是不放心，职业使然，每天早晨起床第一件事就是先喝一杯自己生产的自来水。如果喝下的水有问题，他的身体就会出现异常反应，这样就可以及时通知群众。每天用自己身体检验完水质，保证水质没问题后，他就踏上巡查水源的路，年年如此，风雨无阻。每天他往返于 10 多公里的山路间，步行速度很快，有几次年轻一点的职工同他一道巡源，总是跟不上他的步伐。在水源巡查过程中，他及时发现水中有什么异物，马上打捞清理，并利用空闲时间向周边群众宣传水法相关知识，不断提高群众保护水源的意识。他性格直率，总是笑容满面，对人热情真诚。他的事迹感动了库边的群众，渐渐地也就没有人往水库里扔杂物了。

执著在不懈

"王厂长这个人是一个实在人，工作起来像一头老黄牛，在东青管供水30多年，从未与老百姓发生口角，和大家处得十分融洽。无论啥时水出现问题，一叫他，他都会很快赶到现场处理，工作非常热情，也特别负责任，让人感动……"东青镇居委会书记王伦平如是说。

王洪龙不识字，但他每天抽水后加药都能掌握好标准，这是他几十年来从实践中学到的"硬功夫"。由于源水来源于多种渠道，加之以前化肥养鱼，肉眼看上去很浑浊，群众都认为水质有问题，也有不少人向上级反映情况，防疫、卫生局等部门也多次定期、不定期进行抽查，但检查结果均为合格。

他到东青工作以来一直坚持"喝自来水"这件事，感动了身边的同事。他对本站职工要求特别严格，在工作中出现马虎，他会很严厉地批评，对工作从不讲情面。在生活中他又像一位慈父，哪里困难多，他就出现在哪里，脏活累活抢着干，受到当地政府和相关部门的好评，得到群众的赞誉。

2006年，他所在的镇经受了几十年难遇的大旱，本属干旱的旱山梁更是雪上加霜。那一阵子王洪龙经常深入用户家中宣传节约用水，并主动加入抗旱救灾活动中。在喷制"四川饮水安全工程"标志期间，他同几位年轻人跋涉于乡间的崎岖小路，冒雨步行数百公里，一双毛皮鞋都在泥泞中走烂了，然而饮水安全标志却喷制到了每个农村饮水工程上。

2002年大年三十晚上，第一个饺子还没放进嘴里，王洪龙就接到居民电话："水管坏了，漏水很凶。"他放下碗筷要走，老伴、儿子劝他吃了再去，他说："人家过年，没水怎么能行，我去去很快就回来，你们先吃。"转身就走了。他负责的水厂条件差、环境差，他带领乡镇供水小团队，想办法，采取措施，战胜困难。连续4年被评为"先进集体"，个人也多次受到表彰。

灾难在考验

"我个人出了问题没事，老百姓，特别是学生出了问题就不好交代……"王洪龙深情地说。

2008年5月12日四川汶川发生特大地震。这是一个人们永远不能忘怀、更不愿再面对的日子！天摇地动之时，在苍溪这片土地生活了快 60 年的王洪龙正在东青镇东兴村维修管道。当看到惊慌失措的老百姓纷纷从房屋中跑出来后，他知道发生了什么事，收拾好工具，骑上摩托车就往供水站跑。

回到水厂，他立即召集供水站的同志开了个短会，然后兵分多路，对全场管道进行巡查，在通信不畅的情况下，他立即到镇政府汇报情况和接受任务。受惊的老百姓不敢回家，纷纷在野外搭篷睡觉。水，成了受灾群众生活必需品。"灾民所需，就是我们急办的事。"他对全厂同志作动员，安排值班，并兵分三路，背上工具，分片包干，两小时内，设置了 3 个临时供水点，确保了东青、禅林、寨山等地 6000 多人的生活供水。

当夜色渐暗，惊慌的人们稍稍平静下来，他才与同事拖着疲惫的身躯回到水厂。这时，他猛然想起，上 6 年级的孙子还一直没顾上找。他扭头就往学校跑，边跑边问熟人见着他孙子没有，那一刻他快崩溃了，急得快哭了！就在他急匆匆往学校跑的路上，听到一个熟悉的声音叫他"爷爷！爷爷！"他回头一看，老伴拉着孙子也正奔向他。原来地震发生后，老伴电话联系不上他，在邻居的帮助下，坐上摩托车来到东青水厂。她找到孙子，却见不到老伴，也正急着找他。他紧紧地搂着老伴和孙子，两行热泪夺眶而出。

农村老家的房子在距单位 12 公里的禅林乡，近在咫尺，王洪龙没有回去看一下，家中的猪、鸡等就靠老伴每天往返饲养。家中唯一的 4 间青瓦房在灾难中也受到严重损毁，墙体大面积开裂，他也没放在心上。老伴、在外打工的儿子、儿媳都埋怨他，他无动于衷，总是说"忙完这阵子再回去处理"。

自地震发生后，王洪龙加大了对水源的巡查力度，增加巡查次数，对水质要求也特别高，对药物的投放、清洁的处理都作了严格要求，特别是 3 个集中临时供水点，更是落实专人轮班监测。由于他们的细心、真心和诚心，地震期间未发生一起因水质问题引起的次生灾害。

而今，王洪龙所在的供水厂已安置了现代净化设施，可多年养成的习惯他还是没有改，每天还是坚持喝一杯水"检验"水质，他总认为自己亲口尝一尝才最放心。

乡镇供水是个平凡的岗位，他每天做着平凡的事。平凡的老王，一直在平凡的工作中延续着他平凡的故事，像他供的水一样清澈、明亮。

◇ 本文发表于 2009 年 3 月 12 日《中国水利报》
◇ 作者：苟志

王建卫：情系雪域高原

淮委援藏干部王建卫，连续两次援藏，把高原当成第二故乡，谱写了一曲雪域高原无私奉献之歌。2004 年至 2007 年，王建卫作为淮委水利技术专家，第一次进藏开展援建工作；2007 年 7 月，他作为中组部第五批中央国家机关暨水利部第十期援藏干部，再次来到雪域高原，为的是西藏水利事业的发展，为的是让格桑花更加美丽地绽放。

"为西藏水利事业竭尽所能"

王建卫刚入藏时，参与了拉萨河治理项目的建设管理工作。拉萨河流域是西藏自治区经济最发达、人口最为密集的核心地区。王建卫与其他两位援藏同志，共完成拉萨河 9 个标段的建设管理任务，工程质量达到了优良标准。王建卫负责的工程，地处拉萨市郊，海拔 3660 米，环境复杂，施工难度很大。他克服施工现场交通不便、生活物质缺乏、高原反应强烈和气候恶劣多变等诸多困难，每天在工地现场步行 10 余公里，工作时间超过 8 小时以上。对水下浆砌石基础和混凝土基础等隐蔽工程，与监理一起实行 24 小时旁站，遇到工程实际情况与设计不相一致时，主动与设计、监理、施工单位协商、研讨，制定出安全、经济、符合工程实际情况的方案。

由于表现出色，王建卫所在的拉萨市水利工程建设管理中心被西藏自治区水利厅评为"十五"期间优秀项目法人单位，他们负责建设与管理的拉萨河城区中段防洪工程被评为水利部文明工地。如今，拉萨河已成为拉萨市城区一道亮丽的风景线，在高原阳光的映照下，蜿蜒曲折的拉萨河平缓安宁地流过拉萨，装扮着这座世界上海拔最高的城市。

2009 年 11 月，王建卫参与旁多水利枢纽工程的建设管理工作，行使旁多水利枢纽管理局副局长职责，负责基础处理工程。旁多水利枢纽工程是目前西藏自治区最大的基本建设项目，工程位置偏僻，高寒缺氧（海拔 4100 多米，最低气温零下 29 度），当时王建卫已检查出左心室肥大，但他还是毅然奔赴工地，担负起艰苦繁重的建设管理工作。基础工程包括土石方开挖、帷幕灌浆、混凝土防渗

墙等工程，具有高海拔、高地震烈度和深覆盖层等特点，地质情况十分复杂，施工难度很大。为了确保工程顺利进行，他克服生活中的种种困难，放弃几乎所有的节假日、公休日，在工地上一住就是几十天，不分白天黑夜地跟班旁站，协调施工环境，督促施工进度，处理施工方案变更，检查施工质量和安全。王建卫主管的基

王建卫分析水情一丝不苟

础工程，在保证质量、有效控制投资的前提下，工期硬是提前了8个多月，为大坝填筑工程提前开工和旁多水利枢纽工程的顺利进展打下了良好的基础。

2010年春节，在万家团圆迎新春之际，王建卫依然在工地坚守岗位，为工程的顺利实施，筹划着来年的蓝图。

"除了认真再认真，我没别的选择"

在西藏工作期间，王建卫秉公办事，严把质量关，那股认真和实在劲儿，在他工作过的部门里有口皆碑。

2009年，他在负责旁多水利枢纽基础工作时，有一个插曲：最初的设计方案为120米深"上墙下幕"。当时基础开挖已超过120米，但还是没有发现基岩层，是否继续按原设计进行施工成为两难选择。一些同志主张按设计立刻进行混凝土灌注，由于时近寒冬，追赶工期成为一时之急，持这种意见的同志不在少数。而王建卫认为，基础施工是整个工程建设的重中之重，必须百分之百确保质量，绝不能草率地"估计"行事。在上级部门的支持下，王建卫在成都组织召开了旁多水利枢纽基础施工方案专家研讨会，通过各方面专家的研究，最终确定修改原设计方案，改为158米深全墙封闭施工方案，圆满地解决了这一工程上的难题，为枢纽工程的整体建设打下了良好的基础。

这样的事情不止一例。在拉萨河治理工程中，两处撇洪闸的设计内容引发了王建卫和当地水利专家的分歧。按照设计，这两处撇洪闸采用不锈钢浮箱门，但王建卫查阅了大量技术资料，认真分析了拉萨河的特性，同时调阅了拉萨地区同类建设项目的档案，提出将撇洪闸不锈钢浮箱门改为普通铸铁钢闸门的建议，这个设计上的改动节省了数十万元的资金。当时很多专家担心普通铸铁钢闸门性能

不能适应西藏高原环境,建议采用不锈钢浮箱门更加可靠。王建卫以严谨的科学态度和负责的求实精神,向有关专家一一说明自己的理由,摆出自己的演算结果。终于,他的坚持打动了各位专家,工程最终采用王建卫的建议,从而在不影响使用性能的前提下为工程建设节约了大量资金。

当记者提出"会不会担心这种坚持得不到理解,甚至会被别人认为是不近人情"的时候,王建卫说:"作为一名水利援藏干部,如果在工作中得过且过,是对西藏人民不负责任,对援藏事业不负责任,也是对自己不负责任!水利工作责任重于泰山,除了认真再认真,我没有别的选择。"

"使命的光荣足以让我骄傲一生"

在西藏,王建卫先后担任西藏自治区水利厅规建处副处长和旁多水利枢纽工程管理局副局长职务。由于高原缺氧,水土不服,王建卫经常拉肚子、呕吐、嘴唇干裂、鼻子流血,而且连续7年的援藏工作,让原本身体素质非常好的王建卫患上了左心室增大、胆囊壁毛躁等高原病。但王建卫发扬"特别能吃苦,特别能奉献,特别能忍耐,特别能团结,特别能战斗"的精神,克服重重困难,先后驱车万余公里,前往昌都、林芝、日喀则、那曲、阿里等地区开展工作。西藏自治

王建卫下乡途中苦中作乐

区共有大小74个县,而王建卫的足迹遍及其中的69个。王建卫身兼多职,水利工程调研、建管制度建设、防汛检查、工程质量检查、基建检查、工程竣工验收等,连他自己也数不清在援藏期间到底从事过多少项工作,有的工作不熟悉甚至没有接触过。但他"勤能补拙",坚持工作之余学习相关专业知识,并在实践中不断地积累和巩固,顺利地完成了各项工作,创造出不负众望的骄人业绩。

一次,王建卫带队去那曲的索县检查水利工程建设情况,半路遭遇暴雪,路

面被大雪覆盖，一行 4 辆车相继滑下路坡，所幸没有人员受伤。110 公里的路足足走了 11 个小时，路途中更是饱受波折。

还有一次，林芝地区某地由于山体滑坡形成堰塞湖。为了掌握坝体稳定状况，王建卫一行立即赶赴现场。由于山体滑坡导致道路和桥梁被冲断，要继续前进只能步行翻越山梁，难度很大且有危险。王建卫等人历尽险阻，终于翻过山梁到达现场，及时把现场情况报告给上级部门，为迅速处理堰塞湖赢得了宝贵的时间。

每当夜幕降临、华灯初上时，王建卫总是特别想念家人，想念善良温柔的妻子和天真可爱的女儿。王建卫说，最苦的不是在工地上星夜加班，也不是冒着严寒翻越雪山，而是在夜深人静时无尽的孤独和思念。7 年来，家庭的重担全都落到妻子柔弱的双肩上。第一次入藏时，女儿才上初中，而两次援藏归来之际，女儿已经成为一名大学生了。在女儿成长的关键阶段，却缺失了父亲的陪伴。"我没有尽到丈夫和父亲的责任，是她们的支持和理解，成就了我在西藏 7 年的坚持。"王建卫的话语中充满了深深的愧疚和感激。

伽利略曾说："生命有如铁砧，愈被敲打，愈能发出火花。"这也是王建卫的座右铭。在西藏这片美丽而神秘的土地上，王建卫书写了孜孜不倦的动人故事，谱写着水利人援藏的新篇章。

◇ 本文发表于 2010 年 9 月 21 日《中国水利报》
◇ 作者：杜红志、周权、胡影

王明海："老水利"生命定格在 59 岁

青山绿水之间，再也见不到那个两鬓斑白的消瘦身影。

顶着高温，带着救心丸，在连续工作 93 天之后，湖北枝江的"老水利"王明海倒在了工地上。经抢救无效，6 月 13 日，他永远地离开了这片深爱的土地。

为了让农民早日喝上"放心水"，59 岁的王明海，不顾体弱多病，依然长期奔波在一线。他用一生的付出与坚守，诠释了一名党员扎根基层、服务百姓的奉献精神，赢得了众多群众和网友的赞誉。

高温中带病工作　93 天连续奋战昏倒一线

"快把王工送医院！"6 月 10 日，一声呼喊之后，几名工人连忙把王明海抬上车，送往医院抢救。

王明海是枝江市胡家畈水库管理处工程技术负责人。6 月 10 日早上 6 点不到，他就已到水库忙碌。这已是他连续坚守在工地的第 93 天。

10 时许，骄阳下，戴着一顶草帽的王明海来到过滤池旁，查看钢筋网建设进度和质量。工人刘发林发现他脸色苍白，劝他先休息一会儿，被他婉拒："不要紧，得抓紧弄工程。"

然而，沿着滤池旁斜搭的竹跳板向上没走几步，王明海一下瘫坐在地上。

"他捂着胸口坐在地上，从口袋里摸出一瓶速效救心丸，但拧不开盖子。"刘发林连忙上前帮着拧开瓶盖，并倒出药丸喂到王明海口中，随即叫来工友，将已处于半昏迷状态的王明海送往当地医院。

胡家畈水库管理处处长兰金华介绍，早在 10 多年前，王明海便查出有心脏病，并曾多次在不同的工地上昏倒。可每次抢救完，他又立即赶回工地，投入到工作中。"6 月初本来安排有体检，但他一直忙工作，没顾上去。"

工友们曾劝王明海，已是快退休之年，应该考虑调到清闲一些的岗位。他总是说："还有很多地方没通上水呢。"

6 月 11 日下午，技术员周永华到重症监护室探望王明海。短暂苏醒过来的老王第一句话依旧是说工作——"最近天气好，把加压泵房基础迅速抢起来，别影响工期。"

工作一丝不苟　"黑脸包公"赢得敬重

"敬业""认真",是与王明海接触过的许多工人对他的共同评价。

"抓工程质量,不能有一丝一毫的马虎。"这是他在工地上说得最多的一句话。

枝江市安福寺、仙女、董市等地的部分革命老区和贫困村,长期以来,由于地势较高、取水困难,饮水问题一直难以解决。为了能有清洁水源饮用,不少村民不得不步行十余里山路挑水。

经过调研,今年3月,总投资3780万元、惠及3个镇6万余人的胡家畈水厂开建。一直期待着能在当地修建水厂、为百姓供上"放心水"的王明海主动请缨,担任工程技术负责人。为了确保工程的进度与质量,他随身带着药丸来到工地上,与工人们同吃同住。

焊接不牢,拆了重焊;钢筋绑扎不规范,立即返工;混凝土不达标,迅速从城区重新选购,绝不将就……对待工程施工,王明海的要求极为严格。

工人谢作业对王明海的"固执"印象深刻:只要有一点偏差,他一定会要求重弄。

水厂的地下工程有近4000平方米,王明海对这些"隐蔽工程"的要求同样从不含糊。用水准仪测基础高层,用钢筋尺测厚度,他从不放过任何一处细节。"这关系到几万人的供水,我们一定要把项目做成精品工程。"这句话,工人们耳熟能详。

由于长期在一线忙碌,晒得较黑,再加上对待工程细致严格,王明海被工人们"赠予"了一个绰号——"黑脸包公"。

得益于这样认真与固执的精神,王明海也为工程施工创造了巨大效益。发现二级泵房工程设计不合理时,他立即和专家一同琢磨优化设计,将原本120万元的预算降低到了80万元;发现水厂加压泵房设计图与地形地势不符,他迅速与设计单位联系修改方案,节约投资15万元……

"王工不简单!"说起王明海,工人们都由衷赞叹。

68小时抢救未能挽回生命　众多百姓自发吊唁

被送进医院后的68个小时中,医生们全力对王明海进行抢救。然而,这一次,王明海却没能像以往一样转危为安。这位即将退休的"老水利",生命永远定格在了59岁。

噩耗传开后，很多网友在网络中燃烛、献花，表达对这位在基层兢兢业业工作的共产党员的缅怀与追思。

"他把人民的利益置于个人利益之上，在服务人民、奉献社会的过程中实现了人生价值。为这样的党员点赞！"网友"枝江旁的猫儿"说。网友"wisdom-zl"留言说："都说党员应该是先锋模范，从王明海的身上真切地看到了这一点。他用一生的坚守，谱写了一曲精神赞歌。"

也有网友指出，高温天气中，应注重改善一线工作人员的工作条件。"向王老致敬！不过还是希望这样的悲剧能少一些，毕竟，生命是第一位的。"网友"大白菜和花萝卜"说。

6月15日上午，枝江市殡仪馆的追悼大厅，白花胜雪。除了王明海的亲属、同事之外，数百位与王明海素不相识的当地群众也自发赶来吊唁。

几位工友还记得，最后一次在医院见到处于半昏迷中的王明海时，仍听见他的喃喃自语："水厂还没修好呢！"

而在王明海的家中，墙角的二胡已经落上了一层薄灰。家人说，王明海很喜欢拉二胡，喜欢吹笛子。但由于最近一直在工地上风餐露宿，二胡已经很久没有再拉起。他曾答应找时间陪家人一起过个周末，也一直没能兑现承诺。

如今，胡家畈水厂建设现场依旧一片忙碌。那个白发苍苍的老人，却再也不会出现了。

◇ 本文发表于2014年6月18日新华网
◇ 作者：刘紫凌、梁建强

王蔚：和田人心中的"水神"

被维吾尔族乡亲喻为"水神"的王蔚，在新疆和田 30 多年间主持兴修了大大小小近 200 座水利工程，临终前还特别叮嘱："我死也要死在和田，我要看着和田人民把乌鲁瓦提水利工程建设好。"

念念不忘感君恩

10 月，和田大地，瓜香果脆，河水奔流。舀一瓢喀拉喀什河的雪水，素手涤净绢帕，维吾尔族女子吾尔克孜·阿不都吉力力轻轻擦拭着面前的铜像，眼角、耳窝、衣领……每一处都擦得认真，仔细。

铜像所雕刻的人面容清瘦，目光坚毅，他，就是优秀共产党员、杰出的水利专家王蔚。

30 多年前，吾尔克孜的父亲阿不都吉力力·阿塔吾拉刚从新疆八一农学院毕业，来到和田地区水利电力处报到，时任水电处处长的王蔚对这个勤奋好学的年轻人呵护有加，手把手教他学技术，给他讲经验，工作上悉心地培养，生活上细微地照顾，使年轻的阿不都吉力力自然而然在心里把王蔚当成了父亲。在王蔚的帮助下，阿不都吉力力很快成长为一名水利技术骨干。

2001 年，王蔚事迹陈列馆建成，从小听着父亲讲王蔚、感念王蔚恩情的吾尔克孜成了这里的一名工作人员，一干就 14 年。从 19 岁的少女到两个孩子的母亲，吾尔克孜把自己最美的青春献给了陈列

年轻时代的王蔚

馆，用一颗感恩的心守护着王蔚墓。如今，她仍保持着每天一上班就仔细擦拭王蔚铜像的习惯。"王蔚是为民兴办水利的大英雄，是我们和田人的大恩人。在我心里，他还是我最敬爱的爷爷，最亲的亲人！"

在和田，王蔚不仅仅是一个名字，他早已成为矗立在人们心中一座心碑，高

王蔚（左一）与同事们风餐露宿，以苦为乐

大，亲切，永恒。

王蔚1925年出生于甘肃省靖远县，毕业于西北农学院，1958年受党组织安排来和田工作。在和田的30多年间，王蔚主持设计了24座永久性渠首、58座水库、75座电站、3200多公里防渗渠，他用毕生心血，让和田有限的水资源发挥出了最大效用，造福了各族百姓。

王蔚去世时，各行各业的人自动聚集，为他送葬的队伍排成了长龙；维吾尔族妇女将白纱轻轻地覆盖在他的身上，表达至高无上的敬意；皮山县皮亚勒玛乡的乡亲从100多公里外匆匆赶来，只为再看王蔚最后一眼；墨玉县萨依巴格乡农民担心他的墓地太低太潮，一夜间把从自家麦田里取出的500吨沃土送到喀河渠首，为他的墓地筑起高大的平台……

秉德无私，可参天地。自1991年4月王蔚辞世至今，已有24年，但他的高风亮节垂范后代，精神遗泽长留人间。

每年，来王蔚墓前拜谒的人群络绎不绝，人们以各种方式缅怀他、纪念他……

4月5日清明节，人们从四面八方赶来，献上寄托无限思念的花篮；

4月27日王蔚祭日，与王蔚一块儿挖过渠、修过水库、啃过干馕、睡过戈壁的同事和维吾尔族农民总不忘来到他的墓前，陪他坐会儿、聊聊天；

2002年4月27日，王蔚逝世11周年纪念日，30多位老人专程从石河子、乌鲁木齐等地赶来，共同祭拜王蔚。叫一声"王总"，老人们已是泪流满面。"王蔚是我们的骄傲，我们敬他，爱他！"这些老人劳心费力，跋山涉水，不远千里，只为来看看这位昔日的好同事。

金秋时节，欣喜万分的维吾尔族农民望着满地绽开的棉花、硕壮的玉米和压弯枝头的水果，更加思念带领他们30多年如一日，坚持不懈兴办水利的王蔚。一批又一批的乡亲自发来到王蔚墓前，献上丰收的果实，寄托绵绵情思……

"王总，我来看您了！"皮山县皮亚勒玛乡艾拜杜拉·买提沙力老人永远不会

王蔚（左）始终将培养少数民族技术干部当做自己义不容辞的责任

忘记1989年9月10日那个来水的日子，是王蔚为皮亚勒玛乡常年干涸的土地引来了幸福水，滋润了皮亚勒玛乡人民一蹶不振的心灵，重新燃起了乡亲们对生活的美好希望。如今，皮亚勒玛乡从半年桑杏半年粮的贫困乡一跃成为全地区数一数二的富裕乡，过上好日子的乡亲们愈加怀念王蔚，人们每年带上自家种的红石榴来王蔚墓祭拜，给王总说说如今的好日子。"王总，您尝尝这石榴，是用您引来的水浇灌的，甜呐！"老人双手捧着又大又红的石榴献到墓碑前，老泪纵横……

时至今日，一声"王总"，依然让多少人闻之心潮澎湃，热泪盈眶。20多年来，王蔚的事迹在和田大地上的传颂从来没有停止过，人们对他的思念也从未间断过。

2011年9月12日，中共中央政治局委员、自治区党委书记张春贤在和田调研时专门驱车数十公里，来到王蔚生前修建的喀拉喀什河渠首，向长眠在这里的王蔚敬献花篮，表达敬意。参观王蔚事迹陈列馆、仔细聆听讲解后，张春贤十分感慨，挥笔题词："王蔚同志永远活在历史的记忆中，永远活在新疆各族人民的心目中，永远活在后人的精神中。"

赤子丹心为水来

我志愿做一个人民的水利勤务员，献身于西北的灌溉事业，为建设西北、建设新中国的任务而奋斗。

——王蔚日记

王蔚是为水而来的。

1958年春，年轻的共产党员王蔚服从党的安排，带着一批水利工作者，千里迢迢，从石河子来到和田。穿戈壁越沙漠的征尘还未洗尽，第二天一早，王蔚

就怀揣干馕，身背挎包，肩扛测量工具，和同事们下乡了。

跑遍整个和田，看不到一座合格的水库，也没有任何一座永久性水利设施。看着一片片饱受干旱、风沙和洪水蹂躏的土地，看着乡亲们"半年桑杏半年粮"的悲苦生活，王蔚感到心痛。

数十年间，王蔚（中）走遍了和田的山山水水

绝不能让和田人民再受苦难的折磨了，王蔚下定决心要为和田人民引来幸福水。白天，他和同志们一起翻沙包，跨戈壁，走村串户，实地踏勘；晚上，他查阅资料，整理笔记，一盏小油灯总要亮到深夜。

不久，王蔚和同事们根据和田的实际情况，制定出了一整套引水与蓄水结合、引水与防渗结合、改进灌溉方法与平田整地结合的"三结合"治水方针。很快，以改造旧灌区为主要内容、以提高水的利用率为主要目标的大规模农田水利基本建设，在和田地区农村轰轰烈烈展开。

王蔚和同事们吃住在农村，一个村一个村地帮助规划条田，指导修建闸口和防渗渠道。到1966年，和田地区修建干砌卵石防渗渠1000多公里，规划条田近200万亩。昔日支离破碎的渠道被截弯取直，变成了网格交织的渠系；过去七零八落、高高低低的农田，变成了整齐的条田。

首战告捷，王蔚没有松懈，他心里装着为和田100多万人民治水这个大目标。不久，王蔚和同事们又开始了对和田大小36条河流的逐一勘察，综合治理。

1964年4月，王蔚带着一些水利人员北闯"死亡之海"，进入人迹罕至的塔克拉玛干沙漠腹地，勘察和田河下游的情况。连绵起伏的座座沙丘挡住去路，黄沙扑面而来，即使"沙漠之舟"骆驼也裹足不前。王蔚顶着风沙，牵着骆驼，艰难跋涉，走在队伍的最前面。那一次，他们风餐露宿12个昼夜，王蔚记下了近万字的勘察笔记。

王蔚（前排左一）与民族干部讨论工作

1975年6月，为寻找修建高山水库的理想库址，王蔚带着几名水利工作者勇攀"生命禁区"。在玉龙喀什河上游的巍巍昆仑群峰之中，不巧遭遇地震，面对滚落的乱石，王蔚发出"早一天找到合适的库址，就能早一天造福人民"的"战地动员"。他带领大家穿雪线，蹚冰河，克服重重困难，爬到了海拔5000米以上的高度，获得了修建高山水库的第一手资料。

即使在生命的最后一段时光，躺在病床上的王蔚还牵挂着和田的水利建设情况，每天与前来探望的地区领导、水利技术人员谈水情，谈勘测，争分夺秒地为和田水利建设筹谋。

王蔚早已将自己的人生纳入了和田各民族的整体命运，将和田的繁荣发展与人民的幸福安康，看成比自己生命还宝贵的事情。他始终抱着一个共产党人对社会主义的坚定信念，怀着一颗全心全意为人民服务的赤子之心，不忘当年来和田时的伟大志向——要在兴水利民的道路上，为人民做出无愧于共产党员光荣称号的奉献。

临终前一天，心系和田的山山水水，与和田各族人民同忧乐的王蔚强烈要求回到和田，"……我要看着和田人民把乌鲁瓦提水利枢纽工程建设好……"

"甘肃虽是咱家乡，可我在和田却工作、生活了30多年，和田才是我的第一家乡啊！"王蔚轻轻抚去老伴马育秀的泪水，缓缓地说。

1991年4月27日，当天北京时间13时30分，一架客机平稳地降落在和田机场，一步、两步、三步，王蔚用尽最后的力气走出机舱，望着令他魂牵梦绕的和田大地，望着早已守候在机场热切盼他归来的和田人民，永远闭上了双眼。

大漠、戈壁、风沙、烈日、严寒和超强度的劳累，30多年来，王蔚怀着对党忠诚，为人民服务的崇高理想和坚定信念，不畏艰难，走遍了和田的山山水水，他以钢铁般的意志勤奋工作，为和田地区水利事业发展付出毕生精力和心血。他主持修建的58座半水库，至今仍造福着和田各族人民。

敢教日月换新天

干一番事业，何惧艰难困苦，我们要具备蜜蜂的精神，蚕吐丝的精神，老黄牛的精神。

——王蔚日记

发源于昆仑山的玉龙喀什河、喀拉喀什河，是和田绿洲的主要水源，乌鲁瓦提是喀拉喀什河穿越千山万壑注入和田绿洲的出山口，如果能在这里修建高山水库，调控全年河水水量，春天乡亲地里有水浇，夏天沿岸群众不会受洪水侵虐；同时，强大而廉价的电流进入绿洲，打井排灌，扩大耕地，发展工业，开发矿产……剩余的河水，还可以引入和田河下游"绿色走廊"，为和田竖起一道道抵御风沙的绿色屏障……

宏大的乌鲁瓦提之梦在装满和田人民疾苦的王蔚胸中激荡……

1985年冬，从和田行署副专员的岗位上退下来担任行署总工程师的王蔚启动了在乌鲁瓦提修建高山水库的计划。

年逾花甲的王蔚退休后不去"享受"组织上为他在乌鲁木齐安排的"养老"住所，而是带着水利人员登上了高耸入云的喀喇昆仑山。

他整天东奔西跑，跋山涉水实地考察，废寝忘食整理资料，长途劳顿去自治区做汇报，直到1991年冬天，乌鲁瓦提水利枢纽工程被列入自治区"八五"计划这一喜讯传来。正当王蔚信心满怀，准备积蓄最后的力量为工程前期准备工作冲刺时，病魔将他击倒了。

肺癌晚期，癌细胞已扩散全身。

生命弥留之际，躺在病床上的王蔚经常在梦中呼叫，只有在一旁陪护他的儿子王宏业懂得，爸爸是在梦中呼唤"乌鲁瓦提"……

时间切换到24年后的"五一"，记者乘车沿着柏油铺就的公路溯河而上，来到位于喀拉喀什河上游的乌鲁瓦提水库，群山环绕中的一池碧水，犹如一颗蓝宝石般散发出璀璨夺目的光芒。

足以告慰王蔚的是，他魂牵梦萦的乌鲁瓦提水利枢纽工程于1993年正式开工建设，2003年初通过验收。如今，这里不仅是集灌溉、防洪、发电等多重效益于一身的大型调节水库，高峡出平湖，也成为和田一处著名的AAA级旅游景区。前来观赏的游客在被这里如画的湖光山色所折服的同时，更惊叹于工程对和田及周边地区经济社会发展起到的不可估量的后续作用。

"我在这里工作22年了，每次站在这雄伟的大坝上，看着这一池碧水，我都由衷地为老前辈王蔚的深谋远虑、忧国忧民的情怀而深深感动。"乌鲁瓦提建管局水利工程管理处处长吐尔逊托合提·艾合买提说。

王蔚事迹陈列馆里收藏的46本记录着全地区7县1市300多项水利工程和36条河流详尽资料的笔记，见证了一个知识分子敢于担当、扎扎实实为百姓办实事的创业之路，体现了一个共产党员实实在在为民谋福利的博大情怀！正是因为王蔚敢于担当的魄力与勇于担当的豪气，成就了他一生的水利事业，也让他成为群众心目中给他们排忧解难，与他们同甘共苦，为他们引来清泉的"水神"。

1983年的一天，已经担任行署副专员的王蔚，收到皮山县一份关于申请迁移该县木奎拉乡苏鲁尕孜村的报告。干旱使这个村子附近的河水枯竭，人畜饮水和农田灌溉都很困难，不得不准备全村迁往他乡。怀揣这份报告，王蔚立即约上县水电局长去苏鲁尕孜村实地考察。

当时去这个村子还没有汽车路，两人雇了一辆毛驴车，从太阳升起走到日头西沉才来到村口。颠簸了一天的王蔚顾不上休息，就开始了解情况，第二天，第三天，王蔚和工作人员一起仔细踏勘了干涸的河床，发现几处渗出的细流。他建议村民们掏泉眼、修水渠，把泉水引进村子和农田。

活到老，学到老

人们照王蔚的话去做。几天后，泉水流进了村头，流进了地里。庄稼保住了！苏鲁尕孜村保住了！乡亲们高高兴兴地撤回了那份迁移村庄的申请书。

1984年春天，皮山县最缺水的皮亚勒玛乡，8000多亩庄稼又被旱魔扼住了脖子，小麦卷起了叶子，棉花垂下了头。

就在乡亲们最困难的时候，王蔚来到了这里。他沿着干涸的河床看，围着枯死的庄稼转，跟着人背驴驮拉水的队伍走了一程又一程。

傍晚，住在老乡家里，听着乡亲们讲述祖祖辈辈找水的故事，王蔚坚定地说："乡亲们，如今有共产党的领导，咱们祖祖辈辈找水的梦一定会实现，皮亚勒玛引不来水，我王蔚死也闭不上眼睛！"

从此，王蔚和一批水利工作者的身影便常常出现在这一带的戈壁滩上。接着，施工队伍驾着隆隆的挖掘机和推土机也开进了工地。

1990年8月25日，一条长达71公里的东水西调引水渠，出现在墨玉和皮山之间，喀拉喀什河水带着皮亚勒玛人祖祖辈辈的希望和企盼流进了这片干渴的土地，皮亚勒玛沸腾了。

"水来了！水来了！"人们奔走相告，男女老少1000多人围在渠口，流下了激动的泪水……

王蔚含着泪对在场的乡亲们说："只要有共产党，皮亚勒玛往后就不会断水，大家的日子会一天更比一天好！"

王蔚不愧是党培养的好干部，每一项水利建设的前期工作，他都亲力亲为，与工作人员一起步行勘测，因此"王蔚的腿"成了当年水利系统上下默认的实干精神的代名词。每次测量勘测，查看水情，王蔚都走在最前面，虽然路面高低不平，他却健步如飞。

雅普泉水库的退休职工买买提明·则亚吾墩如今还清晰地记得，1984年11月底的一天，工人们要维修水闸、清淤，时值寒冬水冷刺骨，没有一个人愿意下水。此时王蔚刚好来到水库检查工作，见此情况，他当场脱了鞋，挽起裤管，率先下水清淤、除草。"大家看了这个情景后，没有一个人还能在岸上待得住，都不约而同跟着王蔚下水了。"

20世纪50年代末期到80年代中期，国家每年给地区下拨的水利建设资金非常有限，而和田贫穷的地方财政也难以筹集到用于大规模农田水利建设的资金。王蔚直面建设资金严重不足的困难，大胆创新，科学务实，他吸收群众的智慧，选择治理和田山河的最佳方案，使条件困难的和田人民少花钱多办事，创造出了一个个奇迹。

1966年，备受干旱折磨的皮山县人民要在皮山河上游的昆仑山麓修建雅普泉水库。王蔚和工程技术人员根据当地维吾尔族农民冲沙淤田的原理，提出了省钱、省力、省时的"引洪冲沙淤坝"方案。对此，不少人持有异议：这座蓄水1500万立米的山区水库，犹如悬在皮山人头顶的一个"大水盆"，一旦蓄水后大坝出了问题，谁能负得起这个责任？

王蔚斩钉截铁地说："这个方案可行，出了问题我负责！"知道内情的同志都放心了，一向注重调查、决策慎重的王蔚，早在水库建设刚刚列入议事日程起，就已经爬沙包、跨沟壑，把水库周围的地形、地质和淤沙情况摸了个透，还特意请人将雅普泉的淤沙拿到外地作过力学试验。他的决策是有科学根据的。

3年后，以比常规方法提高20倍速度建成的雅普泉水库大坝，山一样耸立在人们面前。水库像是镶嵌在皮山绿洲上的一颗明珠，蓄洪、灌溉、发电，至今放射着夺目的光彩。

人们计算出，从1958年至1990年的33年中，和田地区水利建设累计完成投资8.04亿元，其中国家投资2.74亿元，占34%；地方自筹及群众投劳5.3亿元，占66%，水利投资效益在自治区名列前茅。

下基层，担重任，为百姓，30多年来，王蔚就是用这样无畏的担当精神，直面困难，征服了一座座高山峡谷，一片片戈壁瀚海，为百姓解决了一个又一个困难，奏响了和田各族儿女共同奋进的凯歌。

不沾乡亲一根草

> 我要像焦裕禄那样，廉洁奉公，不谋私利，做人民的公仆。
>
> ——王蔚日记

一个人离世越来越久，人们却越来越怀念他，是因为这个人灵魂的光辉，照亮了人们的内心。

和田县朗如乡努斯牙村农民牙生至今还记得：1983年夏天，王蔚副专员带着几个人勘察电站引水渠，在他家住了一个晚上，吃了4个包谷馕，临走时王蔚要给钱，牙生坚决不收。没想到几天后，王蔚托人捎来了4个白面馕。

水电处老司机艾合拜·牙生忘不了这样一件事：1985年7月中旬的一天，他送王蔚去乌鲁瓦提村。乡亲们听说王蔚来了，准备用烤全羊款待他。羊腿刚刚捆好，王蔚得知，急忙过来制止。乡亲们坚持要宰，王蔚变得严肃起来："你们一定要宰，我马上就走！"大家看王蔚生气了，只好把羊牵走。后来，他们只是在村里吃了几碗"揪片子"和一点干馕。回去的路上，王蔚对他说："乡亲们现在还不富裕，绝不能再给他们增加负担。吃了第一次就会有第二次、第三次……这次不吃，下次他们也就不会准备了。"

这些事很快在维吾尔族乡亲中间传扬开来：王蔚只要我们能过上好日子，他连一根草都不沾！

1983年，为了感谢王蔚给大家引来清澈的泉水，皮山县木奎拉乡苏鲁尕孜村乡亲们争先恐后给他送鸭蛋，送西瓜，送瓜子……可他一概婉言拒绝。

许多见过王蔚的人说起他，都惊人的一致：瘦高个，背着黄色帆布解放包，穿着黑布鞋、中山装……王蔚的穿着永远都是这么朴素。去过他家的人都不敢相信，身为行署副专员，他家里除了单位平价奖购的一台电视外，再没有第二件像样的电器。王蔚一生勤俭，为了补贴家用，妻子常常和老姐妹去巴扎卖废品。

在排孜瓦提水电站工作期间，地区派到那里的同志都按出差对待，每天发给补助费，可王蔚从未领过。后来水电处的同志代他领了500多元钱，悄悄交给了他老伴。王蔚知道后，对老伴说："我是工程副总指挥，是工地上的人，不能算出差，不能领补贴。"最终，他把钱退了回去。

在任和田行署副专员和总工程师期间，王蔚每天步行上班，从不要专车接送，也从不让妻儿"蹭"专车。一次，司机送探家的女儿上飞机，回来的路上王蔚硬是把车钱塞给了司机。王蔚下乡调研也不搞特殊化，经常步行，常常与工人、农民在工地上同吃同住，吃完饭不但自己主动去结清餐费，还督促身边工作人员把饭钱也交上，这常常让身边的工作人员对他又爱又"恨"。

正是多年来严于律己、严于修身的态度和习惯，铸就了王蔚一个共产党员的浩然正气与高风亮节。

1987年8月，时任全国政协副主席、国家民委主任司马义·艾买提回故乡视察，看到和田地区日新月异的变化，兴奋地提议，要为水利工程技术人员树碑立传。

王蔚听到后说，对于水利工作者来讲，每一项已发挥效益的水利工程，都是矗立在大地上的丰碑，是对我们最高的奖赏！

人们敬王蔚、爱王蔚、信服王蔚，不仅因为他高洁的人格，还因为他胸中对民似水的柔情。

今年4月27日是王蔚逝世24周年纪念日，塔河流域和田管理局职工阿巴拜克·吾布力卡斯木又跟几个共事过的把兄弟聊起了王蔚。有件事他此生都难以忘怀：那是1985年的秋天，正在喀拉喀什河渠首打零工的阿巴拜克忽闻母亲病危，心急如焚的他正准备步行往家赶，恰在此时遇见了来检查工作的王蔚。王蔚见阿巴拜克神色慌张，主动上前了解情况，并帮他联系好汽车送他回家。步行需要6个小时的路程，阿巴拜克仅用半个小时就赶到了。正因为及时，阿巴拜克才能在母亲临终前见上她最后一面。"当时王蔚是地区水电处一把手，而我却是工地上一个临时工，他能如此体贴入微地关心照顾我，这恩情，我一辈子都不会忘记。"

皮山县皮亚勒玛乡原分管水利的副乡长阿不拉·托乎提也向记者述说了多年前感人的一幕：1990年5月，才贯通不久的皮亚勒玛引水渠，因为没有做防渗，乡干部常常要顺着水流查看渗漏情况。时任副乡长的阿不拉怕弄脏鞋子，索性脱了鞋子顺水渠查看，不小心划伤了脚，正好被刚刚赶到的王蔚看见。王蔚二话没说，脱下自己脚上的鞋子硬让阿不拉穿上。"那是一双手工布鞋，应该是王蔚夫人为他做的。那天，王蔚是穿着袜子坐车回去的。这样的好干部到哪儿找去呢！"回忆起当时的情形，阿不拉语带哽咽。

"人心只一拳，留给百姓的多了，留给自己和家人的自然就会少。"1960年秋，王蔚埋头工作，分不开身去石河子搬家，妻子马育秀独自怀抱刚满周岁的孩子，拖着一堆包裹，搭乘便车，颠了半个月才抵达和田。王蔚的3个孩子出世，当父亲的没有一次守候在母子身边。

"清清白白做人，踏踏实实做事，倾尽一生为民的情怀"是他留给儿女最宝贵的遗产。

历史一再证明，对党忠诚、为民造福的人，党和人民永远不会忘记。

1988年6月23日，中共和田地委发出关于在全地区共产党员和各族干部中开展向王蔚同志学习的决定；

1991年11月12日，中共新疆维吾尔自治区委员会、新疆维吾尔自治区人民政府发出通知，在全疆开展向优秀科技工作者王蔚同志学习的活动；

1991年11月19日，中共和田地委、和田地区行署再次发出关于认真贯彻自治区党委和人民政府通知精神，进一步开展向王蔚同志学习活动的通知。

今年4月5日，地区领导集体祭扫王蔚墓时，中共和田地委书记闫国灿饱含深情地说，实现和田长治久安，推进和田跨越发展，需要千千万万个像王蔚同志这样的好干部、好党员。希望全地区广大干部群众以王蔚同志为榜样，永远传承先烈的崇高精神和道德情操，凝聚起爱党、爱国、爱社会主义的正能量，让维护祖国统一、加强民族团结的薪火代代相传，为努力实现和田社会稳定和长治久安总目标做出更大的贡献。

"人生自古谁无死，奉献精神最可贵，踏遍昆仑四十载，只为团结幸福水。"

今年10月1日，记者再次来到喀拉喀什河渠首，饱含崇敬之情登上王蔚墓前13级灰色大理石台阶。墓碑上，王蔚临终前所做的这首诗在阳光的照射下熠熠生辉——诗以言志，这是王蔚生命的绝唱，也是他一生光辉的写照。

喝着幸福水，不忘引水人。如今，和田大地迎来沧桑巨变。岁月的洗礼，让王蔚的身影显得愈加清晰挺拔，他对党忠诚、清廉为民、敢于担当的精神穿越时空，历久弥新，激励着新时期愈来愈多的党员领导干部，把"三严三实"作为修身做人、用权律己的基本遵循，作为干事创业的行为准则，积极投身"四个全面"战略布局的伟大进程。

◇ 本文发表于2015年10月23日《和田日报》
◇ 作者：王敦臣、刘燕

王晓梅：堤防养护技术能手

在很多人的印象里，堤防养护工这个职业是男人的天下。但在新沂河岸这条蜿蜒的长堤上，一位巾帼不让须眉，也同样创造出了属于自己的天地。

王晓梅是淮委沂沭泗管理局灌南河道管理局长茂管理所所长，多次被上级和地方评为先进个人、优秀工作者、巾帼建功先进个人。

"作为一名堤防养护工，我是幸运的，也是幸福的。感谢组织培养了我，给予我发挥自身价值的平台。感恩这所有美好的一切！同时，我也为自己感到自豪。今天，辛勤的努力换来了丰硕的成果！"这是王晓梅在2013年获得全国水利技术能手称号后最想说的。

梦想，在长堤的沃土中生根发芽

1982年，走出校门不久的王晓梅怀揣着梦想进入原灌南堤防管理所工作，像父亲一样成为一名基层水利人。

艰苦、枯燥的工作曾让这个懵懂的姑娘大失所望，打起了退堂鼓。回忆起那时的日子，王晓梅说："每到夜晚闲下来孤独时常会哭鼻子，是父亲得知后告诉我要'认真做人、踏实做事'，这八个字最终让我定下心来，决心要在这里干出一番事业来。"

至今，这八个字仍然是王晓梅日常工作、生活的行为准则。在领导的不断培养和同事们的悉心指导下，她边干边学，边实践边总结，很快成为堤防管理的骨干。2002年，在岗位竞聘考核中她脱颖而出，担任更名后的灌南河道管理局长茂管理所所长，并一直连任至今。

长茂管理所地处灌南、响水两县交界处，坐落在新沂河大堤上，是淮委沂沭泗管理局最偏远、最小的基层水管单位。担任所长后，一年365天，风里来雨里去，巡视在悠悠长堤之上便成了王晓梅生活的主要内容。她带领职工和承包户齐心协力，克服困难，落实责任，强化措施，积极做好维修养护、水政执法、河道防汛工作，坚持日常巡查，不断提高管理水平，治滩治碱，造林整地，极大改善了工程面貌，提高了经济效益和社会效益。

使命，在不懈的追求中闪耀光芒

干一行爱一行，王晓梅热爱这份工作，她坚信，只要付出终究会有收获。

担任所长后，因为学历低，不是科班出身，王晓梅经常遇到一些技术上的难题。她随时将问题记在随身携带的小本子上，回家后结合书本仔细琢磨，虚心向他人请教。经过刻苦学习和不懈努力，她的理论和实际操作能力有了很大提高。

工作渐渐步入正轨，针对传统堤防管理工作中存在的服务意识淡薄、工作思维方式陈旧等问题，她开始大胆创新与尝试。

在防护林栽植工作中，为了确保成活率与保存率，她在苗木筛选、坑间距离、预植上线等环节亲自把关；与售苗方和种植方签订约束性协议；按每个承包户所承包的堤段对树木数量逐一登记建档，便于工作中跟踪检查和协议兑现。一段时间后，长茂辖区内所植树木成活率高达93%以上，达到了大堤覆盖成林的效果。

为建立起行之有效的堤防维护养护新模式，王晓梅采取"组长分段包干负责制"，将16公里堤段74家承包户划分成14个小组，任命群众基础好、威信高的承包人任组长，辅之相关奖励机制，有效调动了承包户的积极性，一些过往工作中存在的难题也迎刃而解。

在灌南河道管理局创建国家级水管单位活动中，她管理的河道堤防工程成为新的亮点；在灌南河道管理局荣获全国总工会"工人先锋"号时，颁奖现场就选在她所管理的大堤之上。

绽放，在坚守的平凡中诠释人格

坚实的身躯，热情的性格，爽朗的笑声，有力的双手，是王晓梅给我们留下的第一印象。当问她有没有人称呼她为"女汉子"时，她笑着说："一开始听到有点不高兴，但后来也就习惯了。长期从事堤防养护工作，风吹日晒、东跑西颠的，没个好身体还真不行。"

基层工作平凡而辛苦，有些人耐不住寂寞，托人找关系调离，王晓梅却坚定信念，坚守基层，和另外一名女同志组成了名副其实的"女子所"。然而，很少有人知道她的家庭发生的变故和她坚韧不屈的心境。1997年，爱人意外事故去世，她一个人带着年幼的孩子，用繁忙冲淡心中的悲痛。

在辖区74户承包户的眼里，王晓梅既是一位严格的令人尊敬的领导，又是他们的知心朋友和家庭成员。无论哪家家长里短，还是邻里之间的小摩擦，大家都会第一时间想到请她主持公道。承包户生活中出现困难，她也同样热情地伸出援助之手。

正是缘于这份对工作的热爱、对广大承包户心贴心的服务，多年来，在王晓梅工作的辖区，从未发生一起因承包地引起的群体上访事件，堤内堤外，和谐祥和。

"王晓梅是我们局里的标杆，我们一直号召全局职工向她学习。"沂沭泗骆马湖管理局副局长欧朝晖说。

一串串耀眼的荣誉，是对王晓梅这个长年扎根基层的女水利人最好的褒奖。问她今后有什么打算时，她笑着说："过去咋干今后还要咋干，继续在大堤上站好最后一班岗，发挥好传帮带的作用，带领同志们继续让新沂河岸16公里管辖堤段水清、草绿、树茂。"

◇ 本文发表于2014年5月16日《中国水利报》
◇ 作者：唐伟

王亚飞：黄河岸边追冰人

3月15日下午，记者赶到三湖河口水文站采访，正遇见在断面监测凌情的宁蒙水文水资源局水文巡测队。从流凌前的巡测准备到外业巡测工作结束，他们追逐冰凌的脚步，已经持续四个多月，行程2万多千米，疲惫已深深刻印在队长王亚飞和他的队员脸上。

听说第二天一早王亚飞还要继续往下游巡测河势，记者决定随队体验。

3月16日清晨6时，记者来到宁蒙水文水资源局大楼，王亚飞正在调试巡测用的工具。

"黄记者来了，咱们先吃饭吧，一定要多吃点，今天去的地方不一定有饭吃。"王亚飞说道。

在不见人烟的黄河边巡测，好几十里连户人家都难遇上，吃饭也成为问题。巡测人员经常是早上出发前吃个饱，到了下午三四点钟饥肠辘辘，即使侥幸遇上河边餐馆，经过大半天的长途劳累和颠簸，也是没有胃口，吃得很少。

王亚飞笑着对记者说："你也是个经常出差的人，我感觉出差的人不管是坐着还是躺着，时间长了，都觉得累，可是和巡测比起来，真不算累。不信，你就试试。"

巡测的第一站是容易造成卡冰的德胜泰黄河公路大桥。

"抓稳了，这段路不好走，上大堤就好了！"司机小李提醒着。

这时，车子上蹿下跳，如同坐过山车，头恨不得破顶而出，短短几里路，用了20多分钟。

王亚飞摇着头说，这比以前的路好走多了。内蒙古修了黄河标准化堤防，部分路况改善不少，但黄河大堤上路面弯道多而急，经常有冰雪覆盖，车胎容易打滑，司机更不敢掉以轻心，双眼盯着前方和路面，精神高度集中，一天下来，身心疲惫。

我们赶到德胜泰黄河公路大桥附近时，部队官兵正在破除卡冰。小型气垫船配合两栖破冰车，大大提高了破冰效率。"这是北京军区今年研发的破冰新装备，再加上无人机投送破冰弹，一架次仅需三五分钟，一小时能爆破1.5万到2万平方米。"王亚飞在一旁边向宁蒙水文水资源局监测中心汇报情况，边为我解说。

"哪里有凌情，我们就会出现在哪里。这是巡测队快速反应的第一宗旨。"王亚飞说，"主要工作有冰凌观测、封开河和稳定期封河巡测，此外还包括30个固定冰情巡测断面的冰厚、水深测量。"

王亚飞至今对一件事记忆犹新：2007年3月3日，元宵节，黄河内蒙古临河河段遭遇几十年不遇的暴风雪，气温从8℃突降至零下14℃。恶劣的天气，给巡测队员增添了意想不到的难度。3月4日，经过一天一夜的降雪，沿黄积雪厚达50～60公分，巡测车一路缓慢前行，到达110国道临河收费站时，发现道路全部封闭了，队员们与交通管理人员频繁交涉，反反复复说明凌情巡测的至关重要性，最终感动了交通管理人员，破例将巡测车放行。由于车辆根本无法靠近河边，巡测队员只能背着仪器设备，在暴风雪中深一脚浅一脚地徒步沿河寻找开河位置，经过几个小时的跌打滚爬，才于中午时分成功勘查记录下开河位置以及开河上首所处凌情态势，手脚也几乎被冻得不听使唤了。"暴风雪中，我们的工作不仅没打一点折扣，甚至比平时还要细致几分。"王亚飞对巡测队的工作充满自豪。

最令人难忘的自然是农历正月期间的巡测了。每天在崎岖颠簸的黄河大堤上，在寒风呼啸、百草衰竭的黄河滩涂上忙碌完一天的工作，抬眼望见万家灯火，耳听喜庆的鞭炮声，原本爱嘻哈说笑的年轻队员都沉默下来，对家的思念在每个人的心中弥漫……

王亚飞（中）不畏严寒进行冰厚测量

"工作辛苦根本算不了什么，长时间不能照顾家庭才是巡测队员心中难言的痛。家里的大小事务全是家人操劳，子女的生活、学习也未能付出半点精力。"

说起这些，王亚飞的语调也不由低沉起来，"有一年正月十五，远在湖北的岳父专程到包头来看望我们，可是因为巡测在外，我没能回家和岳父相见。对此，妻子颇有微词。也是那一年春节过后，父亲返回老家，我也未能送行。父亲曾给我开玩笑，'你还真是大忙人，儿子不管，岳父不见，父亲不送的！'"

不知不觉中已经到了下午3时，正饥肠辘辘间，我们侥幸遇上一家河边餐馆，可是经过大半天的颠簸，谁也没有胃口。

圆满完成巡测任务踏上返程，王亚飞的心情也随之放松。他说，巡测虽苦，但只要有心，就会发现很多快乐的事情。

每天行走在大河两岸，看着天空蔚蓝、青山巍峨、黄河雄壮，会深深感动于天地造物之神奇。

在车上颠簸的时间长了，会发现窗玻璃比六月天、娃娃的脸变得还快。早上出门时一层水汽，经过一段尘土飞扬的土路，立马变成泥花，再经风一吹，又再变成沙子，吹散了，车窗又变得跟擦了似的明净。

流凌时，河面上的凌花渐渐变大，成团成团簇拥着，远远看去，就像雪绒花在黄河上飘荡。这时，黄河犹如迎亲的队伍，浩浩荡荡，蔚为壮观。

封冻的黄河，则是一条白色的"巨龙"，盘绕在宁蒙测区，在冰面上打冰，会心生"天地之宽阔，生命之渺小"的感慨。

黄河解冻之际，看着几百平方米的冰块顺流而下，以无坚不摧之力，连根拔起树木，顶开险工抛石，不由自主赞叹自然之力的高深莫测。

黄河全线开通之际，河水回落，主槽归位，野鸭畅游，天鹅飞翔，春风和煦，万物复苏，俨然一幅优美的春日黄河风光图。

若不是整日在黄河边巡测，谁又能如此近距离、长时间接触黄河，从而体会她的温柔，她的美丽？

又一年凌汛结束了，但巡测工作仍未结束，宁蒙水文职工又转身投入内业资料的整理当中，为下一次凌情巡测做着准备……

◇ 本文发表于2013年3月20日黄河网
◇ 作者：黄峰

吴文柱：滁河岸边的水文尖兵

以站为家，小站变成"南泥湾"

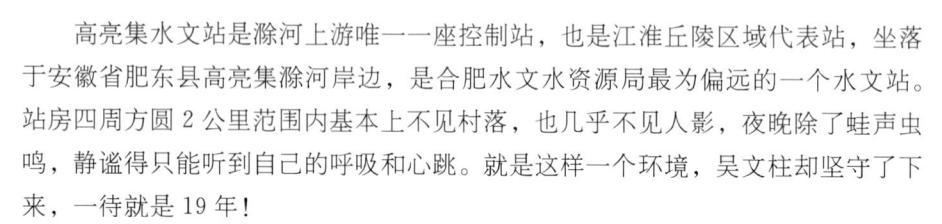

高亮集水文站是滁河上游唯一一座控制站，也是江淮丘陵区域代表站，坐落于安徽省肥东县高亮集滁河岸边，是合肥水文水资源局最为偏远的一个水文站。站房四周方圆2公里范围内基本上不见村落，也几乎不见人影，夜晚除了蛙声虫鸣，静谧得只能听到自己的呼吸和心跳。就是这样一个环境，吴文柱却坚守了下来，一待就是19年！

俗话说"铁打的营盘流水的兵"。19年中，高亮集水文站职工换了一茬又一茬，站长也换了一任又一任，只有吴文柱同水文站房一道毅然坚守在川流不息的滁河岸边，日复一日观水位、测流速，年复一年测断面、算流量。周而复始，简单而又枯燥。

工作之余，吴文柱便到集镇上买来锄头、镰刀，动员全家一起开荒种地，将靠近站房的四周栽植桃树、杏树等果树，稍远的地方就种植蔬菜、瓜果。春天来时，桃红柳绿、樱花烂漫、各色蔬菜郁郁葱葱；夏秋季节，枝头上，瓜田里，坡地旁，河道边，到处硕果累累，抓一把空气都能拧出瓜果的香味，引得成群的鸟儿流连徘徊，单调乏味的站房生活也变得分外温馨、多彩！

手不释卷，门外汉成了新骨干

父亲是高亮集水文站老职工，吴文柱从小就跟着父亲观水位，测流量，对水文站工作程序早就印象深刻。参加工作后，他工作之余，从未放弃学习，除虚心向同事请教外，一有空闲就如饥似渴地学习专业理论知识。"学然后知不足"，实际工作中，吴文柱渐渐感到所懂的知识无法满足水文现代化的发展要求，他便向上级申请，报名参加河海大学函授班学习，而且连续拿下了中专和河海大学水文水资源专业大专文凭。通过学习，他对专业知识有了较为系统、全面的了解和掌握。回到站里，他将学到的知识一点一滴地加以消化吸收。

近年，随着自动化测报系统的逐渐普及，新的仪器、设备开始大量推广应用。面对新技术的挑战，吴文柱又积极参加上级举办的培训班，就这样，凭着一股好学肯钻的韧劲和锲而不舍的精神，他在十多年时间里积累了一身过硬的业务技能和丰富的测报经验。2012年9月，吴文柱一举摘取了第五届安徽省水利行业水文勘测职业技能竞赛第三名，展现了基层水文职工良好的精神风貌，为合肥水文水资源局赢得了荣誉。

家里家外，个个都是水文战士

妻子崔梅没有工作，个人时间较多，吴文柱就手把手教她观水位、测断面和流量，不仅打发了时间，也为自己培养了一名得力助手。很快，妻子就熟练地掌握了测报技能，任务重时，吴文柱拉上妻子一道工作，无形中减轻了不少工作量。

于是，出差或学习期间，老父亲、妻子就顶替了吴文柱的全部工作。有时夜里连降大雨，需抢测洪峰流量，人手不足，吴文柱便动员全家一起上阵，儿子负责照明，妻子负责投放浮标，老父亲负责记录，此时的吴文柱从容不迫，指挥若定，在全家的齐心协力下，很快就"捕获"了洪峰。

欣然受命，任务就是冲锋号角

2009年，合肥水文水资源局承接了肥东4条河流的测量任务。时间紧，任务重，局里紧急抽调吴文柱参加。一些河道狭窄，流缓水浅，无法使用机动船测量，大家一筹莫展之际，吴文柱将自己捕鱼的小船划来，一干就是10多天。野外测量，每天早出晚归，风吹日晒，一日三餐不定，前不着村后不着店，只能靠自带干粮充饥，或者到天黑完成任务后再回来两顿并作一顿吃。整个测量任务完成下来，吴文柱人瘦了一圈。

2012年，随着"三条红线"控制越来越严格，合肥水文水资源局承担的水功能区水质监测任务陡然加重。点多、线长、面广，加上每月都要进行监测，局里实行就近负责的方案，将任务分解到各水文站。

高亮集水文站负责肥东县10多个点的水质监测任务，大部分站点相距都在5公里左右，且每个点都要监测3次，其中必得有一次要在半夜进行。吴文柱就自己开车，一个人往返于各监测点之间，白天还好，夜间不仅光线差，荒郊野外太冷清，太瘆人。他却从无怨言，每次都能按时完成任务。

一丝不苟，再苦再累爱水文

夏季，河道断面水草丛生，为不影响测流，吴文柱常冒着烈日，下河割除水草，清除断面杂草树木。夏日野外，不仅要忍受烈日曝晒，更要忍受蚊虫叮咬。每次清理完断面回到家，他都遍身是包，奇痒无比。冬季，滁河水位低、流量小，正常的缆道测流无法实施，必须在上游涉水实测低水流量。吴文柱常卷起裤腿蹚入冰冷刺骨的河水中，进行水深和流速测量。此时，在他心里，及时准确地收集到真实的水文数据比什么都重要！

根据工作安排，高亮集水文站不仅担负着本站的水文测报工作，还要负责肥东片的20多个属站的资料收集和仪器设备维护任务。各属站之间分布较远，正常情况下，每个属站一年要去2~3次，因此他每年都要花好几周时间在各属站之间奔波。属站间交通不便，吴文柱便骑上自己的摩托车，风雨无阻，经常回来时满身泥水，分不清是雨水还是汗水。

近年，随着自动化测报系统的普及，处于试运行过程中的仪器设备故障率较高，无形中又加大了吴文柱的工作量。但无论什么时间，只要发现属站仪器设备出现故障，他都会立即赶去维修处理。

2008年8月，受第八号台风"凤凰"影响，安徽中部普降暴雨，滁河水位暴涨。汛情就是命令，吴文柱日夜坚守在岗位上，特大暴雨，需要随时加大报汛频次，他不停地往返于办公室与观测河道之间，夜里实在困了，就趴在办公桌上打一会儿盹，同时把闹钟定好放在身旁，生怕睡着了错过洪峰。

19年来，吴文柱就是靠着强烈的事业心和责任感，克服了一般年轻人难以忍受的孤独和寂寞，年复一年、无怨无悔地坚守在水文测报一线，与不分昼夜奔腾不息的滁河厮守，与冰冷的铅鱼、静静的水尺桩为伴，与肆掠横行、狂放不羁的洪魔搏斗，从没有一次因外界条件影响而漏测流量过程，他为水文事业默默地奉献着自己宝贵的青春！

◇ 本文发表于2014年6月9日安徽水利网
◇ 作者：陈爱国

席根如：扎根基层写赞歌

"老根"，是乡亲们对席根如的昵称，他生前是江西省高安市八景镇水务站站长。

1971年，18岁的席根如进入八景镇水利机电站工作，从维修员、班长、技术员、副站长再到站长，一干就是43年。从工程施工，到机电维修；从测量设计，到架线装表……老根边干边学，刻苦钻研，成为一位远近有名的土专家。

2006年，老根出任水务站站长。那时，他面对的是一个十分特殊的"摊子"：职工老少不均，骨干青黄不接，工资待遇偏低，可谓人心浮动。"既然组织信任我，由我担任站长，那我就有责任和义务把人管好、把事干好！"说得漂亮，还要干得实在。多年来，他走遍了八景的每一块田地，对全镇大大小小的山塘水库、堤坝渠道如数家珍。

黄家村永丰水库修建时间久，淤泥沉积致使宽的地方不足3米，重新设计修建迫在眉睫。项目确定后，老根就马不停蹄地开展测量、设计等前期工作。他每天悄悄地来，无声地干，从不给村里添麻烦。项目动工后，他待在施工现场，严把工程质量，细算材料成本。原本预算需要40多万元的工程，最终不到10万元项目便顺利竣工。灶岗村水利设施底子薄，防汛、抗旱压力大。老根主动与村党支部书记商量，加固、修闸、清渠，样样安排得井井有条。几年下来，在老根的努力下，灶岗村先后完成2个小（2）型水库除险加固和1个大型水库改造等工程，改善导托3个，长度达10公里，增加灌溉面积1000多亩，为村集体增加水库承包费4万多元。

天干抗旱，雨大防洪。汛期是基层水利人最忙最累的时候。每当肖江进入汛期，雨衣、雨鞋、手电筒便成为老根每天早出晚归必带的行头；查备物资、抢修机台、巡逻排险、高空作业，成为老根的工作常态，即便是节假日他也奋战在一线。

2010年6月，受连续特大暴雨影响，境内肖江水位不断上涨。25日凌晨3时许，一阵急促的锣声响彻八景镇灶岗村夜空，熟睡的人们一个个被惊醒。肖江大堤荒山堤出现重大险情：外坡塌方，且不断加剧。荒山堤内面积广，一旦决口，八景、新街、独城等乡镇将被洪水吞噬，危及数万群众的生命财产安全。灾情就是命令，接到险情通报后，老根立刻起身，骑上摩托车，连夜赶赴现场。在大堤上，他时而密切注视险情作技术指导，时而跑上跑下调备抗洪物资，时而扎进水里立桩打柱。就这样，在洪水里摸爬，在泥堆里打滚，一连两天两夜没合眼。年近 6 旬的老根寸步不离，换来了群众的平安，大堤终于守住了，人们都亲切地称他为"堤坝的守护神"。险情控制了，村干部劝老根回家休息，可他淡然一笑说："我还是待在这里比较安心。"他坚持每天早中晚巡查，每巡查一次荒山堤就得花上 2 个小时，一天下来，常常是半身汗水半身泥。在灶岗村住了一个多月，险情完全消除了，老根也瘦了一圈。

集镇的水电设施维护也是水务站的工作职责之一。老根把夜巡路灯作为每天的必修课，即便大年三十也未落下。集镇有一处污水管网因设施滞后，经常发生堵塞，导致街面污水横流。老根得知后，二话不说，下到 3 米深的管道内清除杂物。刺鼻的臭味迎面扑来，污水伴着铁锹往身上飞溅，他全然不顾，心里唯一想的就是把管网修好，还群众一片清洁。

在老根的带领下，水务站连续八年被镇党委、政府评为综合先进单位，他个人也连续多年被评为优秀共产党员或先进工作者。然而老根不邀功、不请赏，礼港村妇女主任席华英说，老根的四弟患肝腹水，家境困难，老根从未向村里打招呼要求给四弟办低保。

在江西肿瘤医院住院期间，老根多次叮嘱妻子，绝不能在他去世后向组织上提要求、找麻烦。他临走前唯一的"要求"，就是去水务站看一看，最后看一眼他为之付出一生的事业。为了却老根的心愿，家人在他临终前把他送到工作了 40 多年的水务站。看着熟悉的办公桌，已经被病魔折磨得痛苦不堪的老根眼里噙着泪花，脸上露出了难得的微笑。

同事们还清晰地记得，去年 9 月老根从高安检查身体回来后，在水务站性情乐观地跟大家说的那句话："现在轻松了，我终于可以休息了！"

◇ 本文发表于 2015 年 10 月 10 日中国文明网
◇ 作者：高进

谢会贵：格桑花为他作证

1955年，地处黄河源头玛多县的黄河沿水文站建成，这是水文人献给"黄河母亲"最珍贵的礼物。从此，来自黄河源区的水情信息就再也没有间断过。建站初期，就有两位年仅20多岁的水文职工，献出了宝贵的生命。

1977年7月，风华正茂的谢会贵响应学校号召来到这里，接过水文测杆，从此再也没有离开。玛多是黄河流域海拔最高、环境最艰苦的县城，全城只有几百人，一条街道不足500米，全年吃不到新鲜青菜。当年一头浓密黑发、也算得上英俊潇洒的谢会贵，在严酷的自然环境里，没几年便开始脱发了，头顶就像沙化了的草地，日渐"光明"！在玛多县城，不论藏汉同胞，不论年龄大小，40出头的谢师傅便被人们亲切地称为"老阿爷"。这不仅因为他为人正直，人缘好，也许还因为他过早地"谢顶"了。

了解玛多的人都知道，谢师傅和他的同伴常年生活在一个没有夏天的环境中，最热的天气也要穿毛衣毛裤，房子一年四季都要生火取暖，夏天雨季天上也会经常飘起雪花。每次探亲回到玛多，他都要重复经受一次口干、唇裂、心慌、气短的高原反应，经常伴有头痛、头闷等症状，严重时要用去痛片解决问题。晚上尽管很困却无法入睡，谢师傅早早脱发就不难理解了。

谢会贵

到玛多的第二年，谢会贵因为年轻、适应性强、能吃苦，被选拔参加了黄委西线南水北调考察。考察过程中，7月27日、8月6日两天，要分别同时对黄河源约古宗列曲和卡日曲两条姊妹河实测流量，两条支流首次有了同日测得的可比流量。两条河的4份流量资料，为确定黄河正源和南水北调西线引水线路提供了重要资料。测流中，谢师傅的角色就是下水。源头的河水大多来自冰山融水，寒冷刺骨，一次流量测下来，双腿已冻得红肿麻木了！他们这次测得的流量成果已被载入历史，谢会贵这个名字也随东去的黄河流向远方！

1979年冬天，上级给黄河沿水文站布置了冰期试验任务。在海拔4200多米的黄河源区，要完成这个任务，难度可想而知。谢师傅是这次试验的骨干，说是骨干，其实就是出苦力、打冰孔，黄河的冰有一米多厚，铺天盖地的积雪也有一米多深，在寒冷缺氧的恶劣环境中，抬腿走路都很吃力，每次测流，还要在冰上凿出十几个冰洞。冰期试验就是要在规定的时期内，不分昼夜，每6个小时测一次流。这年冬天，他和同事们在零下40多摄氏度的气温下，一共测了40多份流量。因此，谢师傅有了一个新的外号——"玛多打冰机"！说到打冰，这是一件极其艰苦的差使，在高原缺氧情况下，一般人就是空手行走都十分困难，要挥动几十斤重的钢钎，费尽全身气力，打到一米多厚的冰层上，只留下几道浅浅的印痕，有时用力过猛还会摔个大跟头。在黄河源头干水文，打冰下水是家常便饭，天长日久，年年如此。

谢会贵（左）冰天雪地里坚持工作

多少年来，每次测流，谢师傅都是抢先打冰，抢先下水。近年来，谢师傅年龄越来越大，身体也落下很多毛病，但他仍然保持多年的工作习惯，出力吃苦的事还总是抢在前面。

记得有一年春节，谢会贵和他的同事卡文明坚守在离玛多60多公里外新建的鄂陵湖水文站。大年三十这天下午，他俩从鄂陵湖打冰测流回来，脱下厚重的皮大衣和冰冻的棉皮靴，这时才想到该过年了！眼看太阳快要落山，回玛多县城采购年货的同事因大雪封山还不见回来。看看周围，空旷辽阔，没有一点人烟气息。"每逢佳节倍思亲"。此时此刻，年迈的父母，贤惠的妻子，娇小的儿女，无不令他们倍加牵挂。在内地，过年是件非常热闹的事，可眼前的现实，别说感受丝毫的热闹气氛，就是想吃顿饺子或像样的饭菜也是一种难以实现的奢望。他俩寂寞无奈，相对无言，斟满酒杯，遥望远方，默默向亲人祝福。随后又拿出两只生羊腿，就着青稞酒啃了起来。

卡文明是黄河水文系统唯一的藏族同胞，理应受到更多的关照，在这举家团圆的除夕之夜，可他连家也回不去，作为站上的负责人，谢会贵感到对不起卡文明，就好言相劝，劝着劝着自己先哭了，然后两条汉子紧紧拥抱在一起放声大哭起来。那悲壮的哭声在高原的夜幕里传得很远很远，凄厉的北风卷着粗犷的哭声在空寂的无人区久久回荡——然而，第二天一大早，两人相对一笑，照样去鄂陵湖上看水位。

为了打发寂寞的日子，谢会贵学会了喝酒，学会了抽烟，也学会了唱花儿。酒后是他最快乐的时候，常常情不自禁地唱上几句，他最喜欢唱的是古老的藏族民歌，只是这些歌曲在他嘶哑的嗓子里都显得格外苍凉。不要以为他就很悲观，其实他很热爱生活，每年天气转暖的时候，他总会拿出平常收集的草籽精心地撒在水文站的小院里，荒芜的院落渐渐有了生命的绿色。

当然，这片给了他艰辛的草原，也曾给过他甜美的爱情。1979年，英俊潇洒的谢师傅很快博得了姑娘的欢心，在海拔4200多米的玛多找到了爱！人生最美的爱，他和玛多县民贸公司的一位出纳员在高原雪域拜了天地！结婚仪式，整个玛多县城的职工、家属全都来了，热闹场面在玛多也算史无前例。

1984年，谢会贵当爸爸了，随着儿子牙牙学语，两口子才意识到不能让孩子在这样的环境中长大，孩子需要读书，需要学习的条件。看看妻子，看看孩子，谢师傅很愧疚。妻子，一个河西粮仓长大的姑娘，在海拔4200多米的高原上生活了十几年，在这种艰苦环境中，还为谢师傅生了俩儿子，容易吗？妻子不要求去兰州，更不要求去西安去北京，就想带着孩子到西宁，让孩子能受到较好的教育，让谢师傅回来有个温暖的家，不求现在有多好，只求老了有个窝嘛！眼看着当地不多的几位女职工一个一个都调走了，可妻子的愿望一直没能变成现实。

1992年，妻子再也等不下去了，生活了十多年的恩爱夫妻分道扬镳了，妻子离开了玛多。谢师傅并不责怪妻子，他感到妻子也是不幸的；一个身强力壮的男人，要在玛多长期生活、工作下去都不容易，更何况一位女人呢？要克服多大的困难，忍受多大的艰辛呀！离婚时，谢师傅强忍内心的痛苦，颤抖着手在离婚协议书上签上了"谢会贵"三个字……

离婚那天晚上，本来就好喝酒的谢师傅喝了很多白酒，而且边喝边唱，没有人劝慰他，有的只是和他一起纵酒浇愁的朋友。他们知道，此时一切言语都是多余的。

两个孩子，谢师傅和妻子一人一个。临走的那天，谢师傅强忍骨肉分离的悲痛，这位从来不畏艰难的汉子，此时此刻双眼噙满悲伤的泪花，在如此沉重的人生打击面前，他还能说些什么呢？妻子拖着大儿子，回过头来，把小儿子抱了又抱，亲了又亲，眼含泪水，一步一回头地离开了老谢，离开了玛多这个曾经温情满怀、而今却苦涩无奈的地方。

妻子走了，小儿子才一岁。谢师傅既当爹、又当妈，还要工作，生活实在不容易啊！为了不耽误工作，谢师傅只好把小儿子送回老家让姐姐照顾。从此，谢师傅开始更加显老，头发也越来越少，朋友们也开始叫他"谢光头"了！有人劝谢师傅说："老谢呀，你就是回西宁卖冰棍，再没本事给人家擦皮鞋，也比在这鬼地方强！总可以照顾孩子生活，照顾孩子学习呀！"可谢师傅很固执，脑子里似乎就剩下"黄河"两个字了。

后来，天遂人愿，朋友们帮他在西宁介绍了一位女朋友，当这位女友了解了谢师傅的经历后，看他为人朴实忠厚，在玛多又受了那么多的罪，很同情他的遭遇，就嫁给了他。妻子带着自己可爱的女儿和谢师傅的孩子，在西宁为谢会贵托起了一片爱的天空。

自从有了新的家庭后，谢师傅少了些后顾之忧，依旧常年坚守在玛多高原，守定他热爱的黄河，工作也更加投入了。

一个人的生命过程是短暂的，谢会贵师傅在艰苦的玛多一干就是30年，把人生最宝贵的青春年华，全部献给了水文事业；他用自己的行动诠释着"献身、负责、求实"的水利行业精神；他的精神为我们树立了一座奉献者的人生丰碑！

◇ 本文发表于2009年9月22日水利部网站
◇ 作者：于芳萍

谢建伦："旱情一日不除，决不离渠"

58岁生日这天，一大早接到老伴打来的祝福电话，老谢开心地笑了。他啃了两个馒头，戴顶草帽，拿起三件套（铁锹、梯子、编织袋），拎起5磅重的水壶，又开始了42公里巡渠护水任务。每天早晨5点上班，晚上12点收工，有时一夜不眠，这就是老谢的工作。

连续第五年遭受干旱，5月9日，湖北枣阳市抗旱指挥部就下达了启动大岗坡泵站5台机组开机提水的指令。

水贵如油，灌区40多万亩农作物喊渴，下游十几万群众眼巴巴地盼水浇地，市区30万群众饮水告急。责重如山。从当晚10时起，老谢就和4位同事开机提水，巡渠护水。

18岁高中毕业后，老谢就放弃优越的城区工作环境，卷起铺盖，来到偏远的水库当了一名水利人。38年来，他换了5个岗位，每次的工作环境一个比一个艰苦。

"乡里的娃子，吃点苦算啥？只要能让灌区群众有水用，就值得。"老谢经常用这句话告诫同事，让他们能安心于野外枯燥的工作。

长年累月的野外高温工作，让一向身体强健的老谢也感到吃不消，但他依然硬撑着。直到前年，被检查出患有直肠癌的时候，他才承认距离离开干了一辈子的水利事业，所剩时间不多了。

伴随严重高血压、糖尿病，老谢每天要吃一大把药。强烈的药物刺激，让他的头发大把大把往下掉。

组织上多次让老谢住院看病治疗，都被他婉言谢绝。自己千把块钱的工资加上老伴的退休金，2000多块钱仅够买药吃。经济上的困境还不是主要的，最为要命的是，旱包子枣阳已连续几年遭遇特大干旱，面对"卡脖子"旱，有着多年水利经验的老谢不敢有丝毫懈怠。

"大岗坡泵站5台机组，每天24小时开机，日提水65万方，仅电费每天高达7万多元。沿线42公里的渠道，有32处剅管，随时都有跑水现象发生。我们的任务就是保障电机正常提水，全天候巡渠护水。一是怕从唐白河提出的水从剅管里跑水浪费，二是防止沿线群众私自开口挖渠抢水，影响下游灌溉用水。"老谢说，而讲起腿上和脚上十几处伤疤，他也能讲出一个个故事……

半个月前，新处长上任，卸任后的老谢按理说可以退休在家养老，但枣阳遭遇的5年连旱，让他始终张不开嘴。"只要旱情一日不除，我决不离开渠道。"交接会上，老谢向新处长打了"包票"。

老谢，叫谢建伦，是大岗坡泵站"一把手"，群众喊了他8年的谢处长，但真实职务只是副处长。对此，老谢豁达地说："咱水利人，坚守是我们的责任，奉献是我们的精神。"

在七方镇罗家村，听着抽水的马达欢快的叫声，望着干涸的稻田尽情地吸吮甘霖，老谢巡渠的步子更快了……

◇ 本文发表于2014年8月13日人民网湖北频道
◇ 作者：姚军

谢作炎：丹心一片献水利

在主隔堤畔，在东荆河旁，在洪湖水利战线，有一个老人的名字妇孺皆知，他就是湖北省洪湖分蓄洪工程管理局洪湖分局退休老党员——年逾古稀的谢作炎。

他扎根水利堤防40多年，洪湖市2/3的土地留下了他的足迹，先后主持和参加了河道、堤防、河闸、船闸、泵站、江河大桥、铁道、环保、土地复垦、林业、草业等55项工程，曾经在沙口一年完成5座排涝泵站的建设。他和其他职工一起成功抗御过江河30多次洪峰，承担抢堵溃口民垸、抗旱拦河堵坝等突击性任务数十次，平整土地，更新良种，营造了近

谢作炎全神贯注研究堤防管理

50万株经济型防护林，在堤身"挖根换种"除杂草、研发植益草传种近50公里。在职期间，他30年住工棚，20年跋涉洪荒，每天工作10余小时，长年不休息，一心扑在水利建设中。由于突出的工作业绩和高尚的品格情操，他多次受到各级表彰。

自主创新有心人

在漫长的治水实践中，谢作炎感悟出"创新则发展，守旧必落后"的工作理念。几十年来，他通过自主创新，成功研发了33项创新项目。

建汉江东荆河白庙大桥时，他组织人员攻关，在水下基桩钻孔施工中，改"提吊卸土"法为长流不息的"水冲输土"法，提高工效多倍，缩短工期近两年，节约资金百余万元。修枝柳铁路缺乏木料制模板，他想出"用土筑模"法，提高工效40倍，节约木料数百立方米。

洪湖南套地区开发原始洪荒时，他想出"异地施工"法，将现浇混凝土改为预制混凝土，大大提高了工程效率。洪湖东荆河险堤整治，数十年沿用"加高培厚"法，始终未能根治险堤。他改用"高筑压台"法，6年将15公里长、数百处

管涌和散浸隐患消除。东荆河蒋家台堤"吹填"除险，上级调来的挖泥船途中搁浅，施工队无法解决欲丢弃走人，他想出"陆地行舟"法将船救活。县委抽调他在四湖河船闸施工，因设计原因，回填土时出现墙身整体滑动，有人提出拆除重来，他却认为拆除损失太大，想出在"墙腹加载，墙后减载"的方法使墙体稳固，避免损失数百万元。

20世纪70年代，洪湖主隔堤施工7年，近万亩取土废地被闲置，大量滋生血吸虫。他经过艰苦运作，将废地改造成"一土五用"的黄金堤，既是压浸台、反压堤、养殖地，又可以植树、灭钉螺，发挥了土地的最大效益，消除了环境污染。

在20世纪70年代以前，堤防栽树只管防浪，未顾及经济效益，他认为是极大的损失。从20世纪60年代开始，他多途径研发，淘汰旱柳植杉杨，年均增效30倍以上。他还探索出"六月天用水育法扦插成树苗""六月天补树保全活""实验水中长大树""间伐育林效翻番"等先进技术，填补了一系列科技空白。

通过谢作炎的研发和复工跟踪，"一土五用"工程和经济型防护林工程，在主隔堤和东荆河两堤，为国家复垦土地达万亩，每年可提供鲜鱼近150万公斤，木材近万立方米，为附近农民每公里堤地年均创收3万～10万元打好了基础。他研发的益草使堤身披绿毯，不但生态环境得到了改善，还减少了大量除杂草劳力和养堤费用。

精打细算当家人

他是一个具有科学意识和经济头脑的水利人，也是一个全心全意为人民服务的干部。在自主创新和工作过程中，他坚决做到"四不三能"：不要国家立项，不要国家出学费，不要国家投资，成果转化创效益不报功；只要创新项目成功后，能为国家出力，能为民众造福，能给同业者启发，就是他最大的安慰。

在工程施工中，他自主创新，在工程设计上改良，在工艺上革新，在施工管理上从严从细，珍惜一石、一木、一分钱。

在南套配套工程中，他和建设者建了3座闸却没花一寸新木料，而是借用了百余根建南套泵站时用过的杉条。3座闸建成后，百余根杉条又物归原主。

为确保建设工程尽早受益，他还珍惜一分一秒的时间。1976年，建一闸两泵排涝工程，造价需4万元，时间要一年。他急农民之所急，解农民之危难，争分夺秒，勤俭节约，只花费了1.5万元，用时3个月就完成了施工，保证了当年受益。建东荆河白桥大桥，在他的带领下，建设者8个月就拿下主体工程，一年内建成5座排灌泵站。他参与建设的水利工程经过了40年的考验，一切运转正常，没有因质量不好而出现损坏的情况。这几十处工程建设，按当时物价，为国家节约近千万元。

舍己为公清白人

谢作炎把挚爱的水利事业作为自己人生的主线,把干好每项工作作为毕生的追求。为工作,他忘了家,忘了个人的一切。

忘我工作。早在沙口镇时,为一年内建成5座排涝泵站,他黑夜骑车赶路,掉进四五米深的河水中,几经挣扎,得人救助才幸免一死。建船闸,为抓质量,他同民工并肩劳作,摔断身上多根肋骨;建排涝泵站,他为保按时建成受益,带病施工,待泵站建成后去治疗时,却发现药毒导致了心脏病。

失子丧母。水利河网化期间,谢作炎明知五岁儿子得了重病,却因为施工紧张坚持不离开工地。儿子未能及时治疗,不幸夭折。他在东荆河蒋家台"吹填"除险,为与日降一尺的江水抢速度救活船,在家人告知母亲重病卧床时,仍然坚持不下火线。直至慈母逝世前,他也未能看上一眼。

律己奉公。在岗40余年,他严守党规,工作不用公车,不公款吃喝旅游,出差住低价铺,节假日工作不计报酬……

淡泊名利。从事水利建设的几十年中,他总是主动要求到最偏远、最艰苦、最危险的一线,总是拼搏在危难中,战斗在火线上,却从不为名利折腰。

谢作炎在主隔堤上改种爬地虎草

乐于助人。他常说"人为万物之灵"。因此,他经常主动并动员子女采取助力助资等方式帮助贫困人,得到他帮助的有近百人。

老骥伏枥,志在千里;烈士暮年,壮心不已。如今的谢作炎已年过古稀,一身伤残病痛,却依然怀有赤子之心,念念不忘水利事业。数年来勤奋执笔,将其毕生经历整理成《治水履迹》一书,自费万元出版,书中既无华丽的辞藻,更无引人入胜的情节,这只是一个老共产党员、老水利工作者几十年工作的经验之谈。他为水利事业呕心沥血、默默奉献、生命不息、奋斗不止的精神,诠释了一名水利人全心全意为人民服务的崇高理想和无悔追求。

◇ 本文发表于2009年2月5日《中国水利报》
◇ 作者:刘爱华

徐加东：将测绘仪器架设在"世界屋脊"的江苏水利第一人

在江苏水利系统，有一支不凡的勘测队伍。多年来，他们在江海河湖之滨、荒滩旷野之间，背着测具，扛着钻机，精细测量，严密勘探，收集和提供第一手地形或地质资料。他们走没有人走过的路，住没有人愿意住的棚，把自己的青春和毕生心血，献给了江苏水利勘测事业。这支队伍就是被誉为"江苏水利尖兵"的江苏省工程勘测研究院有限责任公司（原江苏省水利勘测总队），而徐加东就是这支队伍中的杰出代表。

徐加东选定测绘这份职业，在野外一线一干就是 25 年；他是将测绘仪器架设在"世界屋脊"的江苏水利第一人；援藏归来后为了支援西藏水利和城市建设，他又三度进藏从事水利工程测绘工作……

藏胞眼里的"好干部"

1998 年 5 月，经过层层选拔，徐加东成为江苏第二批援藏干部中年龄最小的一个。进藏后，他被分配在拉萨市农牧业开发建设办公室设计室工作，担任勘测工程师，从事项目设计前期勘测工作。在援藏工作中，他跋山涉水，风餐露宿，背着沉重的测绘仪器设备奔波于项目区，将测绘仪器架设在"世界屋脊"精心测量。三年中，他参与了虎头山水库、乃琼农业科技示范园、聂当农业开发区、羊八井牧业开发区、藏干渠、塔杰干渠等几十项农牧业开发，一江两河、扶贫项目等自治区重点工程以及拉萨市重点工程项目的勘测设计工作，受到西藏自治区、拉萨市以及地方领导和农牧民的肯定与好评。

"真情援藏、技术援藏"，在服务拉萨市水利工程建设中，他将自己的测绘技能和工作经验毫无保留地传授给藏族同事，为当地培养了一批测量技术干部。当徐加东完成援藏测绘任务，即将返回内地时，他的同事激动地说："加东是我们生活上的好朋友，是我们工作上的好老师，多亏他的热情帮助和指导，我们现在才可以独立开展本专业的业务工作，感谢江苏为我们输送了这样一位优秀的援藏测绘技术干部。"

徐加东外业断面测量时全神贯注

领导眼里的"实干家"

在领导的眼里，徐加东是一个吃苦耐劳、肯于钻研、技术全面的实干家，能啃"硬骨头"，安排给他的工作任务没有完成不了的。

2001年11月，单位承接到拉萨河防洪整治工程勘测任务。面对这样一个"硬骨头"的政治任务，公司领导想到了刚援藏归来的徐加东，想让他带队进藏完成此项工作。抱着试试看的态度，领导找到了在家休息的徐加东与其商量。徐加东二话不说，援藏归来休假未结束就又一次返藏，带领十几个人的测绘队伍，在气候最为恶劣的冬季进行拉萨河防洪整治工程勘测。此时的西藏气候干燥，高寒缺氧，紫外线强烈，常有风沙及雨雪冰雹天气。为了能及时完成勘测任务，他们几乎天没亮就出发，天黑了才回来，脸上被拉萨河河谷的风沙吹得脱了一层又一层的皮。测量河道断面时，拉萨河河水冰冷刺骨，水急浪大，蹲在牛皮筏上，脚冻得发麻，断面索和测深锤从水中拉起来一抖全是冰，冻得手没法抓。他带领队员常常这样一干就是一整天，身体有时冻得已经僵硬麻木了，晚上回到驻地还要把白天采集的数据整理编辑成图。他和测绘队员通过艰苦努力，为工程设计及时提供了翔实的测绘资料，受到了拉萨市水利局的高度评价。

2002年4月，徐加东又一次带队进藏进行墨达灌区测绘工作，历时四个多月，先后完成了墨竹工卡和达孜两县拉萨河河谷地形图700多平方公里以及1000多条河床断面测量。自治区水利厅和拉萨市水利局领导多次到测绘工地看望他们，表扬他们说："你们有一位援藏干部做表率，加上你们吃苦耐劳的精神，你们不愧是江苏省水利系统一支特别能战斗的队伍。"2007年5月，徐加东第三次率队进藏完成拉萨城区17.5平方公里的地籍调查项目，这一去又是八个月。在他的努力和组织下，任务顺利完成。该项成果还获得了国家测绘局颁发的优质测绘工程二等奖。

同事眼里的"工作狂"

徐加东从事测绘工作25年，足迹踏遍江苏江湖河海，无论是在荒无人烟的海滩上，还是在水流湍急的长江上，哪里环境艰苦工作难度大，他就出现在哪里。新婚7天，他就返回测区；孩子出生，他人在测区；父亲生病住院，他还在测区。因在藏工作，就连抚养他长大的祖母去世，他都没有赶回尽孝。但是他无怨无悔。

长期在高海拔的西藏从事野外测绘工作，回内地工作后，徐加东的身体发出了警报：记忆力下降，经常得肠胃炎，时常胸闷、头痛、烦躁，多处求医也查不出病因。但徐加东热爱测绘这份工作，当感到身体很不舒服时，他就趴在办公桌上稍作休息后又投入工作。为了测绘工作，无论是在滴水成冰的严冬还是烈日炎炎的盛夏，他经常深入测绘一线，检查现场质量措施的落实。有时工期很紧，为了满足业主单位的要求，他经常工作到凌晨。有同事问他："加东，你援藏数年落下一身病，现在回内地了本该享受享受了，可你还这样整天像个工作狂似的拼命工作，图个啥？"他往往是憨厚一笑算作回答。他用专注、专业、专一，诠释了爱岗敬业的真谛，用汗水浇灌出同事的敬仰。

援藏归来后，徐加东虽然担任公司副总工程师，但依然奋战在测绘野外生产第一线。他先后主持或参与完成了治淮、治太及南水北调等一大批大中型水利工程前期测绘工作，有10余项测绘成果获省部级优质测量工程奖。

妻女眼里的"不称职亲人"

水利测绘工作是一个与天、与地、与水打交道的实践性很强的活动。工作的地点是江河湖海、荒郊野外，工作的性质是流动分散，与家人聚少离多。有句顺口溜叫"有女莫嫁测绘郎，一年四季守空房"。谈起丈夫徐加东，妻子郝春红又怨又爱。从恋爱到结婚生女，徐加东每次出测，少则几周，多则大半月。因为全身心地扑在工作上，徐加东很少和妻子逛街、陪孩子玩，照顾孩子生活和学习都是妻子的事。已是高中生的女儿印象最深刻的是，每逢节假日，别人一家三口高高兴兴地出去玩，而自己的爸爸不是在野外测绘一线就是在单位加班。

进藏时，徐加东的女儿年仅1岁，体弱多病的妻子边工作边带孩子，其辛苦可想而知。女儿早在20个月大的时候，就被送到幼儿园。每天孩子都是第一个被送去，天黑最后一个流着眼泪等着母亲来接。妻子郝春红坦言，对徐加东援藏结束又三度进藏工作，她也曾有过委屈和抱怨。可是，她和丈夫一样，把"家里的事再大也是小事，援藏的事再小也是大事"记在心头，只让泪水流在了夜深人静的时候。"人说男儿有泪不轻弹，谁知铁汉也柔情"，每当身在外地从事测绘工作，看着那些依偎在父母怀里的小孩子时，徐加东对女儿的思念也愈发强烈，心里充满了对妻子和女儿的愧疚之感。

徐加东是援藏三年被拉萨市农牧业开发建设办公室评为"优秀公务员"的"好公仆"，是被《新华日报》报道过援藏先进事迹的"江苏水利人"，是连续多年被江苏省水利厅和所在单位评为优秀共产党员、十佳员工、特殊贡献个人的"老先进"，是获得"江苏省南水北调工程建设管理先进个人"的敬业干部。日前，他又被江苏省水利厅授予首届江苏省"最美水利人"。他以实际行动诠释了"爱岗敬业、忠于职守"的崇高涵义。

◇ 本文发表于2014年12月5日《中国水利报》
◇ 作者：黄水清

严钰雯："亲亲我的宝贝"

这是一位水文女职工的胎儿日记。这位失去胎儿的坚强女性是众多坚守在抗洪抢险一线的水利人中的一员。在生与死、个人与全局、小家与大家之间抉择的艰难时刻，他们毅然选择了后者。一种精神，支撑他们忠于职守，爱岗敬业，牺牲小我，尽自己最大的努力，换来千万人的平安与幸福！

宝贝，我的孩子，你还来不及看到这个多彩的世界就匆匆离去了。

7月15日，是你胎龄满50天的日子，"碧利斯"突然造访，湖南郴州普降暴雨，洪水淹没了道路，冲毁了房屋，爸爸妈妈所在的飞仙水文站也迎来了历史第二大洪水。妈妈和爸爸，还有其他的水文伯伯一道在春陵江边坚守了三天三夜，终于圆满地完成了测洪任务。可是，洪水退了，我可怜的孩子，你为什么也随着洪水销声匿迹了呢……

我的宝贝，是因为妈妈忙于工作疏忽了你，你生气了吗？你为什么匆匆从妈妈肚里离去？宝贝，你知道吗？为了让你健康成长，妈妈天天吃核桃，希望能让你比爸爸妈妈更聪明；听说早做胎教能让出生的孩子更聪明，于是，妈妈所听的音乐从摇滚换成了轻音乐；妈妈从前什么都不会做，可现在两件打好的毛衣见证了我对你密密麻麻的爱；听说写胎儿日记能增强母性，于是我试着写了一篇，可没想到这一篇竟成了绝笔。

我亲爱的孩子，请原谅父母的无情！

你爸爸是水文站长，他本来完全可以利用职务之便多照顾妈妈一下，也许那样你就不会走了，可是他没有！我承认他是一个好职工、好站长，但他不是一个好丈夫、好爸爸！我的宝贝，请不要怨恨他，他是一名负责人，他肩上的担子重啊。如果为了照顾妈妈而未完成测洪任务，将有可能危及千万人的生命财产安全，相信这也是你不愿意看到的，对吗？

孩子，你的离去让我伤痛欲绝。我不禁又回想起16日晚上发生的事情来。那天晚上八点左右，站里因为停电已是一片漆黑，我们刚测完一份流量，为了防止缆道出现意外情况影响高洪测流，你爸爸和另外一位同事找来木头准备打比降桩，我担心道路太黑，就拿起手电准备给他们探路。谁知刚走到门口就被没放稳的木桩打中胸口，顿时，一股钻心的疼痛袭遍全身，泪水夺眶而出。

你爸爸闻声赶了过来，看到我泣不成声的样子，心疼得说不出话来，只是摸着我的头。此刻，妈妈已感觉到下腹部一阵胀痛，宝贝，是你在提醒妈妈要注意身体多休息吗？同志们劝我躺下休息，可是你爸爸说流量要随记随报，而妈妈记载流量又快又好，别人代替不了。于是，稍作休息后，妈妈又投入到紧张的测洪工作中去了。那天，我们测到了历史第二大洪水。由于预报准确，汇报及时，下游沿河居民及时撤离，为国家和人民财产挽回了不可估量的经济损失。

宝贝，妈妈作为一名水文职工，作为防汛抗洪的尖兵和耳目，内心无比自豪与骄傲。可是，你为什么等不及与妈妈分享那份成功的喜悦就匆匆离去？

我总在想，如果没有这场大洪水结果将会怎样？如果16号那天夜里我能躺下休息结果又将如何？但是，如果时光能够倒流，妈妈还是会尽职尽责，坚守岗位，因为妈妈是一名光荣的水文战士，如果非要拿你幼小的生命和祖国千万人的生命财产安全做交换的话，我愿意！

宝宝，妈妈眼含热泪写到这里，最后，让妈妈再好好亲亲你，愿你一路走好。如果你在天有灵，请保佑像爸爸妈妈一样坚守在测洪第一线的水文人幸福安康，不用再像我们一样付出这样的代价！

◇ 本文发表于2006年7月21日《中国水利报》
◇ 作者：严钰雯

燕胜年：职业生涯中的"风·林·火·山"

风雨中砥砺

燕胜年的水文生涯开始于1986年4月，他先被安排在安徽枞阳水文站。1987年8月，他又受组织安排到了沙河埠水文站，从此在山区扎下了根。

干水文这一行，就是要和暴风雨、大洪水打交道。2010年7月11日，大雨滂沱，沙河站遭遇20年一遇的洪水。汹涌的河水似脱缰的野马，怒吼着，咆哮着。洪水吞没了沙河埠水文站所有的测验设施，水尺桩被冲毁了，漂浮物过多桥测车也失去了测洪能力，站长燕胜年心急如焚。他知道，水情就是命令，水情电报如同军事情报，直接关系到防汛指挥部门的决策，沙河埠站作为柏年河和人形河上游唯一的控制站，关系到桐城、怀宁、潜山三县抗洪战斗的成败，关系到下游群众的生命财产安全。

强烈的责任感驱使他不能多想，桥测不能适应，他就用浮标测流；水尺桩被冲毁了，他就组织人员设立临时水尺桩观测水位；高水位时，观测道路被淹，水位观测十分危险，他就自己每十几分钟蹚水去观测一次水位。每次作业都是在狂风暴雨中完成，大家衣服被雨水和汗水湿透，但没一个人退缩。每次输沙测验，都要提取十几瓶沙样。沙样要用一副特制木箱运送，重量超过60公斤。受当地条件所限，没有其他运输工具，只有靠双肩扛回去。这个任务，大都落在了身为站长的燕胜年肩上。急风暴雨中，他一手撑伞，一手扶扁担，长长的扁担在肩头弯成一张弓，衣衫湿透，步履蹒跚却坚定。

这场洪水水位涨幅达5.4米，沙河埠水文站实测洪峰流量达2190立方米/秒，进历史前三位。在与洪魔的战斗中，燕胜年带领全站3名水文职工，克服常人无法想象的困难，连续奋战三天三夜，共安装临时水尺9根、测流20份、测单沙14次，测到了完整的洪水过程。此外，还加密观测和拍发水情电报，洪峰前每30分钟甚至每10分钟发一次水情报。一组组宝贵的水文数据为防汛指挥部门决策提供了可靠的依据，更为桐城市的抗洪抢险工作赢得了非常宝贵的时间。洪水的冲击导致沙河埠站下游大沙河河堤发生多处溃口，造成大面积农田冲毁等经济损失。然而，由于及时准确的水文信息和预警，当地居民提前撤离，未造成重大人员伤亡。

燕胜年经受了大洪水的磨炼，用自己的实际行动展示了当代水文人爱岗敬业、无私奉献的风采，也再次兑现了水文人"顶得住、测得到、报得出"的诺言。

密林中成长

沙河埠水文站位于大别山区，面向长流不息的大沙河，周围是一望无际的森林，茂密的森林陪伴水文人度过了一段段如歌岁月。

砍下粗大的毛竹，排列整齐，用绳子扎起来，一张竹排就做成了。2005年前，沙河埠水文站流量和含沙量测验作业都要用竹排完成。

排测是一种古老的水文测验方式，既要蛮力又要巧劲，是力量与智慧完美的结合。在湍急的水流之中驾驭一张小小的竹排，靠的是真功夫。燕胜年初到沙河埠水文站，从事的就是撑排工作。他发挥自己年轻力壮的优势，虚心向老排工请教，仔细观察大沙河不同水位级的水流特性，很快就掌握了撑排技巧，成为沙河埠水文站的撑排高手。每次测流，随着老站长一声令下，燕胜年快速地换上救生衣，一手拎着流速仪，一手拿着约5米长的撑排竹篙，第一个赶赴大沙河测验断面。他熟练地解开河岸排桩上的缆索，有力的大手紧握住撑排竹篙，稳稳地插入河床，弯腰、挺身，几杆子下去，竹排就离开岸边。湍急的洪水中，竹排像一片树叶飘忽不定，他总能掌握住水流的动向，游刃有余地在漩涡中穿行，移动到指定垂线位置，然后插下竹篙迅速锁住竹排，紧接着就放下流速仪，一条垂线流速测验正式开始。

竹排测流的危险显而易见，以前的沙河埠站就曾经发生过洪水掀翻测排的事故，所幸没有造成人员伤亡。每次上竹排测流，燕胜年都感到手中撑篙的分量，排上测验人员的安全维系在自己手中的撑篙上，在排上他从来都是战战兢兢、如履薄冰，尽最大努力保证大家的安全。多年的撑排经历中，排除过多少险情他已经记不清了。最难忘的险情是1997年6月29日的那次测流。当时，山洪挟带着树干等飘浮物横冲直撞，竹排在波涛中摇摆。在洪流的巨大冲击下，牵引竹排的钢丝绳突然扯断，眼看着测排就要被洪流冲翻。面对突发状况，燕胜年没有慌张，他凭借多年撑排的经验，稳稳地控制着竹排，让竹排顺流而下，稳稳渡过一个个险滩和漩涡，最终在下游水流平缓处平安靠岸，避免了一场重大的安全事故。

就这样，一杆撑篙在燕胜年手上撑了18年。从小伙子变成中年人，从排工转为正式职工又成为站长，他始终没有放下手中的竹篙。每一份竹排施测的流量数据都包含着他的汗水，每一次测流都是一次精神高度集中的考验，而他的手一直那样稳,在完成测流任务的同时,全站没有发生一起重大事故。2005年,沙河埠站在全省最后一个停止竹排测流,转为用桥测车测流。

烈火中考验

2014年1月24日是农历腊月二十四,这天是南方大部分地区的小年,许多人都回家与家人团聚,燕胜年虽是南方人,却依然留守站里。由于久旱未雨、天干物燥,加上年关村民上山祭祀,引发了山火,且正步步逼近沙河埠水文站,经历过波涛汹涌洪水考验的燕站长又不得不面对滔天的火焰。

第一时间,燕胜年就观察到了火情,他一边关注火灾发展,一边及时报告上级部门,并做好应急准备措施,及时转移宝贵的水文资料及工作设备,准备救火物资。火警电话一时难以打通,他还发动妻子、测站职工和附近村民,自发进行灭火。他们冒着生命危险深入山林,采用砍伐和喷水两种方式建立隔离带,阻击不断蔓延的山火。有的人手被划破了,有的人衣服烧着了,炙热的火焰灼烤皮肤,乌黑的灰尘刺激喉咙,冬夜的山火分外凶猛,但始终没有一个人撤离。1月25日凌晨4时,经过6个小时的艰苦奋战,在距离沙河埠水文站站房仅20米的隔离带,火魔的脚步终于停了下来,周围的大火终于被扑灭,测站安全了,水文人胜利了!

熊熊燃烧的不仅有山火,还有水文人特别能吃苦、特别能战斗、特别能坚守岗位的奉献精神。这种精神不仅体现在灭火现场,更体现在水文工作的每个环节。

燕胜年初来水文站时,除做好业务工作外,还坚持政治理论和业务学习不放松,不断提高自身业务水平。1998年6月,他被批准加入中国共产党,2005年7月被任命为沙河埠水文站负责人。

虽说是一站之长,有职有责,但既没什么权,更谈不上什么利,实际上不是"官",只是个领头干活的人而已。他深知肩上的重担,脏活、累活抢着干。大沙河是沙质河床,水尺桩底座经常被水掏空,重设水尺桩是站里的常事,每当这时候总能看到他站在由简易的木梯搭建的人形梯上,高高地抡着石锤,一下一下地砸着木桩。赶上夜间测流,为了让站上职工多些休息,他总是做好前期准备后才叫大家起来,自己挑起两框满满的取沙瓶率先踏上竹排。水文桥测车是近年开始使用的水文测验设施,也是站上主要测流设施。为能熟练驾驭桥测车,他钻研桥测车设施操作技术,短时间内就做到了熟练操作。"四随"工作制,是水文部门行之有效的管理制度,他自己带头执行,并做到持之以恒,从而确保了沙河埠站资料质量长期稳定。

群雁高飞靠头雁,一个党员一面旗。在燕胜年的带动下,沙河埠站的工作做得有声有色，连续多年水情拍报无错情，水文测验工作、资料整编、精神文明建设、测站管理等综合评比都名列前茅，连续多年获得安庆水文局目标管理一等奖。他也先后多次被授予"优秀共产党员"、安庆市"抗洪抢险先进个人"以及"水文系统先进工作者"等荣誉称号。

高山上坚守

"沙河不近村，开门在山中。早听鸟儿鸣，晚伴煤油灯。沙河难，观测涉河滩；冬食干菜夏剥笋，雨天测洪衣不干，晨晓单身寒。"这首打油诗，真实地反映了沙河埠水文站以前的状况。

沙河埠水文站位于桐城市和潜山县交界处，距潜山县城46公里，距乡府所在地12公里，是地处偏远的山区测站。1987年8月，燕胜年接受组织安排到沙河埠水文站工作，他带着年迈的母亲和身怀六甲的妻子，从此在山区扎下了根。28年来多少风风雨雨，几度青春年华，多少人"走马灯"似的频频离开沙河埠站，燕胜年却一直坚守在这里。

山居生活不易，在山区干水文事业，困难一大堆：自然环境严峻，物质文化生活贫乏，还有老人就医、妻子就业、孩子上学等。沙河埠水文站建站初期，方圆近十里人烟稀少，前不着村，后不见店，山路崎岖狭窄，杂草灌木丛生。站房建在一个乱坟岗上，虽经多次修修补补，但那低矮简陋的结构无法改变，每到夜深人静时，一阵风吹来总是呜呜作响，令人毛骨悚然。通向站房，只有一条蜿蜒而上的盘山小道。至今，也只能步行通过。同时，站里还有8个委托观测站，分布在大别山区，山多路险，交通不便。每年，燕胜年都要前往委托站检查，了解仪器设备运行情况，指导委托观测员做好暴雨观测工作。

更大的困难是寂寞，人与山为伴，相看两不厌。从1987年至今，每年春节、传统节日和国家法定假日，燕胜年都是在沙河埠水文站度过的，几十年一如既往。如今，他女儿已经在省城安家，燕胜年也难得在节假日去省城和女儿团聚。他早已把沙河埠水文站当成自己的家了。这里，投入了他全部的情感和精力，他深爱着沙河埠水文站，把水文站打理得干净整洁，连上级领导来沙河埠水文站检查工作都发出"屋贵洁，不贵华"的感叹。

"七尺须眉，立身于世，理应有所作为"。燕胜年总是这样默默地鞭策自己。他像山一样孤独，更像山一样伟岸；像山一样沉默，更像山一样大爱无言。

◇ 本文发表于2014年6月10日安徽水利网
◇ 作者：包晶、邓明

杨凤兰：将"水钻石"镶嵌在撒哈拉

在撒哈拉大沙漠南缘一座城市的小山上，一个钻石形的建筑巍然矗立。巨大的"钻石"周围，人们奔跑，人们欢呼。阳光照耀下，"钻石"散发着蓝色光芒，一名黄皮肤中年女士笑靥如花，被黑皮肤人们围拢，争相握手，拥抱……他们亲切地唤她"马达姆杨（杨女士）"。

这座城市叫津德尔市，是全世界最热的非洲国家之———尼日尔共和国最为干旱的城市；这个钻石形建筑并非城市塑像，而是一座巨型水塔，寓意财富与快乐，它的竣工，将为这个干枯城市的 30 多万百姓带来甘露；马达姆杨也并非这个城市居民，而是来自中国的一名水利工程师杨凤兰——北京市水利规划设计研究院副总工程师。2005 年 6 月水塔竣工那年，她 54 岁。

此前，杨凤兰率队四入非洲，主持设计了中国援建尼日尔共和国津德尔市供水工程，解决了折磨津德尔市市民 60 多年的缺水问题，她也因此受到尼日尔总统四次接见，并于 2006 年春获得"尼日尔总统勋章"。而最难能可贵的是，近日从尼日尔传来消息，水塔运行 3 年多来，质量完好，滴水不漏。

尼日尔曾经的首都——"最渴"城市津德尔

津德尔市原为尼日尔共和国首都，因为干旱缺水，不得不黯然退场，于 1927 年让都尼亚美。而津德尔这个第二大城市，在此后的长时间内陷于干旱之中，30 多万人的日常饮水都得不到保障。对于津德尔这个城市，杨凤兰的印象是：酷热，缺水。

不是事先知道情况的话，人们很难将津德尔与"城市"这个字眼相提并论，全城充溢着沙漠属性，似乎一切都是黄褐色的，砂石地的路，土坯垒的房子，阳光烘烤着大地，气温能超过 50 摄氏度。全年除 7 月至 9 月雨季外，津德尔全境基本无雨，是世界上严重缺水城市之一，每天富人区供一次水，其他区域有剩下的水就供点，没有可能一天都不供。"这时你会看见满街都是顶着瓦罐的妇女和孩子，他们四处讨水。农村一般就喝雨季流到水坑里的水，这一坑水，牛、羊、人共用。"在津德尔生活两年多的杨凤兰，对于他们缺水的生活只有三个字的评

工程建设中，杨凤兰认真细致

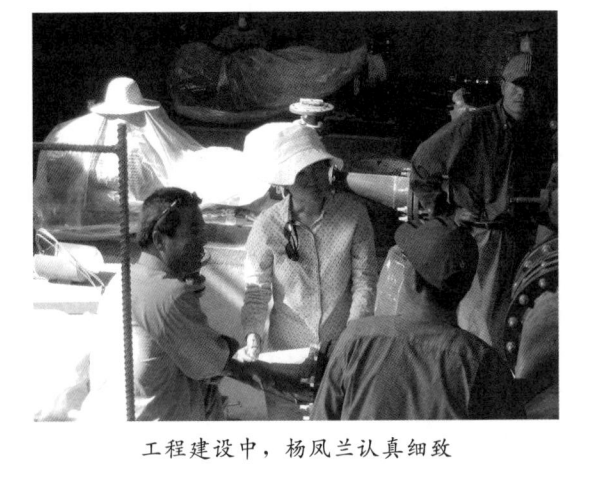

价：很可怜。

中国援建尼日尔津德尔市供水工程于 2002 年 9 月启动。此工程是世界仅有的几座大体积水塔之一，水塔高 28 米，水箱直径 22 米，可蓄水 2000 立方米，每天能供水 4500 立方米。水塔的建成，将基本解决当地人民的饮水问题。

然而，津德尔市乃至尼日尔全国，经济条件极其落后，没有工业，交通、通信严重不畅，农业也不能自给自足，每年都要发生饥荒，医疗严重滞后，疟疾肆虐全国。我们难以想象，在如此艰苦的环境下，在极为紧迫的时间内，要圆满完成这个意义重大的工程，作为唯一常驻尼日尔工地的女性，杨凤兰忍受了多少煎熬，坚守的背后又付出了多少辛劳与泪水。

首入尼日尔——遭遇洪水、毒虫，夜宿沙漠

2002 年 9 月的一天，风高气爽，杨凤兰踏上了人生中的第一次非洲之旅。或许她自己也没有想到，此后的三年时间里，她将四入尼日尔，并与那个叫津德尔的城市结下不解之缘。

作为设计考察组组长，杨凤兰带着 11 人的设计考察组，第一次进入尼日尔。"虽然来之前已经做好了充分的思想准备，但第一次的'见面'，还是让我们始料未及。"谈及那次经历，杨凤兰至今心有余悸，在前往津德尔市的路上，他们遭遇洪水，夜宿沙漠，毒虫侵袭，这些好似特意安排的考验，告诉他们，此后的路还很长、很难。

从北京到津德尔并没有直达飞机，必须乘机先到法国戴高乐机场，然后转机到尼日尔首都尼亚美，一趟下来需要 30 多个小时。而从尼亚美到津德尔工程现场还有 1000 公里，由于考察时间有限，杨凤兰他们不顾一路劳顿，租了一辆面包车便匆匆上路了。

面包车在经过一座漫水桥时遭遇了洪水。突来的洪水没到座椅，行李、粮食全部浸在水里，11个人就坐在椅背上，车摇摇欲坠，最后还是花钱请当地人，才将车子推了出来，上岸后发现，整个油箱全进水了。他们一路不断拦车讨油，然而车子最终还是坏在大沙漠里，再也动弹不得。

接下来的10多个小时里，他们颗粒未进，水也是极力节约，甚至被毒虫咬出大水泡也舍不得用水清洗。就这样，他们或躺或坐地在沙漠里过了一夜。所幸的是，第二天，他们搭上了一辆开往津德尔的大型货车，晃晃悠悠到达了工程现场，掐指算算，走了30多个小时。杨凤兰总算是带着队员们安全到达了目的地，但想起此事至今仍旧后怕。在那里生活过的人都清楚，在非洲发生意外是件可怕的事，沿途没有医院，没有通信，缺医少药……

赶到津德尔的第二天，来不及修整，杨凤兰又带着队员马不停蹄奔赴现场，踏勘、定线、调研、走访、座谈、收集各方面资料。在40个工作日里，她每天带领大家顶着40多摄氏度的高温，奔走在各个现场。因为工程设计只有这一次考察和确定方案的机会，为了确保设计方案合理，杨凤兰带领大家连续3次沿着35公里管线、28公里高压输电线路步行踏勘，确定更合理的路线及水厂、水塔、其他建筑物位置，走一趟至少需要四五个小时，每天都是汗流浃背，加上环境尚未适应，吃不好，睡不好，体力消耗巨大。

杨凤兰荣获"尼日尔总统勋章"

付出终有收获。当杨凤兰他们完成现场考察回到尼亚美时，受到了尼日尔总统坦贾的亲切接见。总统仔细听取了他们的设计思路和施工工期，非常满意。而令总统感到惊奇的是，这个带队的考察组组长竟是一名51岁的女士。交谈之后，总统很高兴，亲自送他们到总统府院里，并一同合影留念。至此，杨凤兰带领她的考察组结束了首次非洲之旅，并圆满地完成了设计考察和设计合同的签订任务。

二入尼日尔——人们亲切地叫她"马达姆杨"

杨凤兰回国后，在北京的设计组用6个月时间完成了初步设计。2003年4月19日，她离开北京，以设计总工程师身份第二次进入尼日尔。此行的任务主要是为避免初步设计阶段不符合受援国的实际情况。

"当时正赶上'非典',那时很多国家都不给签证出境,我的签证是特批的。"杨凤兰回忆说。机上几乎没人,法航的服务员在机上频繁消毒,十几个小时不得不戴着口罩。经过21个多小时的"煎熬",才到达尼日尔。

"这时问题又来啦。"4月20日,中国驻尼日尔大使馆刚刚接到外交部的通知,由中国到达各国的人员,将一律进行隔离。于是,当杨凤兰抵达尼日尔时,大使馆和经参处正在讨论是否要接待她,是否需要隔离。杨凤兰一下子急了,因为此项工作有效时间很短,一点耽搁不得,她不断地"软磨硬泡"。大使馆经过激烈讨论,最终还是决定不隔离她。由于在国内的初步设计阶段设计组作了较充分的准备和细致工作,初步设计不论是国内审查还是尼日尔共和国的审查都得以顺利通过。

听说杨凤兰冒着危险第二次来到尼日尔,总统坦贾非常感动,第二次接见了她,并表示了对中国政府的感谢之情。至此,她与总统成了朋友,当地人也记住了给他们设计供水工程的是中国马达姆杨。

三入尼日尔——昏迷中留下"遗言"

第三次进入尼日尔,已是2003年的深秋,杨凤兰作为设计代表,开始了供水工程的攻坚之旅,没想这一走就是21个月。"当时女儿要去英国,我的机票是11月3日,女儿的是11月4日,家里一片狼藉,全部扔给了先生,从此两年时间里,我们一家三口分居三地。"杨凤兰说。

这年11月6日,津德尔市供水工程正式开工。开工典礼那天,总统坦贾来到现场剪彩,第三次接见了杨凤兰。当大使告诉总统,杨凤兰这次来是要坚持到施工完再走,总统拉着她的手不断地说感谢,并嘱咐有困难可通过地方议员告诉他。

"中国有句成语叫'一诺千金'。我不仅是一名水利人,更是一名中国人,我所承担的已经不再是一个单纯的供水工程,更多地将担当中国信誉和责任。"那一次,杨凤兰更加坚定了坚守尼日尔的信心,不仅要将工程建到山坡上,更要将工程建到尼日尔人民的心里。

然而,首先摆在杨凤兰面前的就是一系列极其复杂的"跨专业"难题。杨凤兰1977年毕业于清华大学水利系水电站动力专业,虽然在本行业很精深,但对于水工、建筑、电气、自控通信、电力等专业却是一知半解。一个人在远离国土、远离设计院,没人帮助的情况下,要完成这么多专业的设代工作,难度之高、压力之大可想而知。"图纸上的问题、与现场不符问题、需要调整修改的地方……"杨凤兰心里也开始犯难,"给一个多专业的市政工程做设代,能否胜任,

杨凤兰与孩子们打成一片

我甚至也在怀疑自己。"

杨凤兰骨子里是好强的，虽是"知天命"之年，但不惧困苦是她的秉性。她自我加压，定了两条规矩：掌握好施工进度，不管什么专业，施工前10天先把图纸看懂，首先能发现图纸上存在的问题，绝不因修改图纸耽误施工工期；不管什么专业，施工前，或者到工地检查前，都要把施工图纸烂熟于心，哪里配什么钢筋，哪里有什么设备，高程是多少，保护层多厚，到现场不看图纸，就能看出是否符合图纸设计和施工要求。这两条规定，貌似简单，但要坚持做下去，却极其不易。设计专业，数据繁杂，每每看下来，眼花缭乱，胃也是"翻江倒海"，但杨凤兰终究努力做到了。她也因此及时纠正了许多纰漏，甚至是严重的错误。

杨凤兰并不满足于此，为了保证工程质量，她坚持每完工一处必亲自验收。从材料进场，到材料试验，再到施工现场，她每天都要爬上20多米的高脚架看一遍，40多摄氏度的高温，一遍看下来基本上全身湿透，回到地面手脚都要哆嗦好一会儿。不仅如此，她还主动与施工单位并肩作战，帮助他们解决许多技术问题。一开始不以为意的施工单位，感动于杨凤兰的执著，打心眼里服了这个女工程师，材料质量控制越来越好，水塔的施工越来越认真。

可作为全工地唯一的女性，20多个月，600多个日日夜夜的非洲生活，要挨下去谈何容易！

到津德尔的第二年，由于食品缺乏、天气酷热，加上长期劳累，杨凤兰的身体状况越来越差，曾三次染上疟疾，且一次比一次重。"最后一次我真的觉得回不去了。"杨凤兰说。那一次，她持续5天高烧不退，医疗队的医生和监理、施工单位的人员去看她时，她在昏迷状态中留下了"遗言"：如果我不行了，就把我烧了，家里人不要来，带一根手指头上的小骨头回去就行。

这一年，杨凤兰53岁，她说，那一次，真的快熬不住了。她在心里告诉自己：如果我好了，我就回家，不坚持了。然而，当她看到窗户、门口挤满了来看她的当地黑人朋友和送来的鹿腿，她的眼泪瞬间"决堤"，从未对别人食言的她这次却对自己食言了。病刚刚好点，什么想法都没有，杨凤兰又上工地去了。

有的朋友不能理解，劝她说："就你太认真，你的图纸没问题就行，出了问题有监理负责，你都快退休了，何必那么拼命？"

"我可不这样想，你应该知道，时间长了，我们个人的名字也许会被忘却，但当地人把这个工程都叫希洛娃工程（中国工程）。这个名字会永远叫下去，它代表着中国。"杨凤兰认真地说。

最终的结果令人欣慰，工程竣工时，28米高的水塔48小时闭水试验，滴水不漏。

工程竣工正式通水那天，津德尔沸腾了，全市人都出动了。总统坦贾也亲临现场剪彩，他握着杨凤兰的手激动地说："60年了，多个国家说给我们找水，都没有实现，是中国政府帮助我们仅用了不到两年时间，就让津德尔市人民吃上水，感谢中国政府实实在在地帮助我们。"那一刻，杨凤兰流下了幸福骄傲的泪水。

2006年春天，尼日尔总统坦贾通过驻华大使馆，向杨凤兰授予"尼日尔共和国总统勋章"。

四入尼日尔——"水钻石"光耀撒哈拉

最后一次去尼日尔，已经是2007年的7月了。那是杨凤兰应中央电视台邀请，去尼日尔做一期"新中国援外工程50年回顾展纪录片"。商务部在中国援助非洲50多年来的2000多个项目中，评选出了20个优秀项目，津德尔市供水工程是唯一的设计工程。商务部对其评价是，此项目设计上没有较大设计变更，没有发生投资增减，工程按时完成交付，受援国满意度高。

回到自己曾经战斗过并魂牵梦绕的那块神秘而又淳朴的地方，杨凤兰感慨万千。

而今这颗"水钻石"在撒哈拉南缘这个地方大放光彩，成为津德尔市的最高建筑和标志建筑，"希洛娃工程"成为中非友谊的一份见证。而杨凤兰献身、负责、求实的精神和风范，何尝不是另一颗镶嵌在撒哈拉的"水钻石"。

津德尔省省长激动地说，目前首府津德尔市供水正常，老百姓非常满意，水价由过去相当于人民币7元一桶，降到了1.5元一桶，普通老百姓受益很大，这个供水工程已成为津德尔市的城市景观，只要来到这个城市的人，大多都要去参观一下这个"中国工程"。

最令杨凤兰感动的是，知道她要来的消息后，当地黑人兄弟、水利同行、左邻右舍的朋友早已聚集在一起等她。他们不会忘记这个曾经拿生命为自己找水的马达姆杨，把她曾经住过的房子收拾得干干净净……

离开津德尔市时，人们拉着杨凤兰的手依依不舍，甚至说没有中国人的供水，这个城市将会消失，有了这个工程，这个城市又活起来了。他们一遍又一遍地问她："马达姆杨，你还会不会再来？"杨凤兰满怀深情，频频点头："只要有机会，我一定会来！"

◇ 本文发表于 2008 年 9 月 11 日《中国水利报》
◇ 作者：徐文青

杨国德：山沟沟里的水文达人

"杨家坡水文站是黄委中游水文水资源局榆次勘测局所辖各站中最偏僻艰苦的测站。"

"去水文站得涉水过去，一下雨路就断。汽车到了水文站，赶上下雨，还得等到雨停把路修好了才能出来。"

听到这么多对杨家坡水文站艰难困苦的描述，当坐着颠颠晃晃的汽车来到杨家坡水文站时，还是被眼前的偏僻惊呆了。

杨家坡水文站位于山西省临县从罗峪镇葫芦旦村，离村子还有好几公里山路，前不着村后不着店，红顶白墙的两层小洋楼孤零零立在山沟里。举目四望，两山夹一沟，用站上职工的话说叫"坐沟观天"。

杨国德是杨家坡水文站站长，1987年从黄河水利学校毕业分配到水文站工作。从小生活在县城的他第一天到站上就傻眼了：坐了一天的车，打听了一路才走到这里，打量半天除了有座庙，什么都没有，要不是被水文站职工看到并告诉他这里就是杨家坡水文站，他真不知道这座像庙一样的建筑正是水文站。

杨家坡水文站坐落在大山沟里，没有电，方圆3公里没有人烟，几乎与世隔绝。而正是在这几乎与世隔绝的杨家坡水文站，杨国德已前后待了15年。白天望着蓝天白云，夜晚听着水流蛙声，他要做的工作就是默默地测流，积累水文资料，为了防汛抗旱，把水情、雨情、沙情等信息发送到各有关单位。

站上职工说，杨站长工作肯动脑，善琢磨，点子多，还自己为单位编写计算机程序，大家称他"小改小革的能人"。他们这样描述杨国德：水文测验之余，总见他拿着一个厚本子，有什么新鲜想法立马记下来，晚上就坐在电脑前不停地忙活。

杨国德告诉记者，他原来学的是水文专业，编写程序是后来自学的。编写程序使用的全是英文，对于一个只有初中英语程度且早已丢弃多年现在只认得几个字母的中年人来说，难度可想而知。有一段时间，杨国德对计算机到了痴迷的状态，满脑子都是程序、命令，满口讲的都是下载、软件。他自费购买了编程书籍、英汉词典，利用业余时间采用蚂蚁啃骨头的办法，一点一点地啃，一点一点地消化吸收，一点一点地转化利用。功夫不负有心人，杨国德的计算机水平有了长足进步。

杨国德一直有个想法和愿望，就是利用电脑和网络这个工具，通过努力，尽可能地使基层水文站的办公、水文测报等工作实现自动化，减轻测站一线职工的工作量。他认为，虽然一个人的力量微不足道，但是如果大家都朝着这方面努力，前景将非常乐观。

2008年，杨国德自告奋勇申请了《水情短信拟报发报系统》项目，目的是为一线测站职工拟报、发报提供一个方便快捷的工作平台，降低报汛差错率，减轻职工劳动强度。

项目批准后，杨国德全身心投入到项目的研发中。他是杨家坡水文站的站长，有自己的本职工作，能利用的只有业余时间，也没有专门的研发经费。研发是一项极其繁琐而又费神费力的工作，程序界面的研发、工作流程的分析与设计、代码的编写，件件工作都千头万绪、错综复杂，为设计出一个好的程序界面，他改了一次又一次，不到满意决不罢手。

在杨家坡水文站原来那孔作办公室兼宿舍的破窑洞里，夜以继日工作成了杨国德的家常便饭。夜深人静，只有孤灯相伴，他时而翻查英汉词典，时而敲击电脑键盘，时而陷入沉思。长期没日没夜工作，耗费了他无尽的体力、精力，杨国德明显地消瘦了、憔悴了。同事心疼地劝他，让他歇会儿，他总是笑着说："11月就要交成果，时间不等人哪！"于是，那盏30瓦的小灯泡就通宵达旦地亮着，陪他熬过了一个又一个不眠之夜。

杨国德维护水文监测设施毫不含糊

杨家坡水文站地处吕梁偏僻山区，供电严重不足，白天经常不供电，子夜时分才来电，次日7时前停电，加上站上用的电脑是20世纪90年代的老产品，内存小，速度慢得出奇，严重迟滞软件研发进度。困难面前，杨国德没有放弃，他想尽一切办法，付出种种努力，克服重重困难，争分夺秒地继续着他的研发。

经过几个月边学边用的艰苦努力，杨国德按时完成了项目研发，按要求提交了研究成果。成果在生产中推广应用，效果良好。他边说边拿出自己的手机，向记者介绍他刚刚研发的《基层水文站自动化办公系统》手机端软件。

杨国德说："现在我们中游40个水文站基本都可以上网了，我设计的这个软件，将考勤、日常事务、布置工作计划、来文办理、总结上报、邮件收发等各项工作科学合理地集成到一个电脑端和手机端上，大大提高了办公效率和效果，大家随时随地都能知道自己该干什么和效果如何。"

条件虽然艰苦，杨国德却总是闲不住。2013年初，他了解到测站上使用雷达水位计数据量大，资料整理困难，且没有报警器，给站上报汛带来很大困难。当时他所在的杨家坡水文站本没有安装雷达水位计，他仍自觉自愿地自主研发了《雷达水位计数据监控处理系统》，提供了报汛数据自动摘录、资料整编数据自动摘录、报警系统等功能。上级单位并没有给他研发系统软件立项，没有给他拨过一分钱的经费，他还是无怨无悔地将这套系统软件无偿提供给安装有雷达水位计的测站使用，极大地提高了各站水位测、报、整的质量和效率。

杨国德说："每当站在杨家坡水文站面前，想离开它的念头就会立刻烟消云散。水文设施的每一个部件都是有灵性的，都已化作我生命中的一部分了。"

每每看到自己的小发明，杨国德都会美滋滋的，心里舒坦得就像给自己的女儿穿上了一件新衣服。

◇ 本文发表于2014年7月15日黄河网
◇ 作者：黄峰、张政、孟宪荣

杨洁：江西"水保"一面旗

主持完成国家"八五"科技攻关项目"优良水土保持植物——蔓荆开发利用"，荣获江西省农科教人员突出贡献二等奖，作为主要骨干完成的"水土保持生态科技园建设与实践"荣获 2007 年大禹水利科学技术二等奖……

眼前这位年过 50 岁的女同志，散发着一种知性气场，平易近人，笑容可掬，给人一种很亲近的感觉。

"蔓荆口服液"的诞生

蔓荆口服液作为一种降脂降压保健品已小有名气，但是很少有人知道它是在杨洁的带头攻关下研制成功的，并且在研制成功后获得立项，首次成功开发了蔓荆口服液及其提取制备工艺，制定了技术指标和检测标准，获得了国家专利，填补了我国蔓荆作为保健功能资源开发利用研究的空白。

教授级高级工程师杨洁，2007 年评为"享受国务院特殊津贴专家"，2010 年取得江西农业大学森林培育专业博士学位，现任江西省水土保持科学研究院总工程师，江西省土壤侵蚀与防治重点实验室主任。

杨洁之前从《本草纲目》以及其他一些古医药书籍中都看到过蔓荆属于上等药材，但那时蔓荆发挥的作用更多表现在固沙方面。于是，经过一番深入调查，她把目光瞄准了具有保健功能的水保植物蔓荆，决定研制蔓荆保健饮品。

研制保健饮品就需要做土化实验，当时单位的土化实验室才刚刚筹备兴建，只有一个简陋的小房间用来搞科研试验，许多实验器材根本没有。"那时候单位穷，申请点经费非常困难。记得有几次为买几个试管和玻璃瓶子，我自己骑着自行车跑了大半个南昌。不是没有卖的，而是要满大街去寻找最便宜的，这样才能用最少的钱买到最多的器材。"杨洁现在说起这些来脸上带着更多的是一种轻松的笑容，"那时候还没有消毒设备，我们这些人只得用高压锅蒸煮来对仪器消毒，条件真的是要多苦有多苦。"

虽然条件艰苦，但是经过了杨洁和她的一些同事几年的试验研究，蔓荆保健饮品的初产品算是研发出来了。这时又遇到一个难题：怎样获得权威部门的认可，以便得到推广呢？

就在这时，杨洁和她的同事又做了一个大胆的尝试。蔓荆保健饮品研发成功时，正值水保院新楼落成之时，并邀请了一些省厅领导参加落成仪式，杨洁他们巧妙地利用了这个契机，将新研发成功的保健饮品配成可乐味道，放在嘉宾席上。领导们喝了这种饮品后，都说很好喝，当得知这正是水保院的科研人员刚刚研发成功的蔓荆保健饮品后，便推荐他们从国家计委（现发改委）申请工业项目。随后，杨洁便以蔓荆作为新的保健资源的核心原料，作为主要负责人申报了国家"八五"攻关项目"优良水土保持植物——蔓荆开发利用"。

"我有一个梦想"

"年轻时曾有个梦想，即使到现在我依然相信那个梦想有实现的可能，就算没有在我手上实现，以后也会有人去实现。"杨洁说完，谈了自己的那个梦想。由于蔓荆是一种生长在贫瘠土壤中的植物，她在那时就开始思考能否将蔓荆的抗性基因提取出来，使得其他经济作物也能在那种贫瘠的土壤中生长。因此，她想通过出国深造来实现自己的梦想。最终，她在1998年作为访问学者赴以色列农业部Volcani研究所进修3年。

独自身处异国，人生地不熟，思乡之情难免会经常涌上心头。此外经济比较拮据，最初的补贴每月只有500美元，除去租房子的开销，根本难以维持正常生活，所以杨洁舍不得在食堂吃饭，早晨7点钟去实验室的时候，就会备好全天的干粮，直到晚上才出实验室。

在国外那几年，很多中国人被批"懒"，杨洁不仅没有，反而因为自己的勤奋，使得当时的导师兼老板将她的补贴提到了每月1000美元。虽然经济条件没有之前那么拮据了，杨洁却没有因此去改善食宿条件，而是将更多的钱投入到自己的"梦想"之中。"在以色列那几年，看人家吃冰淇淋，自己也很想吃，可是一直都舍不得，直到回国的前一天才买了一个吃，也当犒劳一下自己吧。"杨洁说完笑了起来。

那几年杨洁经常一天连续做几个实验，这个实验还没做完，先搁在那儿等它自己反应，然后趁反应的这段时间去做另一个实验，再利用后一个实验反应的时间回去观察前一个实验。杨洁的勤奋，让导师比较省心、放心，因此在她回国的时候，导师一再挽留。

后来，杨洁通过学习和多方询问，知道了自己的那个梦想实际上就是转基因，但是当时条件尚未成熟，无法实现这个梦想。归国后，杨洁仍未死心，可苦于科研经费有限，技术还未到成熟阶段，将蔓荆抗性基因进行移植的想法依然只停留在理论阶段。"即使到现在我快退休了，我还是不死心，我相信技术成熟的那一天，会有人替我实现这个梦想。"杨洁很坚决地说。

重点实验室的"一家之长"

2008年1月，经江西省水土保持科学研究所（现江西省水土保持科学研究院）正式批准，南方红壤区土壤侵蚀与防治技术重点实验室成立。该实验室从酝酿到成为省级重点实验室，各个阶段无不凝结着杨洁这位"一家之长"的心血。

杨洁从以色列回国后，通过与国外的对比，意识到了国内科研环境以及科研水平的落后。她一直想打造一支专业人才队伍，构建一个红壤区水土保持综合研究平台，为全省水土保持工作提供一些理论支撑，并使之推广应用，于是便有了成立重点实验室的念头。时任水保所所长方少文对她的想法特别支持，便于2008年批准成立了南方红壤区土壤侵蚀与防治技术重点实验室。

实验室成立后，所里任命杨洁为主任，并抽调汤崇军、汪邦稳、郑海金、张龙、王农5名年轻的研究生作为实验室科研人员。人少任务重，是摆在眼前的问题，那段时间，也是杨洁他们加班次数最多的一段时间。

杨洁说："就我们几个人，只能从一点一滴做起，我年纪最大，只能充当一个'家长'的角色。没有人泄过气，都在互相鼓劲，一心想把这个重点实验室建设成为省级重点实验室。"那段时间，他们想尽办法与北师大、中国农大、中科院等多家单位的专家取得联系，请求对方给予指导帮助。

通过6个人的"不抛弃、不放弃"，重点实验室2008年、2009年、2010年连续三年拿下了水利部公益性行业专项，后来又拿下了水利部重点推广项目，2010年还成功进行了赣南水土保持生态建设三十年实践研究。

"尤其是2010年春天搞赣南水土保持生态建设三十年实践研究，让我打心底里佩服实验室那些小青年。"杨洁感叹道，"那些日子，每天都要跑几条小流域，全是山路，多数地方要爬山，白天累了一天后，晚上还要回到住处把取回的样品进行称量，有的植物还要压成标本。他们刚从学校出来没多久，就要承担这种高负荷的作业，当时觉得好心疼，可是又没有办法。"

"在我们实验室搞赣南水土保持生态建设三十年实践研究时，有时我们年轻人都感觉身体吃不消，但是杨总却干得很带劲。"重点实验室副主任郑海金说，"当时跑了十多个县，多数是下乡，山路比较多，每天还要跑好几条小流域，有好几次赣州水保局派给我们调研组的司机对我们说：'麻烦给你们杨总说说，别一天跑这么多地方了，我都感觉好累……'"

随着实验室的任务越来越重，承担的课题项目越来越多，人员数量也在逐渐增加，至今已经增加到了15个人，但是有编制的只有5个人。"这个问题也是留人的一个门槛。"杨洁苦笑着，"有些年轻人因为没有编制很难沉下心来一心一意搞科研，一旦有更好的机会他们就会离开这里。我经常苦口婆心地做一些思想工作。一直以来我都把他们当做自己的孩子一样去对待，但是只要他们有更好的发展机会，不论外派、上调还是出国、考研，我都非常支持，绝不生硬阻拦，能帮忙联系的，我也会主动去帮助他们。可能正是这种开明开放的态度，使得流出人员对自己的'娘家'充满深情，在新的岗位上以不同的方式继续关心、支持着实验室里的工作。"

抗癌斗士

因为长年加班熬夜，得不到及时休息，2012年开始，杨洁感觉身体一天不如一天。到医院做过检查之后，医生建议她立即动手术。但杨洁工作太忙，那期间经常出差，也就一直把做手术这个事搁下了。直到医生打电话告诉杨洁要防止癌变，这才引起她的重视。

可是，那时候杨洁的病情已经恶化，手术前诊断出来的结果是子宫癌。家人为了让她有个良好心态，一直没敢告诉她病情。有一次，医院打扫病房，一抖被子，病床下抖出一张纸，杨洁拿起看了下，竟是自己的诊断书，上面清晰地写着"子宫癌"。杨洁爱人看到这一幕慌了，赶紧告诉她这只是之前的结果，现在已经脱离危险了。但是杨洁很平淡，知道结果后情绪一直很稳定。

住院那段时间，杨洁仍不忘工作，通过各种方式了解工作情况，不顾家人、同事、医生的叮嘱，坚持躺在病床上办公，定期听实验室的人汇报情况。本来医生建议她在动完手术后住院观察三个月，但是她身体刚刚恢复便又回到了单位。

"我也不是没有想过暂时休息一阵子，等病好了再回单位。可天天住在医院什么也做不了，心里更着急。人终有一死，与其躺在病床上等死，还不如做点实事。"杨洁现在说起这些，表现出更多的是一种释然。

杨洁住院时，儿子在上海工作比较忙，一时难以走开，重点实验室的三个副主任宋月君、郑海金、汪邦稳就组织实验室的人轮流陪护。但是杨洁怕他们耽误正常工作，每次去了，都被她"赶"了回来。

杨洁虽然已经治愈了，然而是以切除子宫为代价换来的，并且要定期去医院复查，平时更不能超负荷工作。作为院里的技术领头人、重点实验室的"一家之长"，她的责任依然摆在那里……

"最对不住的是儿子"

"这些年感觉最对不住的就是儿子了，从小到大，人家的孩子从小都跟宝贝一样跟着自己爸爸妈妈，寒暑假跟着爸妈这里玩那里玩，我仅仅带他出去玩过一次。总感觉对他有愧疚，直到现在我都想弥补。"说起自己的儿子，杨洁很是感慨。

在以色列进修那几年，杨洁一年只能回家一次。儿子张昊在那段时间难免显得有些可怜了。开始是由姥姥带着，后来姥姥得了胰腺癌，杨洁的爱人工作又比较忙，张昊就只得自己天天吃盒饭。"刚开始儿子还说盒饭挺好吃的，后来吃腻了，想换一种口味，就改成吃方便面。慢慢地泡面也吃腻了，就开始自己慢慢摸索怎样做饭吃。那段时间儿子学会了煎荷包蛋，每次煎四个，自己吃两个，留两个给他爸爸。后来听说了这些，感觉儿子懂事了，但是他越懂事我就会感觉越辛酸、越自责。"杨洁说完这些，头转向了一边。

2000年，杨洁回家探亲时，发现儿子长高了一些。她想给儿子做些好吃的，有一天，一大早便带着儿子去了菜市场。儿子在后面跟着，看妈妈买了一袋子菜提着有些吃力，就一个劲儿冲她喊："妈妈，让我来提，我有力气！"

"看到他这样，我哭笑不得，又感觉他这样跟个小男子汉一样好可爱，同时自己也更自责和心疼，自责陪孩子的时间真的太少了。那段时间，儿子天天跟着我，碰到人就说，我妈妈不会走了，妈妈回来陪我了。每次提起这些真的是要多心酸有多心酸。"此时，杨洁仍难掩愧疚之感。

◇ 本文发表于2014年8月《江西水利人》
◇ 作者：占任生、何超、任东升

杨铁轮："龙王"送水

像伏牛山上的一块石头，普通无奇；像湍河岸边的一棵小草，岁岁年年；他一头扎到又苦又脏的机井队，整天与泥巴、沙石打交道，一干就是 36 年。他就是河南省内乡县水利局机井队队长杨铁轮。

"傻瓜"

1972 年，刚满 20 岁的杨铁轮被招工到县水利局工作。当时的水利局令人羡慕。报到那天，局领导看着年轻精干的小伙子，把局里的部门和二级单位说出来让他挑选。他说到井队去。有人说："杨铁轮是个傻瓜，水利局那么多好部门、好单位不去，偏要去井队吃苦受累，这与在家劳动有什么区别？"家里人也埋怨他、责怪他，可好说歹说，杨铁轮主意不改，他抱定一个想法：要让没水吃的百姓喝上清甜的泉水，让干渴的禾苗得到适时浇灌，让农民的庄稼获得丰收。

话好说，事难做。初到井队，杨铁轮面对的是两台坏钻机、三间破土房。但他没有灰心、没有气馁，和井队的同志一块拖着钻机下乡给群众找水打井。

30 多年来，杨铁轮和井队人风里来、雨里去，战沙石、斗寒暑，辗转全县 16 个乡镇 283 个村，共为当地群众新打优质机电井 2800 多眼，修配机电井 850 多眼，全县井灌面积达到 15 万亩，年增加经济效益 7000 多万元。

他高中的一个同学，在县城做生意，赚了很多钱，当了大老板。他对铁轮说："你没黑没明地干，住的是旧房子，骑的是旧车子，用的是旧家具，图个啥呀？"杨铁轮说："人各有志，你做生意的确很有钱，生活比我充裕，我工作虽苦，生活清贫，但我能为老百姓办实事、善事，心里很充实。"

今年 3 月初，县水利系统召开工作大会，水利局局长周中才说："在内乡无论城市、农村、山乡，都踩有杨铁轮的脚印，他长年累月找水、打井，老百姓敬仰他，深情地叫他'杨铁人'，他是我们全系统学习的标兵，是我们水利人的骄傲！"

"龙王"

1997年4月，杨轮铁来到地形复杂、严重缺水的西庙岗乡桃庄河村测钻机井。一位77岁的老大娘流着泪诉说，她18岁嫁到桃庄河村，一生都在为水发愁，19岁那年丈夫到5公里外的黑山根去挑水，回来的路上扁担绳断了，两桶水全洒在路上，丈夫顿时号啕大哭，后来其他挑水的人一点点给他添满水才回到了家，可他还是想不开竟悬梁自尽了。杨铁轮听了扑簌簌落下泪水，他下决心要为这里的百姓测钻出一眼吃水井，解决群众祖祖辈辈翻山越岭到外地挑水吃的苦难。

一眼深180米、每小时出水20吨的基岩深井终于打出。出水那天，2000多老百姓像过年一样敲锣打鼓、燃放鞭炮，欢喜不已。

随后，为了让这里群众能吃上自来水，杨铁轮和井队人员又投入到配水管道安装和入户进水管道建设上来。当时正值数九寒天，地下积雪达半尺多厚，冷风刺骨，凉气袭人，在安装二级提水站时，由于扬程高、压力大、闸阀池管道难以对接，杨铁轮脱下棉衣纵身跳进齐腰深的水池里把管子接牢，在场群众无不感动。

当年春节前，桃庄河村3500多群众像城里人一样，用上了甘甜洁净的自来水，告别了"山高石头多，十里一担水，辈辈把水盼，泪尽无着落"的历史。杨铁轮"龙王"送水的绰号从此不胫而飞。

他们还参加了中德扶贫项目在内乡县投资350万元的人畜饮水解困项目建设，建成了集人畜饮水、节水灌溉、水土保持、卫生改厕于一体的扶贫工程，被德方称为"模式块"样板工程，在全国项目区推广。2003年至2005年实施农村国债饮水项目，他带领井队人员在师岗镇的江家村等深山区测钻基岩深水井18眼，中浅井23眼。

"车轮"

人是创业的第一因素，和谐是发展的保障。一个单位如果没有融洽、旺盛的人气，就不会有凝聚力、向心力和战斗力。多年来，机井队形成了一条不成文的规矩，那就是职工的事就是队上的事，职工的困难必须及时解决。

退休职工杨天茨心脏病突发住进医院抢救，由于他刚刚买了房子，没钱治病，杨铁轮二话没说，让妻子取出1000元送到医院。职工褚彦定孩子上大学筹不齐学费，杨铁轮拿走了给大儿子治病的3000元钱，解了褚彦定的燃眉之急。

"车轮"是职工们对杨铁轮土气而又亲切的称呼，意思说他是带领井队滚滚向前的车轮。

机井队的面貌变了，办公环境由原来的破土房变成现在四层 30 多间的办公大楼，实现了电子化办公；职工住上了宽敞明亮的福利单元房。而杨铁轮队长的面貌也变了，50 多岁的人，白发苍苍，皱纹密布，活像 70 多岁的老头子。

1996 年以来，杨铁轮连年被南阳市水利系统评为先进工作者，被内乡县委评为优秀共产党员，2007 年春他还作为全县十大先进人物巡回各乡镇做事迹报告。

◇ 本文发表于 2007 年 5 月 24 日《中国水利报》
◇ 作者：程宗安

杨兆生、何祖兴：将军渠上两家人两代人

2011年5月15日，天山南部的新疆生产建设兵团农二师迎来了一个特殊的日子：由王震将军踏勘的第一条人工大渠——十八团渠诞生60年。

60年来，十八团大渠延续着两代党员管水人的故事。

父子同一足迹

1950年7月，杨兆生光荣地加入了中国共产党。9月，他参加了开挖十八团大渠的战斗。他所在的十八团特务连负责龙口段挖渠，他和战友们连续奋战在大渠工地，硬是靠十字镐、钢钎凿，人背肩扛，一筐又一筐，将上万方土方背到戈壁滩……10天、30天、5个月、8个月后，一条62公里长的大渠横亘在茫茫戈壁滩上，南疆地区第一条兵团人挖出的大渠诞生了。

1951年5月15日，大渠开闸放水。杨兆生和战友们亲历了这一历史时刻。

大渠开闸放水后，杨兆生放下十字镐，成为第一代管理十八渠的管水兵。主要职责是步行看渠、割芦苇草、测水。之后，杨兆生荣幸地参加了灌溉管理培训班，系统学习了测水、量水技术，认识了流速仪和量水堰。结业后，杨兆生成为十八团渠第一代测水员。

1959年，杨兆生有了儿子，他满怀深情地给儿子取名为杨英利。杨英利成人后，沿着父亲走过的路，在十八团渠上一步一个脚印，继续书写着兵团"管水兵"的骄傲和辉煌。

杨英利第一次在灌区推行日记式24次水位记管理及结算，将人工4次观测提高到24次；第一次在十八团渠推行配水岗位目标管理百分考核办法，并获得良好的效果……

1991年9月，杨英利加入中国共产党，沿着父亲的足迹走：测水员、总调配、副教导、副所长。父子两人在兵团水利事业的舞台上扮演的角色是这样的一致。

悠悠岁月情，两代管水人。

两代人渠上春秋

1969年,党员何祖兴携妻从山清水秀的北疆石河子玛纳斯河管理处,来到空气干燥的南疆十八团渠管理处。

不久,从事保管、会计工作的何祖兴夫妇,被安排到水利一营下游站五支渠从事配水工作。

单家独户的五支渠,条件、环境相当差,没水没电,是水利一营最偏僻、条件最差的配水点。每次看水,何祖兴都要来回走6公里的路程,每天需要观测4次水位,一天下来,何祖兴要走20多公里路程。家里唯一的一辆自行车,孩子要骑着去很远的地方上学,所以何祖兴一辈子都不会骑自行车,也从未领取过自行车补贴。为了减轻父亲看水走路的辛苦,每到星期天,孩子就会骑车带上他去看水,二儿子何建生当时上初一。也就从那时起,在父亲何祖兴潜移默化的教育下,何建生逐渐成长,并慢慢学会了看水。在这样的环境下,何祖兴带领全家在五支渠坚守了4年。

何祖兴常说:"我是一名党员,党员就是一定要思想好,大公无私,不搞特殊。"为了让孩子们能够吃饱,何祖兴夫妇就带着孩子们去捡稻子、麦子,却从未想到自己是管水的而搞特殊。有一次,何祖兴在看水途中捡到两只走失的羊,孩子们说:"爸爸,杀了吃吧?"何祖兴坚定地说:"不行!这一定是连队走失的羊。"他让孩子们每天割草好好喂着,一星期后,何祖兴通过接水人打听到丢失羊的连队,很快将羊给送了回去。

1980年,何祖兴被安排到上游段三支干管水,这里的条件好多了,起码再也不用走很远的路去看水了。次年,何建生中学毕业参加了工作,便与父亲何祖兴一起管水。

三支干就是现在的上户乡区域,少数民族居多。父亲告诉儿子:"我们在这样的特殊环境里工作,一定要实事求是,公平、公正地看水尺,管好水,要真诚待人,公平做事。"在三支干管水的7年里,父亲教会了儿子许多做人的道理和做事的原则,也与周边的少数民族群众结下了深厚的友谊。

1988年,何建生被调到水利营最远的管水点——下游段从事水管工作。一年后,被调回水利营从事整个渠道的测水工作。父亲对儿子说:"测水工作十分重要,责任心要极强,你要好好学习水利知识,千万千万不要让领导失望!"

何建生牢记父亲的话,报名参加了成人考试,专业就是水利工程管理。在3年的学习中,他刻苦努力,学以致用,对自己的未来充满信心。

1991年,何建生的女儿刚满一岁,夫妻俩被调到当时最远的下游站六支渠管水,成为当时最年轻的渠道一线水管职工。对何建生来说,是第3次来这里工作了。他继续从事配水工作，同时兼顾下游站各个渠道的测水工作。每天早出晚归，日复一日地测水，阳光的暴晒使他肩背上的皮不知脱落了多少层，但他没有一句怨言。梁秀云默默地支持丈夫的工作，除了每天完成好养护工作外，还把家里的自留地收拾得井井有条，陪着丈夫任劳任怨地过着与世无争、日出而作日落而归的平淡生活。一年、两年……一晃就是4年。

1995年，水管一线试行集中管理，何建生夫妇被调到上游站工作，何建生担任了上游站站长职务，担子更重了。1996年7月何建生加入了中国共产党。何建生对妻子说："不要以为是站长妻子就可以搞特殊，就可以不劳而获。你应该以身作则，在站上处处起表率作用。"就这样，这对普普通通的夫妇，默默地在渠道一线坚守了13个年头。

2009年，何建生调到十八团渠首龙口站从事引水工作，离库尔勒近了，但夫妇俩依旧想念着渠道一线的日日夜夜。

他们的女儿从一岁开始就由爷爷奶奶、姥姥姥爷带着，一直到高一。女儿是个懂事听话的孩子，学习也很自觉，从不让老人们操心，但遗憾的是女儿在中考时，离重点高中分数线仅差4分，在高考中离本科线仅差十几分。

"如果我们能在较好的环境条件下工作，一直和孩子在一起，帮她打下良好的学习基础，也许就不会总是在关键时候差那么一点点了……"妻子擦一把泪水，难受得说不下去。

女儿叫何淼，何建生对她说："因为你是兵团水利人的后代，所以给你取这样的名字，爷爷奶奶是上面那个水，爸爸妈妈是下面那个水，爷爷奶奶把一生都献给了水利事业，爸爸妈妈也会踏着他们的足迹，一步一个脚印地走下去，爸爸希望你长大后，做一个胸怀像大海一样宽广的人，踏踏实实走好每一步。"

如今何淼大了，她感慨地说："都说人挪活树挪死，爷爷奶奶那个年代就算了，可我爸妈在这渠道一线坚守了30多年啊……"

父亲何祖兴已故去，十八团渠龙口站站长何建生说："这将军渠，咱还要世世代代管下去！"

如今的十八团渠，从土渠到预制板防渗透，从人工调水到计算机自动调配水，从人工测水到电子水尺一天24小时自动监测，从职工分散居住到集中居住，从步行巡渠到开车巡渠……这一切，无不浸透两代十八团渠人的心血和汗水。

◇ 本文发表于2011年5月17日《中国水利报》
◇ 作者：郑绵辉

姚晶晶：大山里飞出又飞回来的凤凰

来到广西田林县潞城瑶族乡三瑶村平好屯，第一印象这里全是新楼房，而且多半还在装修中。

陪同我们一起来的是80后女孩姚晶晶，她像闺女回村，这家请那家拉，连同行的人都难挡浓浓亲情。

"这些楼房，都是去年冬天通水后建起来的。晶晶给大家省了好大一笔钱、好多的辛苦啊！" 8月下旬，我们一进屯，村委主任梁少军指着栋栋新楼介绍。

原来，这个山村多数人家早就备好了水泥、沙子、钢筋、砖瓦等材料，就缺一样把这些材料"粘"成房子的东西——水。住在山上"一村更比一村高"的瑶家人，普遍缺水，连建筑用水也靠人背马驮，算起来跟沙子一样贵。

去年，田林县水利局技术员姚晶晶和同事们帮村里争取到人饮项目，可按原设计建池引水，只能解决平好屯的下屯24户人家用水问题，高过水源地的平好屯上屯12户人家只能望水兴叹。姚晶晶他们反复到现场勘察，发现有一块天然大岩石，稍加改造即可用作"拦水坝"。于是，他们因地制宜修改设计，巧妙施工，把有限资金节省下一块，用来购买600多米钢管，并在高处再建一个小水池，利用水泵从大池抽水上去，一举让齐心协力投工投劳的下屯、上屯瑶胞全都受益。

姚晶晶并不是这个村的闺女，她出生在岑王老山脚下浪平乡浪平村，那也是个世代缺水、靠天吃饭的地方，雨少下一点，山上流下来可怜巴巴的水，就成了庄稼的"命根"。幼时记忆深深地刺痛了她：田地守水，夜以继日，全家"轮班"；相互抢水，六亲不认，乡里乡亲其至兄弟姐妹也大打出手……

在部队当过卫生员、后来转业回乡的父亲姚茂科回忆，姚晶晶高考时，他极力劝女儿学医，可是晶晶3个志愿填报的全是水利专业。结果如愿就读长沙理工大学，毕业后也专业对口，在湖南省岳阳市水利水电工程公司供职。生活在城市，工作也不错，父亲又劝女儿好好安家立业。没想到才毕业两年，晶晶又把好端端的工作辞掉，回乡参加事业单位考试，2007年成为家乡田林县新一代水利人。

"一定要改变家乡缺水状况，这是我从小就立下的心愿。"看得出，姚晶晶很有主见并且很执著。

在基层干水利，人少事多责任大。为人妻为人母的水利人，更要多承受一份苦。田林地处山区，在广西是面积最大的县。地广人稀，意味着要跑更多的路、爬更多的山。2013年，姚晶晶怀上宝宝，不仅没休一天假，还经常挺着个大肚子加班。工作到深夜，单位大门关了，只好从旁边矮围栏翻出去。作为县水利局最年轻的技术人员，该下乡还照样下乡。肚子里宝宝受不了，终于提出"严正警告"。丈夫既心痛又担心，也提出"严正警告"。尽管如此，姚晶晶的工作节奏还是慢不下来。直到宝宝出生当夜，这个毫无预感的"大意"产妇，白天依然正常上班——多次"警告无效"的宝宝，就这样用提前的啼哭，表达对母亲的"特殊意见"。

好在从离县城60多公里另一个瑶乡传来饮水工程通水的消息，略微可以减轻姚晶晶对宝宝的愧疚。

这是八渡瑶族乡那囊村平万屯。晶晶清楚地记得，以前全屯饮水就靠村边一个小水窝，水源来自山上一个小泉眼。村民省水如油，用老瓜丝团沾点水转一圈，就算洗碗洗锅。负责这地方人饮项目的姚晶晶，努力申报了两年，才争取到上级资金支持——不过也仅够造价所需的1/3左右。

钱不够，事要办成，还要办好。有一次上山勘察，晶晶不小心摔倒，裤子刮破了，赶紧把外衣脱下来，"时髦"地围在腰间，把不该露出来的部位遮住，又继续工作。

办法一想再想，输水管长达7.5公里，选用PE管价钱省大半，缺点第一是需要深埋地下，额外费很多工——没问题，村民义务投；第二是需要占些地——没问题，谁也不要补偿……好事就这么办成了。

现在，姚晶晶老家浪平乡浪平村也大变样啦：水渠硬化了，搞了"三面光"，天大旱水田也够用；山坡建了水柜，旱地不"望天"了。我们新奇地看到，田垌里1/3田地用水泥桩支起遮阳网，还建有喷淋设施，一看就知道投资不小。里面种着娇贵的中草药田七，与以前风调雨顺种水稻、老天不关照只能种红薯相比，收入可以增加好多倍！

30出头的姚晶晶，已经当了差不多一届县政协委员，她提交的关于加强农田水利建设的建议、加强水土保持综合治理的提案等，被评为优秀提案并得到采纳。

志在改变家乡水利面貌的姚晶晶，正在改变的显然不仅仅是自己出生的那个小村庄，而是更大的"家乡"。

◇ 本文发表于2015年9月7日《广西日报》
◇ 作者：谢彩文

于文德：把青春献给祖国干渴的土地

上大学选择节水灌溉

于文德出生在甘肃省民勤县一个农民家庭，现任甘肃大禹节水集团股份有限公司设计院副院长。

民勤县地处河西走廊东北部、石羊河流域下游，西、北、东三面被腾格里和巴丹吉林两大沙漠包围，自然环境极其恶劣。刚刚发芽的麦苗被风沙覆盖、庄稼颗粒无收的情景，使幼时的于文德就明白了节水灌溉的意义。于是，他带着满腔热情和决心报考了甘肃农业大学水土保持与沙漠化防治专业。2004年7月毕业之际，很多同学都畏惧从事农业工作的艰苦以及西北恶劣的环境，而于文德却毅然选择了甘肃酒泉，选择了大禹节水。从事节水事业是他从小的志向，"以大禹治水精神、做大禹节水事业"的企业精神深深感召着于文德，他立志要用这种精神献身西北的水利事业。

参加工作选择戈壁和沙漠

参加工作后，公司安排于文德到设计室，主要从事节水工程项目的设计。他十分高兴有这样的工作机会，能把大学所学的知识与节水灌溉工程结合应用，能把人生理想一笔一画落实在看得见、摸得着的工程上。在公司设计人才和设计基础资料严重缺失的现实面前，于文德从基础的资料积累开始，一个细小的数据，一段不长的文字，他都精心收集在资料夹里，收集在心里。当听说公司在新疆中标了新工程，他主动要求去条件更艰苦的乌苏、石河子市等施工工地，负责安装工程。

于文德活跃在滴灌项目现场

于文德坚持每个安装程序都亲自动手，白天在工地安装时间长达16小时，渴了喝自来水，困了在棉花地休息，晚上和当地民工住在一起，向他们虚心请教，总结在安装环节上的不足，很快他便熟练掌握了田间管道安装技术。有很多人不解地问他，上完大学为什么不去设计院，为什么不坐办公室，他无言地笑了笑说，人生理想不是在办公室里坐出来的，而是用自己的心、自己的眼睛、自己的双脚和双手，在祖国的大地上一步一步干出来的。

义无反顾选择敬业和奉献

经过半年多的实践，虽然磨破了四双胶鞋，于文德却积累了节水工程的安装设计经验。他很快被公司委以重任。2005年至2006年，他先后赴甘肃酒泉、武威、天水市，新疆乌苏市、沙湾县，内蒙古鄂尔多斯市等地进行工程设计和安装指导，完成节水灌溉工程项目设计101项，合计工程造价4470万元。在新疆博乐3000亩棉花滴灌的设计和施工期间，正值6月，地表温度达40度以上，周围50公里没有人烟，吃的、喝的都要从70公里外的小镇购买，更谈不上洗澡。住的是帐篷，为防止蚊虫叮咬和野兽的攻击，他们在帐篷周围点上一堆火。就在这样的工作环境下，他带领团队利用3个月的时间完成了设计和施工任务。此项工程共开挖管道180公里，铺设滴灌带2700万米，采用膜下技术减少了渠道渗流、田间棵间蒸发，灌溉水利用率提高了20%左右，棉花亩节水达到50%以上。本项节水灌溉工程建成后，项目区年节水约750万立方米，为农户节约肥料约70万公斤，全项目区经济作物年增收3000万元，社会效益和经济效益显著，实现了工程节水、土地增效、农民增收的目标。当年，他被公司授予年度优秀员工称号，晋升为公司设计室主任。

2007年，公司参与甘肃武威石羊河治理工程，当听到公司业务开展到了家门口，他感到责任更重大了。在负责武威民勤石羊河流域重点治理项目永昌灌区工程项目时，由于设计工程面积大、时间紧、任务重，他带领两名设计人员每天早晨五点起床，测量施工地块，进行施工放线，日步行40多公里；晚上在工地设计图纸，凌晨三点左右睡觉。经过连续9天的工作，圆满完成了工程设计和施工放线任务。本项工程根据西北地区特有的地理条件和水源环境，采用DY—500微压滴灌系统，灌溉均匀度较常规灌溉系统提高15%～20%，投资成本较常规灌溉系统降低30%，年节水250万立方米，仅灌溉设施维护就节约成本10万元左右，受益农户达1500多户，为农民增收200多万元。在后期工程的指导过程中，他细心把关每个环节，认真查看每个安装部位，3个月的工期中，家虽近在咫尺却没有进过一次家门。整个工程得到了民勤县水务局领导和当地农户的高度赞赏。

2008年初,他组织公司设计人员编写了《棉花滴灌运行操作及维护手册》《滴灌及管道技术应用手册》《滴灌及管道技术施工组织设计规范》等,规范了施工作业程序,加快了工程进度。此项技术的推广使用,为公司节约了大量的工时和人力,同时填补了节水灌溉技术的多项空白。随着公司规模的扩大,他还承担了对新进大学生的培养任务。为开拓大学生的视野,公司派他远赴重庆、贵阳等地考察。针对当地地形、农作物等特点,他与公司研发人员协商,改用压力补偿式灌溉技术,经过大量实验,圆满完成了项目任务,得到了当地用户的好评,同时丰富了公司产品,提高了公司自主研发实验的能力。

到祖国最需要的地方

于文德进公司到现在已经11个年头,他负责设计施工的足迹遍及全国各地,并走向了牙买加、卡塔尔、越南、苏丹等国家和地区。由他负责完成的节水灌溉工程设计达650多项,工程造价达12.6亿元,设计节水面积130多万亩,受益农户26万多户,节水26亿立方米,仅节水项目就创造直接经济效益1.6亿元,防风治沙面积0.36万平方公里。11年里,好多同事都有了自己的家庭,而他因为设计任务多、时间紧,每年有250多天都在施工工地,基本没有业余时间。直到2012年元旦,32岁的他才结婚,婚后他对家庭的照顾也很少。他说:"有时候我也想多陪陪家人,但每当想起狂风肆虐的沙漠,心中涌动的热情让我时刻都想着要与干旱做斗争。"

于文德就是这样一位以节水治沙为人生目标,以奉献家乡、报效祖国为人生理想的平凡人,与戈壁荒滩为伴,与沙漠为敌,独自忍受孤独和寂寞。一分耕耘,一分收获。2009年2月,于文德被公司表彰为"十佳优秀大学生"。2012年5月,他被全国总工会表彰为"全国五一劳动奖章"获得者。2015年4月28日,一枚金灿灿的"2015年全国劳动模范"奖章挂在了于文德的胸前。这位35岁的节水灌溉设计者,把美好的青春奉献给了祖国的干渴大地。

◇ 本文发表于2015年5月7日《酒泉日报》
◇ 作者:许忠贤

张冬冬：滦河踏冰救人

2013年正月初七早上8点左右，我在河北滦县水文站观测完水位发完水情电报，正在整理资料。

突然，有人闯进水文站办公室，开门就喊："小张赶紧的！"我抬头一看，是隔壁的宝才媳妇。听她说话特别着急，表情紧张，我第一反应就是出事了，急忙问："出啥事了？"她说："连友掉河里了。"（连友全名叫丁连友，家住滦县水文站附近，平时没事喜欢打鱼，他掉冰窟窿里也是因为打鱼）一听这个消息，我的心情马上紧张起来。

这时，宝才媳妇返身往外跑。我没有跟着她往外跑，平静了一下心情想办法。"怎么救人？"我头脑快速运转着。根据早晨观测的水位情况，河里封冻了，但由于春节前后河里的冰化开过，这是第二次封冻，冰比较薄，也就两指的厚度。我想只能用绳子，便跑到一楼小办公室，找了根测量用的百米绳。水文站的粗绳子都在北面库房锁着，再找钥匙开库房拿绳子怕是来不及了。救人要紧！我拿起百米绳就往河边跑去。

当我跑到河岸公路上时，发现有位妇女正在大声喊人，有两位男士正在打电话报警。看到我拿着绳子跑过来，他们焦急地跟我说："那人就在下面！"我当时想，这里离消防队太远了，等消防人员来了什么都晚了。这时我顺着他们手指的方向跑下河道，赶到河边时，看到丁连友正在河中心位置挣扎，并不是想象的在河边位置。我看到他在冰窟窿里只剩下脑袋露在冰面上，穿的衣服估计都被水沁透了。丁连友发现我到了河边，在河中心急切地呼喊着我："小张快点！快点！"

我站在河边胆怯了，因为冰太薄，他又在河中心，救他太难了，有太多人因为盲目救人而牺牲了性命。可现如今只有我跑到了河边，只有我离他最近，不管怎么样，我不能见死不救，冒险也得上啊。

我炸着胆子踏上冰面，边慢慢往河中心移动，边解开绳子。开始还没事，河边的冰厚一点。当我走到离岸边20多米的时候，脚下的冰就开始嘎嘎直响。当时我心都有些凉了，很是失望。单位一次次下通知要求重视安全生产，救人也应当讲究策略，不能盲目上阵。我在心里一边分析一边给自己壮胆说：丁连友从这走过去没事，我也不会有事的。再说有人知道我在河里救人，万一出现意外，马上赶到的人员也会接着救援。

开弓没有回头箭。我继续慢慢往前挪动，一边往前走一边注意冰情。当走到离丁连友还剩七八米的时候，我停了下来，边对他喊"别着急，保存体力"边向他扔去绳子。当时我又紧张又着急，扔出去的绳子偏了。第二次扔得离他很近，可不知道怎么的，他就是够不着（后来听他说，因为当时身子都冻僵了，一点劲都没有，胳膊伸不出去）。我觉得离得太远了，想再往近里走走，争取将绳子扔到离他更近的位置。我往前又走了两小步，脚下的冰又嘎嘎作响，冰面有塌裂的危险。我赶紧退了回来。接着，我第三次扔出绳子。这次正好将绳子扔到他跟前，我问他是不是抓住了绳子，他说："抓住了，赶紧拉。"我用力一拉，他的体重加上衣服被水浸透后太重了，百米长绳根本承受不住他的重量，"救命的稻草"断了。我马上整理绳子，琢磨着把绳子双起来继续拉他。

张冬冬正在专心致志做测量

这时，公路上两位男士看我走到那没事，也拿着绳子走了过来，后面紧跟着丁连友的大哥，也拿来了绳子。我回头跟他们喊："别过来，冰太薄！咱们在一起恐怕承受不住。你们把绳子扔给我，我再扔给他。"他们把绳子扔给了我，我又把绳子扔给丁连友。冰面太薄了，把人拉到一半他周围的冰就塌下去了，他又一次掉进河里，反复多次都没成功。

最后，我把绳子连起来，同后来赶到的人一起才把丁连友救上来。我搀扶着把他送回家，把他的衣服脱下，扶他上炕盖上被子。过了会儿，丁连友缓过劲了，激动地说："在冰窟窿里待了最少得有半个小时，你们再晚几分钟我就没命了。多亏小张赶到得及时才保住了命啊！"

听到丁连友向我表示感谢，我紧张的心情慢慢平静下来，方才想起刚才救人过程中那位呼喊救人的女士和两位冒险走上冰面帮助救人的男士。没有他们，仅凭一两个人很难救助成功，可他们都悄无声息地走了，我都没来得及替丁连友说句感谢的话。

◇ 本文发表于 2013 年 2 月 26 日河北水利网
◇ 作者：张冬冬、何玛峰

张广学：里下河边的生命绝唱

走进张广学的办公室，两顶叠在一起的宽檐草帽依然放在办公桌上，整洁的桌子上依然堆放着厚厚的文件和施工图纸，一双沾满泥土的雨靴依然默默地倚在桌脚等待着主人的归来。

听说记者来到了镇上，他的朋友来了，同事来了，爱人也来了，从他们的诉说中，记者似乎看到了张广学生前的点点滴滴。

最后一天——折射奉献一生

7月4日5：00，天微亮，56岁的张广学醒了。虽然身体很沉，但想到连日的降雨，他没敢多躺，匆忙吃完妻子递过来的一碗泡饭，骑上电动车便到各村检查排涝泵的试水情况。

13：00，他骑上车，又到三里泽、孙楼村检查圩堤维修情况。路上遇到老搭档农机站站长田庆华，张广学邀他一起去看排涝泵站。走了一段不长的路，张广学两次蹲下喘粗气，田庆华知道他的身体状况，让他好好休息，尽早去上海做手术，他说等年底工程全部完工后再去。

14：30，苏庄村支部书记高银喜在圩堤上遇到张广学，留他吃午饭，他笑着摆摆手，赶了5公里的路回家吃午饭。妻子看他脸色不好，让他休息一会儿，他说歇不下来。

15：00，张广学在孙楼村与施工队研究如何结合农开路建设提高防汛排涝标准。

16：30，他来到镇党委书记办公室，汇报当前各村防汛准备情况，并提出对防汛排涝工作的新构想。

18：00，他将同村几位建设工人请到家里吃饭，交代排涝站施工的技术要求，反复叮嘱一定要保证工程质量。

20：00，奔波忙碌了一天的张广学倚在床上，看电视里的天气预报，心脏病突发倒在地上，再也没能醒来。

这就是江苏省劳动模范、姜堰市兴泰镇水利站站长张广学生命的最后一天，也是一个水利人20多年忘我工作、恪尽职守的真实缩影。

熟悉张广学的人都知道，早在4年前他就患上了严重的扩张性心肌炎。兴泰卫生院副院长孙克勤说："像他这样的病人早该休息了。"镇领导也多次劝说他尽快去上海做心脏搭桥手术，可他总是说："再等等，再等等。"

他是累倒的。这半年来，先是旱后是涝，张广学几乎没有好好休息过一天。每天早出晚归，深入各村了解指导防汛工作。逝世两天前，妻子还督促他去挂水。可当外面下起雨时，他毅然拔掉针头，一头扎进雨中，奔向防汛重点堤坝进行巡查。

两双雨靴——走遍全镇沟沟坎坎

记者起身时碰倒了倚靠在桌脚的那双雨靴，这个不经意的举动，让我们了解到原来张广学不仅在办公室有雨靴，家中也常备一双雨靴。雨靴是他穿着频率最高的鞋子。

兴泰镇地处里下河水乡，地势低洼。1991年，张广学从薛何村农水技术员调任镇水利站站长满三年，曾遇到过一次特大洪灾，当时暴雨连涨冲毁了10多座圩口闸，全镇8个村大面积农田、房屋被淹，百姓饱受洪灾之苦。

"大水几乎破坏了镇上全部的防水基础设施，水利站的工作重点也分成了两项，除了每年的防汛排涝，其他时间基本上都在强化基础设施建设。"镇水利站副站长王庆云是张广学唯一的同事。按照分工，王庆云负责站内的相关事务，张广学担负所有的对外工作。王庆云说："他工作很认真，不管大事小事总是亲力亲为。"

圩堤建设之初，张广学双腿走遍了全镇37平方公里的土地和108公里长的圩堤。在科学制定建设规划后，他全身心地投入到施工建设中。放样、定线、工程监督，他一天也不肯离开工地；量高度、测坡度，他一丝一毫也不肯马虎。第二年，镇上108公里的圩堤完成土方200万平方米，达到顶高4.2米、顶宽3米的标准。1996年，再次加高加固，达到了"454"的高标准。

每年6—9月，是防汛排涝最紧张的时候，也是张广学最辛劳、最紧张、最繁忙的时期。每天他都蹬上雨靴把圩堤巡视一遍，及时排查隐患。

2009年夏天，他在巡查孙楼村大圩时发现一处圩堤有渗漏现象，随时可能引发崩塌，他立即和随行的村干部一起，跳入水中，灌沙袋、填缝口，杜绝了隐患。

张广学的妻子赵红兰说，不管白天黑夜，只要一下雨，张广学就会丢下一切，穿上雨靴出去巡查，拦都拦不住。而且每次徒劳的阻拦总是换来张广学这样一句话："我是共产党员，我要对党负责。"

有人计算过，张广学每年在圩堤上走的路近 4000 公里。最初，他靠双腿步行，已经数不清穿坏了多少双雨靴，后来换上了自行车，骑坏了 3 辆车，去年年底才换上了电动车。正是张广学的坚定执著，兴泰镇的防汛排涝工作成效显著。近年来，无论水情如何，全镇 22 个圩口无一破圩，形成了真正的"铜墙铁壁"。当地老百姓自豪地说："圩外一片涝，圩内一片绿。"

三根皮带——拽不断心系百姓的情丝

近 3 年来，除了水利工作，张广学还肩负着镇农业综合开发，包括河道清理、危桥改造、公路建设和自来水管网建设，成了名副其实的"多管部长"。2010 年，孙楼村规划了一条机耕路，实地勘探后，张广学提出将机耕路建设与交通路建设相结合的方案。为此，他先后 10 多次跟上级沟通汇报，终于征得上级领导同意，将原来 3.5 米宽的道路增至 4.2 米，极大地方便了群众。

去年 6 月，薛何村与尤庄村有一段圩堤要建闸，因为涉及个别群众的切身利益，工程迟迟不能开工。张广学连续数十个晚上到相关农户家做工作。妻子赵红兰委屈地说，起初有的村民很不配合，张广学去做工作，村民就拽着他的皮带不让进门，仅仅几天时间，皮带就被拽断了 3 根。遇到个性暴躁的村民，甚至还拿耙子赶他出门，幸亏同行的人将耙子抓住，否则耙子就砸到脑袋上了。

尽管这样，他每天还是乐此不疲地往农户家跑，有时候还拎着两瓶酒，买点熟菜去村民家。不管村民对他态度如何不好，他总是耐着性子，继续对他们动之以情，晓之以理，终于化解了矛盾，工程得以顺利开工。

兴泰镇原副镇长钱荣凤谈起张广学为民办的实事如数家珍。就在上个月的一天，张广学检查完防汛排涝工作后，忽然想起新落户的景春鸽业要设计下水道，他赶到施工现场，帮助规划设计，一直忙到中午 12 点多钟。主人留他吃饭，他说什么也不肯，回到食堂时，已早过了饭点。

张广学逝世后，近千名干部群众自发到他家里为他送别。姜堰市总工会、姜堰市水利局纷纷发文，要求在全市范围内开展向张广学同志学习活动的决定。

一份复印件上记载着一组数据：……1991 年始，改建圩闸 16 座，新建圩闸 65 座，改建农村危桥 24 座，新建排涝泵站 34 座；新建道路 45 公里，公路桥 36 座，惠及全镇 6 个村庄、3.2 万亩农田。

这一组数字，诉说着张广学用生命铸造治水安澜的水利绝唱……

◇ 本文发表于 2011 年 8 月 23 日《中国水利报》
◇ 作者：潘杰、曹海明、程瀛

张国泉：汗洒峰白河

今年50岁的张国泉，在湖北省洪湖市峰口镇水管站工作30余年，担任站长12年。丰富的工作实践使他对峰口镇的水系布局了如指掌，每一处涵闸、生产桥、电排站的运行情况都在他心里，称得上是峰口镇的"水利活地图"。

特别是在2008年8月启动的洪湖市峰白河疏挖扩浚和护砌整治工程中，他的竭心尽力让每一个参与整治工程的人都由衷地竖起大拇指。

峰白河是贯穿峰口至白庙的一条骨干排灌渠道，开挖于1976年。32年来未疏挖整治，河内杂草丛生，河床淤塞，排蓄能力下降，水体污染严重。为有效改善峰白河沿线村组的生产条件、生活质量和生态环境，洪湖市水利局组织力量对峰白河12.5公里的河道进行全面疏挖、护砌。峰白河是一条主渠道，与之相连的沟渠很多，且全在疏浚整治范围之内。在施工过程中，涉及取土、占地、拆屋、迁坟等工作，非常繁琐复杂，有很多需要协调处理的事情。作为峰口镇水管站站长，张国泉觉得自己有责任、有义务冲锋在前。他主动找到峰白河整治工程指挥部，要求参与施工过程中所有细枝末叶的协调服务工作，一方面把群众的意见带上来，一方面把工程指挥部的意见传达下去，为工程当好向导和调解员。

果然，工程一开始，各种各样的麻烦事接踵而来。打坝时，要临时占用河道边的耕地，他立马找农户做工作；捞草时，水草堆在了旁边的菜地里，他上门跟主人说好话；排水时，水泵、电机出故障，他赶紧接来电工师傅；清淤时，挖掘机紧缺，他托熟人、找朋友，调来几台。他带着水管站的职工们，来回奔波在施工场地上，想方设法协调解决问题。只要听说哪里出了麻烦，他二话不说，立马赶到现场。"有麻烦，找老张"，成了大家的口头禅。

在清理河岸障碍物时，部分老百姓对拆屋、迁坟等事情不能理解，对上门的工作人员不是躲就是骂，抵触情绪很严重。张国泉一班人磨破了嘴皮，喊哑了嗓子，讲政策法规，说人情好话，挨家挨户地做工作。遇到实在说不通的群众，他们就利用晚上的时间，找到家里，跟对方一起掰棉花，聊家事，在轻松愉快的谈话中宣传峰白河整治的好处，分析眼前利益与长远利益的区别，让这些群众转变思想观念，意识到河道整治是关系自己切身利益的大好事，从而给予支持。

峰白河水主要经新台泵站向外排出。排水过程中，河面水花生草的清理工作一直令人十分头疼。张国泉带着水管站几名职工，调运了两台挖掘机，守在渠道旁，不停地打捞。水花生草又滑又重，挤压在一起，散发着一股股难闻的臭味，水草上渗透出来的汁液沾到皮肤上，还令人瘙痒不止。但是，他们顾不了这些，拉的拉，推的推，每个人身上都弄得臭烘烘、湿淋淋的。今年10月3日，在水流的冲击下，大批的水花生草把离新台泵站不远的简易红花桥挤塌了。随后，顺水而下的水花生草越积越多，越堆越厚，形成了一座3米多高的草坝，完全堵住了排水的出路。看着这道草坝，大家心急如焚，张国泉的神经更是绷得紧紧的。在接下来的三天四夜里，他和水管站的职工寸步不离红花桥，日夜不停地打捞水花生草，累了就歪在田埂上休息一会，饿了就吃送来的盒饭。直到草坝彻底清除，渠道顺利排水，他们才松了一口气。

一天夜里一点多钟，工地打来电话，原来在红花电排站打坝的时候，有一位老人阻止工程施工，睡在了挖掘机前面。张国泉一听立刻赶到现场。经了解得知，挖掘机挖土打坝的时候占用了老人的菜地，对方想要点补偿费。张国泉好言相劝，护送老人回了家。第二天，他带领工程指挥部的人员再次登门，心平气和地与老人谈好了菜地补偿问题。

在积极主动做好协调服务工作的同时，张国泉还利用自己在峰口镇多年的水利工作经验，对施工过程中的某些环节提出合理的意见和建议。为抽排河水，峰白河共打拦水坝19座，每一处都是在张国泉的建议下选定坝址的，这样既为施工方节省了工程费用，也加快了工程进度；他还根据排水的需要，组织水管站人员填好了几处小型拦水坝，大大缩短了排水时间。峰白河有几处河段地势较低，又没有合适的排水口，水始终排不出去，影响了工程的进展，施工方为此十分焦急。张国泉仔细查勘地形后，建议采取排串水的方法，先架设潜水泵，将低洼地段的明水排到邻近较高地段的围堰里，然后再抽排出去，有效地解决了排水问题，及时为施工方解了难。

峰白河整治工程开工以来，张国泉就全天候地扎在工地。每天，他总是第一个上工地，最后一个才离开，经常加班到深夜，有时甚至彻夜不眠。有人问他："上有指挥部，下有施工队，你一个地方水管站长，有必要这么拼命吗？"他乐呵呵地说："身为水利人，我责无旁贷。能为老百姓做点实事，再苦再累也值得！"

◇ 本文发表于2008年11月11日《中国水利报》
◇ 作者：刘爱华

张建设：疏勒河畔的坚守

在疏勒河畔的茫茫戈壁上，有一种名叫红柳的植物，它没有伟岸的身躯，没有婀娜的风韵，却有着最执著的根蒂与戈壁紧紧相依，能耐得住风寒，守候无人的荒漠，增添绿色的希望。

多年来，甘肃省疏勒河管理局双塔灌区管理处西湖灌溉管理所副所长兼北河口管理段段长张建设，就好似这红柳，扎根荒无人烟的疏勒河畔，将自己的青春无怨无悔奉献给水利管理事业。

2月14日，人们还沉浸在节日的欢乐中，张建设却放弃与家人相聚的机会，提前来到北河口灌区，开始巡护长达20多公里的干渠和支渠，为即将开始的春灌做准备。他告诉记者："瓜州冬旱，土地墒情不好，如果春灌不能正常进行，西湖灌区的农民将无法按时下种。"每年春灌和秋灌期间，从上午7时到凌晨1时，张建设每天都要进行4次巡护，一年下来，仅巡渠的路就要走2万公里以上。

张建设管理的北河口管理段，位于疏勒河下游瓜州县双塔灌区最西端，距瓜州县城75公里，离最近的环城乡西湖村也有30多公里，是疏勒河流域双塔灌区最偏远的一个站段。这里荒无人烟，冬天寒风刺骨，夏日酷暑难熬，然而就是在这样异常艰苦的条件下，张建设却坚守了10个年头。

通往这里的路一半是砂石路，一半是崎岖不平的土路。每年7月至9月，为给下游自然保护区输送生态水及排洪需要，西湖北河口通往外界的唯一土路经常被冲断，这里就成了名副其实的"孤岛"。许多去过北河口的人都说："这样的环境，别说是工作，能坚持待一天都难。"

然而10年来，张建设管护的水利设施从没有出过差错，西湖灌区4万亩耕地有了最大限度的灌溉保障。国有敦煌农场西湖分场场长陈光富说，如果不是张建设数年如一日仔细巡护和坚守，西湖灌区的群众很难有今天的好日子。如今，西湖村已成为瓜州县最富裕的村，西湖农场的职工年收入最高能达到10多万元。

疏勒河管理局局长李峰说，自1984年以来，张建设在基层水利战线上已经度过了30个春秋。其间，他当过水库大坝安全管理员、渠道巡护员，也当过汽车驾驶员和灌区管水员，但无论在什么岗位，他都兢兢业业，勤勤恳恳，尽职尽责，从未喊过苦、叫过累，始终以共产党员的标准要求自己，并以优异的工作成绩，赢得了职工群众的普遍好评。

在西湖灌区，群众大多不熟悉灌溉技术，节水意识较差，工作开展难度大。为管好水，让群众用好水，他经常深入各村组，向大家宣传、讲解水利法规、农田灌溉用水知识及常规节水知识。他还与一些"困难户"交朋友、结对子，帮助他们解决生产生活上的困难，成为辖区农民群众信赖的"贴心人"。

西湖农场王天贵一家是岷县移民，生活困难。张建设把他家作为联系户，自己掏钱给他家买化肥、买种子，并动员王天贵承包农场50亩土地，种上了棉花、蜜瓜。如今，王天贵一家的生活一年比一年好。

张建设工作之中毫不松懈

每年春灌开始，疏勒河古道冻结了半年的巨大冰块，会随着渠水浩浩荡荡向北河口管理段的闸口冲来。十几厘米厚的冰块堵塞在闸口，抬高了水渠水位，不及时破冰，不但会毁坏渠道，影响春灌，还会威胁到下游群众的生命财产安全。为此，张建设每年都要守在闸口，手拿钢钎，将一块块冰块破开。

2013年3月的一天，他带领几名群众在闸口破冰时，上游来水突然加大，几块大的浮冰堵住了闸门口，钢钎够不着，无法破除，水位不断上涨，眼看就要漫过防洪坝顶。危急时刻，张建设二话没说，穿上救生衣就跳进水里，奋不顾身地向前游去，除去了堵塞的冰块，疏通了闸口。当大家把他拉上岸时，他几乎快要冻僵了。大家心有余悸地说："老张啊，你简直是不要命了！"张建设却笑笑说："我是水利职工，保证工程运行安全，是我的职责。"

张建设的妻子也在基层水利单位工作，经常不能回家，孩子、老人无人照顾，组织上考虑到他的特殊情况，多次提出调他回城，都被张建设婉拒："我对北河口的情况最熟悉，不放心这样一走了之。"

张建设正是用他的坚守，换来了水利工程的安全运行、换来了下游生态环境的改善和百姓的安居乐业。自 2001 年以来，他年年被评选为先进工作者、优秀共产党员；2010 年、2011 年连续两年，被省直机关工委授予"优秀共产党员"称号；2011 年 5 月，他荣获甘肃省"五一劳动奖章"称号；2012 年，他光荣当选省第十二次党代会代表。

◇ 本文发表于 2014 年 2 月 26 日《甘肃日报》
◇ 作者：张革文、鲁峰

张利军：灌区"高手"

在"七一"入党介绍他的情况之前，我一直认为，他只是一个普通的同事。

我们对他都很熟悉，瘦小的身材，白净的脸庞，戴一副眼镜，虽然来内蒙古河套灌区管理局机关已经10年，可他至今看起来仍像是一个刚毕业的斯文大学生。大家都习惯了，当电脑有故障、网络不流畅、手机有问题，甚至是内线、外线电话不能正常使用的时候，都会不由地叫他："小张，快来给我看看，我着急要用。"这样的情景，只要他不下乡，在管理局的机关里，每天都会上演很多次。他总是楼上楼下不停地跑，给每个人耐心细致地解决问题。

尤其是遇到高难度问题，我们第一个想到的就是他。我常叫他"高手""大侠"。可是我今天第一次知道，30出头的他，已获得众多殊荣。作为软件工程师，曾获得内蒙古自治区人民政府科技进步三等奖和巴彦淖尔市科技进步一等奖、二等奖，被确定为全市第二批学术技术带头人等等。张利军荣誉很多，却没发现他身上有光环的影子，和平时一样，哪里有困难他就冲到哪里。

这一天，我突然觉得他很陌生，作为老大姐的我不由得要仰视他，听了他那很平常的故事，更加敬佩他。

工作中，他是拼命三郎。经常是别人下班，他开始下乡。别人早晨上班，他是头一天晚上才加完班。记得2011年河套灌区管理局从旧址迁到新大楼时，由于突发性电源故障，全系统瘫痪，上百万元的设备有可能报废，而且灌区在相当长的时间里没有内网电话，这将严重影响到正常工作。他在没有任何资料的情况下，通过各种技术手段，远程和外地联系抢修，奋战几个昼夜，最终挽回了巨额损失。

在水务大楼工作的11个单位近1000名干部职工，并不知道电话、网络的畅通无阻，是因为张利军和他的战友们玩儿命地架接起横贯河套灌区东西250公里、南北60公里的信息化网络，承担起共计107处水情采集枢纽、305处水位采集站、290处闸位采集点、156处所段站几十米高的通信塔架及水利专网的运行维护工作。他们还承担着水费计收系统、灌溉水量调度系统、水利工程管理系统、电子政务系统等软件系统的开发、推广及水资源信息化、防凌防汛、水务供水等技术支持和指导。身为内蒙古大学毕业的高材生，如今成为一流的软件工程师，张利军身先士卒，坐在办公桌前编写程序，思维敏捷。爬墙上树架接电缆，他身手矫健，风樯阵马。

生活中，他是幽默大王。有一次他和同事正在与联通公司现场商讨搬迁方案，媳妇打来电话说马上要生孩子了。他匆匆赶去，不到两个小时，又回到了工作岗位。他自己调侃说："我没有奶，在医院也没什么用。"他继续在冰冷的机房里，坐在地板上，调试各项设备直到第二天凌晨。他常说，这算什么，比起天寒地冻时爬在几十米高的杆子上，北风呼啸，手脚冻僵，吹得摇摇欲坠，这些都不算苦。遇到哪天风大，同事们开玩笑说："今天你可得多穿点儿，要不在半空中被大风吹跑了。"他一脸不屑，说自己早习惯了。没有一种豪言壮语能够比得上乱蓬蓬的头发、布满血丝的眼睛、写着疲惫的神情带给人们的心灵震撼。

老一辈水利人拿着箩头扁担创造了总干精神，年轻一代用改锥键盘践行了总干精神，一代又一代水利人用无私、奉献、求实传承了总干精神！

这个熟悉的人，在我眼里那么陌生。我不知道，他什么时候获得了这么多荣誉，也不知道，他一直在坚持学习。考上了内蒙古大学在职硕士研究生，他仍坚持在基层一线的最前沿，爬杆子、架电缆、调设备连轴转，用实际行动书写着总干精神的实质：苦干、实干加巧干！干就要干好，干就要干成。

真心为他点赞！

◇ 本文发表于 2015 年 7 月 8 日《中国水利报》
◇ 作者：代蜀梅

张玲：灾区孤儿的爱心妈妈

38岁的张玲，1999年从部队退伍来到淮委后，一直在后勤服务中心从事收费员工作。

2011年春节前夕，张玲从《淮河晨刊》的报道中获悉，在蚌埠市美佛儿国际学校玉树班学习的灾区孤儿中还有7名孩子没有结对到爱心家庭。于是，她放下手头所有的事情，立即赶到学校，办理了助养手续，把一个名叫东周才仁的男孩领回了家。她带孩子理发、买衣服、逛超市，晚上睡觉怕东周才仁冻着，她带着孩子睡在主卧，让爱人和儿子睡在另一个房间。春节期间，全家和东周才仁一起包饺子、吃年夜饭、看春晚、放烟花，让孩子在地震后第一次找回了家的感觉。

开学前，张玲又为东周才仁准备好学习用品、零食和零花钱，并把自己的手机号、家里和办公室的电话号码都写在他的记事本上，嘱咐孩子有事一定要打电话。每逢周末，她都要赶到孩子寝室，帮他整理床铺和个人卫生，叮嘱他好好学习，照顾好自己。

转眼到了"五一"假期，全家又带着东周才仁去淮河文化广场、龙子湖公园游玩，做他最爱吃的红烧牛肉……在张玲的关爱下，东周才仁逐渐走出了因地震失去双亲的阴影。

2012年，东周才仁前往北京中华儿慈会孤儿救助中心就读。距离远了，平时只能在电话里关注他的学习和生活，张玲感到非常失落，于是又和美佛儿国际学校协商，助养了另一名玉树孤儿——桑丁。

桑丁是个心事较重、比较内向的孩子。寒假接回后，张玲试着和他聊天，刚开始他不爱说话。晚饭后张玲便坐到他的旁边，以他和儿子正在玩的电脑游戏为切入点，讨论着怎么过关、需要什么装备……渐渐地，孩子活泼起来，露出了笑脸。

张玲给孩子们排好作息时间，看书、游戏、外出活动，全部安排得井井有条。桑丁最开心的是去山东卧虎山滑雪场滑雪，一路上桑丁手舞足蹈、欢呼雀跃，别提有多高兴了。

张玲热心抚养地震孤儿的举动感动了全家人，连远在南京的姐姐也成了一名张玲善举的坚定支持者。2013年春节前，张玲的爱人要去南京住院做手术，此时最让她纠结的是：桑丁怎么办？桑丁来蚌埠两年多，第一个春节是在怀远的一个爱心家庭度过的，第二年在张玲家，第三年难道又要去另一个不熟悉的家庭吗？张玲舍不得也不放心！于是她便与南京的姐姐联系，要带两个孩子一起去过年，姐姐毫不犹豫地说："去学校接桑丁吧，家里住得下。"姐姐家也是一个男孩，三个小家伙很快就玩到了一起，整天摸爬滚打，玩得不亦乐乎。现在，每逢假期，三个孩子就嚷嚷着要聚在一起。张玲常说："我要感谢我的家人，他们的理解和支持，是我助养地震孤儿的强大动力！"

去年暑假，桑丁从玉树回来，张玲去接时发现孩子浑身都是红疙瘩，有的部位已成片发炎溃脓，便从火车站直接赶到三院检查。原来，桑丁在老家住在牛毛帐篷里，平时接触牛羊又较多，被牛羊身上的寄生虫感染了。张玲按医生开的药，每天按时给桑丁清洗敷药，十多天后慢慢消除了炎症，她才放下心来。

张玲带着孩子们一起购物

四个年头过去了，桑丁长大了、懂事了，有事没事也会主动打个电话说说学校的事情、问问家里的情况，还特意在张玲生日那天，发来了问候短信。

张玲常说，照顾孤儿虽然累，但收获的亲情更多，只要孩子健康成长，所有的付出都是值得的！

多年来，张玲在做好本职工作的同时，一直坚守着那份爱心。这份爱的守望撑起了地震孤儿的一片蓝天，也让我们心里涌动一丝久违的感动。

◇ 本文发表于2015年7月10日淮河水利网
◇ 作者：余文胜

张猛:"城市肠道活地图"

在武汉江汉区纵横交错长达 600 多公里的污水管道中,有 100 多位疏捞工人,他们不分昼夜地维护着管网的运行,江汉区水务局疏捞工张猛就是其中一位。

28 年疏捞作业,张猛对辖区地下 600 多公里的排水管道的水流方向、管径、堵塞物等了如指掌,他还自编了武汉首部疏捞工作指南《张猛疏捞手册》。2010 年 3 月,中央电视台《人与社会》栏目在黄金时间段,先后三次播出了张猛的专访节目,他被同事们昵称为"最牛地下工作者""城市肠道活地图"。近年来,他被授予"全国五一劳动奖章"、"全国先进生产工作者"等荣誉称号。

下到 3 米深污水里掏淤

2012 年 6 月 10 日上午 9 时许,阳光明媚,汉口建设大道青年路与新华路交会处车水马龙。少有人注意到,路旁重达 80 公斤的 17 号窨井盖被掀开了,一个直径 0.7 米的黑洞赫然出现,伴随着地底下"哗啦啦"的流水声,不停往外冒出黑气泡和刺鼻恶臭。

突然,黑洞中钻出一个人来。1 米 6 左右个头的他头戴防毒面具,"哈!好香啊!"来不及卸下身上的装备,他一把拉下防毒面具,贪婪地猛吸了几口空气,在窨井里,尽管戴防毒面具,也挡不住那难闻的臭味。

他们打开井盖,检测气体成分——"吱-吱",井内有毒气体通过气体监测仪,反应为正常值以内,可以下井作业。张猛穿好潜水服,戴上防水头灯和防毒面具,背上氧气瓶,工友们还在他腰上系一根白色安全带。他抓着这道绳索缓缓下滑。瞬间,他下到的最深处达 5 米多的黑暗中。那里是污泥、黑水、毒虫的世界,充满了不可知的东西。一个多小时过去了,他清了 20 多竹篓的堵塞物出来。

"遇到必须下井清淤泥的活儿,基本上都是班长(指张猛)给包了。"和张猛共事 10 多年的杜先礼说。28 年来,他平均每个月都要下井一次。

大年三十掏粪水

"有渍水找张猛。"这句话在江汉区一百多个社区几乎家喻户晓。2010年,大年三十上午9时许,寒风吹冻江城,气温降到0℃左右。天门墩路十号大院内污水横流,纸屑、粪便等污物让整个大院臭气熏天。

按理说这是单位自管房,不属于水务局所管范围,但是张猛和5个突击队员接警后赶到现场,二话没说,趟着粪水就挽起袖子,一个一个揭窨井盖,打签子,摸出口。冰凉刺骨的污水浸湿全身,到中午12时,仍没疏通。

张猛苦中犹乐

"家里还等着吃年饭呢!"又累又饿中,有队员开始焦急起来。这时,一男子捂鼻路过,嘴里骂骂咧咧:"平时不搞,过年搞,图什么表现啊!"当听说这里不是排水队管时,还肩一耸说:"不是闹环境(捞钱),你们鬼才来!"

专心致志的张猛

有的队员气得忍不住:"我们这算什么事,大过年的,跑到这来听风凉话!"张猛一边安慰队员,一边笑哈哈地说:"我身上正流着汗呢,他就来了一串风凉话,正好给我降降温。"

下午 3 时多，管道终于通了，因巷子窄，疏捞设备进不来，张猛硬是和突击队员用几个篓子，把堆放在院内的粪便和渣滓，一篓一篓地抬到 100 多米外的淤泥运输车上。

有人问张猛，你听到风凉话，心里委不委屈？张猛一笑，说："地下的管道要疏通，心里头的思想也要常'疏通'。地下管道通了，老百姓心头的堵也就通了，带情绪下井只会堵上添堵呢！"

甘为路标

2011 年 6 月 18 日，张猛正在值班，接到新华下路泵站报警，新华下路立交桥下告急：因雨水过急，受到城市市政设施排水能力的局限，地下管网下游水位高位运行，大大阻碍了泵站泄洪效率，很快立交桥下的渍水最深处就达 3 米多。交通被阻断，10 多辆汽车泡在水中。在此危急时刻，张猛一面吩咐同事用沙袋筑起大坝，阻断雨水涌进，一面站在齐腰深的污水中，充当警示"路标"，直到 8 个小时后水位下降，他才发觉被树枝划破的小腿开始溃烂，隐隐作痛……

"大暴雨三四天里，我家都断粮了，他只送回一箱方便面……"说起 2004 年夏天那场暴雨，张猛的爱人易丹颇有"怨言"。渍水排除后，张猛回到家，整个人都瘦得让家人认不出了。江汉区排水队副队长曾燕飞说，每当下大雨时，张猛总是第一个跑到队里集合，20 多年一直这样坚持。

编出全市首部疏捞排渍手册

老城区 T 字形管道是疏捞"老大难"，20 多年一直没有好的解决办法。现在，这个难关被张猛解决了，他还发明了新方法。

2001 年 1 月，黄陂街陈记餐馆前污水横流，张猛爬进 800 毫米管径的管道中，淌过激流，爬行十多米远，把卡在直径 300 毫米支管里面的十多根断竹签取出来。

等他爬出井口，脸上沾满淤泥，黑的多白的少，同事打趣："伙计，你怎么眨眼就变成包公了？"他咧着嘴笑："包公是法官，专管地上的不平，我是阎王，专管地下的不通！"

歇了一会儿，他突发奇想：过去因为堵塞不能绞管（机械疏通），不能绞管是因为摸不到（断在管道里的）竹签，不能上刷板（一种疏捞工具），如果我在主管内把签子引出，接上钢丝线，不就可以绞管了吗？他一拍大腿，再次下井，反复试验，困扰该区域 20 多年的难题不但解决了，一种新型疏捞法——三道弯疏捞法也诞生了。目前该方法已被排水队所有疏捞班采用，每年可节省管道改造资金 10 万元以上。

"把死东西用活是张猛的拿手戏。"和张猛同时进入排水队的职工吴祥华说，张猛在工作过程中发明创新的疏捞法不下十种。

张猛一直随身带两个本子，一个用来做维修记录，一个用来记载每次维修后地下管网的分布情况。2010 年，他将 20 多年来记录了 50 多本的图表、数据收集起来，"白天忙疏捞，晚上忙编书"，以张猛工作笔记汇编成册的《张猛疏捞手册》诞生了。手册中详细列举 18 条主次干道中易堵地点彩色示意图，如：中山大道有 7 个堵点，其中民意一路到民意四路之间有 4 个堵点，分别位于农业银行、圣子王蛋糕店等门口；堵塞原因：管道老化塌陷；解决办法：需要改造……每条路段示意图都精确到 2 米以内位置。

张猛说，编这本册子并不想得什么好处，主要是给其他疏捞工们提供帮助和参考，免得走弯路。

这是武汉市第一部疏捞工作指南手册，里面有全市迄今为止最为精确的城区地下管网堵点指示图。

"管道通了，老百姓心中的疙瘩就解开了。"47 岁的张猛——武汉江汉区水务局排水队质量检测员，把这句话当做座右铭，牢记在心，并告诉每一个同伴。

◇ 本文发表于 2014 年 11 月 10 日中国文明网
◇ 作者：胡文明

张生贤：用生命诠释敬业的水利工程师

约 10 平方米的办公室，除了电脑桌、书柜、沙发之外，已然没有一丝有生气的物品，这般冷清似乎是在感伤故人的别离。唯有电脑桌旁一张合影照片勾起了熟知他的人的许多回忆。

"张总要是对自己稍微好点，现在就还能在这继续办公呢。"身旁的人念叨着。在这张照片里，我们看见张生贤这个温和敦实的汉子，手拿着奖状，嘴角微微抬起，憨憨地笑着，眼神里透着一丝淡然。

就在去世前一个礼拜，张生贤病床前还放着《广东省小流域综合治理工程初步设计报告编制指南》的初稿，不断地修改、完善，直到生命最后一刻。2013年 6 月 29 日，心脏支架手术做完没多久，张生贤因为心心念念想着工作，就跟家人说自己恢复得差不多了，可以出院了。在他的坚持下，上午办完出院手续就回家了，下午突发心肌梗死。

张生贤，一位平凡的高级工程师，就这样走了，带着对家人、对工作、对同事的爱和不舍。同年 12 月，张生贤荣获广东省 2013 年度下半年"广东敬业奉献好人"称号；2014 年 1 月，中共广东省委追授张生贤"广东省优秀共产党员"称号。

"等我长大了，一定要把黄河水引到村里来"

张生贤出生在甘肃省白银市靖远县北滩乡一个偏僻的小山村，全村饮水和灌溉用水都靠一眼山泉解决。尽管黄河从靖远县穿过，但对于深山的乡亲来说，黄河水是那样可望而不可即。

"老张以前跟我说，小时候，有一次他给家里放羊，走了很久，第一次看到远处的黄河，他在那里站了很长时间。当时，他就暗自许下一个心愿，等他长大了一定要把黄河的水引到村里去，让乡亲们不再为水发愁，不再靠天吃饭。"张生贤的爱人刘亚菽，清楚地知道丈夫的志向。

1978 年，张生贤高中毕业正赶上全国恢复高考，他成了北滩乡第一个大学生。当老师问他准备填报哪所大学时，他毫不犹豫地说："水利院校！"问到原因时，他说："我想将来用自己学到的技术把黄河水引到北滩来。"张生贤终于得偿所愿，成为武汉水利电力学院农田水利工程专业的一名学生。

1985年7月，张生贤研究生毕业，因成绩优异，被分到了湖北省水科所工作。毕业进大城市，这让很多同学羡慕不已，可他心里却总有一个未了的心事：引水到家乡，让乡亲们不再为水发愁，什么时候能够实现呢？优美环境和舒适生活没有让张生贤动心，他最终鼓起勇气向领导提出调回甘肃老家从事水利工程设计的想法。1989年9月，张生贤调回了白银市水电设计院工作，成为当地有史以来第一位具有硕士学历的科技工作者。

实现自己心愿的机会终于来了。20世纪90年代初，领导安排他参与兴电灌区续建配套与节水改造项目的设计工作。他一方面抓紧时间深入实地调查研究，了解当地用水需求；另一方面，积极向有关领导和水利专家反映当地群众用水情况，并提出解决方案。在项目审查会上，他通过水量平衡计算和

张生贤利用一切时间学习

科学分析论证，大胆提出灌溉规模从15万亩扩至31万亩的建议方案，力主把兴电灌区从中型灌区提升为大型灌区。由于他所提方案论据充分，科学合理，又切合实际，得到了与会专家和有关部门的认可，项目上报到水利部后，很快获得国家立项和资金支持。工程启动后，他又经常翻山越岭，深入施工一线勘查地形，不断调整完善引水方案，满腔热情地投入到工程建设之中。扩建改造完成后的兴电灌区，使靖远县几个主要产粮区彻底结束了靠天种粮的历史。

张生贤终于实现自己的愿望，把黄河水引到家乡去了。

"做事情，要勇于承担，要尽心尽责"

一年四季总是穿着一双凉鞋，平时很少看病吃药，200多斤重的东西，他能一口气扛上5楼。在许多同事看来，张生贤体壮如牛。但是在共事过程中，大家才慢慢了解到，他有严重的恐高症。

"张总虽然有恐高症，但是面对工作，他总是会尽力把事情做到最好。"62岁的王穗康离开工作岗位已经2年了，在得知张生贤病逝之后，特意跑到设计院回忆起与张生贤的往事。2004年2月，张生贤作为引进人才，从甘肃省水利水电

设计院调入广东省水利电力规划勘测设计研究院，从此与王穗康成了同事。

韩江东山水利枢纽属于韩江干流的第二个梯级电站，位于广东省梅州市丰顺县，是张生贤参与组织设计的工程之一。2008年8月初的一天上午，9点左右，已经调至设计院工程咨询部的张生贤出差专门绕道来工地看施工情况，让在工程现场的王穗康惊诧不已，因为这个工程现在已不归他负责了。"只要电站施工建设没有完，我还是放不下心来。"连茶水都还没来得及沏，张生贤就急着拉王穗康一块去工地。

在不到500米长的围堰堤上，张生贤用了半个多小时走了几个来回。走到拦河闸已经11点多了，此时烈日当空，天气酷热，他又要求上拦河闸启闭室的排架上面看看倒悬体有没有加钢筋。启闭室排架有10多米高，上下只有简易的施工临时爬梯，人走在上面都感觉到晃晃悠悠的。"走到爬梯口时，我正想说他既然有恐高症，就不要上去算了。话还没出口，

张生贤与同事们一起检查户外设备

他的右手已经搭在我肩膀上，如要绑架劫持我一样，我们不上也要上。"回忆起当时的场景，王穗康仍是佩服至极。一上到排架，一股热浪扑面而来，整个工地好像蒸笼一样。一边是炽热的阳光，一边是密不透风的安全帽，豆大的汗珠从额头上、脸上往下流，衣服早已被汗水湿透，但张生贤完全没有感觉，仍在认真地检查梁板钢筋，直到看见倒悬处确实加了钢筋，他才露出满意的笑脸。

"当他上爬梯、下斜坎或者下楼梯时，他的右手都会紧紧抓住我的肩膀，整个人的力量基本压在了我身上；左手时不时捂住胸口，大口喘气。这时我才发现张总的恐高症真是很厉害。"面对张总如此负责地对待工作，王穗康已经说不出是感动还是敬佩。

"别人工作是为了生活，而对他来说生活就是为了工作。"在同事们的眼中，张生贤工作起来是没有作息时间的。在办公室加班，经常是保安来催促要关灯，他才知道自己该回家了。

01:40、02:13、04:11、05:03……在水利普查期间，张生贤编译的几十张数据审核模板文档自动计时都定格在了这些时间。看着一张张原始电脑记录，设计院副院长滕军感动不已：原来每一个程序的编写，张生贤基本是在深夜或凌晨完成的。而这一切，他却从未向领导提起过。当滕军叮嘱他要注意休息，不要加班太

晚时，他却说："习惯了，没事的。"

"做事情，要勇于承担，要尽心尽责。"这是张生贤常对同事说的话，而他自己都先行做到了。

"干工作要严谨，但更要有创新，要'实干＋巧干'"

"张神仙"，是同事对张生贤的昵称。这不仅是因为"生贤"跟"神仙"谐音，更重要的是在同事们眼中，他有着"神"一般的技术水平和创新能力。

在很多人对 Excel 还很陌生的时候，他却已经应用自如。为了确保隧洞设计中的洞径计算精度，减少工作量，他在甘肃省设计院工作时，还总结摸索了一套更加简捷可靠的洞径计算方法。至今，甘肃设计院的技术人员仍在应用这套方法。

1992年，张生贤在工作中发现设计人员制图时，采用图板、丁字尺、三角板等配合使用很不方便，效率不高，操作也很辛苦。他经过一番认真思考、琢磨后，大胆提出将丁字尺与图板结合起来，设计制作一个高效作业台的想法，并很快研制出轻便型组合式制图板。样件完成后，他又组织人员反复试验，终于使当初的设想得以实现。1993年，该项成果获得国家专利。

2000年7月，张生贤从白银市水电设计院调到了甘肃省水利水电勘测设计院。工作不久，他凭借扎实的专业功底，很快成为水电站工程设计的业务骨干。2000—2002年，他先后担任了黑河龙首二级（西流水）水电站工程和小孤山水电站项目负责人。西流水水电站坝址地形奇特，是国内第一座采用辉绿岩堆石筑坝材料的面板堆石坝，工程设计施工难度很高；小孤山水电站是甘肃省水电建设史上第一座完全地下式厂房。张生贤带领他的团队跋山涉水进行实地勘测，反复优化设计方案，填补了该院设计史上的技术空白。

2010年，全国开展第一次水利普查，张生贤作为技术负责人抽调到广东省水利普查办参加普查工作。面对普查初期上报的370多万个清查对象和繁多的表格，张生贤体会到了专家审核数据的辛苦。面对随后会不断更新的庞大数据，张生贤也意识到了数据质量把控的重要性。如何解决专家审核数据的劳动强度问题？如何把好数据的质量关？如何指导县级普查员准确地填写普查表？一个个问题开始在张生贤的脑袋里打转。

有了想法，张生贤说干就干。他白天出差下基层踏勘现场，收集第一手资料，晚上着手研究审核软件系统。一个个不眠之夜，他不断地在计算机里导入和查看数据；一个个周末，他在电脑桌上编写审核程序；一个个节日假期，他在验证着程序的准确性。2011年的除夕之夜，本该是家人团聚庆贺的时间，但晚饭还没有吃完，张生贤就说要回家去处理事情。好不容易和爸爸能待在一块的儿子更是不高兴了:"老爸,你怎么总是这么忙,春节都不休息?"面对儿子的不满,张生贤满怀歉意:"真对不起,爸爸要赶回去工作,等我忙完了手头的事情,再好好陪你们。"其实大家都明白,张生贤又去研究他的软件系统去了。就这样,在这近一年的时间里,张生贤绝大部分时间都在水利普查的数据大海中遨游,在数据中寻找着规律,在规律中寻找着审核程序的突破口。2011 年 11 月底,张生贤研发的水利普查审核软件包终于面世了。它汇集了 35 种程序,涵盖了广东省 6 个专项所有普查表,数分钟就完成了全省普查数据审核。

"太好了,这可以为全国水利普查工作节约一个多月的时间!"2012 年 2 月 2 日,春节刚过,国务院水利普查办副主任庞进武在听取张生贤的普查数据审核辅助系统汇报后,拍着他的肩膀高兴地说。在之后的一个月内,张生贤及研发团队常常加班,不断完善软件包的程序。3 月 5 日,审核辅助系统在国务院水普办网站挂出,作为第一次全国水利普查第一个专用审核软件,在全国使用。全国 32 个省级、358 个地级及 3500 多个县级水利普查机构,安装了该审核辅助系统达 3.65 万套,审核操作 47.8 万次。2013 年 3 月,该系统获广东省水利科学技术一等奖。

"张总的技术水平真的是太神了,经常是第一个吃螃蟹的人!"与张生贤共事过的同事经常这样夸赞他。而在张生贤看来,"干工作要严谨,但更要有创新,要'实干+巧干'"。

"没事的,你去做吧,有什么问题就找我"

对于曹宇来说,张生贤不仅是他的领导,更是他的老师。2004 年,他被调到水工二室三组工作。初到岗位,对于之前学农业建筑工程专业的他,一时难以适应目前的工作。时任组长的张生贤了解后,就鼓励曹宇边工作边学习水利专业的研究生课程,还为曹宇打气:"不要怕,我来给你辅导。"2007 年,曹宇从水工二室调到资环分院工作,一个全新的工作环境和内容,使他心里又是一阵迷茫。"张总当时见我每天愁眉苦脸,又鼓励我在新的工作环境里,遇到困难不要气馁,并建议我去报考相关专业的博士继续学习。"谈起当时张总对自己的关怀时,曹宇时有哽咽。

丘保芳是 2005 年 7 月大学毕业之后与张生贤共事的。在丘保芳眼中,张总会给每个人锻炼的机会。2007 年 6 月,张生贤让刚工作两年的丘保芳去负责一项大型水利枢纽的水工设代工作。丘保芳对自己领这项任务稍显胆怯:"我刚毕业没多久,又没有经验,行吗?""没事的,小丘,你去吧,有什么问题就找我。"就这样,不管上班时间还是休息时间,张生贤都会耐心地给她讲解各种问题,丘保芳终于放下了思想包袱。

在同事们看来,张生贤有一种大哥风范。当组里每受领一项新工作任务时,他总是自己先去熟悉工程技术规范和要求,提前起草总体方案,揽下重活、累活。当寒暑假期间同事将孩子带到办公室时,面对孩子的吵闹声,他没有阻止和反对,而是对她们说:"我的办公室大,我来帮你们带小孩。"当晚上集体加班时,他又会安排一些水果、牛奶等,为大家补充体能。

张生贤是一个关心、爱护同事的人,而对家里,他也有满满的爱。2005年年底,张生贤带着项目组在梅州的工地上一待就是几个月。春节快到了,几个年轻人提出:"张总,你去年也没回家过节,这次就让我们留下来值班吧!"他却说:"谁还不知道,你们的父母早就想你们了!谁也别争了,春节我来值班。"当同事们都陆续走后,他给妻子打电话,说春节工地走不开,今年又不能回广州过年了,希望妻子带着儿子来工地过年。那一年,他们全家在工棚里度过了一个简朴但又温馨的春节。

"与张生贤有几次出差到北京,常听他聊起在北京读大学的儿子。可以听出,儿子是他的骄傲。"张生贤生前同事黄俊龙回忆道。张生贤离世后的办公室,虽然已经冷冷清清,但在电脑桌抽屉里,张生贤珍藏的儿子五年级的语文课本仍在静静地躺着。

"学一分退让,求一分宁静"

这是张生贤的座右铭。在生活中,他淡泊名利、乐观豁达的风骨更是很好地演绎了这句话。

在甘肃工作的时候,工资很低,经常有要不到设计费的情况,同事们偶尔抱怨,他就让大家把眼光放长远些,别总觉得吃亏,要不到设计费就当练手,设计做得好有了口碑,自然会接到更多项目,会有更大市场。

2013年3月,水利普查数据审核系统获得一等奖,奖金20万元。张生贤作为水利普查数据审核系统研究过程中的主要负责人和研究者,基本承担了2/3以上的工作任务。当领导让他划分奖励的时候,他就一直说:"其实真希望不要奖励,奖励会让这事情复杂,我只想把这个工作做好。"之后,在他上交的奖金分配方案中,他只给自己划了1/10。

在工作中张生贤是淡泊名利的,而在生活中他更是乐观豁达的。在许多人的印象里,张总浑身上下都有一股使不完的劲儿,精力充沛,所以都以为他身体很好。王穗康在刚听说他有恐高症的时候问过他一次,他笑着说:"小问题,没什么的!"

张生贤长期心脏不太好,三条心脏动脉曾有两条堵塞,一条狭窄,但他一干起工作来,总是会忘记病痛。2013年6月,在第二次心脏支架手术做完后,领导和同事关切地询问他的病情，劝他好好休息，他竟笑着说："这好比灌区上方有塌方，堵塞了部分渠道，过流能力有所下降，放置支架就是扩宽渠道。现在渠道扩宽了，灌溉也就有保证了。"在别人看来生死攸关的手术，张生贤没有丝毫的畏惧。

许多人知道张生贤一年四季一双凉鞋走天下，却不知道他是因为小时候没鞋穿，光脚在雪地里走，造成天越冷脚越热，穿其他鞋腿疼，根本无法走路；许多人知道张生贤没有喝水的习惯，却不知道他是因为小时候家里太缺水，太知道水的可贵了。

情系水利终无悔，苦乐年华写春秋。张生贤在平凡的岗位上用一生与水结缘，也用一生书写了自己的敬业人生。

◇ 本文发表于2014年6月26日《中国水利报》
◇ 作者：樊弋滋

张士军：我的小段我的家

走进济南槐荫河务局段店管理段小院，犹如走进世外桃源，葱郁的树木掩映两层欧式小楼，绿毯似的草坪落英缤纷，令人心旷神怡。

段长张士军当起了向导。段店管理段不大，加上张士军一共5人，担负着8000米黄河堤防和一处排涝闸的日常管理养护工作。

"2008年建院的时候，院子里还是光秃秃的。这里的一草一木都是我们段上的职工种的。你们看看，现在这树都有碗口粗了！"说起自己所在的管理段，张士军满脸自豪。

张士军很健谈，言语中对管理段充满了家的热爱。采访中，记者得知，他真的是把家安在了段上。

段店管理段位于济南市最西边，距离张士军家有30公里，来回不方便。2008年管理段新院子建成后，张士军就很少回家，偶尔回趟家也是"晚归早出"。后来为了方便，他干脆就把家搬到了单位，下岗在家的妻子也跟着到段上照顾他的生活，顺便帮着给职工做饭，打扫庭院卫生，成了管理段的"编外人员"。提起这事，张士军的妻子就一脸无奈："之前也没想着把家搬到这儿，可我一个月见不到他几次，后来孩子也上大学了，一家3口3个地方，我就干脆搬过来得了。"

这一搬就是8年，张士军一家也在段上过了8个春节。"只要一家人在一起，在哪里都是过年。"张士军看得很开，而这背后却是他作为段长对年轻职工的关爱，为能让其他职工春节在家团聚，参加工作28年的张士军，有24年的除夕都是在自己岗位上度过的。

多年的工作习惯让张士军养成了早睡早起和记工作日记的习惯。无论寒暑，每天早上3时30分，张士军准点起床，先把前一天的工作梳理一遍，发生了什么事儿，干了什么活儿，安排了什么人，都一一记在日志上，然后5时出门，开始例行巡堤检查。

基层工作不好干。管理段周边有7个村子，如何与沿黄的村民打交道，如何获得沿黄群众的理解和支持成了张士军的一项重要工作。

附近有的村民觉得在堤岸上倒个垃圾、砍几棵树没什么大不了的事，张士军他们多次制止却"屡禁不止",有时甚至会遇到危险。一天凌晨,睡梦中的他被一阵卡车的轰鸣声惊醒,根据以往经验,这可能是有人趁着夜色往大堤上倾倒垃圾,他爬起来开车就追了出去。果不其然,不远处的大堤上,一辆渣土车正在倾倒建筑垃圾,张士军一边制止一边拿出相机拍照取证,这个时候车上下来两个年轻人,不由分说架起他,将他推倒在大堤护坡下,并在言语上恐吓,等一身是伤的张士军从护坡下爬上来的时候,倾倒渣土的卡车早已扬长而去。天亮后,张士军和段上职工花了一天的时间才将这些垃圾清理干净。

这样的情况很多,大大增加了他们的工作难度和强度。张士军就开始琢磨,这样下去不是个办法,必须"标本兼治",思来想去,他决定采取"迂回"策略。

张士军主动同附近村镇的负责人取得联系,及时向他们通报工作情况,宣传黄河治理开发保护与管理相关的法律法规。他还会找到附近村庄一些德高望重的人,把他们聚集到管理段为他们普及水法规知识,联络感情;村里谁家有红白喜事,张士军也赶过去帮忙;逢年过节,还到各个村子去走走。就像张士军说的那样,你不拿他们当外人了,你的工作就好开展了。

张士军在工程施工现场

段店管理段附近有一个常旗屯村,村里有对兄弟,平日游手好闲,生活基本靠救济。因为其父辈曾经在黄河上工作过,兄弟两人动不动就到管理段滋事,要求管理段负责他们的生活,这让几任段长都头疼不已。2008年,张士军到段上工作,得知情况后就自己出钱为兄弟俩置办生活用品,每逢春节还给他们送去油、面、水饺,苦口婆心地劝说两兄弟自食其力,四处为他们打听工作的事情。在他的不断努力下,2013年,弟弟终于在汽车店里找到了一份工作,每个月有1000多元的收入,也在县城租了房子,能够养活自己了。直到现在,他有什么事情还会打电话询问张士军，也许在他们看来，张士军就是他们的主心骨。

提起这件事儿，张士军总是说没什么，眼瞅着两个人日子过得不像样，遇到了总得管一管。张士军说，他闲不住，虽然将 8000 米堤防的管理都划分给了职工，但是巡查堤防面貌时，只要发现问题，不管是谁负责，自己能干就不叫段上的职工。

平时，张士军喜欢搞些小发明。对堤坝进行绿化养护的时候，需要带上镰刀、锯、铁锹、扫帚等工具，携带不便，他就琢磨出了"组合式多功能维修养护工具"，将各种工具的手柄去掉，在工具头上安上螺丝，每次外出只带一个手柄，需要什么工具就安上什么头，大大减轻了职工的负担。

采访中，张士军展示了他正在改进的电动割草机。他告诉记者，自己今年 48 岁了，在黄河上干了大半辈子，平时就好琢磨点事儿，这也是工作外的一点乐趣。

◇ 本文发表于 2015 年 7 月 28 日黄河网
◇ 作者：蒲飞、马雯、朱兴国、张睿

张树军：济北浮桥好班长

2015年6月的一天，进入夏至节气，室外闷热。

晚上8点，张树军在浸湿汗水的T恤外又穿上一件反光服，拿上手灯，走出值班室，开始对所管辖的浮桥进行例行巡视。

张树军今年48岁，是山东济北黄河浮桥安保部巡导班二班班长。

巡查到浮桥北岸时，张树军发现一辆河北牌照的货车停在路边，车主在车旁一边踱步一边焦急地打电话。凭经验，他判断车主遇到什么困难了。上前一问，原来货车出现故障，须更换一个零部件，可是车主的钱包偏偏不知道什么时候丢失，车修不了，眼瞅着就要耽误送货时间。了解情况后，张树军没有丝毫犹豫，自掏腰包，拿出购买零部件修车所需要的320块钱，让车主赶紧联系修车。

320块钱，对于工资不高的张树军来说不是一个小数目，但他连车主的车牌号都没有记。几天后，当车主送货回来，将钱如数还给他，并送上感谢信时，张树军只是说："这没啥，出门在外不容易，遇上困难谁还不搭把手。"外人看来十分暖心却又不易碰到的事，在张树军所在的巡导班却经常发生。过往司机打个开水，车坏了，张树军都会帮上一把。

对待过往司机是这样，对待巡导班里的队员，他更是热心。

当巡导二班队员结束浮桥夜班巡查和交通督导任务回到值班室的时候，往往张树军亲手给他们煮的面条也出锅了，疲惫的小伙子们吃上一碗热气腾腾的汤面，顿觉浑身通透。

"班长对我们可关心了。"巡导二班队员田德梁笑着告诉我们，他这一年没少吃班长煮的面条。

"都是小青年，一个夜班下来又困又饿，要不给他们做点吃的，他们就会直接回去睡了，长时间这样，工作强度大，身体受不了，我看着也心疼，就想着从家里带点挂面。"说起这些跟自己孩子差不多年纪的队员，48岁的张树军眼睛里充满了温情与关爱。

生活中充满温情与关爱的张班长，也有让队员"怕"的时候。在济北黄河浮桥，张树军抓班组安全管理出了名地严苛。

为提高班组成员安全意识，张树军组织学习安全知识从不走过场，要求职工坚持学习各种规章制度和专业知识，不断开展自查自纠。学习过程中，所在班全体职工都要结合自身工作发言，对已经完成的工作进行总结，分析工作中可能存在的违章行为和不安全因素，提出相应的整改建议。为让安全教育更具说服力，每当电视中看到重大安全生产事故的新闻时，张树军都会第一时间给班里的职工说道说道，提醒大家伙儿注意安全生产。一次，两名新来的队员夜间巡桥没有按规定穿反光服上岗被他发现，不论谁说情也不起作用，不仅严厉批评，还按规定扣了两人的奖金。

正是因为时刻绷紧安全这根弦，济北黄河浮桥从2014年6月试运营到现在，他所在的班组从未发生过安全责任事故。张树军说："'宽是害，严是爱'，一旦出了安全事故，不光单位受损失，职工本人和家人更痛苦，别看都叫我'铁面班长'，其实他们理解我为什么这么做。"

除抓安全生产严格，张树军工作起来也有一股不甘人后的犟脾气。在与他共事25年的邢俊阔眼里，工作中张树军就是"拼命三郎"。

采访时，张树军正在对浮桥桥面进行安全巡查，这样的巡查老张一个班要进行十三四次。在不断的车流和车轮碾压桥面的轰隆声中，老张仔细辨别浮桥上每一个连接销和每一处桥面钢板焊缝的变化。

一辆载重大货车刚好经过，我们所在的浮桥舟舱出现明显起伏。起伏过程中，张树军告诉我们，他听到有异常响声，得下到舟舱里面看一看。征得同意后，记者同他一起进入到舟舱里面。

通过不到半平方米的入口，舟舱外面的阳光一下子被舟舱内伸手不见五指的黑暗所替代。张树军的手灯也只能照亮眼前的一小片，舟舱内部空间狭小，我们只能半蹲着身子前行，老张还不时提醒注意脚下不要被绊倒，注意头顶大梁不要被磕着。当天的室外气温35摄氏度左右，舟舱里面的温度快接近60摄氏度，四周的钢板滚烫，说是"铁板烧"，一点不过分，而他们在底下通常一待就是几十分钟，甚至更长。

头顶上车辆碾压桥面钢板发出巨大声响，我们的对话基本只能靠喊。张树军一边大声介绍舟舱内部结构，一边对舟舱大梁、丁字钢面板、支撑立柱之间的焊缝进行仔细排查，看是否有焊缝开裂迹象，一旦发现问题就用随身携带的粉笔做出标记，动作娴熟。谁能想到，一年前刚到济北浮桥巡导班班长岗位时，张树军只是一个开惯了装载机的门外汉。为尽快掌握浮桥管理知识和浮桥基本构造，确保浮桥安全，他向有经验的同事一遍遍请教。每天上下班两次爬到浮桥10对舟舱里，琢磨舟舱内部结构，全方位检查舟舱有无漏水点，现在的他在巡查过程中，仅凭耳朵听车辆碾压浮桥的声音就能辨别出舟舱内部是否有问题。

回到桥面，老张喝了点水，简单休息一会儿，又开始了下一趟巡查。老张告诉我们，他巡视的这座浮桥有 200 米长，12 米宽，他的任务就是保障它的安全、畅通。

◇ 本文发表于 2015 年 8 月 15 日黄河网
◇ 作者：蒲飞、马雯、朱兴国、张睿、单军

张铁龙：宿松皖江铸铁龙

宿松县是长江入皖的门户，也是"八百里皖江"之首，守护皖江两岸美丽家园的是坚固的堤防，而守护堤防的是踏遍两岸的河道管理者。宿松长江河道管理局副局长张铁龙就是其中一员。

1993年从安徽水电学校毕业后，张铁龙一直在宿松长江河道管理局工作。18年来，他坚守一线，参加防汛抗洪，投身江堤建设，维护健康长江，38岁的他把自己的生命都奉献给了水利事业。

防汛抗洪的技术尖兵

宿松半山半圩，圩区是国家优质棉生产基地，湖区是安徽最大的淡水养殖基地。特殊的地理位置，让洪涝灾害成为心腹之患，而62.8公里的江堤便成了抵御洪水的生命线。

1998年夏，一场全流域性洪水汹涌而至，张铁龙奉命负责汇口镇永天圩的防汛技术工作。永天圩是宿松县境内长江干流同马大堤的外护圩，圩内面积12.7平方公里，涉及三洲、桂营等7个村的耕地1.6万亩，人口1.4万人。7月21日，一场特大暴雨骤然降临，日降水量达316.7毫米，山洪陡发，内湖疯涨，永天圩的防守压力瞬间上升。桂营段堤脚水塘再次翻砂冒水，出现直径1米的管涌，张铁龙和赶来援助的同事夏菊才一起跳入水中，摸清了管涌具体位置，紧急带领桂营村民抢运砂石压渗，此时刚除完自家门口险情的三洲村村民带着300条编织袋赶来支援。7月26日，桂营段圩堤又出现1公里长的塌方险情，张铁龙于深夜11点赶到现场后，顾不得与赶来支援抢险的弟弟说几句话，就加入到巡堤的队伍中。针对汛情，张铁龙与同事们提出塌方处帮衬土石方、继续加高加固挡水子埂的抢险方案，并得到批准。一场争分夺秒的战斗连夜打响。最终，在赶来支援的解放军战士的共同努力下，只用了4个小时，桂营险段2000多米子埂全面加高0.5米，加宽1米，险情得到了初步控制。1998年夏天，堤顶高程只有21.5米的永天圩，成功抵御了汇口22.42米的高水位。

江堤建设的质量哨卡

经受了 1998 年洪水的考验，国家决定实施大规模江堤加固建设。江堤加固投资规模大、质量要求高，任务重、时间紧、责任大，能否顺利完成，对水利部门是个严峻的考验。那时，张铁龙受命现场管理同马大堤宿松套口段填塘固基和护坡工程。

前期拆迁工作是江堤建设中的难题，一到现场，张铁龙就深入拆迁群众中，挨家挨户做思想工作。沿江很多参加防汛的村民都认识这位水利技术专家，他们细心听张工讲江堤建设的意义，仅仅半个月时间，沿堤群众舍小家，保大家，拆屋让堤，完成拆迁房屋 1 万余平方米，让出取土耕地 2438 亩，为工程实施创造了良好的条件。

作为业主单位的现场负责人，拥有调配资金、征地拆迁、组织施工、组织设计变更等权力，多少人都盯着张铁龙，渴望能从他身上谋得一些好处。张铁龙却说，水利事业是一项为民造福的公益性事业，我作为建设管理中的一员，就要对人民对国家高度负责任，遵纪守法，千方百计提高工程建设管理水平。

他严格贯彻执行《招标投标法》和有关配套政策法规，通过公开招投标，择优选择了 3 家资质高、力量强的施工单位，即使对自己的弟弟也没有"开后门"。主体工程开工后，他白天坚持在现场检查，晚上学习水利工程质量管理有关规程，坚持对原材料、中间产品、金属结构、启闭机及机电产品进行质量检验，不合格的产品坚决不让进工地。他对供货商请吃不到、送礼不要，只有一个信念——只要送来优良产品就行。对现场土方填筑碾压试验和混合料的配合比试验，他更是一丝不苟，严格要求施工单位，不达要求不开工。曾经有一家施工公司的班组，某一单元填筑土方含水量过大，被勒令返工处理，班组长当夜揣着现金找到他，要求给予通融，被他一口拒绝。正是因为他忠于职守，严格管理，视工程质量为生命，这个项目被评为优良工程。

在江堤建设实践中，张铁龙参加和主持的工程项目金额达 8000 万元，没有出现一例项目资金和工程质量问题，2003 年江堤加固结束，他也光荣地走上了宿松长江河道管理局副局长岗位。

健康长江的守护卫士

2005 年，安徽省实施长江河道管理体制调整，宿松长江河道管理局直接上划到省里直管。作为单位的党总支书记，张铁龙深知管理局基础差、实力薄弱、管理维护经费和人员经费差额巨大，提升管理水平，维护好国家花巨资加固的工程，充分发挥工程减灾效益，成为他工作的新挑战。他组织职工开展大讨论，鼓励大家献计献策，最终与单位领导班子一起确立了抓改革生活力、抓管理提水平、抓经营强实力的发展战略，定下了 2007 年达省二级管理标准、2010 年达省一级管理标准的目标。全局按照"三定方案"要求合理设置了机构和岗位，在本单位内部实行管养分离和全员竞聘上岗，并强化激励措施，奖勤罚懒。这些措施调动了职工的积极性，单位面貌焕然一新。

张铁龙还和班子成员一人蹲点一个管理所，带领护堤员精心管护长 1.5 公里的责任堤段。从 5 月到 9 月，他冒着盛夏高温，每月都要清除杂草两至三遍，每人都要完成堤身雨淋沟凼的填补 3 立方米以上。在他的带领和职工的辛勤努力下，堤容闸貌不断更新，成为江畔一道整齐亮丽的风景。

如果说堤容维护倾注了张铁龙和全体职工的汗水，那么采砂管理、违章清除、防护林保护更是沥尽心血。说不清他有多少个不眠之夜在打击非法采砂的船上度过，说不清他在清理违章现场遭受多少次辱骂，也说不清他多少次苦口婆心地与沿堤群众商谈防护林栽植保护……

可以说，"十一五"是宿松长江河道管理局快速发展的五年，是工程面貌飞速变化的五年，也是职工生产生活条件改善最明显的五年。这五年，张铁龙并没有因为单位实力增强而贪图个人享受，他始终坚持勤俭节约、艰苦朴素的优良传统，出差不住豪华宾馆，不用公款高消费，爱惜单位财产，不损公肥私、假公济私。

2011 年宿松太下公路改造施工现场，成为张铁龙亲人和同事们永远的痛。在工程进入关键阶段的两个月时间里，张铁龙没有休息一天，他白天跑工地，晚上与村、组干部一道上群众家做工作，终因劳累过度引发心脏病，倒在了工地。张铁龙用自己的忠诚守护着长江，把自己年轻的生命奉献给了水利事业，他用 18 年的守护与奉献生动地诠释了水利人"献身、负责、求实"的精神。

◇ 本文发表于 2012 年 8 月 31 日《中国水利报》
◇ 作者：赵梅、汪雪峰

张延仓：穿黄工程探路人

张延仓现为长江设计院岩土地质公司高级工程师、现场地质负责人，长期奋战在穿黄一线工地。

穿黄工程地质勘察是他参加工作后的第一项野外工作。

回想起 20 年前的经历，他历历在目，如数家珍："那时，请了一个舟桥部队来解决黄河水上钻探难题，为了钻船能准确定位，寒冬腊月都是衣服不脱，直接就跳进水里推船……"

经历过那个时代的勘察人员都知道黄河滩地工作的辛苦。空旷的滩地，没有树，没有任何可遮风挡雨的臂膀，夏热冬冷，有的只是风沙肆虐。

为查明黄河复杂的地质条件，穿黄工程经历过多次补充勘察论证。张延仓这位当年的毛头小伙，勇敢地接下了前辈们的担子，从一位普通的技术人员成长为穿黄工地一名重任在肩的合格的地质负责人。如今，常年的野外生活使他过早地显露出与年纪不相称的沧桑感，鬓角添了不少白发，妻儿看了都落泪。

经过多次细致勘察，水利人基本查明了隧洞穿越黄河段的地质结构和黄河地下可能影响盾构顺利掘进的障碍物（漂石、块石、地下古木等）。在 2004 年的补充勘察中，他们竟然奇迹般地钻出了一截地下古木，为专家会上多次争论的议题"黄河砂层内有没有地下古木"的争论，画上了一个圆满的句号，也为穿黄泥水平衡盾构设计定型提供了可靠的依据。穿黄工程开工以后，盾构隧洞的施工也进一步证明了前期勘察资料的准确性和地质建议的前瞻性，为穿黄隧洞的顺利施工打下了坚实的基础，没有一处因地质条件发生变化而影响工程的进展。

2005 年穿黄工程开工后，张延仓更是以加倍的热情投入到工程建设中。穿黄工程建设的 8 年里，他没有休过一次带薪假，8 个春节只有一个春节在家度过，几乎每年都把全部精力和时间用在了工程建设服务上。在工地现场，他经常向施工人员耐心指出可能存在工程安全隐患的相关地质问题和注意事项，重视技术总结，多次对施工单位的技术人员进行地质讲座和技术指导。

在穿黄工程北岸竖井涌水和下游线隧洞盾构刀盘检修地基处理等与地质相关的重大问题的技术专家会议上，张延仓详细讲解各类地层的分布与特性，全面论述地下相对隔水层的合理利用和施工中可能存在的各种地质风险，为建设单位方案决策提供了可靠的决策依据。根据地质方面的建议，在参建各方的共同努力下，很多重大技术难关都得到较顺利的解决。

穿黄工程施工后期，退水洞成为穿黄工程的最大难题。2009年，张延仓就对退水洞洞内坍塌情进行总结分析，提出了洞内坍塌的形成机制。此后，他根据现场施工情况和地下水的渗流规律，对洞内可能出现的坍塌多次进行准确预报，避免了人员伤亡和造成更大的损失。

在解决退水洞坍塌的问题上，张延仓也提出独到见解，即：及时对开挖面上方的地下空洞进行灌浆，避免地下水在空洞内汇集，进一步扩大周边软化土体的范围。其方案被施工单位采用，很好地解决了退水洞桩号0＋520～0＋623段的洞内坍塌问题。在该洞段的施工中，较同期提出的冷冻方案、劈裂注浆方案缩短了工期，也大幅降低了工程投资。

穿黄工程建设中，有很多这样的"张延仓"。正是他们，从工程建设的细微之处着手，铸造了穿黄工程的坚实与辉煌。

◇ 本文发表于2014年1月7日长江水利网
◇ 作者：李锋

张宇仙：30年盯守沱江潮涨潮落

她已坚守在水文战线的风口浪尖1万多个日日夜夜。她远离都市、远离繁华，与江河结缘、同清贫为伴，用自己的生命，全身心地感知沱江的每一次潮涨潮落，用自己实实在在的朴实行动，谱写了一曲爱岗敬业、无私奉献的奋进之歌。

1962年出生的张宇仙，是四川省内江水文水资源勘测局登瀛岩水文站一名普通的水文勘测工，从1978年10月参加工作以来，先后辗转过高景观、观音滩、石堤埝、涌泉等水文站，1996年调到登瀛岩水文站。

张宇仙户外作业一丝不苟

1981年7月16日，石堤埝水文站发生有记录以来的特大洪水，洪水淹没站房1米多，即将退休的老站长赵国光正在生病，他艰难地从床上爬起来，指挥大家测报，洪水已将电话线杆冲毁，水情拍报要到镇上邮局，此时通往镇上的路大多被淹没，张宇仙负责发水情报，赵站长怕她被洪水冲走，硬是拖着病体，冒着齐腰的洪水到镇上去发报。看着老站长在洪水中一晃一晃艰难行走，张宇仙激动得热泪盈眶，下决心一定要舍生忘死，把各项工作做好。于是，张宇仙叫另一名老同志观测相对安全的雨量，自己用一根绳子捆着腰，冒着齐腰的急流观测水位，直到洪水退下。当年，小小的水文站受到水利部表彰。在评选先进个人时，全站职工推荐赵站长，老站长却又把名额让给了另一位老同志。

榜样的作用时刻激励着张宇仙，促使她不断学习，不断进步。1994年，局里调张宇仙到涌泉水文站担任站长。虽说一个水文站人少，可俗话说，麻雀虽小，五脏俱全，对内对外都要面面俱到。张宇仙虚心向老站长们请教，在实际工作中不断积累经验，很快就适应了工作，当站长3年中，工作上、生活上尽量为职工作想，团结全站职工共同努力，全面完成了各级下达的各项工作任务，水文测报质量不断提高，水文资料、质量都达到了优良级。

1996年，涌泉水文站降为水位站，站上只需要一名职工，张宇仙的家距这个水文站最近，领导照顾叫她留站。站上另一名女职工陈尚婉丈夫刚去世，子女都在当地读书，想到她更需要照顾，张宇仙就向领导提出，自己到距家更远的国家一级水文站、沱江中游控制站登瀛岩水文站当一名普通职工。

站上的站长连续几年都由参加工作两三年的大学毕业生担任，4年换了三任站长。这些年轻站长理论知识丰富，工作热情也很高，却缺少实际工作经验。张宇仙是从年轻走过来的，深受老同志传帮带的益处，她总是尽最大能力帮助年轻同志，生活上照顾他们，工作上扶持他们。平时，张宇仙为大家搞好后勤，汛期，她掌握洪水起涨和峰顶有经验，该测验时，就及时提醒站长，以便布点施测。

张宇仙（中）正在开展水样检测

1998年8月，长江发生100年一遇特大洪水，全国人民都十分关注洪水情况，相关部门对各支流的来水情况更为关注。8月15日至16日，沱江上游普降特大暴雨，然而17日站上正准备施测洪水起涨，张宇仙接到儿子从简阳市医院打来的电话，说患晚期癌症的爸爸进了医院，院方已发了病危通知书，叫她立即回家。水文工作是养兵千日，用兵一时，张宇仙想向站长请假回家，可想到工作的重要性，几次话到嘴边都没有说出。根据预报，站上将发生超保证水位洪水，她便背着站上同志向儿子说明了不能回家的情况。

这次洪水来势猛，历时长，站上共施测流量30多份，向各级防汛部门发水情电报1000余份，回答沿江单位和群众水情咨询电话800余次，圆满完成了测报工作。洪水退完后，张宇仙向站长说明情况后才急匆匆赶到医院。第二天，丈夫在她的怀中安然去世。

在党和人民最需要的时候，张宇仙毅然舍小家、顾大家，单位领导考虑到张宇仙家上有80多岁婆母、下有上大学的儿子的实际困难，准备将她调回内江水文局局机关工作。但张宇仙想到自己在基层水文站工作了20多年，熟悉基层水文情况，决心继续留在基层水文站。

内江城区段修建防洪大堤期间，沱江河也曾发生大洪水，为保证施工正常进行，张宇仙及时向市相关部门传递水情，确保了施工顺利进行。2004年沱江发生"3·02"水污染突发事件，她又按局要求观测水文要素变化情况，为各级治理水污染提供了科学的决策依据。

在水文站工作30年，张宇仙兢兢业业，发出水雨情情报2万多份，这中间没有一起错、迟、缺、漏情报发生。

2004年6月至7月，四川省委宣传部、四川省总工会、四川省妇女联合会、四川省水利厅联合组成"张宇仙同志先进事迹宣讲团"在全省各地及水利部进行巡回宣讲。自1998年以来，张宇仙先后荣获了"全国抗洪模范""全国五一劳动奖章""全国孝亲敬老明星""全国水文标兵""全国先进工作者"等光荣称号，并光荣成为中国共产党十七大代表。

◇ 本文发表于2010年4月25日四川新闻网
◇ 作者：蜀水文

赵晓琳：冲在珠江一线的"女将"

在珠江流域防汛抗旱的第一线，常能见到一个不停奔波的身影：她身材适中，扎着稍低的马尾辫，脸上挂着笑容，说话干脆利索，办事雷厉风行。她就是珠江水利委员会副总工程师——赵晓琳。

作为国家防总、珠江防总专家组成员和珠江委防汛抗旱技术主要负责人，她多次带队冲在流域防汛抗旱第一线，以过硬的技术、出色的业绩展示了一名优秀共产党员、优秀水利工作者应有的风采。

抗旱规划　水源地建设保长期供水

2009年8月至2010年5月，我国西南地区发生了持续特大干旱。云南、贵州的旱情极为严重，一些地方旱情达到百年一遇，对当地经济社会发展特别是农业生产造成严重影响，给人民生活特别是城乡居民饮水带来很大困难。

珠江委积极指导受灾地区抗击旱情，成立了规划工作小组，赵晓琳为副组长。

在飞赴云南之前，赵晓琳便与调研组成员共同商讨，认真分析研究云南干旱特点，选取3个具有代表性的地区——水质性缺水的昆明市宜良县，工程性缺水的曲靖市罗平县，供水保障能力不足的楚雄州大姚县。在云南短短几天时间，调研组每到一地，首先要查看当地旱情和水利工程等，了解情况，分析原因，提出问题，为规划工作掌握第一手资料。

于是，刚到达云南，珠江委云南调研组一行就会同长江水利委员会、云南省水利厅专家，研究探讨云南水源地规划工作的编制重点，并达成共识，为规划大纲的编制打下良好的基础。接着，赵晓琳又参加调研组，赶赴广西受灾地区调研。与此同时，她还正带领珠江委的规划小组，紧张地编写规划报告。最终，水利部规划计划司、水利部水利水电规划设计总院、长江委、珠江委在北京分别与西南五省区交换意见，形成了规划初步成果。

规划中列出了2331项重点水源工程，包括大、中、小（1）型、小（2）型水库以及连通工程、打井工程等。赵晓琳作为珠江委主要技术负责人之一，为此倾注了极大的精力。她在将近两个月的时间里，放弃节假日休息，加班加点，高强度、高密度地带领专家队伍开展调研、编制、协调等工作，按期完成了五省区水源工程规划的编制，顺利推动云南、贵州重点水源工程的前期工作。

"工作很辛苦，但能让灾区人民喝上安全水，作为一名水利人，再苦再累都值得。"赵晓林动情地说。

她表示，这样一批工程和饮水设施意义重大，将极大增强旱区抗御特大干旱能力，保障城乡广大群众供水安全，确保有雨时存得住，没雨时用得上，大旱之年有水喝。

防汛抢险　技术驰援抗洪一线

来水不均——枯水期水少、汛期水多，是珠江流域一大显著特点。每到汛期，珠江的干支流都会发生不同程度的洪涝灾害。近年，由于极端天气频繁发生，短历时、高强度的强降雨以及台风雨引发的山洪泥石流滑坡等灾害越发严重，给人民群众的生命财产安全带来了极大的隐患。

2010年9月底，受热带低压系统和弱冷空气的共同影响，海南省出现持续强降雨过程，为1961年以来海南10月份出现的最严重的强降雨过程。受连续暴雨影响，海南省江河水位涨幅较大，多个水文站出现超警戒水位，多个水库超汛限，海南水库连连告急。关键时刻，珠江委派出了以赵晓林为组长的专家队伍，协助海南开展水库抢险工作。

海南受灾面积广、众多水库出现不同程度的险情，急需技术专家赶赴一线小型水库。这些水库大多修建在偏远山区，路途遥远，环境险恶。"需要我们去哪里，我们就奔赴哪里！"赵晓林作为珠江委专家组组长向海南省水利厅主动请缨。短短十几天时间，赵晓林带领专家们风里来、雨里去，深入暴雨洪水受灾较严重的琼海、文昌、海口、澄迈、屯昌等市（县），实地察看了20多座在暴雨洪水中出现较大险情的水库，并对在强降雨中出现险情的征洪、隆丰、中南、城后等4座水库的除险抢险工作进行了现场指导。

繁重的抢险任务，恶劣的工作环境，巨大的体力消耗，并没有磨灭赵晓林的斗志。作为专家队伍的队长，她凭借扎实的专业功底和丰富的工作经验，制定了多个水库抢险方案，为海南防汛抢险提供了重要的技术支撑，充分发挥了珠江委作为流域机构的技术优势和指导作用，赢得了同行们的一片赞许。

创先争优　巾帼不让须眉

"女同志在工作中可能更细致一些，细心一点，沟通上也比较有优势，这也有利于开展防汛抢险工作嘛。"作为一名女性,在防汛抗旱的战场上与男同事一道冲锋陷阵,记者在问及诸多不便时,赵晓琳乐观地说。

1982年赵晓琳毕业于武汉水利电力学院水工建筑专业,20多年来,先后从事过水工建筑物技施设计、水工专业负责人、水电工程技术管理工作。2001年调入珠江委,从2002年5月开始担任珠江委副总工程师。近年来,除了防汛抗旱技术指导,她还负责多项规划、审查工作,在珠江水量统一调度等工作中发挥了重要作用。

"在我们平凡的日常工作中,要起到党员先锋模范带头作用,主要体现在为地方水利做好服务工作。"1984年入党,具有27年党龄的她这样理解创先争优活动。

"只有为地方做好服务工作,才能提升珠江委在流域的话语权。而做好服务工作,便是要提升自己的水平,设身处地为别人着想。"她真诚地说。

赵晓琳从事水利工作近30年,在工作中始终兢兢业业、勇于实践,在治水实践中得到锤炼和成长。她在珠江防汛抗旱、珠江水量调度等工作中,带领着一批技术骨干和众多技术人员,团结奋战,取得了一次又一次令人赞叹的成绩,树起了一面鲜红的共产党员旗帜。

◇ 本文发表于2011年9月27日《中国水利报》
◇ 作者:吴怡蓉

赵业安："活一天就要为黄河事业干一天"

在赵业安面前横亘有两大"顽症"：一个是盘伏在身上40多年并不断扩散的癌魔，一个是被称为世界性难题的"黄河泥沙之患"。

黄河宁，天下平。这是千百年来中华儿女对这条母亲河的安澜期盼和世代梦想。在当代治理黄河队伍中，有一位为实现黄河梦奋斗不息、创造一次次生命奇迹的英模人物。他就是黄河水利委员会泥沙专家、教授级高级工程师赵业安。

黄河的复杂难治，其根本症结在于泥沙多。黄河中游流经黄土高原严重的水土流失区，大量泥沙进入造成下游河道剧烈淤积，形成高耸于两岸地面的悬河。据观测统计，每年进入黄河的泥沙量平均为16亿吨，每立方米河水含沙量35公斤，含沙量相当于长江（宜昌站）的30倍。"俟河之清，人寿几何"，深深表达了历朝历代人们对黄河泥沙众多、灾害深重的忧思、叹息和治理愿望。

新中国成立后，党和国家高度重视黄河问题。1955年7月全国人大二次会议通过黄河治理开发综合规划，三门峡水利枢纽、刘家峡水利枢纽作为第一期工程相继动工兴建，黄河上中游水土保持工作全面展开。

在这一形势下，年轻的赵业安被国家选送到苏联列宁格勒气象水文学院留学攻读陆地水文学专业。1961年9月，26岁的他学成回国。矢志研究黄河的梦想，使他走进黄河水利委员会泥沙研究所，走上结缘黄河之路。

然而，由于当时黄河治理规划对黄土高原水土保持拦沙效益估计过于乐观，三门峡水库蓄水拦沙运用后，库区泥沙发生严重淤积，被迫于1962年改变运用方式并着手工程改建。花园口水利枢纽、位山水利枢纽两座拦河大坝，因造成下游河道严重淤积威胁防洪安全而先后被破除，其他几座正在建设的下游干流枢纽工程也宣告停建。

一连串的重大挫折，引起了专家学者对治黄战略的重新思考，也使初临黄河的赵业安陷入了深思：减少泥沙淤积就要控制上中游的水土流失，可是黄土高原水土流失区面积达45万平方公里，能否找出对下游河道淤积最为严重的泥沙来源，进行重点治理以提高减沙成效呢？

按照这一想法，从1962年7月至1964年，赵业安和黄河泥沙研究所的同事们根据有关资料首先将进入下游的泥沙以粒径0.03毫米为界划分为冲泻质与床沙质。接着，通过分析证明落淤的大部分泥沙为床沙质，进而发现60%的淤积量为大于0.05毫米的粗颗粒泥沙，并从地质钻孔资料、河床质取样与滩槽淤积物统计中得到了验证。据此，赵业安认为：在上中游水土保持布局中应首先控制粗沙含量高的地区。

然而，正当他为研究黄河泥沙全身心投入攻关的时候，厄运突然降临。1971年9月的一天，36岁的赵业安在黄河下游查勘途中发现脖子左侧有一肿块，经确诊，这是患了甲状腺癌并已转移到淋巴。面对这一残酷现实，赵业安心情极不平静。他想到，自己年幼失去双亲，靠外公养育长大。后来6年中学、1年补习俄语、5年留学苏联，都是国家提供的助学金。如今，自己在研究治理黄河的路上才刚迈出一步，唯一的女儿也才只有4岁，这一切，怎么能抛得下？一番激烈的思索之后，赵业安为自己办了两件"后事"。一件是给黄河水利委员会水科所党组织写了书面报告，表示只要一息尚存，决不放弃对黄河问题的研究。二是给女儿留下了"遗书"，嘱咐孩子，如果失去父亲，更要自立自强，奋发向上。随后，他被推进了北京日坛医院手术室。

动大手术都要作全身麻醉，可是赵业安担心会损伤大脑功能，便缠着医生要求采用针刺麻醉。"我是搞黄河科研的，对我来说保护脑子最重要！"在长达7个多小时的手术中，赵业安咬紧牙关，汗水浸湿了一条又一条毛巾，硬是撑了下来。手术成功了，但他的左侧声带受到永久性麻痹损伤。次年年初，他在北京日坛医院又动了第二次手术。此次手术，切除了甲状腺上的部分残癌，但淋巴结上还有转移，生命依然受着严重威胁。

1976年秋，在查勘黄河下游河势、追踪水沙规律的测船上，赵业安脖子右侧甲状腺再次发现癌转移，他再次被推上手术台。

几年间，他先后动了大大小小7次手术，甲状腺功能完全丧失。然而，他年年参加河势勘察，夜以继日研究水沙资料，独立承担或主持多项科研、规划、生产项目，完成30多份技术报告、学术论文和工作建议，为治黄战略研究提供了重要参考。

1978年，赵业安在生死较量中辛勤耕耘，获得了丰收果实。他和麦乔威、潘贤娣等黄河泥沙专家，发表的《多泥沙河流水库下游河床演变及演算方法》，在当年召开的全国科学大会上被授予重大科学成果奖。同年，由钱宁教授和赵业安执笔，清华大学、三门峡工程局和黄河水利委员会合作研究的《黄河流域不同地区来水来沙对黄河下游的影响》，被河南省科学大会授予重大科学成果奖。

特别值得一提的是，赵业安作为主要成员之一，参加了由钱宁教授主持的《黄河中游粗泥沙来源区及其对黄河下游冲淤的影响》研究报告，该报告提出：导致黄河下游堆积抬高的泥沙主要来自5万平方公里粗泥沙来源区，而大于0.05毫米的粗泥沙主要集中在河口镇至无定河口区间、白于山河源区两个区域内。这项成果，为黄河中游水土流失重点治理区的划定及重点治理工程的布局实施提供了科学依据，有力推进了水土保持工作的开展，1982年荣获国家自然科学二等奖。

为了攻克黄河泥沙顽症，赵业安忘却了身上的癌魔，忘掉了个人的一切，但"死神"却步步向他逼近。1980年6月，他的内脏纵隔上又出现癌转移。据医生说，这个部位癌变不容易清除，万一手术不顺利，会使本来就很虚弱的身体抵抗力急剧下降，反而造成癌细胞迅速扩散。对此，赵业安经冷静地权衡之后，决意不再做手术。他要趁眼前还能工作，活一天，干一天，尽可能争取时间为黄河事业多做点事情。

赵业安以更加旺盛的斗志全身心投入黄河研究。每年坚持勘察黄河河势，跟踪水沙变化趋势，每到一处，他都尽可能地多收集资料，多记考察笔记。他的想法是，一旦癌瘤堵塞了自己行走的通道，就像保尔?柯察金那样躺在床上，利用收集的资料，掌握的情况，继续研究黄河泥沙，继续思考探索治理江河的方策，直到生命的终结……

1981年，赵业安通过分析河流治理开发措施对河道形态、水资源布局带来的影响，写出《河流建库后下游河床演变》，该论文较早提出了正确处理河流治理开发与河流生态保护的关系问题。

1985年4月1日，赵业安光荣地加入中国共产党。同年9月13日，中共黄河水利委员会党组作出《关于在全河职工中开展向赵业安同志学习的决定》。

赵业安的感人事迹，在水利战线引起很大反响。著名泥沙专家钱宁教授、清华大学水利系主任张仁教授、珠江水利委员会咨询专家麦乔威、水利水电科学研究院周文浩、中国科学院地理研究所叶青超等水利专家、黄河水利科学研究所的同事们纷纷发表文章，以与赵业安工作相处的切身感受，谈他对党和国家的无限忠诚，对研究黄河的执著追求；谈他刻苦钻研治黄业务，敢于提出自己见解的科学精神和实事求是的学风；谈他不图名利，不求物质生活，热情支持青年同志工作上进的高尚品质……人们深深为赵业安热爱黄河事业，奋斗不息的坚强意志而感动。

1986年1月，赵业安被河南省人民政府授予河南省劳动模范称号；1987年5月，赵业安荣获全国五一劳动奖章；1988年被批准为国家级有突出贡献的中青年专家；1989年获得首届钱宁泥沙科学技术奖；1989年5月，水利部、中国水利电力工会授予他全国水利系统特等劳动模范称号；1989年9月，赵业安被国务院授予全国先进工作者称号，光荣地出席了全国劳动模范、全国先进工作者表彰大会。

赵业安没有须臾停步。他说："黄河的情况在不断变化，只有积极探索，永不止步，才能使治黄思路实现更高层面的突破。"

1996年汛期，黄河花园口发生最大洪峰流量为7600立方米每秒的中常洪水，但却表现出水位高、演进慢、险情多、滩区灾情重的异常情况。洪水过后，赵业安在现场查勘和分析洪水过程的基础上，与黄河防汛办公室的同事合作撰写了《对黄河96·8洪水的主要认识》，该文认为，近年来连续枯水，泥沙严重淤积，主河槽急剧萎缩，导致过洪能力大大降低，从而进一步加剧了下游防洪严峻形势。因此，必须对黄河水沙条件的这种重大变化与防洪新形势予以高度重视，超前研究小浪底工程建成后的运用方式，进一步完善下游防洪工程体系，确保黄河安澜。

1998年3月，赵业安作为主持者，历时3年多，组织完成"八五"国家重点科技攻关项目《黄河下游河道演变基本规律》专题研究，为黄河下游河道治理方略和工程合理布局提供了有力的科技支撑。

1999年，中国工程院院士、时任全国政协副主席钱正英，中国科学院、中国工程院两院院士张光斗倡导，中国工程院组织300余名多学科专家学者，展开重大战略性项目《中国可持续发展水资源战略研究》。赵业安在该项目的防洪减灾对策研究组，不顾病魔缠身，身体虚弱，深入黄河流域和西北地区各条河流，与各位专家探索交流，对实施黄河防洪方略的战略性转变，优化配置水资源，加强河流生态保护，提出了很有价值的建议和意见。

2002年12月，为应对日趋尖锐的黄河水资源供需矛盾，解除黄河下游河道断流威胁，抑制黄河中下游河床淤积，赵业安与黄伯明、刘崇熙、周兴志等水利专家，根据多次实地调查与长期思考，在长江科学报上合作发表《三峡水库引江入渭济黄济华北工程》的学术论文，对该南水北调新方案进行了详细论述。翌年11月，钱正英率队，就该引江济渭入黄线路方案进行考察论证。赵业安强忍剧烈病痛，靠着药物抑制，从重庆开县出发，穿大巴山，越汉江，翻秦岭，到咸阳，直至渭河下游，坚持走完500多公里行程。

2010年汛前，75岁的赵业安主动请缨，坚持参加一年一度的下游河势查勘。途中，因所乘测船触桥翻船，他在滚滚黄河水中被冲走四五公里方免一场大难，死神再次擦肩而过……

这就是赵业安。身患癌症42年来，他以对实现黄河梦的孜孜追求，从死神手里一点点抢夺时间，一刻不停地在黄河两岸奔波，矢志不渝地探索。时至今日，他仍担任着黄河水利委员会科技委委员、黄河水利科学研究院顾问、清华大学黄河研究中心特聘专家等职，依然为黄河治理开发的事情思考着，奋斗着。

最近我们得知，那些无法用药物遏制的癌细胞，又在赵业安身上大范围扩散，癌魔几乎已经侵占他的全身。采访中，他面色水肿，声音沙哑，不时用手掌顶着腹部。但一说起黄河，他又提起了精神。"治理黄河是一项值得为之献身的伟大事业。我不知道自己能活多久，但只要活一天，我就要为黄河事业干一天，拼着命也要走完一个共产党员应该走的路。"赵业安说。

钱正英说："赵业安是一个令人十分佩服的黄河专家，我们每次见面，他从不谈自己的病情，说的都是如何实现黄河长治久安的方略、设想和措施。他之所以能在身患癌症 40 多年的逆境中坚持到现在，是黄河梦在支撑着他。"

赵业安为实现黄河梦奋斗不息的人生轨迹，正是一代代黄河建设者矢志不移，为实现黄河长治久安而不懈奋斗的生动诠释。进一步把黄河的事情办好，让黄河更好地造福中华民族，这是中国共产党领导的人民治黄事业永续发展之梦，是中华民族波澜壮阔开拓进取的复兴之梦。

◇ 本文发表于 2013 年 7 月 4 日《人民日报》
◇ 作者：侯全亮、徐清华

郑娟娟：闻风雨而动的人

开春后的福建厦门市阴雨连绵，当淅淅沥沥的雨滴开始在板房上弹奏时，郑娟娟又夜不能寐、食不知味了。这是12年水文工作养成的"职业病"。

2006年，已经在泉州石砻水文站工作了4年的她调到老家厦门同安区，担任汀溪水文站站长，此后就一直没挪过窝。说是站长，但她手下一个兵也没有，汀溪、五丰、造水3个水文站，以及厦门岛外13个雨量观测点的事儿都得她一肩挑。这副担子一挑就是2000多个日夜。

水文站新来的年轻人

直到2012年，站里才终于分来了两个年轻人，分别叫刘荣和谭永安。作为"211"大学科班出身的水文专业毕业生、厦门市水利局正式招录的公务员，他们对特区里的工作充满了憧憬。但是当郑娟娟开着越野车带他们扎进同安群山的时候，刘荣的心开始凉了，窗外的建筑渐渐稀少，目及之处更多的是农田、树林、牲畜。走了半个小时，车辆拐离了主干道，循着小路绕进了一座村庄。

两位新来的年轻人安顿下来后才发现，这里没有网络，晚上陪伴他们的只有墙外的虫鸣蛙啼和汀溪的叮咚流水。工作上的考验也随即而来。

同安东西溪作为辖区内最主要河流，其水文观测资料对汀溪水库调蓄和灾害预警起着重要作用。郑娟娟带着他们马不停蹄地辗转于五丰、造水、汀溪水文站和众多雨量观测点之间。

无论白天黑夜，只要有一滴雨落了下来，3人就必须在水文站严阵以待，闻风雨而动，确保洪峰到来不漏测；洪峰一到，郑娟娟就带着他俩腰绑绳索，在风雨呼号中，深一脚浅一脚地踏入没膝的急流中，手把秒表，仔细聆听默数流速仪器逐渐频密的铃声；雨势渐息，他们也顾不上清洗休整，而是马上整理测得的数据，第一时间上报防汛部门以供决策参考；风平浪静，完成任务的他们还得把流速仪、标尺、秒表等工具一一检查拆洗归位，确保下次洪峰到来时能正常使用……

交通不便，买菜艰难，没有周末，没有公休，精疲力竭的俩人产生了共同的疑问:"我们来之前,郑娟娟是怎么一个人扛下3个水文站的?"

大山里的八年坚守

水文观测当然不可能靠一个人完成。2006年来到汀溪水文站以后,郑娟娟就带领水文站的3个委托观测员展开了工作。所谓委托观测员,其实就是聘请当地的村民,稍加培训后兼职日常站务和协助观测工作,其他事无巨细,都得郑娟娟亲力亲为。

2012年6月底,刚刚挺过台风考验的郑娟娟病倒了,正准备抽空去城里买药,五丰上游却下起了大暴雨。当她带着重感冒赶回五丰站时,看到所有的电力设备都已经被雷击损坏,汹涌的洪水已有齐腰深,且还在继续抬升。委托观测员陈师傅向准备下水观测的郑娟娟劝道:"还是别下水了,太危险了,会出人命的,水位再高一点就可以用缆道观测了,再等等吧。"

"陈师傅,现在也许就是今年最高的水位,待会水位要是降了下去,这个洪峰我们就漏掉了。"面对郑娟娟的坚持,陈师傅只好点头同意。风雨如磐,激流咆哮,郑娟娟的身体像树叶一样在水中摇晃,她一度滑倒了两次,脚早已在卵石间崴伤,多亏陈师傅及时抓住,才免于被怒波吞没,但她仍然不为所动,咬牙完成了这次观测。

郑娟娟在指挥测量

事实证明,她抢测的这次洪峰,确实是这一晚的最高水位,也是这一年的最高水位。

除了在大雨来临时寸步不离地坚守,郑娟娟还需要维护观测分布岛外各地的雨量站。设在汀溪地区高点的罗溪雨量站山高路陡,平日步行都得一个多小时。2012年3月,郑娟娟为了给这个雨量站的新雨量筒浇筑水平牢固的地基,她硬是用自己的双肩,跟观测员一道把数百斤重的水泥、砂石、锄头、仪器等徒步扛上了山顶。

水利精神薪火传承

"看着娟娟姐这么卖力地工作,我觉得,水文站的薪火怎么也不能在我们这一批水文人手里熄了!"刘荣说。

其实，郑娟娟又何尝没有一番心路辗转。2002年，郑娟娟从福建农林大学毕业后毅然选择了泉州水文局石砻水文站的工作。尽管已经有了充分的思想准备，但在同安城区长大的郑娟娟来到站里时，仍然不免对这里简陋的条件感到惊讶。

更让她惊讶的是站长林森块，仅剩3年便可退休的他，仍然什么事情都抢着做。转眼时间到了寒冬腊月，站里一把水尺却坏掉了，林森块穿着背心短裤就跳进了及腰深的水里修理，未料冻僵的手没拿稳钳子，扑通一下掉进了水中。郑娟娟正准备去给站长再拿一把钳子，林森块却做出一个让她毕生难忘的举动：他一头就扑进冰冷的水中，摸索着脚下的河床，许久之后抬头换气，又扎下去，再换气，再扎下去……

回想起十几年前的这一幕，郑娟娟仍然泪眼婆娑："基层水文真的不难！只要秉承'献身、负责、求实'的水利精神，就一定能做得好！"而她也确确实实做到了这6个字，因此她再也没有在任何困难面前皱过眉头。

每次碰见超市打折，她都买一堆廉价毛巾，以备擦洗维护缆绳之用；长年孤身驻守站房，她也会惧怕晚上无边的黑暗和孤寂，索性在枕头下塞把剪刀为自己打气；父亲早逝，母亲和奶奶住在一起相互照顾，郑娟娟含着满腹自责，却没有休过哪怕一个春节；已经30多岁的她仍然待字闺中，有人介绍对象她总是讷讷回绝，理由只是担心根本没有时间跟对方相处……

2008—2012年，汀溪水文站连续五年获得全省水文系统先进集体称号；2010—2012年，郑娟娟连续两年被评为全省水文系统先进工作者；2007—2012年，她连续六年被评为厦门市水利系统优秀共产党员……

这些荣誉的背后，是2000多个日夜的坚守，是风雨之中孤独的挺立，是不漏测每一次洪峰的决心，是山间地头的千万个脚印。2013年，郑娟娟入围"感动厦门十大人物"并最终顺利当选，这位深藏于群山中的巾帼楷模，用自己的涓涓努力，感动了整个厦门。

◇ 本文发表于2014年3月11日东南网
◇ 作者：周思明、林世雄

郑萌：用坚守诠释职责

郑萌中等身材，戴着无框眼镜的眼睛透着睿智与真诚，给人秀气、朴实与沉稳的感觉。他是海委漳卫南运河管理局吴桥闸管理所所长，在基层闸所工作了14年。

工作认真的他

郑萌说，他一参加工作就在水闸一线，十几年来对水闸有一种特殊的感情。他用这份爱守护着水闸工程，守护着这份水利人的情缘。

作为闸所所长，他既是管理者又是守护者。吴桥拦河蓄水闸地处河北省吴桥县铁城镇，是漳卫新河上一座重要的防洪抗旱水利工程，工程上下游有5个村，村民损坏水闸工程的行为时有发生，管理难度大。2012年上半年，村民私自顶坏闸门向下游放水，郑萌了解情况后，连续几天走村访户与村委会代表及群众促膝谈心，讲政策，说道理。

他认真负责的工作态度深深打动了村民们，也使沿河村民们明白了破坏水利工程的危害性，沿河5个村的村委会集体与吴桥闸管理所签订了《保证吴桥闸工程安全责任书》，明确了沿河村街的责任，确保了水闸的安全。

作为闸所所长，在创建海委工程管理示范单位过程中，他既是指挥员又是战斗员。2012年7月底接到创建任务，此时距示范单位考核验收还有5个月的时间，除了要修整水闸工程面貌，还要整理综合性很强的工程考核资料，时间非常紧，又没有成熟的考核经验借鉴，在当时只有6个人的情况下，困难之大可想而知。

郑萌毅然承担起了繁重的晋级工作任务。他带领闸所职工，天天吃住在闸所。硬件设施改造，他去做具体施工方案并协调施工；没有资料整理员，他承担起所有考核资料的整理工作。白天，他在一线指挥，监督工程质量，督促施工进度；晚上，他在办公室整理考核资料，常常凌晨两三点钟才睡觉，一天最多睡4个小时。吃不定时，居不定时，但是他每天都要准时召开碰头会，通报情况，查找不足，及时整改。100多个日日夜夜，他没休过周末，"5＋2""白加黑"成了他真实的生活写照。经他亲手整理出来的考核资料，摞起来总共有 1 米多高。超负荷、强压力的工作，使他血压升高，体重骤降 15 斤。

凭着务实的工作作风和负责的工作态度，他硬是把这项艰巨的任务做得近乎完美。2013 年 1 月，吴桥闸管理所以 915 分的成绩顺利通过海委验收，这个成绩距国家级工程管理示范单位考核标准只差 5 分。

爱所如家的他

工作日，不管白天还是夜晚，他都是在单位度过，跟闸所的同志在一起的时间比跟家人在一起的时间长多了。他说："闸所就是我的家，职工就是我的家人。"

跟他聊起闸所来，他的话明显多了。他说："三叶草喜欢大水大肥，要经常浇水施肥才能长势好；月季花在冬季要及时修剪，来年的春天才能多开花，开大花。"他还兴致勃勃地介绍菜园里有什么品种的蔬菜，什么菜什么时候种植什么时候成熟等等。闸所的一草一木，都在他的心里装着。其实，郑萌从小在城市里长大，工作以后才接触到农村田园生活。刚上班那阵，还闹过笑话，把春天闸所外的麦苗当成草坪。他以闸所为家，家里怎么种地、怎么养花、什么时候种什么菜，耳濡目染，加上亲手实践，还真成了行家里手。

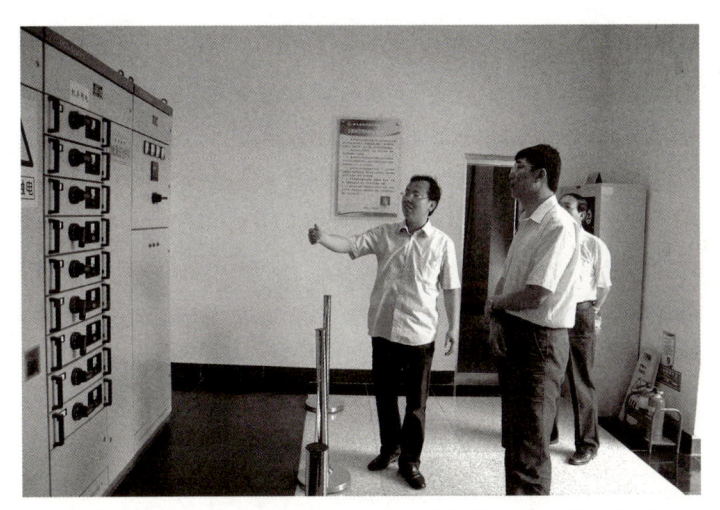

郑萌（左一）为水利部安监司领导介绍单位安全管理情况

让他介绍自己，他不好意思地笑着说："没啥好说的，大家都一样。"让他介绍一下所里的职工，他却滔滔不绝，每个人的岗位，具体负责什么工作，有什么特长和爱好，作出了什么贡献等等，说到这些，在他脸上看到的满是自豪和幸福。他们一起工作，一起吃饭，工作以外，还一起打球，一起下棋，一起侃大山，一起开玩笑，整个单位就像一个大家庭。

郑萌说："感谢这些职工多年来对我的支持和理解，正是有了他们的共同努力，闸所的各项工作才会有进步和提高。"

默默奉献的他

采访当天，我们得知郑萌的儿子当晚要开家长会，本想早些结束与他的谈话，郑萌笑笑说："咱们在闸所一线的，周一到周五都住在闸所，很多时候都没有周末，在闸所一住十天半个月是常有的事，所以我从来不敢向妻儿承诺什么时间可以陪他们做什么，从儿子上学以来，我几乎没参加过家长会，儿子已经习惯了。"话及家人，郑萌显得有些内疚。

郑萌为来访的中学生们进行"世界水日""中国水周"相关知识宣讲

郑萌曾经工作10年的祝官屯枢纽管理所位于山东、河北两省交界处，孤零零的单位大院，距离最近的村还有2公里，距离德州市有70多公里。家在德州的他，一周才能回家一趟，有时单位工作忙，半个多月才回家。每天下班后，单位大院里只剩他一人，这样艰苦的工作和生活，他坚守了10年，也见证了他从一个20出头的毛头小伙，成长为闸所当家人的工作历程，更见证了他对水利事业的那份持久而弥坚的热爱。2006年5月，怀孕的妻子已经到预产期，而这个时间也正是水闸进行汛前检修的紧张时期，一边是工作，一边是待产的妻子，他选择了坚守岗位。他告诉妻子和家人，身为所长的他，不能离开单位。妻子和家人了解他的脾气，选择了理解和支持，直到进了医院、办了住院手续后才告诉他，等他匆匆赶到医院时，妻子已经推进了手术室……

在他的字典里，工作始终排在家庭之上，对于热爱的水闸，他甘愿奉献所有。

"他一天到晚光琢磨这个，工作很细。当时郑所长的孩子只有8个多月，但他工作忙时好几个星期都不回家。如此年轻的干部舍小家、顾大家，忘我奉献的精神让我们感到敬佩。"郑萌曾经工作过的祝官屯闸管理所老职工江洪云说。

没有轰轰烈烈，只有十几年如一日的辛勤工作。德州市市直机关工委"五个好"共产党员、第一届"漳卫南局十大优秀青年"、漳卫南局创先争优活动"廉洁先锋"等荣誉称号记录了他的努力，见证了他的奉献。

不管什么时候，你若在闸上看到一个坚守的身影，那个人一定是郑萌。

◇ 本文发表于2013年9月24日《中国水利报》
◇ 作者：王丽

钟宏联：岷江赤子

全长 735 公里的岷江，是长江流域水量最大的支流，除了有耳熟能详的都江堰，还有大渡河、青衣江等无数支流不断加入进来。在岷江离奔腾的万里长江还有 30 公里的地方，坐落着一个不起眼的水文站——长江委水文局高场水文站，它将岷江汇入长江前的一举一动尽收眼底。

钟宏联就是这个"哨所"的一名忠实的"哨兵"。1981 年，钟宏联走进这个小站，1988 年开始担任水文站站长，直到生命的尽头。

3 月，我们走进了他工作了 30 年的高场水文站。走进小院儿，迎接我们的是一大片怒放的油菜花。油菜花丛中，翩翩起舞的小蜜蜂和花蝴蝶仿佛在告诉我们，老钟并没有离开水文人，没有离开这个他奋斗了一生的小水文站。他会永远驻守在高场，驻守在水利人心里。

把生命镌刻在水文站

1989 年 7 月 26 日 20 时，黑夜笼罩下的岷江下游两岸，一道闪电突然把河谷两岸照得雪亮，"轰隆""咔嚓"，接连不断的响雷在高场水文站缆道站房的上空炸响。自 1961 年岷江有水文记录以来的最大一次洪峰，朝着下游高场水文站的观测断面咆哮而来。

此时，29 岁的钟宏联，刚从老站长手上接过帅印，面对汹涌而至的洪水，他和站上仅有的 5 名同事奋勇投入到水文测报的战斗中。

高场站所处高场镇属于雷电高发区，当地常有雷电造成人员死亡的事件发生。此时此刻，报汛是第一要义，但报汛必用的电话机恰是雷电的导体。已经为测报洪水忙碌了一天的钟宏联和同事们，借助一支长 2 米的木棍，冒险将话机免提键摁下，开始声嘶力竭地对着话筒报出水位、流量……程代忠还清楚地记得，当时他在宜宾的队部值班，钟宏联对着电话跟他报汛时，他听见钟宏联那边不断响起惊天大雷。

此时岷江边上，狂风大作，雷电交加，不断攀升的洪水迅速淹没了高场站的低水自记井，眼看就要淹到高水自记井，钟宏联跳进江中，迎着湍急的江水蹚到低水自记井边，把水位自记仪拆卸抢抱出来，安装到高水自记井中。就这样，钟宏联和同事一面测流取沙，一面搬迁仪器，并逐时报汛，收集到了完整的高洪水文资料。

第二天，岷江洪水逐渐消退。钟宏联和同事们已经连续奋战了一天一夜，共测流15次，拍报20份，向各级防汛部门提供了准确的水文情报。汛后他们受到宜宾市和宜宾县政府的嘉奖。这一年，由于高场站各项资料收集完整，测报优良，第一次被长江上游水文水资源勘测局（简称上游局）评为成果质量全优站。

这个全优成绩从此连续保持20多年直到今天，高场站从此成为长江水文成果质量优秀的一面旗帜。钟宏联从那一刻起，就下定决心，将自己的一生奉献给这个小小的水文站。

钟宏联年轻时于站房的留影

作为长江上游重要支流岷江的控制水文站，高场站建站于1939年，是国家一类精度水文站，控制流域面积13.5万平方公里，水量居长江各大支流首位。测报项目有水位、雨量、流量、悬沙测验、水质分析和水雨情拍报等。由于受上游三条支流影响，加上雅安、乐山等暴雨区的作用，汛期岷江300毫米以上的暴雨较多，是暴雨洪水形成的主要原因。因此，高场站水情雨情十分复杂，每年出现较大洪水3次至5次，一般洪峰10多次。洪水具有峰高、量大、历时短的特点。有时一次洪峰从涨到落只有10来个小时，有时一个洪峰叠加另一个洪峰，连环不断。一旦涨水，杂草、树枝、流木满江漂流，严重影响铅鱼定位和缆道安全。因此，测报任务繁重，测验难度较大。

为解决暴雨区水文测验仪器易遭雷击损坏的问题，钟宏联和同事们多次冒着危险，在雷雨中测洪报汛，最终通过在全套设备线路上安装避雷隔离闸刀等办法解除这个困扰。目前，这套防雷装置仍然是上游局最完善的。

在钟宏联担任高场水文站长的20年里，他的小发明、技术改造、编制的小程序不计其数，从自行研制的缆道运行保护装置，到开发准确计算水文测验成果的电子表格等计算机测流小软件；从铅鱼尾翼偏角调节器，到缆道油轮定位器……这些小发明、小改造、小程序不光在本站运用，还被其他水文站广泛推广应用，水文职工的评价是：简单，独特，管用。

钟宏联爱护水文设备像爱护眼睛一样。一位曾在水文站当过临时工的工人说，老钟平时对人非常和气，但如果你不小心让仪器设备有了闪失，"他都会凶巴巴的，让你不敢再出错"。他总结并经上游局科研室提炼的《设备维护三字经》，受到基层站队职工的普遍欢迎。上游局科研室主任方德胜感叹地说："由于钟宏联的精心维护，许多水文测验设备使用寿命至少延长了5年到10年。"事实证明，高场站设备长期处在良好运行状态，是高场站水文成果能长年保持全优的一个重要因素。

1986年，高场站相继投入使用了可控硅缆道无级调速装置、JL-1调压积时式采样器、超声波测深仪、微机测流系统、局域网报汛系统、海事卫星自动报汛系统和水位、雨量固态存储等先进水文测验仪器。钟宏联便用心琢磨如何快速掌握这些设备的运用和维护技能。他一边向上游局科研室、技术室等部门的同志和其他勘测队同行虚心请教，一边刻苦钻研。寝室变成研究室、实验室，铅鱼头和控制筒搬到了床头，钟宏联不分白天黑夜地解剖这些设备，直到完全掌握其性能及运用技巧。

钟宏联在做日常测验

作为一名基层水文站站长，钟宏联觉得带领全站职工完成好各项工作任务是自己应尽的责任。同时他认为，除了干好工作，水文人更应该做一个有理想、有追求的人。

1996年他向党组织递交了入党申请书，2002年，他光荣地加入了中国共产党。从此他将自己坚守高场水文站的理想与党的事业紧密结合在一起。

钟宏联认为，当好水文站站长行贵于言。首先自己要身体力行，做出表率，才能在职工中产生无声的号令，带动大家去完成好各项水文测报任务。

钟宏联身体不是太好，上级领导曾多次想把他调到宜宾水文水资源勘测队队部工作，但每次他都诚恳地婉言谢绝。他说，我已经熟悉了高场站的情况，在高场站我发挥的作用会更大一些，还有比我更困难的同志，可以安排他们回宜宾工作。

从 1989 年起，高场水文站的水文成果质量连续 20 多年获上游局全优；连续 23 年安全生产无事故；设备使用和维护名列上游局 30 多个水文站之首；连续 19 年被评为上游局先进集体；2003 年、2005 年连续两届获得全江成果质量优胜杯二等奖；2004 年高场站获得"全国文明水文站"殊荣。钟宏联本人也连续多年受到水利部、长江委、水文局、上游局及宜宾市各级组织的表彰和嘉奖。先后荣获全国水利系统先进工作者、长江委优秀共产党员、宜宾市委农办系统践行"三个代表"党员示范标兵等荣誉称号。

2009 年 6 月，钟宏联被一阵阵剧烈的腹痛折磨得不堪忍受，医院诊断为急性胰腺炎，要求立即住院。此时，钟宏联怎么也没想到，死神已经向他逼近。

2010 年 4 月，刚刚过完 50 岁生日不久的钟宏联，被确诊为晚期胰腺癌，并在重庆进行了手术治疗。此时的钟宏联仍乐观地想：回家休息一段时间就可以上班了。汛期到了，好多事要做呢。他对前去看望他的长江委水文局领导说，高场站的流向程序还需进一步完善，出院后他会尽快想办法解决这个问题。他还给上游局金沙江水文水资源勘测队队长张强发去短信，野外水准测量的那个程序，已经通过邮件发送。在给横江水文站站长黄宜平的短信中说，钢铁战士很快就回去了。

钟宏联心里放不下站上的测报工作。在宜宾的医院里，他每天早晨起来第一桩事就是收看水情公报。有时病魔袭来，他痛得脸都变了形，但心里牵挂的却是水尺该校测了，缆道有几个滑轮已经磨损该换了，缆道要打油了……甚至有一天，他偷偷从医院直接跑到站上，组织更换了滑轮，直到疼痛再次袭来，他才被迫又回到医院。

人们还记得，1986 年的一次测洪中，强大的雷电击毁了缆道可控硅装置，必须立即更换保险管，否则无法测洪。钟宏联果敢地冲过去更换保险管，被感应电打趴在地上，半天才缓过劲来。1988 年汛期测流遭遇雷雨天气时，钟宏联给水文缆道房柴油机加水时，刚刚离开机房，突然一声炸雷，只见机房被雷电击中，浓烟滚滚，地面上的水直冒热气。那一次，钟宏联又是死里逃生。

这一次，人们多么希望他们的老钟仍然能"死里逃生"啊。然而，这一次他不再那么幸运。

2010 年 8 月 8 日，被病痛折磨得极度消瘦的钟宏联永远合上了他那不知疲倦的眼睛。他对妻子最后交待说，汛期忙，不要因为我，让大家耽误工作。

生命里有他的影踪

老钟走了。在宜宾水文水资源勘测队举行的告别仪式上，100 多名职工和家属赶来，想再送他一程。他们想再跟他摆摆龙门阵，希望他在天堂别再太累。

何翠屏，曾是高场站的炊事员，文化程度不高，但在钟宏联的帮助下，学习水位观测，以后又慢慢跟他学会了测流取沙、泥沙分析。汛期测流任务繁忙时，何翠屏作为"替补队员"，先把饭蒸上，然后去帮忙测流，测流完了，饭也好了。何翠屏后来成为高场站水文测验的好帮手。得知她家里生活困难，老钟将站上院子里的部分空地腾出来，让她种点蔬菜，以补贴家用。老钟病重住院时，得知何翠屏婆婆也住进自己所在的医院后，就去病房看望老人家，让老人安心养病。

记者在高场站还见到另外一个炊事员刘师傅，她是水文站附近糖厂的退休女工，常受邀不定期来水文站帮忙。老钟走了以后，她还来站上陪枯季值守的女职工。她说："平时接触他太多了。老钟走后这半年，我梦到过他两次。一次是在梦里看见老钟清早像平时一样，拿着扫帚扫院子。还有一次，梦见老钟背着包下到河边去校测水位。他在的时候很关心我们。有时冬天，我起得早，他看见我扫院子，就叮嘱我，要多穿一点。"

钟宏联的妻子章文想起老钟身前忘我工作，心痛之余，难免有几许不解："我也是个水文人，做好自己的本职工作是天经地义的。但是我就是不能理解，他郎个（怎么）还整天管别的站上的事，总是回家待不了一会儿，就有人来找他说，哪里哪里不行，请他过去帮忙看看。他二话不说，打声招呼，背起包跟人就走了。他总是说，别人有困难，哪能不帮嚯。我有时说他，精力顾不过来就少帮些，做好自己站上的事就够了嘛。他根本不听我的。"

黄宜平跟钟宏联情同手足。他告诉记者："我最佩服他对水文事业的执著，佩服他过硬的技术本领，对工作任何时候都一丝不苟。令我们受益最大的就是他在工作中给我们设立的水文测验电子计算表格。我俩关系很密切，我们横江水文站缆道上的事遇到麻烦，我就跟队领导报告，想请老钟过来帮我。老钟得到消息就马上过来帮我。"

黄宜平的话在上游局其他水文站长和勘测队职工那里得到了证实。他们说，老钟爱琢磨、爱钻研，我们遇到难题第一个就会想到他，他会想办法帮我们。

在宜宾水文水资源勘测队的家属楼里，黄宜平家与钟宏联家正好背靠背地紧挨着，饭后两人也常约散步，摆龙门阵。黄宜平常梦见他："他走了，我现在还是很不习惯，觉得生活中缺了很大一块。一有什么事解决不了，起身想马上去找他，或者想打他电话时，才想起来，他已经走了。那个时候，心里很不好受。"

宜宾水文水资源勘测队职工李应中回忆起刚开始用 JL-1 采样器那会儿的老钟，他说："那个仪器当时老钟用得最好，他到我们横江水文站手把手地教我使用方法。我们外业站的大部分人都住在宜宾的家属楼，每次老钟买水果回来，都要拿一些给我的父亲。我们一起参加野外测量时，老钟关心周围每一个人，问我们需不需要衣服，他的备件总是很充足。我身体不好，他劝我多休息。每次测量,他都背最重的仪器,我劝他让年轻人背,他什么话也不说,背上就往前冲。2010年1月,他主动要求参加长途水准测量。天冷,大家有些懒床,他虽不是带队的,但每天6点30分起床,挨个敲门叫醒大家,提醒大家不要耽误测量任务。"

80岁的高场站老站长刘义湘说:"我退休都有20年了,但小钟常常来家里看我。我家里现在用的煤气灶还是他去帮我买回来的,他告诉我这个牌子的煤气灶好用。"

把握生命里每一次感动

"如果生命可以重来,我会更多一点去理解他,不会再让他从高场回来总是包下买菜做饭的家务。娃儿虽说是我一手拉扯大的,但我该多体谅他点儿。如果生命可以重来,我也希望他再少管点闲事,多一点休息。"当记者跟章文聊起丈夫钟宏联时,悲伤里,她并不遮掩自己对丈夫钟宏联几许抱怨。

章文比钟宏联晚到高场水文站几年。1987年12月31日,他们在简陋的高场水文站将两床被子抱到一起就算是结婚了。后来,宜宾水文水资源勘测队为解决水文职工就医、孩子上学的问题,将章文调到宜宾,可他们也从此过上了两地分居的日子。

有一件至今想起来都让章文感觉温暖的事:"他对我妈妈比我自己对我妈妈还好。我母亲习惯性晕车,每次知道我母亲要来宜宾看我们,老钟总是把工作抓紧做完了,赶到宜宾县双龙镇,专程去把我母亲接过来,一路上小心照顾。从双龙镇到宜宾,单程一次都要3个小时。他去世后对我母亲打击很大,我妈妈没几个月也走了。"

章文也时常与老钟发生争吵。章文说:"主要是为他评职称的事。他是好多年的工程师了,凭他的工作能力和业绩水平,申报高级职称应该是没问题的。但他就是不去申报,不参加相关考试。我们两家家庭经济负担都很重,他评上高级职称,起码工资可以高一点,家里也可以宽裕点儿吧。他却总是说,钱多多用,钱少少用,我们两个工资还是可以的嘛。再说,我没时间去准备那些考试。"

"他写的论文,我想让他把我的名字带上,我评技师也要好点嘛。他说,关你什么事。他写的多篇论文,硬是一篇都没把我名字带上。"

"他那个站领导经常去检查,我给他买些新衣服放在他衣柜里,让他注意点形象。他说,那些衣服,我穿了不方便工作,领导来是检查工作,不是看我们穿啥子的。他走后,我清理他衣柜时,发现那些新衣服,他几乎都没怎么穿,有些竟然连商标都没剪下来……"

"家里两个卧室的插座坏了很长时间,跟他说了几次,他没时间弄。最后为安全起见,他干脆用两块三夹板把两个插座盖上,挡住完事。我说,这要是你站上的仪器,你肯定不会这样吧。"

虽然知道爸爸、妈妈因不同意见而时常争吵,但在女儿钟兮眼里,爸爸是最疼自己的爸爸,妈妈也是最爱自己的妈妈。因为爸爸属鼠,钟兮就调皮地称爸爸为米老鼠,妈妈嘛,就叫大脸猫吧,猫可以管老鼠。

钟兮出生时七斤八两,钟宏联就给她起名叫钟兮。看到别人家的孩子经常有爸爸妈妈陪着上公园玩,年幼的钟兮心里时常羡慕。有一次钟宏联回家,钟兮对他说,就因为你起这个名字,所以我才这么可怜兮兮的。

钟兮从爸爸那里受益最大的是数学成绩好。初三时她参加全国奥林匹克数学竞赛,获得第三名,她兴奋地给在高场上班的爸爸打电话报喜,结果钟宏联给女儿泼去一盆冷水:"呵,才第三名呵,你下次得第一名时再这么兴奋吧。"

钟宏联的女儿以前也很难理解爸爸为什么总是那么忙:"有一次,邻居一个大姐姐有一道数学难题做不出来,晚上来求教我爸爸,爸爸也试着解了一下,发现的确很难,就对那个大姐姐说,这样,你先回去睡吧,我解出来就打电话给你。清晨5点我起来上厕所,发现爸爸还在灯下解题,他说他终于解出这道题了,但是那会儿还早,他怕吵醒那个姐姐,一直到早上7点才给她打电话,让她过来,他给她讲解了题的解法,然后那个姐姐才去上学。"

"爸爸非常尊重老师。上初中时,有一次,我在饭桌上向我的表妹和舅舅一家谈起了我们的英语老师,因老师读英语带着很重的方言,我就学给他们听,大家都笑起来,谁知平时很少对我发火的爸爸从厨房里冲出来,不由分说,找东西要打我。看到爸爸那个生气的样子,我委屈地跑进房间哭了一场。"

"爸爸也是个爱唱爱笑的人。虽然五音不全,但他喜欢在家哼唱。我曾故意说,爸,你可以去参加选秀比赛。爸爸说,那我要参加史上年纪最大、五音最不全的选秀。"

"以前觉得父亲是个固执而唠叨的人,现在再看父亲所做的一切,觉得他很伟大,他的工作很有意义,我现在很想念他。"说着,泪水早已盈满钟兮的眼眶。

"你最敬佩父亲的是什么?"记者问。

"执著。一个重复或者相同的工作,若非执著他怎么能一直坚守下来!"

"如果时光能够倒流,我希望能够多陪陪爸爸,能用自己工作的第一个月薪水给他买件礼物。但现在这一切都不可能了。"钟兮哽咽地将目光投向远方。

2011年初,即将大学毕业的钟兮跟妈妈商量后,报名参加了长江委水文局组织的公开招聘。钟兮说:"如果有一天我能从事水文工作,我相信,我不是一个人在工作,我承载着爸爸的梦想和希望,我不敢说我要超过他,但我决不会给他丢脸。"

生命是一种行为，行为是人内心最好的表达。掩饰的无法长久，是金子总要闪光。

"在我心中曾经有一个梦，要用歌声让你忘了所有的痛。灿烂星空，谁是真的英雄，平凡的人们给我最多感动……"采访结束，那首老歌《真心英雄》在我们心里悄然涌动。

◇ 本文发表于 2011 年 6 月 17 日《光明日报》
◇ 作者：李真、周明、樊孝祥、曹启辉

周海潮：最能承压的"舟"

2007年那年，当周海潮从济南东城黄河浮桥调往济南河务局养护公司的时候，他怎么也没有想到，不到5年，又临危受命、重操旧业，来到离东城黄河浮桥13公里的济南东郊黄河浮桥。

到东郊浮桥的第二天，周海潮就来到浮桥及其南北两岸的上桥路查看。"桥不行换桥，路不行修路"，前几年在东城浮桥工作的经验，使得周海潮深知浮桥的"命门"。

周海潮通过了解、查看发现，东郊浮桥的承压舟吨位不一，80吨、100吨、120吨的都有，而且陈旧老化严重，已不能满足现在的通行要求，安全也得不到保障，使得东郊浮桥的运营受到根本限制。加之浮桥南北两岸的道路低洼不平，大大影响过往车辆通行，影响经营收入。

周海潮决定率先对损毁严重的道路进行维修。当时东郊浮桥公司账目上已没有钱，招标时周海潮只得订立一个苛刻条件，采取借鸡下蛋、分期付款的方式，先后维修了浮桥南北两岸5000米的道路。他在最短的时间内，让东郊浮桥恢复了运营，并且在前3个月基本停运的情况下，4月份运营收入就达到58万元，虽仍属惨淡，毕竟是艰难中的起步，东郊浮桥的职工看到了希望。

因为年初的那场沉船事故，东郊浮桥被当地海事部门定性为有前科的浮桥，从而进行重点监管，在浮桥南北两岸设置劝阻岗，派专人守卫，限制货车通行浮桥。特别是4月初看到浮桥恢复运营，海事部门人员更是盯在浮桥上，采取现场录像、查看监控等手段，动辄下整改通知书，加上当地政府处理投诉的部门也不断暗访，浮桥的经营无法步入正轨。

此时的周海潮更是没有退路，他知道自己是最不能灰心丧气的那个人，唯一能做的就是迎难而上。

为尽快恢复运营，周海潮主持制定各项管理制度，坚持每周召开工作例会，加强内部管理，完善安全措施，加大维修力度，及时处理隐患，并主动向海事部门汇报，请他们来检查。经过一阵明察暗访后，海事部门对东郊浮桥的工作开始认可，态度渐渐转变，东郊浮桥的运营慢慢恢复正常。

在恢复运营的同时，周海潮已在考虑提高承压舟的吨位，拟把承压力尽快从

80 吨提到 200 吨。他决定第一期先造 4 对 200 吨的浮舟，通过招投标确定了制造商，订立的条件依然是先给预付款，数额为 100 万元。当时东郊浮桥自己拿不出钱，周海潮通过向市局借和集资的方式，筹齐这笔资金。当年 6 月底，4 对 200 吨的浮舟全部换上，80 吨的浮舟全部被淘汰。之后，东郊浮桥又于 2013 年、2014 年先后更换了 8 对 200 吨的浮舟，大大增加了浮舟的承压吨位，增强了浮桥的运营能力。

由于通行吨位加大、标准提高、收费严格规范等原因，两岸一些从前能够轻易过桥的村民不愿意了。浮桥北岸某村一个跑大车的司机找到周海潮的办公室问："哥们儿，以前一盒香烟就能过了，现在一下要交 200 多元？"

周海潮据理力争："从前那是不规范，现在规范了，我们没有多收，更没有胡收，完全是按国家规定收的。"

那人哑口无言。

有光着文身的人跑进浮桥公司示威，有人砸收费站窗户，还有人谩骂甚至殴打收费员。周海潮看到收费员被打，向公安机关报了案，公安人员经过侦查，将打人者给予拘留。

还有一次，浮桥北岸一个村民嫌收费高，用大车堵住上桥路不让车辆通行。周海潮赶到现场见劝说无用，打 110 报警，公安人员来到后，现场提取录像查看，将那个村民拘留了 5 天。

少数爱挑事儿的村民看到碰上了硬茬儿，才渐渐地老实了，浮桥的收费环境大大好转。

2014 年年初，受华山片区拆迁、荷花路限高、雨雪雾霾天气、春季集中整治查超载超限车辆、防汛防凌拆桥等诸多因素影响，浮桥营业额急速下滑。周海潮带领班子立即进行认真研究，积极采取 5 项应对措施：一是实时调整收费标准，统一大型车辆价格；二是安排专人到大型车辆集聚地、货场、料场和主要路口，发放印有路线、联系电话的宣传单，广揽客源；三是调整收费人员，加强检票管理；四是相继开展"文明礼貌服务月""奋战 40 天，再创新佳绩"等活动，设立行人饮水、车辆加水点，准备地图、修车工具、常用药品，并提供天气、路况信息等服务；五是主动到附近村庄走访，加强沟通。此举成功地引来大批大型车辆通行，及时扭转了浮桥营业额下滑的趋势。

周海潮潜心研究浮桥的运营规律，创造性地提出了"抓好两头，保证中间"的思路，设立了两岸浮桥车辆疏导岗，主要对重载车辆、19 座及以上客车和运送化学危险品的车辆，实行单车、单向放行，避免车辆在通行浮桥时会车或超车，确保浮桥安全运营。这种设立"两岸浮桥车辆疏导岗"的做法在山东省浮桥行业中属于首创。

2014 年，利用黄河调水调沙的有利时机，在更换 2 对 200 吨浮舟的同时，东郊浮桥还在浮桥北端更换了 500 吨趸船，并制作更换了 1 副 12 米长的超长跳板，不但彻底解决了浮桥北岸码头多年来因上岸坡陡造成的大型车辆爬坡难问题，而且每年仅推车上坡就要花费的 50 万元也随之节省下来。这一项目还因巨大的效益获得了山东河务局科技创新二等奖。

在浮桥运营逐渐走向良性循环的同时，东郊浮桥公司的面貌也在悄然发生着变化。

东郊浮桥公司成立于 2001 年，成立后一直不太重视公司形象的树立，院子虽然不小，却没有很好地整理利用，杂草丛生，只有一个旱厕，还很破旧。

周海潮带领班子研究后认为，公司形象不是小事，除了影响职工工作、生活，也会影响到浮桥运营事业的拓展。认识统一后，公司在院内安装了 20 个墙灯、路灯，原来一到晚上漆黑一片的院子变得灯火通明，不但增添了生气，也有利于安全保卫工作；将办公楼、宿舍楼、综合楼进行粉刷，每座楼上增添了水冲式卫生间，使用了 11 年的旱厕退出了历史舞台；将原来的废旧仓库腾空，改造成职工培训中心，添置乒乓球台、篮球架等健身器材，安装了空调、暖气、太阳能热水器，为机关食堂购买了新的炊具、餐具，添置了冰箱冰柜，安装了净水设备，保证了饮水安全。为让浮桥上的值班人员吃得更好，公司还专门购置了送餐车。

公司对浮桥的环境也进行了美化，重新粉刷了收费站办公区，在浮桥桥面、两岸收费站及码头增设射灯与路灯，更换了售票亭、检修班的空调，浮桥工作条件大为改善；对院内的空地进行整理，开辟出 13 亩菜园，每年要种 30 多种不同季节的蔬菜。

"这几年收入大大增加，又省了蔬菜这笔开支，职工的生活水平比前几年好了很多。"员工辛世杰说。

据公司副经理曹瑞祥介绍，周海潮来到东郊浮桥公司前，公司一般员工月薪不到 2000 元，现在一般员工月薪已拿到 6000 元以上。

我们了解到，周海潮上任以来，东郊浮桥的营业额不断增长，2012 年 4 月至今，营业额节节攀高，总额已达 5000 多万元。东郊浮桥公司从低谷一跃成为"山东劳动关系和谐企业"，获得"富民兴鲁劳动奖状"，周海潮也获得"富民兴鲁劳动奖章"。

在此期间，东郊浮桥公司坚持扩大生产，在更换浮舟，新造拖轮，维修上桥道路，整修码头，更新地锚、油丝缆绳，加固大梁、龙骨等生产设施、设备上投资超过 1500 万元，不仅积累了大量新的固定资产，也为滚动发展攒足了后劲。

说到这些，周海潮并没有丝毫满足的表情。他想的还是下一步的发展，东郊浮桥更换 500 吨新承压舟后，运舟拖轮又不能承担正常的浮桥拆接任务了，因此他要继续筹集资金，更换大型拖轮，确保浮桥的后续发展。

东郊浮桥公司一位职工对周海潮的评价,让我们觉得朴实而又深刻:"我们经理从来到这里到现在,说得最多的,干得最多的,都是更换吨位更大的承压舟。其实,他本人就是一只最能承压的'舟'。"

◇ 本文发表于 2015 年 10 月 22 日黄河网
◇ 作者:王继和、张学志

周尧坤：镇上的省级首席水利员

找周尧坤要一张平时的工作照，实在少得可怜。

"记者同志，我们这行一忙起来，哪还顾得上拍照，抢险都来不及，一分一秒都是人命关天的大事。"他的话不多，朴实有力。

办公室里，常年放着一双雨鞋、一件雨衣。"它们是我40年来的基本配置。"

周尧坤所在的径山镇是浙江杭州市余杭区防洪任务最重的西部山区镇，易洪易涝。而他作为镇农办水利员，脑子里有一串数字准确无误——

境内有主要河道12条，长度79.9公里，10万至100万立方米山塘水库3座，10万立方米以下山塘水库45座，主要堤塘19条，长74公里；20英寸以上排涝机埠16座，水闸27座，堰坝35座。

2010年8月11日晚上，洪水来势汹汹，北苕溪新溪堤塘告急，中苕溪险情频报。

"每小时降雨量211毫米，雨水就跟从天上倒灌似的，北苕溪水位已经和堤塘基本齐平，十分紧急。"在倾盆大雨中，周尧坤与镇领导一起足足走了五个小时，"每一户都要确保撤离，每一个渗漏点都要确保没有安全隐患。"他们现场布置北苕溪溢塘抢险等工作，避免近万亩农田和1200户农户受灾。

只要一有倾盆大雨，中苕溪或北苕溪堤塘上一准出现周尧坤的身影。

担任水利员，周尧坤有两大法宝——脑勤加脚勤。脑勤就是多学习水利业务知识。他多次参加华东地区和全省的水利培训班、专修班，精通套井回填、山塘加固、反水堰坝、排涝机埠等图纸设计，对质量数据、检测要求等更是了如指掌。脚勤就是多跑、多走、多看，全面掌握一方水利情况。40年来，周尧坤换过三辆摩托车。"径山太大了，水利工程设施太多了，但大部分水利设施地处交通不便之处。走太慢，开汽车不到点，只有用小摩托车代步，既轻便又快捷。"他说。

2005年3月，有关部门为加快农村饮用水改造工程进度，在四岭渠道中放置了一条长2.1公里直径0.5米的水管。四岭渠道灌溉2700余亩良田，渠中放水管会阻碍过水流量。他不顾社会压力，多次口头、书面反映，被人称为"硬头筋"。但就是凭着这股较真的劲儿，最终移走了水管，排除了隐患。

2005年9月，又有施工单位在堤塘放水管，周尧坤与同事发现立马后赶到现场阻止。这是一条双溪夹堰至香下桥的沿山渠道，总长5350米，灌溉农田6000亩。堤塘已安放水管60米，计划总长放水管1500米。水管放在堤塘上，一旦洪水满渠、水管爆裂，造成堤塘倒塌，就会导致几千亩农田和几百户农户受灾。周尧坤及时书面报告镇政府，在镇政府的重视下，制止了一场毁坏水利工程的案件。

水利员还有当地政府对水利设施监护、监测和水利工程建设督检的职能。不管寒冬腊月，还是三伏骄阳，不管是双休日还是"五一"、国庆长假，周尧坤总是骑着摩托车早早出门，很晚才回家，有时中午也不能回单位吃饭。

2011年，潘板南塘正在进行套井回填工程建设。正值国庆长假，10月2日这天，周尧坤骑着摩托车赶赴现场督检，发现有某施工单位没有按图纸要求的25厘米一层压土，他立马制止并督查返工。

凡到径山来做水利工程的老板都知道，做工程要认真点，那里的周工太认真了。周尧坤笑笑说："不认真不行，万一工程质量不到位，整个工程就成问题，汛时万一顶不住，那就是犯罪。"

周尧坤获得了一系列荣誉：浙江省区乡优秀水利员，杭州市防灾减灾先进个人，连续四年被评为余杭区年度水利先进个人。值得一提的是，去年，他还在全省3000多名水利员中脱颖而出，被评为"浙江省首席水利员"。

◇ 本文发表于2013年7月13日《杭州日报》
◇ 作者：孙钥、陈宏

周卫东："把水库交给他管理，我们都放心"

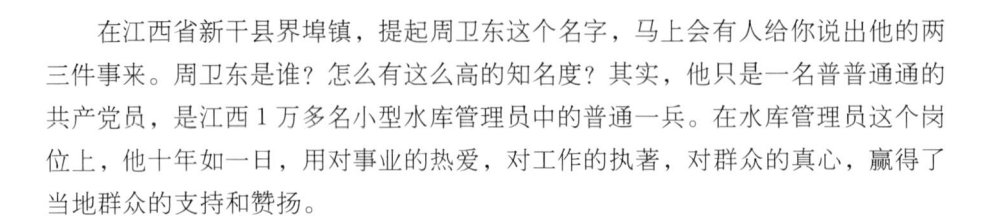

在江西省新干县界埠镇，提起周卫东这个名字，马上会有人给你说出他的两三件事来。周卫东是谁？怎么有这么高的知名度？其实，他只是一名普普通通的共产党员，是江西1万多名小型水库管理员中的普通一兵。在水库管理员这个岗位上，他十年如一日，用对事业的热爱，对工作的执著，对群众的真心，赢得了当地群众的支持和赞扬。

像一颗钉子"钉"在水库上

2001年初，周卫东开始担任梅塘水库管理员。从此，老周就把"家"安在了水库上，像一颗钉子一样"钉"在水库上。在他的感染下，家人慢慢从埋怨变成了体谅、支持。当教师的妻子退休后干脆住到了水库管理房，与老周一起守护水库。

老周是水库的"家长"，也是一位老母亲的儿子。他把自己的心血和精力倾注在水库，就没有多余的时间来照顾老人。2009年4月2日，是老周终生难忘的一天。这天，80多岁的老母亲病危在床。晚上，倾盆而泄的大雨，让守在母亲身旁的周卫东焦虑不安。他担心持续暴雨会使水库水位猛涨，在除险加固中新浇筑的钢筋水泥斜管，如果承受不了水流的冲刷，将危及大坝安全，后果不堪设想。想到这里，他再也坐不住了，交代了家人几句话后，立刻骑车带上薄膜油布，载着妻子一起来到水库。漆黑的夜晚，妻子一旁打着手电筒，周卫东一旁忙着封堵斜管，夫妻俩顶风冒雨，一直忙到天亮。由于处理及时，隐患被排除，斜管安然无恙。没想到的是，回到家中，噩耗传来，母亲已经离开了人世。周卫东长跪在母亲床前泣不成声……

周卫东的妻子说："他把水库当成了家，一年到头都在水库上。"的确，无论炎热酷暑，还是冰霜雪冻，老周每天早上5点起床后，都要到坝上走一走，看一看，巡坝查险、观测水情、查看工情……记者采访过程中，他还时不时弯下腰，把坝上刚冒出头的杂草拔掉。

"老周一来，干旱不在"

梅塘水库是一座小（1）型水库，保护着界埠镇3万多人，灌溉农田1.3万多亩，是界埠镇主要的生产、生活水源地。

为科学合理调配水源，保障灌区用水需要，在他的积极争取下，当地每年6月份定期召开灌区抗旱用水工作会议，制订抗旱用水计划，统一部署灌区大小渠道的清淤工作。梅塘水库的灌溉主渠道有10多公里，每年渠道清淤也是一项繁重的工作。有一段灌渠经过镇中学，由于学生将剩饭剩菜以及生活垃圾倒入渠内，渠道常常被堵塞，天气一热，生活垃圾就腐烂变质，渠道臭气熏天，没人愿意清理。周卫东顾不得臭脏，挽起袖子裤管就下去清理。臭味迎面扑来，他屏住呼吸，一铲一铲把渠道清干净，确保下游灌区及时用水。

周卫东不辞辛苦下水开涵盖

为用好每一滴水，老周常常蹲在田间地头，查看灌溉渠道清淤通水情况，了解群众的用水需求，时刻与村干部保持电话联系，及时协调并解决群众的用水矛盾。在梅塘水库灌区大小20多个村庄里，没有一个群众不认识他，而每块稻田的主人是谁，他也能叫出名字来。

田北村村民李文根说："老周真是梅塘水库的守护神，自他来管理水库之后，田里的禾苗从来没有旱过。"2009年水库除险加固，水库蓄水少，但由于他合理分配，1万多亩灌溉水稻面积没有干死一分田，得到了灌区干部群众交口称赞。2011年，江西发生历史罕见的春夏连旱，周卫东每天冒着酷暑在灌区跑几个来回，他特别放心不下渠道最末端的农田，天天到田里查看是否浇到了水。水库灌区的每条沟渠、每块耕地、每块稻田应该什么时间放水、每次灌溉要多少水量，他心里都有一本明白账。

"我很佩服你，老周"

当问到干水库管理员工作苦不苦，周卫东呵呵一笑："基层水利人都很辛苦，我既然干上了这一行，就要干好这一行！"

在实际工作中，老周总结：要确保水库安全，必须每天坚持做到"八查""三记""一报"。八查，即查溢洪道、输水涵管、堤顶、迎水坡、背水坡、堤脚、平台和平台外管理范围；三记，即水库巡查记录、值班记录、每天的工作日记；一报，即每天及时上报水位。难怪界埠镇的干部群众提到老周就说："把水库交给他管理，我们都放心。"

5月4日，江西省水利厅厅长孙晓山在检查梅塘水库时，对周卫东执著的敬业精神和精益求精的管理方法给予了高度评价，直夸："我很佩服你，老周！如果全江西省1万多名管理员都能像你这样管理，全省9000多座小型水库就安全了！"

周卫东今年已经61岁，由于水库管理工作出色，镇里特批他继续工作3年。谈到以后的工作，老周略显感伤，他说："这些年来虽然生活比较清苦，但是党和政府给了我很多荣誉，我觉得很满足。过两年我就要退休了，一想到要离开水库，我心里非常难受。"

◇ 本文发表于2012年7月3日《中国水利报》
◇ 作者：廖金源、余哲

周业龙：抗洪一线一"蛟龙"

在抗击宿迁特大暴雨的战斗中,他不顾持续高烧,连续两天两夜战斗在抗洪一线。在潜水电泵底部拦污网被垃圾堵塞,水泵无法正常抽水时,他在水中持续作业近3个小时,清除垃圾,保证水泵正常排水。

他就是江苏省骆运水利工程管理处抗旱排涝抢险队的共产党员周业龙。他的敬业和奉献精神受到各级领导和现场群众的交口称赞。江苏宿迁市市长握着他的手,竖起大拇指:"你是共产党员的模范,是我们学习的榜样。"

2010年7月7日夜至8日清晨,一夜大雨,江苏省宿迁市区大面积积水。

8日一大早,江苏省骆运水利工程管理处出动柴油水泵和潜水电泵226台奔赴市区、宿城区、宿豫区和沭阳县参与抗击特大暴雨。周业龙和另一位同事被分到市区灾情最严重、积水深达1米多的钟吾医院和清华中学附近排涝。

为尽快将积水排出,上级决定在宿迁经济开发区民便河汕头路桥附近安放5台潜水电泵,把附近地面的积水排入民便河中。带着设备赶到现场,周业龙立刻投入了紧张的工作,接电线,装电泵控制柜,安装潜水电泵……2个小时后5台潜水电泵快速向民便河中抢排积水。

整整一天一夜,周业龙一直坚守在抗洪一线,吃单位用冲锋舟送来的盒饭,喝矿泉水,冷了就披一件大衣,累了困了,就坐在几十块砖头临时堆积起来的"凳子"上歇一会儿。

身上的衣服湿了,贴在身上又捂干了。半夜,周业龙生病了,烧得厉害,但他坚持不下火线,只是让队里送来退烧药,就着矿泉水吃下去。

9日上午7点40分,强排了一天一夜的5台潜水电泵出水越来越少。"一定是潜水电泵下面的拦污网被垃圾堵住了,必须潜下去清污!"排涝队员们这样讨论着。

可2米多深的水,比人还高,而且雨水和居民生活污水混在一起,发出阵阵难闻的味道,怎么下去呀。

紧要关头,周业龙二话没说,关了电闸,脱掉外衣,一个猛子就向第一台潜水电泵方向扎了下去。

大约1分钟后,周业龙从水里冒出头来,手里抱着一堆垃圾,有塑料袋、编

防汛应急，周业龙挥汗如雨

织袋、死鱼、水草、树枝、树叶……

把手里的垃圾递给岸上的同事，大口喘了两口气后，他又一个猛子扎下水。

事后，周业龙告诉同事，当他潜入水底摸到潜水电泵底部的拦污网时，发现拦污网都被垃圾塞实了，一些水草甚至已经钻进拦污网里边，他只好一只手抓住拦污网边缘，用另一只手从拦污网里往外掏垃圾。

嘴里灌进了难闻的污水，顾不上吐出来；脚底被碎石子划破了几道口子，顾不上包扎。周业龙只想着快一点把潜水电泵底部拦污网上的垃圾清理干净。

就这样，周业龙一次又一次地潜入水中，反复五六次，15分钟后，第一台潜水电泵终于被清理干净了。然后是第二台、第三台、第四台、第五台。

上午9点，经过一个半小时的奋战，五个潜水电泵下面全部清理干净了，清理出来的垃圾足有几十公斤。

嘴唇发紫、浑身哆嗦的周业龙来不及休息，披上一件大衣，立刻通电开闸抽水。五台潜水电泵又一次哗哗地向民便河排水。

可仅仅过了一个多小时，上午10点20分，潜水电泵拦污网再一次被堵塞，排水又一次受阻。

身上衣服还未完全干的周业龙二话没说，又一次脱掉外衣，潜入水底……

经过40分钟的艰苦奋战，直至11点，潜水电泵再一次被清理干净，继续排水。

过了两个小时，到下午13点，潜水电泵拦污网第三次被堵塞。

这时候的周业龙已经非常疲劳，发烧也更加厉害，头痛得要命。"说实话，那时我真不想再下去了！"周业龙如此回忆说，"但我是共产党员，关键时刻不能说不。"

想着自己在"创先争优"活动中的承诺，周业龙第三次脱掉外衣，扎入了2米多深的水底。

半个多小时后，潜水电泵又一次恢复了正常运行，而此时周业龙已累得再没有力气了。这次清理之后，潜水电泵终于没有再出现问题，一直顺利排水20个小时，到10日上午，终于把清华中学、钟吾医院附近的积水排完了，周业龙这才赶往医院挂盐水。

一个水利工作者，一名普通的共产党员，在不普通的时刻，用自己的实际行动诠释了"创先争优"活动的内涵，也诠释了水利人"献身、负责、求实"的行业精神。

◇ 本文发表于2010年9月16日太湖水利网
◇ 作者：汪学飞

朱宜飞：青春在"追风逐日"的梦想中闪光

白雪皑皑的东北边陲山冈，高耸的风机狂劲地舞动，冒着严寒，一个身影在忙碌；苍茫南海中的永兴岛，台风肆虐微电网建设工地，顶着狂风，一个身影在忙碌。凛冽的寒风冻破过他的双手，炎炎烈日灼伤过他的脸庞，而他始终在"追风逐日"的梦想中奋力前行。他就是来自长江设计院新能源事业的一线工程师朱宜飞。

迎酷暑、战台风，汗洒祖国南疆

永兴岛距海南岛最近距离约 300 公里，常年缺水、酷热、高盐雾腐蚀。2013 年 6 月，朱宜飞远赴南海前线西沙永兴岛，担任财政部资金支持的"金太阳工程"——三沙市 500 千瓦光伏发电 EPC 总承包项目部项目经理。他往返海岛之间，驻守在项目现场。

每次上岛，船在海面如同一片枯叶随着海浪起伏飘荡，严重的晕船导致他胆汁都呕吐出来。岛上缺少蔬菜，他甚至患上严重的肠道疾病。为保证项目进度，他克服内陆人员首次在海岛长时间生活所带来的常人难以想象的困难，毅然决然地坚守在施工一线。

2013 年 9 月 29 日，强台风"蝴蝶"由低热带风暴迅速增强为强台风，约中午 11 时登陆永兴岛，最大风速 47.2 米每秒，为 15 级强台风，阵风 16～17 级。来势凶猛的"蝴蝶"，给三沙市造成严重损失，三沙光伏项目亦不能幸免。"蝴蝶"等级高，持续时间长，远超设计标准，部分已安装的屋顶光伏组件被吹翻，光伏支架受损严重，影响工程进度，工程总承包管理面临严峻考验。

面对困难及复杂局面，朱宜飞沉着冷静，不仅做好项目管理工作，还与项目部人员一起组织布线，扛抬光伏组件，充分发挥自己曾在中国电科院工作期间从事现场调试的技术优势，亲手检测修复被台风损毁的光伏组件达 130 余块，减少直接经济损失 20 多万元，并主动协调建设各方，确保了工程顺利投产发电。

三沙项目的实施意义重大，保障了三沙市电力供应，减少了后勤负担和环境压力，为日趋紧张的南海维权提供了强有力的支持，引起舆论关注，得到电力同行好评,展现了良好的企业形象。朱宜飞结合在三沙项目取得的经验,还承担了中国工程院南海问题重大专项报告中"新能源与传统能源结合保障南海能源供应"的编写工作,成为长江委在南海维权一线的代表。

甘奉献、勤实干,彩绘人生梦想

2009年底,新能源公司首个风电项目进入施工阶段,朱宜飞推迟婚期,在现场一干就是3个多月。黑龙江佳木斯的隆冬大雪封山,设备厂家调试人员无法赶到现场,他主动承担起调试重任,白天冒着零下40°的严寒指导施工,动手接线、查错;夜晚加班加点画图,不惜双手、双耳严重冻伤,有效保证了项目进度,受到业主致信感谢。

新能源项目建设周期短、工作强度高,配合协调量大,特别需要一专多能的多面手。朱宜飞除掌握电气专业知识外,还跨专业学习线路设计,多次赴各工地现场配合测量地勘,常常吃住野外,靠矿泉水和面包充饥。有时,同事甚至会怀疑眼前的朱宜飞也曾是一位文弱书生:大雪深至齐腰,裤脚挂满冰凌;面容晒得黝黑,脸庞几层脱皮;雨中泥泞满身,雨水汗水顺袖口滑落……而他一步一个脚印走在山冈和荒漠,取得了第一手资料,夯实了设计基础。

在平均年龄才30来岁的新能源公司,员工工作热情高,创新能力强,但实际工程经验欠缺。朱宜飞充分发挥"领头羊"作用,在每一个工程项目中,他对工作都极端负责;在每一个临时组建的团队中,他对同事都满腔热忱,将自己的工作经验倾囊相授,像磁力把大家凝聚在一起,保证了项目团队高效平稳运转,圆满完成了一项项任务。

创新"核电",引领无限"风、光"

地下核电作为新兴专业战略项目,对设计院未来发展具有重要战略意义。新能源公司是开展地下核电项目的牵头单位,朱宜飞为了能同时兼顾智能微电网、太阳能和风电项目,几乎没有休一个完整的周末,经常利用周末钻研地下核电这一全新领域。他在地下核电方面的研究成果得到核电、水利和土木工程等领域十多位院士的认可,为长委设计院进军核电市场起到了积极的促进作用。

作为年轻工程师,朱宜飞勤于思索,善于创新,敢于突破。他克服高海拔及烈日酷暑,与项目人员一起在青海格尔木工地反复进行优化比较,打破传统理念,试验性地开展了多种电池组件系统、多种接线方式的研究,优化后电站的发电量在全青海41家光伏电站中最高,其技术成果被鉴定为国际领先水平,工程项目获评2014年度湖北省优秀设计一等奖。在宁夏风电项目中,他充分考虑现场铁路线、火电厂等众多干扰源的复杂影响，大胆利用变流器 LCL 滤波器抑制电网侧谐波的技术，有效解决了对风电场的干扰。他还通过遗传算法选择集电线路路径以及在多种截面电缆技术等方面的创新，有效提高了项目经济性，并创造了国内外山区复杂地形风电场决算单位造价新低，使该项目成为大唐国际风电的标杆项目。在长期的工程实践中，朱宜飞还作为主要研究人员先后取得 3 项风电专利，并积极参与申报了多项核电专利技术。

喜欢挑战的朱宜飞选择了充满挑战的新能源事业。在新能源公司这个注定风吹日晒、四处奔波的大家庭里，这位曾在中国电科院从事现场调试和硬件开发工作 4 年，赴瑞典学习 2 年并在欧盟从事海上风电工作近 3 年的海归人员，为了他追求和向往的新能源事业，"舍小家为大家"，以岗为家，无私奉献，在"追风逐日"的梦想中，绽放出青春的光彩。

◇ 本文发表于 2014 年 11 月 18 日长江水利网
◇ 作者：杨家胜

祝向民：让塔里木河奔流不息

"我最大的遗憾，就是在新疆干了一辈子水利工作，积累了很多水利工程建设方面的经验，可老天不眷顾我，没能好好用上啊！"这是祝向民，一位终生献身新疆水利事业、一个肺癌晚期病人流着泪向看望他的同志们表达的最后心声。

祝向民一生与水利结缘，踏荒漠、进峡谷，走遍天山南北、塔河两岸。他主持完成了塔里木河、叶尔羌河两大河流的流域规划，亲自指挥了两大河流的治理与建设。如今，叶尔羌河水利工程星罗棋布，塔里木河尾闾台特玛湖碧水荡漾，两岸植物重焕生机，而祝向民却永远离开了这块他所挚爱的土地。

2012年12月11日上午，新疆维吾尔自治区水利厅在乌鲁木齐市殡仪馆为水利厅原副厅长、塔管局局长祝向民举行了隆重的告别仪式。祝向民走了，但他在新疆特别是南疆百姓心中立起了一座座水利丰碑。

"这就是新疆的都江堰"

"建一个工程，就要立一座丰碑。若建一个豆腐渣工程，你就会永远被钉在耻辱柱上。"这是祝向民常说的一句话，也是他的座右铭。

出生江苏扬州的祝向民，1967年7月从石河子大学农田水利专业毕业后，毅然放弃留在新疆生产建设兵团司令部的工作机会，义无反顾地来到了塔里木河的源流叶尔羌河流域工作，先后任叶尔羌河流域管理处处长、喀什行署党组成员和行署副专员、自治区水利厅副厅长、塔管局局长。

叶尔羌河水资源丰沛，流域广袤，是新疆最大的灌区。流域内各族劳动人民既饱尝了叶尔羌河赋予的甘甜和喜悦，又历尽了洪水、干旱、盐碱、风沙带来的磨难和艰辛，叶河的治理始终是喀什地委的一块心病。

"没有渠系的工程化，就没有管理的科学化。"这是祝向民多年实践得出的治河理念。在叶河工作期间，他带领一帮人潜心研究叶河流域规划，进行喀群引水枢纽设计。喀群引水枢纽工程1986年建成，这项仅投资3300万元的工程采取"费尔干式"设计，使叶河水枯水期走渠道、洪水期走河道，减少了渠道损失，结束了当地农牧民每年花大量人力物力堵坝引水的历史，奠定了叶尔羌河成为我国大型灌区的基础，被国家评为水利工程铜质奖。全国政协副主席钱正英看了感叹道："这就是新疆的都江堰啊！"

缺少资金，是治理中遇到的最大困难，祝向民在全疆率先将世行贷款引进叶河项目。世行项目官员在喀群一级水电站竣工典礼上说："这个水电站能建成发电，你们首先要感谢的人应该是祝向民先生，他的工作精神使我深深地感动。"喀群一级水电站的完成，在解决了叶河流域人民用电问题的同时，还把叶河 2 亿立方米地下水开发成 21000 千瓦的水能，产生了巨大的经济效益。

"这是一首绿色颂歌"

作为塔河近期综合治理的指挥官，祝向民受命之时也是塔河步入危难之时。

曾经碧浪滚滚、创造过楼兰古城辉煌的塔里木河，至 20 世纪 70 年代末，却病入膏肓，干流大西海子以下 363 公里河道断流，尾闾台特玛湖干涸，塔克拉玛干沙漠和库姆塔格两大沙漠呈合拢趋势，生活在下游的数十万各族群众面临着被风沙逐出家园的困境。

祝向民主持并参与了塔里木河科学考察，在此基础上主持并参加编制了《塔里木河流域水资源与生态环境问题及其对策》和《塔里木河流域近期综合治理规划报告》，报告经 2001 年第 95 次总理办公会议批准，国务院批复投资 107 亿元资金对塔里木河流域进行综合治理。

"塔里木河有救了！我们只有勤奋工作，才不辜负党和人民的重托。"祝向民在日记里写下了自己的誓言。

当时，塔里木河干流下游生态恶化趋势非常严重，如不采取应急措施，就有可能因为治理工程效益发挥的滞后致使现有植被继续死亡。怎么办？祝向民带领一班人深入塔河沿线实地调查后，向自治区党委、政府和水利部上报了《关于从博斯腾湖扬水置换农二师大西海子水库部分高矿化度水，用以挽救下游绿色走廊的意见》，这一意见得到了自治区人民政府和水利部的重视和赞同。

2000 年 5 月 14 日，塔里木河下游大西海子泄洪闸启动了，一股雪白的水流从闸下喷涌而出，奔泻而去，渴盼已久的人们一片欢呼……

从 2000 年起，利用开都河来水偏丰、博斯腾湖持续高水位的有利时机，自治区连续多次成功实施了向塔河下游生态应急输水，塔河尾闾台特玛湖最大形成了 200 余平方公里的湖面，结束了塔里木河下游河道连续断流近 30 年的历史，挽救了濒临毁灭的绿色走廊，为塔河近期综合治理项目的实施打了一个漂亮的"时间差"。时任国务院总理的朱镕基曾高度称赞：这是一首绿色的颂歌，值得大书特书。

塔河综合治理工程在祝向民和塔管局同志们的精心组织和夜以继日的艰苦努

力下全面展开，重点工程相继建成并发挥作用。祝向民还率领大家修订了《塔里木河流域水资源管理条例》，制定流域水量分配方案，实施限额用水和非汛期水量统一调度，开征塔河干流水费，兴建数字塔河工程……多措并举，为今天的塔河流域水利改革发展奠定了坚实的基础。

两袖清风的官

走进祝向民的家，恍若走进了"老照片"：两张木板床、一套旧沙发、两个旧书柜，还有一张三合板的折叠饭桌，最抢眼的是客厅里一台25英寸的电视机，还是大女儿给买的。

1998年初，喀什地区开始搞房改，祝向民也分了一套，要交5.4万元，祝向民并没有流露出人们想象中的喜悦表情。原来，两个女儿上大学，爱人身体又不好，加上祝向民经常接济一些有困难的同事，家里只有2.4万元的存款。祝向民只好让秘书小余帮他到银行去办理了3万元的贷款。"一个副专员买一套5.4万元的房子需要贷款，不会是在作秀吧？"银行副行长简直不敢相信。他不知道，就这3万元贷款，祝向民还了3年。

对于一个手握权力的共产党人来说，这份清贫，让人们看到了他的高尚品德。2004年，祝向民去南京参加学习班时，有一家施工单位给他送了一个普通的公文包，晚上祝向民打开一看，里面竟然装着好几沓百元人民币！他当即生气地打电话给纪检委书记说了此事，并说："我们的工程坚决不能交给这种施工单位去做，他们送的是在工程上偷工减料的钱。"

喀什百姓都知道，祝专员从不吃羊肉，只爱吃咸菜、豆腐。多年后，有人问及此事，祝向民笑着说："怎么不吃羊肉啊！不这样说，我去检查工作，老百姓就非要给你宰羊。那些农牧民都不富裕啊，再不能给他们增加负担了。"

祝向民走了，带着对新疆深深的眷恋。他所建造的"工程"将永留新疆大地，永驻新疆人民心中。

◇ 本文发表于2015年7月16日《新疆日报》
◇ 作者：师巧梅、俞涛

后 记

受水利部文明办委托，编辑《中国水利人（1）》一书，让我有机会搜集和了解到那么多水利精彩人生和他们艰巨艰苦、坚持坚守的故事。

从事水利新闻工作，有机会去过许多水利建设工地和工程管理单位，每每回想起来，眼前大抵会出现这样的情景：汽车在岭脊上行驶，山冈上树木萧疏，庄稼低矮，农户分散，日头藏在云层，荒野里，我们甚至感觉不出是上午还是下午。

然而，印象更深的还是那些采访过的人，他们头顶安全帽，手攥扳手，或是握着铁锹，裤腿沾着泥，站在路边挥手道别。

还记得2010年7月，安徽省无为县出现3次强降雨，内河水位全线上涨。7月13日10时，永安河开城站水位最高上涨到11.73米，超保证水位0.23米。我们去永安河东河段采访，县水利局的小马一直在联系渡船。28岁的小马叫马晶，脸像他身上的白衬衣一样白净。他的手机没有停歇，有时听上去很急，又像是在说"羊水破了"。原来他的妻子要生产了，要剖腹产，正等他去医院签字。防汛紧要关头，小马已一个星期没回家，我们赶紧催他去医院。

孟祥翠一头长发，一袭黑色衣裙。她说平时很少这样打扮，女儿告诉她："妈妈当了总工，要擦香水哟。"她回答女儿："妈妈的工作，晴天一身灰，雨天一身泥，擦香水有什么用啊。"2011年深秋，我们来到中国水电建设集团辽宁工程局抚顺东洲河项目部，天色已晚，有零星小雨，又在抢工期，此时地上干一摊、湿一摊，难以下脚。孟祥翠说，有次回家，婆婆想给她们创造亲子空间，留她们母女俩单独住。面对女儿，她竟不知说什么，说啥都饯。"别看现在小孩小，有时说话可毒了。"她总是告诉女儿，这次要在家多住几天，要带她去什么地方玩，可单位有事不能不离开。"孩子5点多放学，我4点半就悄悄走了。过后又给她发信息，说下次妈妈一定补上。"快言快语的孟祥翠说话总带着笑声，说到这里沉默了一会儿。

西藏旁多管理局副局长唐泉涌，是 2010 年 1 月由小浪底建管局技术处派出的水利部第十一批援藏干部。2013 年夏天，我们来到旁多，他们却还穿着夹衣秋裤。唐泉涌 2010 年 1 月 8 日进藏，到林芝就感冒了，到拉萨觉得耳朵也听不见了，不得不去拉萨武警医院住院，待耳朵听得见后迅速归队。任西藏水利厅水政处副处长的王世民来自淮委，看上去走路不方便，他撩开裤腿，脚上有伤，是刚刚去日喀则汽车翻跌山谷擦伤的。援藏干部差不多都有车祸经历，在厅建管中心任副主任的于青春来自海委，2012 年 12 月在验收尼玛水电站的路上发生车祸，汽车坠落悬崖，造成颈椎骨折。回内地治疗休养后，2013 年 3 月他又返回单位投入到果达水电站的开工准备工作中。不少援藏干部出发的时候，孩子都很小，晚上视频见面，孩子一看到爸爸就向电脑扑来，好多人后来都不愿视频。有的同志孩子升学不能在身边陪护，有的岳父去世也不能及时赶回家。唐泉涌的母亲长期卧病在床，他的心愿是援藏结束后有段时间陪陪父母。他讲述着，眼含热泪，担心母亲还没等他回去就走了。

宁夏盐环定扬水管理处地处毛乌素沙漠边缘，走在这里四望，岗丘起伏，沙地连绵，节节攀升的渡槽、渠道蜿蜒在沙海中。这里的宿舍多不关门，第四泵站站长曹君寝室门背后挂着蓝色工服，搁着铁锹和沾了土的胶鞋，这是他每天的装备。2014 年初夏，我们来这里采访，住了一晚，院子里种有桃、李、枣、苹果等果树，桃、李正在含苞。晚上，曹君和同事抱来柴草堆在树下；半夜，他又起来点火，为土地加温。

……

新闻因故事而精彩，故事因人物而生动。可以说，在一项项水利事业背后，闪耀的是一块块像基石一样具体的人，旌旗指处，人最鲜活，最耀眼。

兴水利、除水害，事关人类生存、经济发展、社会进步，历来是治国安邦的大事。中华文明史，说到底就是一部水文明史。新中国成立以来，特别是改革开放以来，党和国家始终高度重视水利工作，领导人民开展了气壮山河的水利建设，取得了举世瞩目的巨大成就，为经济社会发展、人民安居乐业做出了突出贡献。

每个时代都有自己的时代先锋，每项奋斗都会涌现自己的行业英雄，需要记录，需要总结，需要讴歌。多年来，特别是党的十八大以来，全国水利系统认真贯彻落实中央关于加强精神文明建设的决策部署，积极培育践行社会主义核心价值观，干部职工奋发进取，模范人物层出不穷。编辑出版丛书《中国水利人》，就是旨在搭建有效载体，发挥榜样作用，传播崇德向善的正能量，树立新风尚，激励广大水利干部职工，凝心聚力，攻坚克难，为推动水利改革发展新跨越提供强大精神力量和丰润道德滋养。

水利人物英模辈出，本次编辑出版的《中国水利人（1）》，收集整理的是近年，特别是党的十八大以来全国各地报刊、网络等主流媒体报道的水利人物。取舍原则，即注重反映群体中的个人，突出用情节说话，力图通过一个个工作、生活侧面，有温度的细节，讲述普通水利人的平凡故事。顺着一个个活动着的人，读者可以走进防汛抢险和工程建设一线，走近规划设计和组织管理案头，走进运行维护和水文监测现场等等，更走进壮阔的历史。

这些文章都是作者从第一线采访得来的，坚持了亲历、亲见、亲闻，情节有声有色，细节可触可摸，表现了水利人立志水利、扎根基层，苦干实干、敬业精业的朴素情怀和对祖国、对人民、对社会、对家人无私奉献的深情，较好地体现了"献身、负责、求实"的水利精神。人物真实、生动、可敬、可学，他们丰满了水利行业形象，是水利战线上"这边风景"最动人的画面。

书中呈现的人物，既有全国及部省级劳动模范，更有众多名不见经传的人物；既有管理人员、水利大师，更多的则是基层一线职工。他们分布在水利行业各个领域，遍及大江南北、大河上下、长城内外，具有一定代表性。存史资政，这些带有体温的记述，留档的不仅是全景，更多的是近景和特写；不仅真切、亲切，也会使明天的历史清晰；不仅丰富水利文化，也有利于进一步振奋精神，使水利改革事业又好又快向前推进；不仅鼓舞当下，相信也会感动未来。

本书精选出的93篇文章，文体为通讯或特写，短则千字，长则近万字。编者对原文进行了再加工、浓缩，重新制作了标题，在此，向作者和原作刊登媒体表示谢意。希望通过《中国水利人（1）》文集的出版，有更多的人拿起笔来讴歌身边的水利先锋，有更多的人对水利事业投来关注的目光。

由于个人水平有限，难免挂一漏万，书中疏漏或不妥之处也在所难免，敬请广大读者批评指正。

胡争上

2015年12月